Europa auf dem Weg in die Apokalypse

Geschichte – Hintergründe – Perspektiven

Georg von Goldbach

Text: Georg von Goldbach
Covergestaltung: Verlagshaus Schlosser
Umschlagabbildung: Georg von Goldbach
Satz und Layout: Verlagshaus Schlosser
ISBN 978-3-7581-0065-9
Druck: Verlagsgruppe Verlagshaus Schlosser
D-85652 Pliening • www.schlosser-verlagshaus.de

Printed in Germany

Inhalt

Dieses Buch widme ich den Professoren
Wolf-Dieter Narr, Freie Universität Berlin,
Eike Haberland, Frobenius Institut Frankfurt,
sowie Michel Izard,
Directeur de Recherche am Centre National de Recherche
Scientifique, und Gründungsmitglied
des Laboratoire d'Anthropologie Sociale
von Claude Lévi-Strauss, am Collège de France in Paris.

Sie haben durch ihr Vertrauen in mich
meine wissenschaftliche Ausbildung und
akademische Laufbahn in besonderer Weise gefördert.

Prinzipien und Werte, die uns leiten

Für den Leser mag es hilfreich sein, wenn wir ihm Hinweise darauf geben, wie das Buch entstanden ist und was uns dazu geführt hat, es zu verfassen. Dabei wird es ebenfalls sinnvoll sein, wenn wir hier zudem noch wichtige Hinweise darauf geben, welche Werte und Prinzipien uns bei der Verfassung des Buches geleitet haben.

Wir meinen, dass es gut ist, wenn der Mensch immer wieder versucht, sein Leben und auch seine Lebensumstände zu verbessern. Für den modernen Menschen sind Wissenschaft und Technik wichtige Instrumente, um die Lebensumstände zu verbessern. Es gibt aber auch andere Möglichkeiten und Wege, um die Lebensumstände und auch die Qualität des Lebens zu verbessern. Die meisten Menschen werden uns wohl zustimmen, wenn wir behaupten, dass der Mensch seine Lebensumstände und die Qualität seines Lebens auch durch Spiel, Musik, Gesang, Dichtung, Tanz, Sport, Wettbewerbe und viele andere Aktivitäten zu verbessern, oder erfreulicher zu gestalten und aufzuwerten bemüht ist. In der Anthropologie wird davon ausgegangen, dass dies universelle menschliche Aktivitäten sind, mit denen der Mensch sein Leben bereichert. Während es in den Naturwissenschaften meistens um Technologie und Technik geht, um den Einsatz und die Verwendung und Anwendung von Energie, geht es im Leben des Menschen also noch um viel mehr.

Einer der wichtigen Bereiche, den wir hier in diesem Buch ansprechen, und der nicht direkt mit der Anwendung und dem technologischen Einsatz von Energie zu tun haben, befasst sich mit der Gestaltung des Zusammenlebens von Menschen, Völkern und Staaten. Wir behandeln hier also Themen aus der Politik, das heisst der Gestaltung des öffentlichen Lebens auf der internationalen Ebene. Dies ist es, was wir mit Geopolitik meinen.

In den Naturwissenschaften geht es um den Einsatz, die Anwendung und Verwendung von Energie und dem, was wir gemeinhin die materielle Dimension unserer Lebenswelt nennen. In diesem Sinne sind die wichtigsten Funktionen der Naturwissenschaften und der mit ihrer Hilfe entwickelten Technologien in erster Linie mit der Verbesserung unserer materiellen Lebensumstände verbunden.

In der Politik ist es anders. Hier sind es Macht und Geld, die als die entscheidenden Faktoren, sozusagen als die Materie, der Gegenstand der Politik angesehen werden. Das Ziel und die Absichten, von denen die Handlungen in der Politik getragen werden, unterscheiden sich aber nicht wirklich von denen, die auch die Bestrebungen in den Naturwissenschaften und der Technologie leiten. Es geht in beiden Bereichen um die stetige Verbesserung der Lebensumstände und der Qualität des Lebens. Dies sollte zumindest der Anspruch sein, so meinen wir.

Damit legen wir auch ein ganz persönliches Bekenntnis ab. Denn wir bringen hier zum Ausdruck, dass wir uns darum bemühen wollen, die Lebensumstände und die Qualität des Lebens durch Verbesserungen im Einsatz von Macht und Geld als den wesentlichen Faktoren und Energien im Bereich der Geopolitik, zu verbessern.

Diese Haltung ist nicht selbstverständlich. Denn es gibt Menschen, die meinen, dass die Geopolitik grundsätzlich nicht verbessert werden könne. Meist wird eine solche Haltung mit der „Natur" des Menschen begründet, die sich nicht verbessern lasse und die deshalb keine sinnvolle und anhaltende Verbesserung in der Gestaltung des Zusammenlebens von Menschen, Völkern und Nationen zulasse. Es wird behauptet, dass der Mensch zwar immer wieder bestrebt sei, die Geopolitik zu gestalten. Wirkliche Verbesserungen aber würden sich nicht erzielen lassen, weil der Mensch von Natur aus so sei, wie er eben ist. In diesem Sinne gehen dann viele Menschen letztlich davon aus, dass der Mensch zwar durch die Naturwissenschaften immer bessere Technologien entwickeln könne. Im Bereich von Politik und Geopolitik würden aber alle diese Versuche, das Zusammenleben der Menschen immer besser zu gestalten, zu nichts Brauchbarem führen. Da wir dieses Buch geschrieben haben, zeigen wir, dass wir diese Meinung nicht teilen und also eine andere Haltung einnehmen.

Wir meinen, dass es für den Menschen, für seine Lebensumstände und die Qualität seines Lebens wichtig ist, immer wieder zu versuchen, auch das Zusammenleben und das Zusammenwirken der Faktoren von Macht und Geld in der Geopolitik zu verbessern. Geld meint in unserem Zusammenhang in erster Linie internationale wirtschaftliche Beziehungen und Handel.

Auf Grund unserer Herkunft aus Deutschland haben wir in diesem Buch eine europäische Perspektive eingenommen. Es sollte aber auch jetzt schon deutlich geworden sein, dass wir aus der Perspektive von Deutschland und Europa aus auf die ganze Welt schauen. Wir nehmen also eine reflektierende europäische Perspektive ein in der Absicht zu verstehen, welche Rolle Europa bisher in der Geopolitik gespielt hat und in der Zukunft übernehmen sollte, um das Zusammenleben mit all den anderen Menschen, Völkern und Nationen auf der Erde nachhaltig zu verbessern.

Wir sollten hier auch noch anmerken, dass wir davon ausgehen, dass die Art, wie wir unser Zusammenleben zwischen den Menschen, Völkern und Nationen in Europa gestalten, nicht notwendigerweise die Beste ist, oder als Vorbild für die anderen Menschen auf der Erde angesehen werden sollte. Was Europa den Menschen auf der Erde anbieten kann, um die Geopolitik, also das internationale Zusammenleben besser zu gestalten, wird sich zeigen müssen. Wir können hier nicht von sicheren Annahmen ausgehen. Denn es sind ja die anderen Menschen, Völker und Staaten, die ebenfalls darüber urteilen und mitentscheiden müssen. Wir werden hier also keinen eurozentrischen Standpunkt vertreten, in dem Sinne, dass wir behaupten, die europäische, oder westliche Geopolitik biete die besten Möglichkeiten.

Wir wollen an dieser Stelle auch noch Hinweise zu einigen grundsätzlichen Prinzipien und Werten geben, also von qualitativen Leitsätzen und Regeln, die uns bei der Verfassung des Buches geleitet haben. Auch wenn sich Prinzipien und Werte nicht abschliessend klären lassen, so dürfen wir doch sagen, dass wir es für wünschenswert halten, in der Gestaltung der Geopolitik, und damit der internationalen Beziehungen zwischen Menschen, Völkern und Staaten, mehr Frieden und weniger Krieg und gewaltvolle Auseinandersetzungen zu erreichen. Wir sehen in diesen internationalen Fragen von Frieden oder Krieg grosse Defizite und Möglichkeiten zur Verbesserung. Wir halten also Krieg und gewaltvolle Auseinandersetzungen nicht für gute Mittel, um das Zusammenleben der Menschen, Völker und Staaten auf der Erde sinnvoll zu gestalten. Dies ist eine klare Aussage, die wir hier machen wollen.

Ein anderer Wert und ein Prinzip, dem wir bei der Gestaltung von Geopolitik grosse Bedeutung einräumen, betrifft die Freiheit. Es steht ausser Frage, dass es nicht nur eine Definition, ein einziges allgemein gültiges Verständnis von Freiheit gibt. Am Ende ist Freiheit und die freie Entfaltung etwas sehr Persönliches und betrifft immer auch eine individuelle, persönliche

Erfahrung. Wir meinen aber doch, dass Freiheit als Wert und Prinzip auch bei der Gestaltung der Geopolitik zum Einsatz kommen und zur Anwendung gebracht werden sollte. Freiheit in der Geopolitik würde nach unserem Verständnis bedeuten, dass alle Menschen, Völker und Nationen ihren Anspruch auf gute und bessere Gestaltung der Lebensumstände und der Qualität des Lebens einbringen können, und dass ihnen zugehört werden muss. Freiheit bedeutet also, eine Stimme zu haben. Freiheit verlangt nach freier Teilhabe aller am Wettstreit der Menschen, Völker und Nationen um die „besseren Ideen". Dies halten wir für ein Recht, das nicht nur für einzelne Menschen gelten sollte, sondern auch für die einzelnen Völker und Nationen. Wir werden später sehen, dass für die tatsächliche Ermöglichung dieser Freiheitsrechte im Zusammenspiel von Völkern und Nationen Regeln gefunden werden müssen. Wir verfolgen mit unserem Buch nicht zuletzt auch die Absicht, Möglichkeiten aufzuzeigen, wie solche Regeln gefunden werden können.

Wenn der Leser uns bis hierher gefolgt ist, dann sollte deutlich geworden sein, dass unser Anspruch auf Frieden und Freiheit, wie wir ihn mit diesem Buch vertreten, unsere prinzipielle „Waffe" ist, die wir zur Gestaltung des Zusammenlebens von Menschen, Völkern und Staaten zum Einsatz bringen wollen. Diesen Anspruch auf Frieden und Freiheit mit der Waffe des *Wettstreits um bessere Ideen* setzen wir in den Gegensatz zu Kampfdrohnen, Interkontinentalraketen, Atombomben und chemischen Waffen. Unsere Haltung den Menschen gegenüber ist also grundsätzlich optimistisch.

Dies soll an dieser Stelle unsere klare Aussage und *Kampfansage* sein. Wir wollen mit diesem Buch einen Beitrag leisten, um die Zeiten der Aufrüstung und Kriege zu beenden, welche die Menschheit wie eine chronische Plage immer wieder quälen.

Weiterhin gehen wir davon aus, dass es in der Entwicklung der Menschheit kein „a priori" gibt. Keine Kultur hat vor einer anderen Kultur einen absoluten Anspruch auf Vorrang. Die dominante Kultur des Westens, mit Wissenschaft und Technologie in ihrem Zentrum, hat ihre Dominanz erst seit dem Zeitraum der vergangenen 600 Jahre durchgesetzt. Die afrikanischen, ozeanischen und indianischen Kulturen haben ihre Bedeutung schon seit hunderttausenden von Jahren unter Beweis gestellt. Die kulturellen Errungenschaften der afrikanischen, ozeanischen und indianischen Kulturen, ausgeprägt in Sprachen, Kunst sowie gesellschaftlichen Organisationsformen und Verwandtschaftssystemen, sind in keiner Weise weniger wertvoll, oder weniger komplex, als die Errungenschaften der westlichen, oder auch der östlichen grossen Kulturen, wie China oder Indien.

Für die weitere Entwicklung der Lebensbedingungen und der Lebensqualität für die Menschen können also grundsätzlich alle Kulturen einen wesentlichen Beitrag leisten. Dieses Verständnis vom Wert der menschlichen Kulturen ist eine der grundsätzlichen Voraussetzungen für die Erhaltung und Verbesserung der Lebensbedingungen für die Menschheit. Alle Menschen, Völker und Nationen haben das gleiche Recht auf Mitwirkung an dem *Wettstreit um die besseren Ideen* für die Formulierung der Regeln, nach denen das Zusammenleben auf unserer Erde gestaltet werden soll.

Dieses Buch kann nichts darüber sagen,
ob und wie die Menschheit ihre Probleme lösen wird...
Es kann vermitteln, wie wenig wir wissen...
Es kann auch bestätigen, was viele längst wussten,
nämlich dass Geschichtsschreibung...die Aufzeichnung der Verbrechen und des Wahnsinns der Menschheit ist.
Für Prophezeiungen ist sie keine Hilfe.

Das Zeitalter der Extreme, Weltgeschichte des 20. Jahrhunderts, 718 f, 1995,
Eric Hobsbawm

Was auf dem Spiel steht: die Apokalypse

„Wenn – Gott bewahre – ein solcher Krieg stattfindet, wird er nicht dem Szenario einer militärischen Sonderoperation folgen. Er wird nicht in Schützengräben mit Artillerie, gepanzerten Fahrzeugen, Drohnen und radioelektronischer Abwehr geführt werden.“
Dafür, dass der NATO-Russland-Krieg auf konventionelle Art und Weise ausgetragen werden könnte, sind die Kräfteverhältnisse zwischen der NATO und Russland zu ungleich – die NATO ist ein riesiger Militärblock mit einem Militärhaushalt bis zu anderthalb Billionen Dollar (sprich: bis zu US$1.500.000.000.000; also eintausend und fünfhundert MILLIARDEN US$) und einer Bevölkerung von fast einer Milliarde Menschen. Aufgrund dieser Unvergleichbarkeit hat Russland keine andere Wahl als eine „asymmetrische Antwort“ zu geben:
„Ballistische Raketen und Marschflugkörper mit speziellen Sprengköpfen werden eingesetzt, um die territoriale Integrität unseres Landes zu verteidigen.“

Dmitri Medwedew,
Stellvertretender Leiter des Sicherheitsrates der Russischen Föderation
Warnung vor einem ATOM-KRIEG – 06.02.2024

Vorwort

Die persönliche Motivation für dieses Buch entstammt meiner Erkenntnis, dass die Schaffung des Friedens in unserer Zeit das wichtigste Anliegen der Menschheit ist. Da ich gebürtiger Deutscher bin, könnte ich sagen, dass mir Krieg im Blute steckt. Nach all den Kriegen, die wir auf europäischem Boden in näherer und fernerer Geschichte geführt haben, gilt diese Aussage übrigens für die meisten anderen Europäer ebenfalls. Krieg steckt uns leider immer noch im Blute.

Im Rahmen meiner beruflichen Laufbahn hatte ich in den Jahrzehnten nach 1993 vermehrt als internationaler Berater für die Europäische Union (EU) gearbeitet. Anfangs tat ich das sehr gerne, als bei dieser Arbeit noch der Anspruch von „internationaler Partnerschaft" als Devise ausgegeben war, die unsere Beratungstätigkeiten im Ausland leiten sollte. Nach 2001 aber hatte ich bemerkt, wie sich für die EU zunehmend ein außenpolitisches Bemühen um Dominanz in den Vordergrund geschoben hatte. Damit konnte ich mich immer weniger identifizieren. Die Beziehungen zu den Partnerländern wurde immer politischer, weniger von Freundschaft und ehrlichem Umgang unter Partnern geprägt. Das war natürlich auch vielen der Partner klar geworden in den Ländern, in denen wir arbeiteten. Ich bin von Natur aus eher ein Freigeist, und ideologische Engstirnigkeit hat nie zu meinen Wesenszügen gehört. Ethische Überzeugungen und moralische Prinzipien aber hatte ich schon, und liess mich davon auch bewusst in meinem Handeln leiten.

Ich darf sagen, dass mir die friedliche und gemeinschaftliche Entwicklung zwischen Menschen und Völkern schon immer eine Herzensangelegenheit gewesen ist. Insofern war es nachgerade das Natürlichste, mich bewusst und mit Überzeugung, aber ohne persönlichen Eifer oder gar Fanatismus, für eine gesunde Entwicklung Europas und seiner Beziehungen zu den anderen Ländern dieser Welt einzusetzen. Meine Unruhe stieg in dem Maße, wie gewisse autoritäre Tendenzen in der EU und der Europäischen Kommission für mich immer deutlicher zu Tage traten. Ich schrieb dann im Jahr 2015, im Wesentlichen für mich selbst, um meine eigenen Gedanken zu sortieren und klar zu formulieren, einen Aufsatz mit dem Titel „Wie Europa seine Souveränität verlor". Darin zeigte ich auf, wie im Zusammenspiel von Deutschland und Frankreich, das mir zu einer zweiten geistigen Heimat geworden war, die Europäische Kommission die Souveränität der Nationalstaaten an sich zog und deren nationale Verantwortung immer mehr einschränkte. Zudem hatte ich als „teilnehmender Beobachter" erkannt, dass auf europäischem Boden ein Krieg vorbereitet wurde. Das war damals natürlich noch nicht einfach zu erkennen. Aber da ich doch häufig recht eng an den Zentren der Macht arbeitete und in den Jahren nach 2000 für die deutsche Bundesregierung in Europa und den USA an Studien mitwirkte, konnte ich die Zeichen schon früh wahrnehmen. Alle Freunde, Bekannten und Geschäftspartner, die ich darauf hinweisen wollte, schauten nur in die Luft, wenn ich davon sprach, dass es darum ginge, Verantwortung für Frieden zu übernehmen. Niemand wollte etwas davon wissen. Ich selbst trieb keine investigativen Nachforschungen zu diesen Fragen und konnte natürlich auch nicht wissen, in welcher Form dieser Krieg dann beginnen und stattfinden würde. Es hat auch mich dann aber doch persönlich überrascht, wie Deutschland und Europa handstreichartig in diesen Krieg, der spätestens 2014 absehbar gewesen war und 2022 dann zu einem offenen Krieg wurde, hineingetrieben worden sind.

Mich persönlich hat diese Erfahrung sehr erschüttert, auch in meinem Vertrauen zu den Menschen insgesamt. Ich wollte nicht glauben, wie sich vernünftige Menschen in Europa auf so eine Dummheit einlassen konnten. Die Erfahrung dieser Unvernunft schmerzt mich sehr. Mein Grossvater war 1914 mit der Devise „Kanonendonner ist unser Gruß" in den Ersten Weltkrieg geschickt worden. Mein Vater ging 1939 für das Hitlerregime in den Krieg, aus dem er erst Ende 1947 aus russischer[1] Gefangenschaft gesundheitlich und seelisch schwer angeschlagen, wieder heimkehren sollte. Und jetzt sollte auch mich am Ende meines Lebens noch der Krieg heimsuchen und vielleicht auch meine Kinder plagen. Ich hatte das Glück, in Frieden aufwachsen und mein Leben friedlich gestalten zu können, immer bewusst genossen und nie gering geschätzt. Frieden war mir immer als ein grosses Gut erschienen, das es behutsam zu bewahren galt. Dies ist uns leider nicht gelungen.

Die geistigen Väter dieses Buches

Die geistige Urheberschaft für dieses Buch haben zwei amerikanische Denker und Visionäre. Beide sind sich nie persönlich begegnet, aber sie haben gemeinsam, dass sie ihr Denken

1 In einer Zeit, in der Russland ideologisch wieder stark angegriffen wird, ist es notwendig zu bekennen, dass ich aus dieser Erfahrung meines Vaters in den Bergwerken Russlands keinerlei negative Haltung oder Ressentiment entwickelt habe. Mein Vater war Kriegsgefangener (Kgf) gewesen und seine Gefangenschaft war die Folge seines Mitwirkens an einem Krieg, der insgesamt auf verbrecherische Weise entstanden und geführt worden war.

zum Verständnis dieser Welt aus der Kybernetik[2] herleiten. Bei Gregory Bateson[3] ist das offensichtlich, denn er spricht in seinen Schriften ganz offen davon. Bei R. Buckminster Fuller[4] ist der Bezug zur Kybernetik zwar überall in seinen Schriften und auch in seinen Werken sichtbar, aber er war in seiner Person mehr ein Pragmatiker und Generalist als Gregory Bateson. „Bucky" Fuller strebte danach, ein Leben zu führen, in dem er in Gottesvertrauen für die praktische Umsetzung seiner Ideen kämpfte, während Gregory Bateson sich auf die theoretische und erkenntnistheoretische Reflexion und Lehre beschränkte.

Beiden ist gemeinsam, dass sie sehr scharfe Beobachter dessen waren, was auf der Welt vor sich ging, und auch, wie

---

2 Kybernetik ist die Wissenschaft von der Steuerung und Regelung von Maschinen in Analogie zur Funktionsweise von lebenden Organismen mittels von Rückkoppelungsprozessen, die durch die Sinnesorgane impulsiert werden. In sozialen Organisationen funktioniert die Rückkoppelung durch Information, Kommunikation und teilnehmende Beobachtung. Die Wissenschaft der Kybernetik ist entstanden aus dem Zusammenwirken von Wissenschaftlern des „Wiener Kreis". Formuliert wurde sie von Norbert Wiener nach 1945, nach seiner Emigration in die USA, als ihm die Erkenntnis kam, dass intelligentes Verhalten von Menschen und auch von Maschinen als das Ergebnis von Rückkoppelungen (feedback mechanisms) beschrieben werden kann.

3 Bei Gregory Bateson beziehen wir uns im Wesentlichen auf die Aufsatzsammlung, die als „Ökologie des Geistes" 1985 veröffentlicht wurde. Die englische Ausgabe „Steps to an Ecology of Mind, Collected Essays", stammt aus dem Jahre 1972.

4 Bei Buckminster Fuller ist unsere wesentliche Quelle sein Buch „Critical Path", das 1981 veröffentlicht wurde. Sein wohl bekanntestes Buch ist das „Operating Manual for Spaceship Earth", aus dem Jahr 1969. Es kann online auf der Webseite des Buckminster Fuller Institutes heruntergeladen werden. Die deutsche Ausgabe von „Bedienungsanleitung für das Raumschiff Erde und andere Schriften" stammt aus dem Jahr 2011.

die Menschen handelten. Beide setzten den Menschen in den Mittelpunkt ihrer Bemühungen und sahen ihn stets in einem grösseren, umfassenden Zusammenhang. Bei Buckminster Fuller war es „der Mensch im Universum". Bei Gregory Bateson war es der Zusammenhang von Mensch und Natur. Beiden ist gemeinsam, dass sie den grundsätzlichen Fehler im menschlichen Denken und Handeln und Handeln in der Abkopplung des Menschen von den notwendigen Zusammenhängen und dem Zusammenwirken mit der Natur und dem Universum sahen. Beide verstanden dies als das Ergebnis der einseitigen Ausrichtung auf die Entwicklung der Naturwissenschaften seit dem 17. Jahrhundert. Dieses Paradigma der *Isolation des Menschen*, also der unbewussten Abkoppelung des Menschen von den Gesetzen der Natur und des Kosmos, so sahen es beide, löste sich seit dem frühen 20. Jahrhundert mit der Quantenmechanik und dem Begreifen der Bedeutung der „Unschärferelation" langsam wieder auf. Eine Tür öffnete sich. Es konnte wieder Anschluss an die Natur des Menschen und seine Bedeutung im Kosmos gefunden werden.[5] So lässt sich die Erfahrung zusammenfassen, die Gregory Bateson und Buckminster Fuller teilen.

Zum Verständnis dieser beiden Geistesgrößen möchte ich noch jeweils den entscheidenden Grundgedanken hervorheben, der für sie charakteristisch ist. Buckminster Fuller hat seinen ersten und entscheidenden Grundgedanken aus der Anwendung „allgemeiner Prinzipien und Gesetze" zum Verständnis der Natur entwickelt. Er zeigt überzeugend auf, dass es nicht der Mangel an Energie ist, der die Entwicklung der Menschheit hemmt. Vielmehr liegt der grundsätzliche Fehler darin, dass die Menschheit den Zugang zur unendlichen Ener-

5 Fritjof Capra bringt dazu eine eingängige Darstellung in seinem „Tao der Physik", 1977.

giequelle, der uns aus dem Universum durch die Sonne bereitgestellt wird, nicht gefunden, nicht verstanden hat. Dieser mangelnde Zugang zum Verständnis von erneuerbarer Energie hat den Menschen bisher in einer selbstgebauten Falle gefangen gehalten. Dieses Phänomen lässt sich, so Buckminster Fuller, an der Arbeit von Malthus festmachen, der Anfang des 19. Jahrhunderts das Prinzip aufgestellt hat, dass der Mensch sich mit notwendiger Schicksalshaftigkeit vermehren werde, gleichzeitig aber nur über begrenzte natürliche Ressourcen verfüge. Daraus wurde bei Darwin der Kampf ums Dasein und das Prinzip des „Überlebens des Stärkeren". Wenn wir diese Gedanken nur ein paar Schritte weiterführen, dann landen wir direkt bei der Begründung für die Forderung nach „unbegrenztem Wachstum" der Wirtschaft, und auf der politischen Ebene, nach dem Hegemonialstreben und den scheinbar unausweichlichen Kriegen als Mittel zur Erlangung von Macht, die im Zentrum der kritischen Analyse unseres Buches stehen.

Gregory Bateson ist von Haus aus Anthropologe und Biologe. Er hat aber auch in der Psychiatrie erfolgreich gearbeitet[6]. Die wichtigste Bedeutung jedoch hat er als Forscher über die Erkenntnistheorie und hier insbesondere über die Bedeutung der Kybernetik für die Wissenschaften und für die Gestaltung der menschlichen Lebensbedingungen auf der Erde.

Er sagt von sich, dass „die beiden wichtigsten historischen Ereignisse in meinem Leben der Vertrag von Versailles und die Entdeckung der Kybernetik waren".[7] Dies klingt sicherlich erstaunlich, weil nicht unmittelbar klar ist, wie die Beziehung

---

6 Der Begriff des „double-bind", also der Beziehungsfalle, wurde von ihm geprägt.

7 Wir beziehen uns in diesem Teil im Wesentlichen auf Gregory Bateson, „Ökologie des Geistes, Teil VI, Krisen in der Ökologie des Geistes, von Versailles zur Kybernetik", aus seiner Vorlesung von 1966.

zwischen diesen beiden „Ereignissen" aussieht. Wir kommen dem Verständnis dessen, was Gregory Bateson meint näher, wenn wir lesen, dass aus seiner Sicht die „wichtige Frage an die Geschichte (lautet): ist die Vorgabe[8] oder Einstellung verändert worden?". Er erklärt dazu weiterhin, „die wichtigsten Punkte in der Geschichte sind…die historischen Augenblicke… in denen Einstellungen verändert werden", in denen sich bisherige „Werte" verändern. Er zeigt dann auf, dass der Vertrag von Versailles das Verhalten der wichtigsten Unterzeichner des Vertrages[9], also namentlich von Deutschland, Frankreich, Großbritannien und den USA, nicht erfolgreich verändert hat.[10] Deshalb war nach seinem Verständnis die zwangsläufige Folge des Vertrages von Versailles der Zweite Weltkrieg, und das mit denselben Nationen als wichtigen Protagonisten. Er nennt den Vertrag von Versailles einen der „größten Rückfälle in der Geschichte unserer Zivilisation" und meint dazu, „dass wir noch eine Reihe von Generationen hindurch mit Nachwirkungen aus diesem Verrat zu tun haben werden", um dann weiter zu ergänzen, „dass der Verrat in einem Waffenstillstand oder bei Friedensverhandlungen schlimmer ist, als eine Kriegslist in der Schlacht". Sein Fazit daraus: „Sie geht

8 Der Begriff „Vorgabe" bezieht sich hier auf die Kybernetik als Systemtheorie, und meint „Führungsgröße" oder „entscheidende Bezugsgröße", an der sich die anderen Parameter und Elemente eines Systems ausrichten.

9 Wir sollten hier festhalten, dass seit der Oktoberrevolution 1917 in Russland eine Regierung die Macht übernommen hatte, mit der sich die USA nicht verständigen wollten.

10 Wie wir an späterer Stelle aufzeigen werden, war es genau dieser Gedanke, der auch Rudolf Steiner bei seiner Einschätzung der Ereignisse um den Ersten Weltkrieg leitete. Er betonte nachdrücklich, dass es einer Änderung der politischen „Regeln" bedurfte, um nicht eine neue Katastrophe vorzubereiten. Wie wir wissen, hat Max von Baden, der letzte Reichskanzler des deutschen Kaiserreiches, die beratende Tätigkeit von Rudolf Steiner sehr bald beendet.

immer weiter. Die Tragödie des schwankenden, sich selbst fortpflanzenden Misstrauens, des Hasses und der Zerstörung durch Generationen hindurch".

Gregory Bateson ist sich bewusst, dass die Kybernetik, also „das zweite historische Ereignis" seiner Zeit, an sich noch nicht die Lösung unserer geopolitischen Probleme bringen wird. Er geht aber fest überzeugt davon aus, dass sie ein wichtiger Beitrag zur Veränderung der Einstellung und des Verhaltens sein kann. Er weiss jedoch auch, „jedes Verständnis kann destruktiv eingesetzt werden". Bateson fasst seine Erkenntnis dazu wie folgt zusammen: „in der Kybernetik selbst steckt die Integrität[11], die uns dazu verhilft, nicht durch sie zu einem weiteren Wahnsinn verführt zu werden, aber wir können nicht darauf vertrauen, dass sie uns von der Sünde abhält"[12] und meint in hoffnungsvollerem Ton dazu: „So viel ist aber sicher, dass in der Kybernetik auch das Mittel angelegt ist, eine neue und vielleicht menschliche Weltanschauung zu erreichen, ein Mittel, unsere Philosophie der Macht zu verändern und ein Mittel, unsere eigenen Dummheiten in einer grösseren Perspektive zu sehen".

---

11 Weil Kybernetik uns die Zusammenhänge von Ereignissen sehen lässt.

12 Wir wollen hier anmerken, dass auch Buckminster Fuller die Integrität als ein sehr wichtiges Kriterium für gutes und erfolgreiches Handeln ansieht. So hat er eines seiner Bücher „Ideas and Integrities", von 1963, genannt. Auch in seinem „Critical Path" hebt er diesen Punkt hervor. Dort nennt er in dem *Foreword* einen der 4 Gründe für das Buch an: „Weil ich stark davon überzeugt bin, dass die Menschheit von der Auslöschung bedroht ist, solange nicht ein jeder von uns es wagt, von jetzt an und für immer, nur die Wahrheit auszusprechen, die ganze Wahrheit, und dies von jetzt an und ab sofort zu tun". (unsere Übersetzung, WP)

Erster Teil

Der politische Rahmen in Europa

Einleitung

Noch vor einem Jahrzehnt hätten wir gesagt, dass wir mit unserem Buch verhindern wollen, dass Europa in einen neuen Krieg hineingezogen oder hineingetrieben wird. Heute, im beginnenden Jahr 2024, während wir diese Einleitung verfassen, würden wir mit diesem Appell gegen den Krieg zu spät kommen. Europa steht seit 2022 wieder in einem offenen Krieg. Dies ist kein „kalter Krieg", wie er den Menschen von den Medien immer noch angeboten wird. Seit Februar 2022 sind schon wieder mehr als eine halbe Million Soldaten und Zivilisten in diesem Krieg ums Leben gekommen.

Wie konnte es dazu kommen? Zynisch könnte man antworten: weil die von der ukrainischen Regierung seit 2014, nach dem „Euro-Maidan" im eigenen Land getöteten 14.000 Russisch sprechenden Bewohner in den Regionen Donezk und Luhansk nicht gezählt wurden. Im Deutschen sagt man dazu, dass sie „nicht gezählt haben", es also nicht wert waren, gezählt zu werden.

Hinter diesem Verschweigen der Terrorisierung und Tötung der eigenen Bevölkerung durch die ukrainische Regierung stand jedoch Absicht, man darf vermuten „böse Absicht".

Im Jahr 2015 wurde das Minsker Abkommen völkerrechtlich verbindend unterzeichnet, für dessen Umsetzung sich Deutschland, Frankreich, Russland und die Ukraine verantwortlich einsetzen wollten. Es ging dabei in erster Linie um die Einhaltung eines Waffenstillstandes und um die Aushandlung eines Autonomiestatus für die beiden Russisch sprechenden Gebiete von Luhansk und Donezk.

Wie sich jedoch herausstellte, bestand auf der Seite der Ukraine und der westlichen Staaten, die das Minsker Abkommen unterzeichnet hatten, gar nicht die Absicht, dieses Abkommen umzusetzen. Wie die frühere Kanzlerin Angela Merkel im Jahr 2023 öffentlich erklärte, bestand die wesentliche Absicht des Minsker Abkommens darin, der Ukraine Zeit zu verschaffen[13]. Seit 2015 wurde die Ukraine durch die NATO massiv aufgerüstet, um sich auf einen baldigen Krieg mit Russland vorzubereiten. Das war die Absicht gewesen, die schon hinter der Inszenierung des Euro-Maidan gestanden hatte. Um Nebel zu streuen und um Russland Hoffnung zu geben, wurden in den Jahren von 2018 bis 2020 im Durchschnitt alle drei Monate neue brüchige Waffenstillstandsvereinbarungen durch die Trilaterale Kontaktgruppe für die Ukraine, bestehend aus Russland, Ukraine und OSZE[14] getroffen.

Heute ist offensichtlich, dass spätestens seit 2015 die Vorbereitungen der NATO auf einen Krieg mit Russland auf Hochtouren liefen. Die Ukraine wurde massiv aufgerüstet und von europäischen und amerikanischen Militärberatern unterstützt.

Russland hat diesem falschen und üblen Spiel im Februar 2022 mit seinem Angriff auf die Ukraine ein Ende bereitet. Im Sinne der eigenen Selbstverteidigung sah sich Russland in einer Situation, in der das Land keine andere Wahl mehr hatte.

---

13 Als Beispiel hierzu aus dem Tagesspiegel vom 09.12.2022, wo es heisst: „Die Altkanzlerin bezeichnete das „Minsker Friedensabkommen“ von 2014 als einen Versuch, der Ukraine Zeit zu geben.

14 OSZE steht für die Organisation für Sicherheit und Zusammenarbeit in Europa. Die OSZE ist als internationale Institution aus den Verhandlungen über „Sicherheit und Zusammenarbeit in Europa“ hervorgegangen, die 1975 mit der Schlussakte von Helsinki endete. Wir führen dies an, um aufzuzeigen, dass es in Europa vor 50 Jahren den Willen zu friedlicher Zusammenarbeit gab. Diese Initiative ist seit 1990 mit dem Ende der Sowjetunion völlig zerstört worden. Der Wille zum Krieg hat wieder die Oberhand gewonnen.

Was kann in einer solchen Situation mit diesem Buch erreicht werden? Weshalb wenden wir uns mit ihm an die Öffentlichkeit?

Die entscheidende Frage, die wir uns stellen wollen, lautet: Was waren die Gründe für die Sabotage des Minsker Abkommens durch die West-Mächte und die NATO? Welche Absichten standen hinter der Vorbereitung des Krieges gegen Russland? – Denn Deutschland und Frankreich waren in diesem taktischen Spiel ja nur Stellvertreter für den „globalen Westen", das heisst für die NATO.

Methodisch wollen wir zur Beantwortung dieser Frage von der Wahrnehmung der Symptome zum Verständnis der Wirklichkeit vordringen. Diese verbirgt sich hinter dem Schleier der Symptome[15], die uns lediglich einen Schein der Wirklichkeit zeigen, uns etwas vorspielen, oder auch vorgaukeln wollen. Das wichtigste Instrument, um zum Verstehen zu gelangen, wird das Denken sein, und die wichtigste Voraussetzung ist dabei unsere eigene Furchtlosigkeit, um den oft schrecklichen, von uns Menschen verantworteten (Un-)Wahrheiten und Lügen ins Gesicht zu sehen. Wenn wir uns in diesem Sinne mutig der Wirklichkeit stellen, dann werden wir immer mehr auch zu einem Verständnis der „geistigen Triebkräfte" gelangen, die hinter dem Verhalten der politischen und wirtschaftlichen Akteure zur Wirksamkeit gelangen. Dazu werden wir dann in den abschliessenden Kapiteln des zweiten Teils des Buches wichtige Einblicke verschaffen und Erkenntnisse ermöglichen.

Für den, der sich der Wirklichkeit stellen will, der der Wirklichkeit ins Gesicht sehen will, sind die Tatsachen nicht so

15 In seinen Vorträgen von 1919 zur Symptomatologie der Geschichte fordert Rudolf Steiner uns auf, hinter den Symptomen die Wirklichkeit, die Wahrheit hinter den Vorgängen zu sehen. S. h. die Vorträge in der GA 185. S. h. https://anthrowiki.at/Geschichtliche_Symptomatologie

schwer zu verstehen. Freilich, man muss gewillt sein, sich nicht blenden zu lassen, sich nicht mit dem „farbigen Abglanz“[16], den die Medien und unsere Führungskräfte aus der Politik allenthalben verbreiten, zufriedenzugeben.

Bei intelligenten und ehrlichen politischen Analytikern, wie etwa Noam Chomsky, kann man es seit Jahrzehnten nachlesen. In einem Interview in der *New Left Review* (Nummer 57, September/Oktober 1969), das in dem Anhang *Linguistik und Politik* zu dem Buch *Sprache und Geist* auch in Deutschland veröffentlicht wurde, sagte Chomsky: „Das Ziel, eine vom amerikanischen Kapital beherrschte, integrierte Weltwirtschaft zu schaffen, rangiert für die Besitz-Elite, die die Vereinigten Staaten lenkt, an erster Stelle. Es geht nicht allein darum, sichere Gebiete für amerikanische Investitionen, Märkte und die Kontrolle über Rohstoffe zu haben, so wichtig sie auch sein mögen. Es ist ebenso notwendig, die Verteidigungsausgaben, das heißt letztlich die Kriegskosten auf einem hohen Stand zu halten. Das ist der wichtigste Keynes'sche Mechanismus zur Erhaltung dessen, was man eine gesunde Wirtschaft nennt“. Dies ist eine klare Aussage: hohe Ausgaben für eine Kriegswirtschaft werden von den Eliten der USA als wichtiger Mechanismus zur Erhaltung einer gesunden Wirtschaft angesehen. Auf diesen Punkt werden wir noch zurückkommen müssen, wenn wir von der Kriegswirtschaft sprechen, die seit 2023 auch in Europa von der EU und verschiedenen Mitgliedsstaaten als verbindlich eingeführt worden ist.

Vom Verstehen der Symptome, ihrer historischen Entstehung und ihrer Zusammenhänge, wollen wir einen Weg zeigen, wie wir zu einem eingehenden Verständnis wichtiger politischer und wirtschaftlicher Vorgänge und Zusammen-

16 Ein geflügeltes Wort, das Goethe seinem Faust in den Mund legt; s. Faust II, erster Akt.

hänge in unserer Zeit kommen. Diese „Krankheitsgeschichte“ soll dann die Grundlage für das Stellen einer Diagnose ermöglichen, die wir als eine Voraussetzung für das Aufzeigen von möglichen zukünftigen Lösungen zur Behebung der gefundenen Ursachen ansehen.

Mit unserem Buch wollen wir also dieser Frage nach den Gründen und Absichten nachgehen und sie unter verschiedenen Aspekten beleuchten, um zu verstehen, wie Europa auf den Weg zu seiner Selbstzerstörung und seiner Apokalypse gelangt ist. Am Ende dieses analytischen und intellektuellen Prozesses sollte dann deutlich geworden sein, welches die Situation in Europa heute ist und wohin der eingeschlagene Weg in den kommenden Jahren und Jahrzehnten konsequenterweise führen wird. Wir erheben also den Anspruch, mit unserer Analyse nicht auf der symptomatischen Ebene zu verbleiben. Wir wollen keine Kriegsberichtserstattung schreiben, auch nicht die diplomatischen Hinterhältigkeiten im Einzelnen nachvollziehen, wie sie in den Medien seit Jahren stündlich präsentiert werden. Wir haben das Ziel zu verstehen, und aufzuzeigen, was die tieferen Gründe und Triebkräfte dieser Prozesse sind, die unser Leben in Europa aktuell gestalten.

Wir werden dabei ebenfalls nicht den Anspruch erheben, eine umfassende wissenschaftliche Abhandlung zu verfassen, in der die Beziehungen und gegenseitigen Abhängigkeiten von Politik, Wirtschaft und Gesellschaft in allen Einzelheiten erklärt werden. Es geht uns vielmehr darum, Evidenz zu schaffen für Triebkräfte und Zusammenhänge, die hinter den Ereignissen und Tatsachen stehen und die inzwischen offensichtlich geworden sind. Dieser Argumentation zu folgen, erfordert auch den Mut, den Tatsachen ins Auge zu sehen und sich nicht zu fürchten vor den Folgen einer drohenden Katastrophe, auf die wir sehenden Auges zusteuern. Diese Katastrophe wird nicht mehr zu verhindern sein. Europa steuert in einem dynamischen Prozess der Selbstzerstörung auf die eigene Apokalypse zu.[17]

Wir haben durch unsere Forschungen zur Geschichte und politischen Ökonomie gelernt und verstehen deshalb, dass in der Geschichte Kräfte am Werk sind, gute wie schlechte, die sich nicht immer genau benennen lassen und keiner „Logik" folgen. Dieser Erkenntnis wollten wir mit dem einleitenden Zitat von Eric Hobsbawm Rechnung tragen. Wir werden in unserem Buch also auch immer wieder Hinweise geben auf wohlwollende Akteure und gute Kräfte, die versuchen, dieser drohenden Katastrophe entgegenzuwirken. Solange es diese Akteure und Kräfte gibt, sollten wir die Hoffnung nicht ganz aufgeben.

Unsere These wird jedoch darin bestehen, dass Europa und der sogenannte „Westen" aus eigener Kraft nur noch sehr schwer aus dieser Katastrophe herausfinden werden. Dazu werden wir in den Schlusskapiteln Vorschläge zu einem Paradigmenwechsel in der Politik machen, der in unserem Zeitalter der Globalisierung schon lange notwendig geworden ist. Wir werden konkrete Hinweise geben, wie wir von einem „linearen" Denken in der Politik zu einem vernetzten, oder „lateralen" Denken[18] kommen können, um das Potential der Kyberne-

17 Wir sind nicht die ersten und nicht die einzigen, die zu einem solchen Verständnis gelangt sind. Als Beispiele sei hier Emmanuel Todd angeführt, der mehrere Bücher zu dem Thema veröffentlich hat. Auf Deutsch sind erhältlich: Weltmacht USA: ein Nachruf, von 2003; auf Französisch erhältlich: La Défaite de l'Occident, von 2024. Allerdings haben wir einen eigenen Argumentationsstrang entwickelt, der von historischen Prozessen ausgeht, um dann im Sinne der Politischen Ökonomie konsequent zu argumentieren.

18 Als Beispiel wollen wir hier von Edward de Bono das Buch „Lateral Thinking: a Textbook of Creativity", 2016, nennen.

tik für die Gestaltung unserer Zukunft zu nutzen. Wir werden zum Schluss auch einen konkreten Hinweis geben können für den ersten und entscheidenden Schritt zu einem geopolitischen Paradigmenwechsel, der Europa aus dieser drohenden, und teilweise schon gelebten Apokalypse herausführen kann.

Wir werden uns mit dieser Studie auf den Zeitraum der vergangenen einhundert Jahre beschränken. Dies sind die entscheidenden Jahre für diesen Weg in die Katastrophe, den Europa zurückgelegt hat. Wir beginnen also in der Zeit kurz vor dem Ersten Weltkrieg, als Djagilew und Strawinski in Paris ihr „Ballet Russe" und „Le Sacre du Printemps" (die „Frühlingsriten") inszeniert haben, als Oswald Spengler die ersten Entwürfe zu seinem „Untergang des Abendlandes" veröffentlicht hat, als Thomas Mann seinen „Tod in Venedig" schrieb und sich zu seinem „Zauberberg" inspirieren liess, und als C. G. Jung seine Visionen von dem über den europäischen Kontinent strömenden Blut hatte.[19]

In einem Überblick werden wir zeigen, wie die „Welt nach Versailles", also nach dem Schwellenjahr von 1919, ausgesehen hat und welche Perspektiven von den politisch Verantwortlichen für diese Welt nach der „Urkatastrophe" des Ersten Weltkrieges angelegt wurden. Dabei werden wir uns Einblicke verschaffen in den Prozess, in dem die USA als der entscheidende Akteur für Europa[20], die politische und wirtschaftliche Weltbühne betrat.

---

19 Es lohnt sich, dazu das Buch „Rites of Spring: The Great War and the Birth of the Modern Age", 1989, von dem lettisch-kanadischen Historiker Modris Eksteins zu lesen.

20 Wir beschränken unseren Überblick weitgehend auf Europa. Wir wollen hier keine Geschichte der amerikanischen Globalpolitik schreiben. Uns geht es in erster Linie darum, die Wirkungen der Hegemonialpolitik der USA auf das Wohl und Wehe Europas aufzuzeigen. Wie wir jedoch sehen werden, hat diese hegemoniale Globalpolitik natürlich ihre Wirkungen auch auf die übrige Welt.

In einem weiteren Schritt werden wir dann nachzeichnen, wie „Europa seine Souveränität“ verloren hat. Dies war ein sehr wichtiger Schritt, denn aus dem europäischen Einigungsprozess, den die ganze Welt mit viel Achtung und auch Hoffnung begleitet hat, ist nicht die erhoffte Befreiung aus den Fesseln der Vergangenheit entstanden. Europa ist nicht zum Botschafter des Friedens in einer multipolaren Welt geworden, wie es nach 1957[21] und wieder nach 1990 möglich schien. Vielmehr werden wir nachvollziehen müssen, wie Europa sich schrittweise aufgegeben und sein Schicksal nach dem Ereignis von 9/11, 2001, direkt an das der USA und die NATO gebunden hat. Das war, politisch betrachtet, wohl das wichtigste Ergebnis des Zweiten Weltkrieges. Die ehemaligen europäischen Grossmächte, England, Frankreich, Italien und Deutschland, waren zu Vasallen der USA[22] geworden. Schon aus der „Urkatastrophe“ des Ersten Weltkrieges heraus ist Europa in eine dauerhafte direkte Abhängigkeit zu den USA geraten. Die früheren europäischen Grossmächte sind zu Spielfiguren des amerikanischen Imperialismus und der amerikanischen Hegemonialpolitik[23] verkommen.

Wir wollen in dieser Einleitung hier auch schon auf einen wichtigen Punkt hinweisen, der in der Literatur zu dem Thema „amerikanische Hegemonie“ meist übergangen, oder verschwiegen wird. Dies betrifft die wirtschaftliche und finanzielle Situation der USA und die Dominanz des Dollar als internationales Zahlungsmittel.[24] Das System von Bretton

21 Abschluss der Römischen Verträge zur Gründung der EWG.

22 s. h. Zbigniew Brzeziński, The Grand Chessboard.

23 Diese Politik des amerikanischen Imperialismus und der amerikanischen Hegemonialpolitik wird sehr detailliert und einleuchtend von Niall Ferguson in seinem Buch „Colossus: The Rise and Fall of the American Empire“, 2004, beschrieben und nachvollzogen.

24 Hierzu Grundlagen der monetären Aussenwirtschaft, 2009, Gerhard Rübel.

Woods war grundsätzlich auf dem Goldstandard aufgebaut. Im Jahr 1971, also in einer Zeit, in der die USA einen grossen und wachsenden Finanzierungsbedarf für ihren Krieg in Vietnam hatten, hob der damalige US-Präsident Richard Nixon die Bindung des Dollar an Gold auf, um 1973 die Wechselkurse gänzlich freizugeben. Dies war der Beginn eines schleichenden Prozesses, in dem die Handelspartner der USA nach und nach, durch die wachsende Verschuldung der USA gewarnt, zunehmend ihr Vertrauen in die USA verloren. Ein Prozess, der sich bis in unsere Zeit stetig noch zugespitzt hat.

Schon seit Jahrzehnten, spätestens mit dem „Platzen der Tech-Blase“[25] um das Jahr 2000 und dann mit dem „Platzen der Immobilien-Blase“, die in die „Lehmann Krise“ von 2008[26] mündete, war die globale Finanzkrise offensichtlich geworden. Diese Finanzkrise ging im Wesentlichen von der Finanzpolitik der USA aus. Sie wurde von zwei wesentlichen Faktoren verursacht: einer extrem expansiven Geldpolitik (Stichwort: „Helikopter-Geld“) und der ins Gigantische gewachsenen finanziellen Ressourcen sowie der Macht der globalen Finanz-Kartelle, als Beispiel sei hier „Black Rock“[27] genannt. Europa erlebte ebenfalls seine Finanzkrise, die sogenannte Eurokrise. Sie wurde jedoch auf eine Art und Weise „gelöst“, welche die Abhängigkeit zur Finanz- und Wirtschaftspolitik der USA und ihrer globalen Finanz-Kartelle noch vergrößerte. Einem grossen Teil der europäischen Unternehmen und der verbliebenen wirtschaftlichen und finanziellen Kapazitäten Europas,

---

25 In der Boom-Phase der "New Economy" zwischen 1995 und 2000 nahm die Zahl und Kapitalstärke dieser neuen Technologie-Unternehmen an den internationalen Börsen rasant zu.

26 Die Pleite der Investmentbank Lehman Brothers am 15. September 2008 löste eine globale Finanzkrise aus.

27 Eine unendliche Quelle von Informationen hierzu: https://de.wikipedia.org/wiki/BlackRock

die bis dahin noch nicht in den Händen der USA und ihrer Finanz-Kartelle waren, wurde freundschaftlich von den USA aus der Krise geholfen. Sie wurden aus den USA heraus mit finanziellen Mitteln unterstützt, was bedeutet „aufgekauft", und ihrer bisherigen wirtschaftlichen Unabhängigkeit beraubt.

Dies alles sind Themen, die viel diskutiert und auch publizistisch und wissenschaftlich behandelt worden sind. Diese Diskussionen wollen wir hier nicht nachvollziehen. Uns geht es vielmehr darum aufzuzeigen, in welcher Situation sich Europa in der Konsequenz seitdem befindet. Dabei ist es uns wichtig, die Mechanismen aufzuzeigen, welche von den USA wissentlich und mit strategischer Absicht ins Werk gesetzt werden, um die Ziele ihrer imperialistischen Hegemonialpolitik zu erreichen. Wie wir sehen werden, sind diese Mechanismen zum Management von geopolitischen Regionen und Sphären von den USA im Wesentlichen in der geopolitischen Region des Nahen und Mittleren Ostens erprobt worden, nachdem sie dort die Rolle des Britischen Empire übernommen hatten. In dieser Region befinden sich die sogenannten „arabischen" Staaten, die nach dem Ersten Weltkrieg global gesehen in erster Linie die Rolle der Erdöl- und Energielieferanten für die Weltwirtschaft[28] übernommen haben. Wir werden in einem Überblick auch aufzeigen, wie aus diesen Mechanismen, die von den USA in dieser Region entwickelt wurden, in einem Akt der politischen Strategieentwicklung inzwischen das Business Modell der amerikanischen Aussen- und Hegemonialpolitik entstanden ist.

Abschliessen wollen wir diesen Teil des Buches mit Hinweisen auf die neue Rolle, welche die USA den Staaten Europas zugewiesen haben. Konsequent in ihrem hegemonialen und

28 Infos hierzu bei: https://de.wikipedia.org/wiki/Organisation_erd%C3%B6lexportierender_L%C3%A4nder.

imperialistischen Bestreben verlangen die USA von den europäischen Staaten, inzwischen auch direkt über ihren Einfluss in der EU, dass sie ihre Rolle als exklusiver Partner der USA spielen. Über den Mechanismus der NATO beinhaltet diese Rolle seit 2022 auch das Einschwenken auf eine autoritäre Kriegswirtschaft zusammen mit der Bereitschaft zur Führung von Stellvertreter-Kriegen, so wie wir es gerade in der Ukraine erleben. Die Souveränität Europas ist also gänzlich aufgehoben. Europa ist als gesamter Kontinent zu einem Vasallen der USA geworden.

Einen kritischen Faktor in diesen Mechanismen und Prozessen wollen wir am Ende dieser Einleitung noch weiter anführen. Wir haben schon kurz auf die entscheidende Wirkung der Verschuldung der USA hingewiesen. Der entscheidende Punkt ist, dass das Niveau und Volumen der Verschuldung der USA nicht nachhaltig sind.[29] Der Punkt, den wir hier machen wollen, ist relativ einfach und direkt. Er ist den Weisheiten aller grossen Kulturen entnommen und steht in jedem guten Handbuch zur politischen Ökonomie[30]. Die Frage ist, was kön-

29 Wir verweisen hier noch einmal auf Niall Ferguson, der am Ende seines Buches „Colossus: The Rise and Fall of the American Empire", die Frage stellt, woran der amerikanische Imperialismus, dem er insgesamt eher positiv gegenübersteht, schiesslich scheitern wird. Niall Ferguson hat sich in seinen Büchern im Wesentlichen zwei Themen gewidmet: Krieg und Finanzierung. Seine klare Ansage: die USA werden an der Überschuldung, also einer Finanzierungskrise, scheitern.
Zu dem Thema der Überschuldung der USA verweisen wir auf eine grosse Zahl von Studien, die von Ökonomen und Finanzexperten aller Kreise und Couleurs, in den vergangenen Jahrzehnten verfasst worden sind, und die sich in beliebigen Quellen, Publikationen und Büchern, finden lassen.

30 In einem Podcast des Mises Institute hiess es neulich: „They'll Never Pay Down the National Debt", d.h. dass „die FED (amerikanische Zentralbank) ihre Schulden niemals zurückzahlen wird. Stattdessen

nen und werden die USA machen, um aus dieser extremen Verschuldung herauszukommen. Inflationierung wird nicht mehr ausreichen, dazu ist die Geldschwemme der vergangenen Jahrzehnte zu gross gewesen. Also bleibt nur ein Mittel: Krieg. Krieg als „schöpferische Zerstörung“[31], als Weg aus der Überakkumulation von Kapital. Wir zitieren hier einen Artikel aus der Zeitschrift *Luxemburg*: „Wieder einmal eine Krise?“[32]. Dort heisst es mit bezug auf die „Grosse Depression“ von 1873: „Sie suchte sich einen Ausweg in Hochrüstung, Imperialismus und schließlich im Ersten Weltkrieg“.

Und tatsächlich ist es so, dass die USA diesen Weg schon bisher zum wiederholten Male gegangen sind und bei zunehmender Verschuldung in Zukunft noch intensiver begehen werden.

---

habe die FED zwei Möglichkeiten: galoppierende Inflation oder Zahlungsunfähigkeit.

Wir sehen jedoch eine dritte Option, die sich derzeit auf globaler Ebene entfaltet: KRIEG.

In der Nationalökonomie nennt man das die „Kapitalzerstörung“, d.h. „alle Zähler auf null setzen“ und die Show von vorne beginnen, wenn auch auf einem höheren Niveau.

Hierzu Ausführungen bei Friedrich A. v. Hayek, Weltwirtschaftliches Archiv, 36. Bd. (1932); S. 86-108 (23 Seiten); und auch bei Ludwig von Mises, in seinen Erklärungen zu den Prozessen in Zeiten der Depression, nachzulesen in seiner Konjunkturtheorie, die er in seinem 1912 erschienenen Werk «Theorie des Geldes und der Umlaufmittel» vorgelegt hat.

31 Wir entlehnen den Begriff „Schöpferische Zerstörung“ dem österreichischen Wirtschaftswissenschaftler Joseph Alois Schumpeter , der ihn in seiner Theorie zur Makroökonomie zur Kennzeichnung von unternehmerischer Leistung durch Innovation und kreative Adaptation geprägt hat. Für unsere Zwecke fassen wir den Begriff weiter und verbinden ihn mit dem Begriff der Überakkumulation von Kapital.

32 Luxemburg, Zeitschrift für Gesellschaftskritik und Line Praxis. https://zeitschrift-luxemburg.de/artikel/wieder-einmal-eine-krise/

Dabei wird auch Europa, ebenfalls über die Maßen verschuldet, wieder einmal in den Krieg gehen müssen. In den wichtigen Staaten Europas und von der Europäischen Kommission wurde seit 2022 ganz offen von einer Kriegswirtschaft gesprochen, nach der sich die europäischen Wirtschaften und Gesellschaften ausrichten müssten[33]. Schon 2023 wurde dann die entsprechende „Zeitenwende“ von der EU und mehreren wichtigen Mitgliedsstaaten beschlossen. Die Entwicklung der Staaten Europas wird inzwischen ganz rigoros von der Europäischen Kommission und von der NATO diktiert. Es gibt hier keine Geheimnisse mehr. Kriegswirtschaft ist ein wichtiger Schritt auf dem Weg in die Apokalypse, auf dem sich Europa befindet.

Um besser zu verstehen, worum es geht, wollen hier nur kurz an die Bedürfnisse für das gute Funktionieren einer Kriegswirtschaft erinnern. Man wird dann leicht einsehen, dass die USA, einmal über die NATO, die sie unangefochten führen, und zudem über ihre Finanzkartelle, wie Black Rock, alle wichtigen Fäden in der Hand halten. Unter Kriegswirtschaft wird eine Wirtschaftsordnung verstanden, in der ein stark regulierender Interventionismus und eine zentral- und planwirtschaftliche Steuerung durch den Staat und seine Organe ermöglicht wird. Bürgerliche Freiheiten werden beschränkt. Dies geschieht unter dem Vorwand, den Anforderungen einer Bedrohung durch Krieg möglichst gut gerecht zu werden. Primäres Ziel dieser Art von Mobilmachung ist die Bereitstellung von Gütern für den Krieg, also von Waffen, Mu-

---

33 Nachzulesen im Handelsblatt vom 11.03.2023: Macron sieht sein Land in der „Kriegswirtschaft“ – Rüstungsfirmen profitieren. Der deutsche Verteidigungsminister hat sich dafür das Wort „Kriegstüchtigkeit“ vorschlagen lassen. Die deutsche Präsidentin der Europäischen Kommission hat die Benennung eines Kommissars für „Verteidigung“ vorgeschlagen.

nition und militärischer Ausrüstung, aber auch von Lebensmitteln, in erster Linie zur Deckung des Armeebedarfs. Wie wir derzeit gut beobachten können, ist es genau diese Politik einer Kriegswirtschaft, der die Ukraine bereits seit 2014 konsequent folgt: alles dient dem Krieg. Die eigene Bevölkerung wandert aus, um sich von anderen Ländern Europas aushalten zu lassen. Die entstandene Kriegswirtschaft und die daraus resultierende Rüstungsproduktion ist stark abhängig von Kriegsfinanzierung aus dem westlichen Ausland. Sie schränkt zudem zunehmend die Versorgung der eigenen Bevölkerung und der zivilen Wirtschaft stark ein. Kriegswirtschaft und die Bedürfnisse der zivilen Wirtschaft konkurrieren um knappe Güter. Über die Ressourcenallokation und die Regulierung des Verbrauchs entscheidet der zentralistische und autoritäre Staat durch ein bürokratisches Verteilungssystem, dessen Effizienz letztlich über die materiellen Rahmenbedingungen der Kriegsführung im modernen Zeitalter entscheidet.

Erster Teil - Kapitel 1

Der politische Wille und strategisches Denken entscheiden

„Dem Tüchtigen ist diese Welt nicht stumm. Was braucht er in die Ewigkeit zu schweifen! Was er erkennt, läßt sich ergreifen."

Goethe, Faust. Der Tragödie zweiter Teil, 1832. 5. Akt

In seinem bedeutenden historischen Werk zum „Untergang des Abendlandes. Eine Morphologie der Weltgeschichte" hat Oswald Spengler[34], eine vergleichende Analyse und Philosophie zum Verständnis des klassisch griechischen Menschen und Geistes (der apollinische Typ) mit dem modernen, wissenschaftlich-technisch gebildeten Menschen und Geist (der faustische Typ) vorgelegt. Daran mag man sich in der aktuellen Situation als aufmerksamer Beobachter des politischen Weltgeschehens erinnert fühlen.

Ehrlicherweise kommt man nicht umhin, den amerikanischen politischen Willen, also den „faustischen Willen", zur Durchsetzung seiner Interessen zu bestaunen. Es weckt schon beinahe ein Gefühl der Bewunderung zu sehen, mit welchem

34 Spengler fand die Idee zu diesem Buch nach eigenen Aussagen im Jahr 1913. Der erste Band erschien 1918, der zweite Band erschien 1922.

Mut und mit welcher Entschlossenheit die USA die Europäer in die aktuellen globalen Auseinandersetzungen treiben und in den neuen offenen Krieg gegen Russland geführt haben.

Auch wenn diese Kaltschnäuzigkeit teilweise aus einem Mut der Verzweiflung entwachsen sein mag, so kommen wir ehrlicherweise nicht umhin zuzugestehen, dass eine solch vehemente Entschlossenheit, welche die Voraussetzung für grosse Kriege und bedeutende Verbrechen gleichermassen sind[35], in den europäischen Ländern und ihrem Führungspersonal völlig abhandengekommen ist, und oft als geradezu undenkbar gelten muss.

Die europäischen politischen Führungskräfte strahlen viel eher eine melancholische Nostalgie aus, wie wir sie von dem „Ritter von der traurigen Gestalt"[36] kennen. Grosse Worte und beeindruckende Gesten werden allenfalls im amerikanischen Windschatten gewagt. Eigenständiges, souveränes Handeln kann nicht mehr erwartet werden. Europa hat sich in seinen Persönlichkeiten politisch verzwergt und folgt dem Vorbild der kleinen baltischen EU-Mitglieder, die ihre Bedeutung allein von dem grösseren Bruder jenseits des Atlantik und seinen älteren Geschwistern aus „Brüssel" borgen.

So müssen wir ehrlicherweise ebenfalls anerkennen, dass dem Augenschein nach und entsprechend dem Eindruck, den die Führungspersönlichkeiten auf globaler politischer Ebene vermitteln, am ehesten noch die russischen und chinesischen

---

35 In dem Kapitel „Gesetz der Aggression" in seinem Buch „Gesetze der menschlichen Natur" (The Laws of Human Nature, 2021) führt Robert Greene sehr überzeugende Beispiele an. Dies gilt vielleicht noch mehr für sein Buch „Gesetze der Macht" (The Laws of Power, von 1998).

36 Diesen Beinamen hat sich Don Quijote, der „Held" aus dem Roman von Miguel de Cervantes, auf Anraten seines Knappen selbst gegeben.

Rollenspieler auf der grossen Bühne der Weltpolitik eine Souveränität ausstrahlen, die es mit den USA aufnehmen kann.

Unterstützt wird dieser Augenschein und unsere wahrnehmende Beobachtung durch die Tatsache, dass außer den drei genannten grossen Staaten keine Nation und kein Staatenbund ähnlich klare geopolitische Ziele definieren kann und auch in der Lage wäre, solche auf eigenständige Weise durchzusetzen.

Seit der Aufnahme der osteuropäischen Länder in die EU und in die NATO, nach 1990, und dem Beitritt Frankreichs zur NATO im Jahr 2009, haben sich Europa und die EU endgültig hinter den USA in einer Reihe aufgestellt.

Neben den USA ist es allein China, das mit seiner *Road and Belt Initiative (RBI)* und der Gründung der *Shanghai Cooperation Organisation (SCO)* und der dazu gehörenden grossen Entwicklungsbank das klare geopolitische Ziel vorgegeben hat, eine Alternative zu der westlichen Wertewelt aufzubauen und sie den Staaten und Nationen der Welt zu deren eigenständiger Entwicklung anzubieten.

Russland hat es unter der Führung von Putin in der Not, mit grossem Mut und beachtlicher Mühe geschafft, noch rechtzeitig die Reißleine zu ziehen und den Ausverkauf seiner natürlichen Ressourcen zu verhindern. Durch den Krieg mit der Ukraine und gegen die geballte Kraft des gesamten Westens sieht sich Russland gezwungen, verstärkt ein eigenes politisches Profil auf globaler Ebene aufzubauen und zu gestalten. Das militärische Potential und die überraschend effiziente Kriegstechnologie sind hier, zusätzlich zu dem Reichtum an natürlichen Ressourcen, ein wichtiger Faktor für Russlands Ambition, den eurasischen Norden und das zentralasiatische Zentrum zu einer Sphäre zu gestalten, in der es in seiner führenden Rolle anerkannt wird.

Erster Teil - Kapitel 2

Überblick zur aussenpolitischen Rolle der EU

Im Rahmen dieser Studie können wir nicht versuchen, die Geschichte der heutigen Europäischen Union zu rekonstruieren, oder einen Gesamtüberblick über die Institutionen- und Staatenwelt der Europäischen Union zu bieten. Dennoch wollen wir ein Bild entwerfen, um die Thesen und Überlegungen, die wir hier vorstellen werden, in einen sinnvollen Rahmen zu stellen. Dabei wollen wir uns stark auch von unseren persönlichen Erfahrungen leiten lassen, die wir in der beruflichen Praxis als Organisationsberater mit verschiedenen europäischen Institutionen seit 1995 haben sammeln können, insbesondere in unserer Arbeit für die Europäische Kommission.

Einen ersten Punkt, den wir hervorheben wollen, sehen wir darin, dass die Europäische Union kein demokratisches Projekt ist[37]. Sie ist eindeutig von den europäischen politischen Führungskräften als gemeinsame europäische Initiative vorangetrieben worden. Die Europäische Wirtschaftsgemein-

37 In den politischen Diskussionen zur EU und zur Europäischen Kommission wird immer wieder, nach unserem Verständnis zu Recht, auf das „Demokratiedefizit" hingewiesen. Für eine Übersicht: https://de.wikipedia.org/wiki/Demokratiedefizit_der_Europ%C3%A4ischen_Union#:~:text=Das%20Demokratiedefizit%20der%20Europ%C3%A4ischen%20Union,Wirken%20nicht%20ausreichend%20demokratisch%20legitimiert.

schaft (EWG) ist 1957 mit den „Römischen Verträgen" gegründet worden. Das vorrangige Ziel damals bestand darin, sich gegenseitig zu versichern, dass die Zukunft in Europa ohne weitere Kriege gestaltet werden solle. Der Gegenstand dieser Verträge der EWG beschränkte sich auf begrenzte Teilgebiete und trug der frühen Erkenntnis Rechnung, dass eine politische oder gar militärische Union nicht unmittelbar zu erreichen sei. Die Priorität galt also der Wirtschaft und der Friedensbildung. Dies war schon auf den Bilderberg-Konferenzen[38] zur Vorbereitung der europäischen Gemeinschaft von Vertretern europäischer Eliten so beschlossen worden. Wichtig ist noch, dass Großbritannien nicht zu den Gründungsmitgliedern zählt. Das Vereinigte Königreich trat den Europäischen Gemeinschaften zusammen mit Dänemark und Irland erst im Januar 1973 bei.

Wenn wir hier also auf diesen elitären Charakter der EU hinweisen, dann scheint es uns doch sehr wichtig hervorzuheben, dass das wohl erfolgreichste und populärste Programm der EU das „Europa der Regionen" ist. Dieses Programm entstand nach 1980 als ein politisches Konzept, das die Regionen innerhalb Europas unabhängig von dem direkten Einfluss der EU-Mitgliedstaaten fördern und in ihrer regionalen Eigenständigkeit unterstützen soll. Es ist eine Art von Integrationsmodell, bei dem die einzelnen Regionen in Europa im Sinne des Subsidiaritätsprinzips mehr Souveränität erhalten und

38 Die Bilderberg-Konferenzen sind informelle Treffen von einflussreichen Personen aus Europa aus Wirtschaft, Politik, Medien, Hochschulen, Hochadel und Geheimdiensten bei denen Gedanken über aktuelle politische, wirtschaftliche und gesellschaftliche Themen ausgetauscht werden und auch Absprachen getroffen werden. Bei der Bilderberg-Gruppe handelt es sich um keine formelle Organisation. Die erste Bilderberg-Konferenz wurde 1954 auf Einladung von Prinz Bernhard der Niederlande in seinem Hotel Bilderberg veranstaltet.

gestärkt werden sollen. Die Bürger sollen in diesem föderalen System mehr an Entscheidungsfindungen beteiligt werden. Das Programm fördert die Zusammenarbeit durch gemeinsame Projekte und Initiativen, die länderübergreifend umgesetzt werden. Sie können ebenso wirtschaftliche, wie kulturelle oder auch ökologische Regionen betreffen und gemeinsame Projekte fördern. Dies erwähnen wir deshalb, weil es aufzeigt, dass die Zusammenarbeit zwischen den Menschen in den Regionen und den betreffenden Siedlungsräumen und Städten in Europa durchaus sehr gute Ergebnisse und Erfahrungen bringen kann. Das Übel und die Probleme der Europäischen Union scheint aus dieser Perspektive eher von den politischen Eliten in den Mitgliedsstaaten herzustammen. Schon im Vertrag von Maastricht, der 1993 in Kraft trat, also noch unter Jacques Delors als Chef der Europäischen Kommission, wurde die Einrichtung des Ausschusses der Regionen als beratendes Organ der Europäischen Union geschaffen.

Insgesamt gesehen muss man verstehen und auch positiv hervorheben, dass die Europäische Union in einem konstruktiven Prozess zwischen den Mitgliedsstaaten geschaffen und stetig weiterentwickelt worden ist. Es gab also keinen geheimen Plan, oder Blueprint. So wurde die EWG im Jahr 1993 durch den Vertrag von Maastricht in Europäische Union umbenannt. Auch wurden immer wieder neue Institutionen geschaffen, wie z. B. der Europäische Gerichtshof, um gemeinschaftliche Aufgaben zu übernehmen. Im Jahr 2009 wurde durch den Vertrag von Lissabon ein gemeinsames Regelwerk für das Funktionieren und die Arbeitsweise der Europäischen Union geschaffen. Dieser Vertrag von Lissabon, der ursprünglich mit der Ambition einer europäischen Verfassung vorgestellt worden war, wurde jedoch nicht von allen Parlamenten angenommen. Dennoch hat er seine Gültigkeit erhalten. Auch dies also ein Projekt der Eliten, mit weitgehendem Ausschluss und ohne direkte Mitwirkung der europäischen Bevölkerung.

Ein wichtiger Bereich, den wir hier noch kurz ansprechen wollen, betrifft die europäische Aussenpolitik. Auch wenn die Schaffung der EWG prioritär eine europäische Bedeutung haben sollte, also den wirtschaftlichen und politischen Beziehungen der europäischen Mitgliedstaaten galt, so darf nicht übersehen werden, dass die Gründung der EWG und der Europäischen Union von Anfang an auch eine außenpolitische Bedeutung haben sollte. Dies wird schon in den durchaus gegensätzlichen Diskussionen der Gruppen deutlich, die sich um die beiden „Gründungsväter" Jean Monnet und Robert Schumann bereits früh gebildet hatten. Während Jean Monnet von Anfang an einen europäischen Bundesstaat nach dem Vorbild der USA anvisiert hatte, hat Schumann im Sinne der Politik von Charles de Gaulle eindeutig einen Staatenbund favorisiert, also das sogenannte „Europa der Vaterländer". Dieses Spannungsfeld besteht grundsätzlich bis heute fort, wobei gesagt werden muss, dass spätestens seit der Regierungszeit der deutschen Kanzlerin Angela Merkel, von 2005 bis 2021, eindeutig die Schaffung des europäischen Bundesstaates nach dem Vorbild der USA absehbar geworden ist. Diese Unumkehrbarkeit des europäischen Integrationsprozesses in der Perspektive eines europäischen Bundesstaates wird sehr überzeugend in den Studien und Büchern von Charles B. Blankart aufgezeigt. In der Reihe „Neue Studien zur Politischen Ökonomie" des Nomos Verlages hat Blankart im Jahr 2007 seine kenntnisreiche und tiefsinnige Studie zum *Föderalismus in Deutschland und in Europa* veröffentlicht. In bezug auf die „Finanzverfassung" zeigt er dort (auf S. 14) auf, wie sich der „Paradigmenwechsel im europäischen, insbesondere im deutschen Föderalismus nach dem Ersten Weltkrieg" durchgesetzt hat. Dabei wird deutlich, dass der Föderalismus innerhalb der Europäischen Union in seiner jetzigen Form keine Zukunft mehr hat.[39] Der Einheits- und Zentralstaat ist jetzt schon Realität geworden. Diese Entwicklung hat sich unter der Kommissionspräsidentin Ursula von der Leyen endgültig verwurzelt, zuerst unter dem Vorwand der Massnahmen während der sogenannten Corona-Pandemie und endgültig in der Zeit nach 2022, während des Krieges in der Ukraine.

In diesem Zusammenhang ist es auch wichtig zu verstehen, dass das entstandene komplexe Institutionengefüge der Europäischen Union weitgehend nach dem Vorbild der französischem „Bureaucratie“ geschaffen worden ist. Die wesentlichen administrativen und bürokratischen Strukturen der EU sind unter der Regierungszeit des französischen Präsidenten François Mitterand und unter der Leitung des Präsidenten der Europäischen Kommission Jacques Delors ins Werk gesetzt worden. Dies ist sicherlich auch einer der Gründe, weshalb die gesamte Struktur der EU stark nach dem französischen zentralistischen Präsidialsystem geformt worden ist. Diese zentralistische Struktur hat in der Folge auch dazu geführt, dass sich die Europäische Kommission zunehmend mehr und neue Befugnisse angeeignet hat. Dieser Prozess der „Delegation von Befugnissen“ an die Europäische Kommission ist von den europäischen Regierungen wenigstens indirekt und stetig gefördert worden, weil er es den europäischen Regierungschefs immer wieder ermöglicht hat, in „Brüssel“ Entscheidungen zu treffen, die zu Hause vor den eigenen Parlamenten schwierig zu verteidigen gewesen wären. Wenn sie aber aus „Brüssel“ kommen, dann werden solche „Vorlagen“ von den

39 Das Standardwerk von Charles B. Blankart: „Öffentliche Finanzen in der Demokratie: Eine Einführung in die Finanzwissenschaft“, Gebundene Ausgabe, 2017.

Parlamenten zu Hause meist nur noch abgenickt. Man denke an die „Euro-Rettung". Es gilt bis heute, dass die Auswirkungen der EU und ihrer Institutionen, sowie ihre politischen und sozialen Konsequenzen weder von den Menschen noch von den meisten Politikern in den Mitgliedsstaaten in ihrem wirklichen Umfang verstanden werden. Dieses Verständnis existiert, wenn überhaupt, dann grösstenteils im Europäischen Parlament, weil die Parlamentarier dort näher am tatsächlichen Geschehen und an den Vorgängen und Entscheidungsprozessen in „Brüssel" sind. Das Parlament aber ist bis heute gegenüber der Europäischen Kommission und den Regierungen der Mitgliedstaaten immer noch weitgehend machtlos geblieben. Auch ist es kein Parlament, das die europäische Bevölkerung angemessen repräsentieren würde, da die Zahl der Mitglieder nicht den jeweiligen Bevölkerungszahlen der Mitgliedsstaaten entspricht. Auch besitzt es zwar eine sogenannte „direkte demokratische Legitimation", hat aber kaum Entscheidungsbefugnisse, insbesondere hat es keine Budgetverantwortung.

Ein wichtiger Vorgang in der kurzen Geschichte der EU kann noch etwas mehr Licht auf dieses institutionelle Szenario und Institutionengeflecht der EU werfen, dem ja oft ein „Demokratiedefizit" vorgeworfen wird. Es geschah unter der Amtszeit von Kommissionspräsident Jacques Santer, der von 1995 bis 1999 im Amt war und direkt auf die dritte Kommission von Jacques Delors folgte. Der Europäische Rechnungshof erhielt damals Informationen aus der Presse, denen er geflissentlich nachging. Es wurden dabei Unregelmäßigkeiten durch die französische Kommissarin Edith Cresson, eine frühere französische Ministerpräsidentin unter Mitterand, aufgedeckt, die mit dem Stigma von Korruption behaftet wurden. Edith Cresson war zuständig für das bedeutende Kommissariat von

Wissenschaft, Forschung und Entwicklung. Durch die Intervention des Europäischen Rechnungshofes musste die gesamte Kommission unter Santer zurücktreten, nachdem das Europäische Parlament mit einem Misstrauensantrag gedroht hatte. Für uns ist wichtig hier festzuhalten, dass der Europäische Rechnungshof seit diesem Vorfall weitgehend seinen Einfluss verloren hat. Trotz einer grossen Zahl von schwerwiegenden Unregelmäßigkeiten, auch in der Budgetführung und Verwaltung, ist es seit 1999 nie mehr zu Folgen oder Konsequenzen der Arbeit des Europäischen Rechnungshofes gekommen. Dessen Berichte werden in der europäischen Öffentlichkeit oder von den Parlamenten der Mitgliedsstaaten praktisch nie diskutiert oder der Öffentlichkeit vorgestellt. An diesem Beispiel kann nachvollzogen werden, wie wichtige Prozesse von politischen Vorgängen zusehends aus dem Licht der demokratischen Öffentlichkeit ausgeblendet werden. Uns ist kein einziger der zahlreichen Fälle bekannt, der aus den Berichten des Europäischen Rechnungshofes von der europäischen Öffentlichkeit oder den Parlamenten aufgegriffen worden wäre, um ihn genauer zu untersuchen und vielleicht sogar Konsequenzen daraus zu ziehen. Wenn überhaupt, so werden sogenannte „Demokratiedefizite" bei Mitgliedsstaaten wie Ungarn, Polen oder der Slowakei festgestellt, um fragwürdige Disziplinarmaßnahmen gegen „Abweichler von der Mehrheitsmeinung" zu rechtfertigen. Der europäische Zentralstaat hat sich einer Tendenz zum autoritären Einheits- und Zwangsstaat unterworfen, wie er aus der römischen Spätantike bekannt geworden ist.

Ein sehr wichtiger Schritt in der Institutionenbildung innerhalb der EU wurde 1993 mit der Schaffung einer Gemeinsamen Außen- und Sicherheitspolitik (GASP) der Europäischen Union eingeleitet. Die wesentlichen Ziele dieser GASP bestehen offiziell darin, „den Frieden zu erhalten, die internationale Sicherheit zu stärken, die internationale Zusammenarbeit zu fördern und die Demokratie, die Rechtsstaatlichkeit und die Achtung der Menschenrechte und der Grundfreiheiten weiterzuentwickeln und zu festigen"[40]. Erst im Jahr 1999 führte der Europäische Rat[41] das Amt des Hohen Vertreters für die GASP ein, also einer Art von europäischem Außenminister. Mit einem weiteren Beschluss des Europäischen Rates im Jahr 2001 wurde das Politische und Sicherheitspolitische Komitee (PSK) in der Absicht geschaffen, die politische Kontrolle und die strategische Ausrichtung zur Bewältigung von internationalen Krisen zu übernehmen.

Dazu wollen wir ein paar wichtige Anmerkungen machen, die für das Verstehen des Selbstverständnisses der EU wichtig sind und beachtet werden müssen. Denn es haben sich hier in den vergangenen Jahrzehnten sehr wichtige Entwicklungen zugetragen, die der europäischen Öffentlichkeit praktisch unbekannt sind, die aber verstanden werden müssen, wenn wir die Rolle der EU als Akteur auf der internationalen Bühne und im Zusammenhang der globalen Entwicklungen verstehen wollen.

Von seinem ursprünglichen Fokus auf die europäische Innenpolitik ausgehend, also dem Fokus auf die wirtschaftlichen und politischen Beziehungen zwischen den Mitgliedstaaten der EWG, ist eine Europäische Union entstanden, die zunehmend auch eine Rolle auf der Bühne der internationalen Politik und innerhalb der internationalen politischen und wirtschaftlichen Entscheidungsprozesse spielen wollte.

---

40 https://www.europarl.europa.eu/factsheets/de/sheet/158/eu-au%C3%9Fenpolitik-ziele-mechanismen-und-ergebnisse

41 Der Europäische Rat ist das Gremium der Staats- und Regierungschefs der Europäischen Union. Mindestens zweimal pro Halbjahr findet sich der Rat zu einem Treffen ein, das auch als EU-Gipfel bezeichnet wird.

Diese neue Rolle wurde von Mitterand und Delors, welche die EU während ihrer Regierungs- und Wirkungszeiten stark geprägt haben, bewusst und strategisch entwickelt. Frankreich wollte die Bedeutung und den Einfluss der „Grande Nation" über die EU weiterführen und wenn möglich noch verstärken, also sozusagen mit einer potenzierten Macht den Einfluss der „Grande Nation" ausspielen. Die europäische Aussenpolitik ist entstanden aus der Zentralisierung der europäischen Entwicklungspolitik[42], die es der EU ermöglicht hat, schon sehr früh als globaler Akteur und mit relativ grosszügig ausgestatteten Mitteln, selbstbewusst und wirkungsmächtig aufzutreten.

Im Sinne des europäischen Transfers von Finanz- und Wirtschaftskraft von den „wohlhabenderen" zu den weniger wohlhabenden Staaten, war schon im Jahr 1958 die Europäische Investitionsbank (EIB) mit der Aufgabe gegründet worden, europäische Wirtschaftspolitik durch Kreditvergabe mit eigenen Kapitalmitteln zu fördern, „um zu einer ausgewogenen und reibungslosen Entwicklung des Binnenmarktes im Interesse der Union beizutragen". Nach 1990, also nach der Auflösung der Sowjetunion, war mit der EBRD – Europäische Bank für Wiederaufbau und Entwicklung[43] - ein weiteres wichtiges

---

42 Die entwicklungspolitischen Institutionen der Mitgliedsstaaten wurden nach 1993 nicht abgeschafft. Aber der überwiegende Teil der finanziellen entwicklungspolitischen Mittel wurde an die EU zur Verwendung nach den Regeln der EU übergeben. Ursprünglich ging der grösste Teil der Mittel in die AKP-Länder (Afrika-Karibik-Pazifik). Nach 1990 wurden umfangreiche Programme zur wirtschaftlichen Förderung der Länder Mittel- und Osteuropas aufgelegt und durch die EBRD – Europäischen Bank für Wiederaufbau und Entwicklung unter ihrem französischen Bank-Präsidenten, einem persönlichen Freund Mitterrands, finanziert.

43 Der erste Präsident der EBRD war Jacques Attali, langjähriger Berater von Mitterand. Attali galt lange Zeit als eine der einflussreichsten Persönlichkeiten, global gesehen. Er hat auch eine grosse Zahl von Büchern zu unterschiedlichen Themen veröffentlicht.

Instrument geschaffen worden, um in erster Linie den Aufbau von Infrastruktur in den neuen und kommenden Mitgliedsländern der EU in Mittel-, Ost- und Südosteuropa zu finanzieren.

An dieser Stelle wollen wir anmerken, dass die Gründung und Entwicklung der EU international mit grossem Interesse und oft sogar mit Beifall und Bewunderung beachtet worden ist. Es schien ein einmaliger und beispielhafter Prozess in Gang gebracht worden zu sein, um Staaten friedlich und im gegenseitigen Interesse zusammenzubringen. Die EU ist auf diese Weise zum Vorbild für eine grosse Zahl internationaler und regionaler Bündnisse und Vereinigungen von Staaten in Asien, Afrika und auch Lateinamerika geworden. So nimmt es auch kein Wunder, wenn in dieser Zeit von einer multi-polaren Welt gesprochen worden ist, mit der EU als einem wichtigen und vorbildlichen neuen „blockfreien" Akteur. Das wichtigste Prinzip, dem die Aussen- und Entwicklungspolitik der EU seit den Jahren von 1960 bis etwa 2000 gefolgt ist, galt dann auch der „Partnerschaft". Die EU hat den Ländern und Nationen auf der Welt ihre Partnerschaft angeboten, um gemeinsam an der Entstehung und Formung einer besseren, friedlichen und wohlhabenden Welt zu wirken.

Nach dem Ereignis von 9/11 im Jahr 2001, also der Zerstörung der Twin Tower des World Trade Centers, sollte sich diese Orientierung der europäischen Aussenpolitik jedoch grundsätzlich ändern. Noch im Jahr 2003 kam aus Europa erheblicher Widerstand gegen die imperialistische Politik der USA[44], die sich an den Kriegen im Irak und in Afghanistan zeigte. Dieser Widerstand hielt jedoch nicht mehr lange an und zunehmend wurde die EU in den Bannkreis der US-amerikanischen außenpolitischen Interessen gezogen. Aus dem

44 Wir verweisen hier auf die entsprechenden Kapitel in den Buch „Colossus" von Niall Ferguson.

Prinzip der Partnerschaft sind schliesslich „Assoziierungsabkommen" und andere juristische Gebilde entstanden, mit denen die bisherigen Partner zu politischem Gehorsam und zu einem neoliberalen wirtschaftspolitischen Kurs gezwungen wurden. Nur unter diesen Bedingungen wurden von der EU finanzielle Mittel an die Partnerländer vergeben. Die Freiheit der Wahl wurde für die Partnerländer immer mehr eingeschränkt. Was sich besonders gut an dem Beispiel der Ukraine zeigen ließe, der von der EU die Assoziation mit dem Russisch-Eurasischem Wirtschaftsraum untersagt wurde.

Zunehmend setzte sich dann innerhalb der Europäischen Kommission auch ein autoritärer Stil durch. Widerspruch gegen die Politik der alternativlosen Anlehnung an die wirtschaftlichen und politischen Interessen der EU, im Zusammenklang mit den USA, wurde immer weniger geduldet. Inzwischen, im Jahr 2009, war auch Frankreich der NATO beigetreten. Zunehmend wurden die wirtschaftlichen und politischen Interessen der EU an die militärischen Interessen der NATO geknüpft. Wie wir in den entsprechenden Kapiteln hier in unserer Studie zeigen werden, hat Europa über einen schleichenden politischen Prozess von etwa einhundert Jahren vollständig seine Souveränität verloren. Dies ist wohl das grösste Ereignis für Europa seit der Französischen Revolution. Damals ist die Hoffnung auf Freiheit-Gleichheit-Brüderlichkeit in Europa entstanden. Nach 2001 sind wir in Europa wieder in das dunkle Zeitalter der ideologischen Polarisierungen und der bewaffneten Auseinandersetzungen, Bürgerkriege und Kriege eingetreten, das wir nach 1945 und mit der Schaffung der Europäischen Union als „Friedensprojekt" für beendet geglaubt hatten. Es scheint schicksalshaft für Europa zu sein, so als wolle der böse Dämon der Zwietracht, des Streites und der Kriege uns nicht aus seinen Krallen entkommen lassen.

Erster Teil - Kapitel 3

Europa das „gemeinsame Haus" – Russland der ewige Feind

Es ist unsere Absicht, in diesem Kapitel auch noch eine positive Perspektive auf Europa und die EU zu eröffnen, mit einer Art von Vision, die leider von den USA nicht geteilt wird, weil sie offensichtlich deren Interessen nach globaler Hegemonie und nach Dominanz über Europa widerspricht. Schon vom ersten Generalsekretär der NATO, Lord Hastings Lionel Ismay, ist die Bemerkung bekannt, dass Russland draußen gehalten werden solle, die Amerikaner drin sein sollten, und die Deutschen kleingehalten werden sollen[45]. Es ging dabei wohlgemerkt nicht nur um die NATO, sondern um das geopolitische Europa. In einem Interview äussert sich Jacques Baud, Diplom in internationaler Sicherheit am Hochschulinstitut für internationale Beziehungen in Genf, ehemaliger Oberst der Schweizer Armee und Mitarbeiter des Schweizerischen Strategischen Nachrichtendienstes, zu diesem Thema in eindeutiger Weise wie folgt: «Die Politik der USA war es immer,

45 Zitiert nach https://www.NATO.int/cps/en/NATOhq/declassified_137930.htm. Lord Hastings Lionel Ismay was NATO's first Secretary General, a position he was initially reluctant to accept. By the end of his tenure however, Ismay had become the biggest advocate of the organisation he had famously said earlier on in his political career, was created to keep the Soviet Union out, the Americans in, and the Germans down."

zu verhindern, dass Deutschland und Russland enger zusammenarbeiten»[46].

Die positive Perspektive und Vision, die wir hier anführen wollen, bezieht sich auf das Konzept des sogenannten Größeren Europas, das die Annäherung und schrittweise Integration Russlands und der europäischen Länder umfasst. Bekanntlich sprach sich schon der französische Präsident Charles de Gaulle 1959 in einer berühmten Rede[47] für ein Bündnis vom Atlantik bis zum Ural aus, das „über das Schicksal der Welt entscheiden wird". Diese Idee wurde 1985 auch wieder von Michail Gorbatschow, damals Generalsekretär des Zentralkomitees der Kommunistischen Partei der Sowjetunion (KPdSU), aufgegriffen[48]. Er machte daraus einen Aufruf, Europa als das „gemeinsame Haus" anzusehen.[49] Bemerkenswerterweise ist diese Idee nach 1990 von den Regierungen Russlands, wie auch von der Europäischen Union und ihren wichtigsten Mitgliedstaaten aufgegriffen und weiterentwickelt worden. Schon 1994 wurde das Partnerschafts- und

46 Interview aufgenommen am 05.04.22, von Thomas Kaiser für Zeitgeschehen im Fokus. Zitiert nach Presenza – International Press Agency https://www.pressenza.com› 2022/04.

47 Le voyage présidentiel en Alsace, 1959.

48 The visit of the General Secretary of the CPSU Central Committee, Mikhail Gorbachev, to France, 1985.

49 Wer eine solche Initiative zur Zusammenarbeit mit der Verwendung des Begriffs „Eurasismus" abwerten will, macht nur deutlich, dass es ihm um Diffamierung geht, nicht aber darum, Modalitäten für friedliche Kooperation zu finden.
Im Titel des Aufsatzes „Herrschaft von Lissabon bis Wladiwostok", von Robert Hahn, auf den wir uns hier beziehen, steht dann auch „Herrschaft" im Vordergrund. Von Kooperation ist hier nicht die Rede. Es wird hier eine „obskure Ideologie" hinter diesem Vorschlag der europäischen Zusammenarbeit vermutet, die für „russische Exil-Intellektuelle zum faschistischen Kampfbegriff" mutiert sei. Ja, auf diese Weise kann man sich Dialogen verweigern.

Kooperationsabkommen zwischen der EU und Russland unterzeichnet.[50] Der Schwerpunkt lag hier noch eindeutig im Bereich der wirtschaftlichen Kooperation und der Schaffung der notwendigen Voraussetzungen für die künftige Errichtung einer Freihandelszone.

Wir sollten hier darauf hinweisen, dass solche Partnerschaftsabkommen von der EU mit einem grossen Teil der Staaten auf allen Kontinenten geschlossen worden sind. Es geht hier also in keiner Weise um ein besonderes Privileg für Russland.[51] Um das Partnerschaftsabkommen mit Russland stärker zu konkretisieren, wurde im Jahr 2001, mit Unterstützung des Präsidenten der Europäischen Kommission, Romano Prodi, eine Gruppe zur Entwicklung eines Projekts für einen gemeinsamen europäischen Wirtschaftsraum einberufen.[52] Im

---

50 Agreement on partnership and cooperation establishing a partnership between the European Communities and their Member States, of one part, and the Russian Federation, of the other part, 1994.

51 Für den unbefangenen Leser sollten wir noch anmerken, dass die EU auch sogenannte Assoziierungsabkommen anbietet. Diese sind höher einzustufen als Partnerschaftsabkommen.
Diese Assoziierungsabkommen sind völkerrechtliche Verträge, die die Europäische Union mit Drittstaaten schließt, um besondere Beziehungen miteinander zu begründen. Die Schwerpunkte von Stabilisierungs- und Assoziierungsabkommen der EU mit Drittstaaten unterscheiden sich. Dem assoziierten Partner werden dabei - je nach Ausgestaltung - unterschiedliche gegenseitige Rechte und Pflichten eingeräumt. Diese Assoziierungsabkommen der EU mit Drittstaaten dienen der Annäherung auf dem Weg hin zu einem etwaigen späteren EU-Beitritt, wie z.B. die Abkommen mit der Türkei und den Westbalkanstaaten. Assoziierungsabkommen wurden aber auch mit Ländern wie Tunesien, Israel, Marokko, Jordanien, Ägypten und Algerien abgeschlossen. Mit diesen Ländern dienen solche Abkommen vor allem der Handelspolitik, aber auch der Migration und Sicherheitspolitik.

52 Joint Statement on the Energy Dialogue by President of the Russian Federation Vladimir Putin, President of the European Council Guy

selben Jahr erklärte der russische Präsident Wladimir Putin in einer wegweisenden Rede in Deutschland vor dem Bundestag die Bedeutung enger Handels- und Wirtschaftsbeziehungen zwischen Russland und der EU.[53] Es folgte die Verabschiedung der *Roadmap* für den gemeinsamen Wirtschaftsraum im Jahr 2005.[54] Im Jahr 2010 schlug Putin in einem Artikel in der *Süddeutschen Zeitung* die Schaffung einer Freihandelszone von Lissabon bis Wladiwostok vor.[55] Diese Idee wurde zunehmend als Teil der Aussenpolitik Russlands verstanden.[56] Schliesslich wurde die Harmonisierung und Entwicklung der europäischen und eurasischen Integration als strategische Aufgaben in den Beziehungen zur EU formuliert. Die Schaffung eines gemeinsamen wirtschaftlichen und humanitären Raums vom Atlantik bis zum Pazifik wurde also zu einem bedeutenden Ziel der russischen Aussenpolitik erklärt.[57]

Im Kontrast dazu wurden von Russland die politischen Beziehungen mit den USA zunehmend kritisch gesehen. Auf der Münchner Konferenz für Sicherheitspolitik von 2007, kritisierte Putin in seiner Rede eine monopolistische Dominanz der Vereinigten Staaten in den globalen Beziehungen und behauptete, dass die Vereinigten Staaten einen „fast ungehemmten Hypergewalteinsatz in den internationalen Beziehungen" an den Tag legten. Er sagte weiter, das Ergebnis sei, dass sich

---

Verhofstadt, with the assistance of the Secretary General of the Council of the EU/High Representative for the Common Foreign and Security Policy Javier Solana and President of the European Commission Romano Prodi, 2001.

53 Aus dem Protokoll der Rede von Vladimir Putin im Deutschen Bundestag, 2001.

54 EU and Russia: A roadmap for the Common Economic Space (CES), 2005.

55 Putin, 2010.

56 Foreign Policy Concept of the Russian Federation, 2013.

57 Foreign Policy Concept of the Russian Federation, 2016.

„niemand sicher fühlt! ...Natürlich fördert eine solche Politik ein Wettrüsten."[58] In einem Interview im Januar 2007 erklärte Putin, Russland sei für eine demokratische, multipolare Welt und für die Stärkung des Völkerrechtssystems.[59] In seiner Rede im Jahr 2008, bei der Feier zum „Tag des Sieges" gegen das Nazi-Deutschland warnte Putin mit Bedauern, dass „die Bedrohungen nicht weniger werden, sondern sich lediglich wandeln und in neuem Gewand auftauchen. Diese neuen Bedrohungen folgen derselben Verachtung für Menschenleben und denselben Bemühungen, eine exklusive Herrschaft über die ganze Welt zu errichten".[60] Noch auf dem 33. G8 Gipfel im Juni 2007 sagte Putin fordernd an die USA gerichtet: „Wir wollen keine Konfrontation; vielmehr wollen wir uns zum Dialog anbieten. Wir fordern jedoch, dass dieser Dialog die Gleichberechtigung der Interessen beider Seiten anerkennt". Russland sah jedoch seine Sicherheitsinteressen zunehmend in Frage gestellt. Die NATO expandierte in weiteren Schritten nach Osten, indem sie die früheren Länder des Ost-Blocks als Mitglieder aufnahm. Es wurden Raketen in den Ländern Ost-Europas stationiert und die NATO näherte sich auf bedrohliche Weise immer mehr den Grenzen Russlands.

Parallel zu diesen zunehmend spannungsreichen Entwicklungen auf der politischen Seite, wurde die Annäherung auf der wirtschaftlichen Seite dennoch weiter vorangetrieben.[61] Noch immer gab es Kräfte innerhalb der EU, welche die wirt-

58 Zu finden in den Berichten zur 43. Sicherheitskonferenz in München.

59 Indian Television Channel Doordarshan and Press Trust of India News Agency, 18 January 2007.

60 Protokoll der Rede im Archiv des Kreml, 5. März 2008.

61 In Deutschland wurde diese Politik der wirtschaftlichen Beziehungen mit Russland unter der Regierung von Willy Brandt mit dem Slogan „Wandel durch Handel" bezeichnet.

schaftlichen Vorteile von Beziehungen mit Russland nicht aufgeben wollten. Das deutsche *Wirtschaftsforschungsinstitut Ifo* veröffentlichte noch im Februar 2017 einen Artikel, in dem es die Freihandelszone von Lissabon bis Wladiwostok nicht nur für realisierbar, sondern auch für beide Seiten als vorteilhaft erachtete.[62] Im Juni 2019 kam eine wichtige Delegation von Vertretern der EU und der Eurasischen Wirtschaftskommission zu einem Treffen zusammen. Ziel des Treffens war es, den Dialog über die technischen Aspekte der Handelspolitik, der technischen Regulierung, der Zollgesetzgebung, der Digitalisierung sowie den Informationsaustausch über den Regulierungsrahmen von gegenseitigem Interesse zu fördern.[63] Der französische Präsident Emmanuel Macron veröffentlichte noch im Sommer 2019 nach einem Treffen mit dem russischen Präsidenten Putin über die Social Media einen Beitrag, in dem er vorgab, dass er "Russland als ein zutiefst europäisches Land betrachte und an ein Europa glaube, das sich von Lissabon bis Wladiwostok erstrecke".[64]

Es wird uns nicht entgangen sein, dass diese ermutigenden diplomatischen Initiativen, Noten und Bemerkungen der EU und ihrer Mitgliedstaaten zu einer Zeit stattfanden, als das Minsker Abkommen von 2015 von denselben Staaten in seiner Umsetzung aktiv behindert wurde. Die ukrainische Regierung bombardierte und traktierte in diesen Jahren täglich die beiden russisch-sprechenden Regionen von Luhansk und Donezk, wobei geschätzte 14.000 Menschen Opfer dieser militärischen Angriffe wurden, die von der eigenen, ukrainischen Regierung ausgeführt wurden, und gedeckt waren von den

---

62 Felbermayr, G., & Gröschl, J., 2017.

63 Eurasian Economic Commission and European Commission are building technical dialogue, 2019.

64 Blogging on Facebook in Russian, Macron notes progress in ties with Moscow, 2019.

europäischen Staaten und den USA. Es ist also nur verständlich, wenn sich die russische Regierung immer mehr gefragt haben muss, was konkret zu tun sei, um diese Situation zu beenden.

Während dieser Gespräche und Verhandlungen zur Kooperation zwischen der EU und Russland wurde in den Äußerungen der westlichen politischen Führungskräfte immer wieder das Fehlen gemeinsamer Werte kritisch betont. Gleichzeitig wurde immer wieder betont, dass sich die Beziehungen Russlands zum westlichen Teil Europas „normalisieren" sollten und die russische Führung anerkennen müsse, dass Russland letztlich ein europäischer und kein eurasischer Staat sei.[65] Für Russland hätte ein Eingehen auf diese Forderung der westlichen Staaten bedeutet, einen wichtigen Teil seiner Identität und Geschichte aufzugeben. Zu dieser Identität Russlands gehören die historischen Beziehungen zu den zentralasiatischen Völkern ebenso, wie die Eigenheit seiner geographischen Lage als zentraler nördlicher Teil des euro-asiatischen Kontinents. Diese Forderung aus Westeuropa war und ist also letztlich unrealistisch und auch weder historisch noch geographisch gerechtfertigt.[66]

---

65 Bratersky, 2017.

66 Eine von zahlreichen Quellen: The Cambridge History of Russia, edited by Dominic Lieven, 2005. Ein Überblick mit Literaturangaben zur Geschichte Russlands findet sich bei Wikipedia.

Zweiter Teil

Kapitel 1

Die Neuordnung der Welt nach Versailles

Vorwort

Nur wenige Menschen dürften 1919 geahnt haben, wie wichtig die politischen Entscheidungen nach dem Ersten Weltkrieg für das zukünftige Zusammenleben auf unserem Planeten sein würden. Nach dem Ende des British Empire, der europäischen Monarchien und der klassischen Bourgeoisie wurde damals das Zeitalter der Demokratien, der Globalisierung und der Hegemonie der USA eingeläutet.

Auch wenn das Leben der Menschen, im Großen wie im Kleinen, nicht nach einem Plan abläuft, so ist es doch erstaunlich zu sehen, wie sich ein roter Faden durch die Geschichte der Menschheit der letzten hundert Jahre zieht.

„Die Frage lautet, wie können wir von den Regeln wegkommen, innerhalb derer wir...seit dem Vertrag von Versailles vorgegangen sind. Die Herausforderung liegt darin, die Regeln zu ändern..."

Gregory Bateson, „Ökologie des Geistes, Teil VI, Krisen in der Ökologie des Geistes, von Versailles zur Kybernetik", aus seiner Vorlesung von 1966

Leben im Krisenmodus - Symptome der globalen politischen Strukturen

Der amerikanische Präsident Woodrow Wilson begründete vor hundert Jahren eine außenpolitische Doktrin, die künftige weltweite Konflikte vermeiden und US-Interessen durch die weltweite Verbreitung von Marktwirtschaft und Demokratie sowie im Notfall durch militärisches Eingreifen in

Konfliktherde sichern sollte.[67] Der Ausdruck Wilsonianismus wurde geprägt, als Wilson 1918 noch vor den Verhandlungen zum Versailler Vertrag zum Ende des Ersten Weltkriegs ein 14-Punkte-Programm „für den ewigen Frieden" in Europa vorlegte[68]. Der Wilsonianismus hatte sich also zum Ziel gesteckt, der Welt den Weg aus einer „globalen" Krise zu weisen[69]. Wil-

---

67 Zum Thema des Vertrages von Versailles, den Verhandlungen, sowie seiner Bedeutung, gibt es eine Unmenge von Literatur. Für einen schnellen Zugriff und zur Klärung der Bedeutung für die amerikanische Hegemonialpolitik empfehlen wir: „Colossus: The Rise and Fall of the American Empire", 2004, von Niall Ferguson. Eine lesenswerte Zusammenfassung mit Literaturangaben findet sich bei Wikipedia: https://de.wikipedia.org/wiki/Friedensvertrag_von_Versailles

68 Mit den im 14-Punkte-Programm des damaligen Präsidenten Wilson von 1918 zusammengefassten Argumenten hatte dieser schon den Eintritt der USA in den Ersten Weltkrieg vor dem US-Kongress und der amerikanischen Öffentlichkeit begründet. Vergleiche auch den Sammelband von Jens Heisterkamp (Hg.), Die Jahrhundertillusion. Wilsons Selbstbestimmungsrecht der Völker, Steiners Kritik und die Frage der nationalen Minderheiten von heute, Frankfurt/Main 2002. Dieser Sammelband wurde sehr kompetent besprochen in der Zeitschrift Perseus, der Europäer, Jg. 6 Nr. 8, Juni 2002, von Andreas Bracher, unter dem Titel „Völkische Selbstbestimmung und Dreigliederung".

69 Vergleiche hierzu unter anderem den britischen Ökonomen John Maynard Keynes, der damals im Auftrag der britischen Regierung den Verhandlungen beiwohnte und den Unsinn der damaligen französischen Verhandlungsposition von Clemenceau schon klar benannte. Eine wichtige Quelle ist auch der Aufsatz „Von Versailles zur Kybernetik" von Gregory Bateson, veröffentlicht in: Ökologie des Geistes", Suhrkamp Wissenschaft 571, Frankfurt 1985, der leider nie bekannt wurde, aber wichtige Einsichten in diesen Prozess der Versailler Verhandlungen vermittelt. Wichtige Punkte hier für uns: (a) Der Versailler Vertrag, auch manchmal das Diktat von Versailles genannt, war der Ausgangspunkt für den Zweiten Weltkrieg, der Europa, inklusive der Sowjetunion, unter den von Hitler geleiteten Nationalsozialisten und Faschisten in eine erneute Katastrophe führte. Der zeitgleich ins Leben gerufene Wilsonianismus war der Beginn der Pax Americana, also des Anspruchs der Amerikaner, unter ihrer Führung der Welt „den Frieden und die Demokratie" zu bringen.

son gilt in den USA als ein Präsident, der persönlich hohe und hehre Ansprüche vertrat und auch sinnvolle Initiativen einleitete.[70] Entscheidend waren in diesem historisch wichtigen Moment jedoch zwei Punkte: zum einen beanspruchten die USA für sich das Recht, sie sahen es sogar als ihre Pflicht an, in Zukunft für Frieden zu sorgen, wenn nötig auch mit Waffengewalt. Der zweite wichtige Punkt betrifft die Tatsache, dass er die revanchistischen Ansprüche von Frankreich und Großbritannien gegen Deutschland ohne Widerspruch durchgehen liess. Dadurch bewegte sich Europa schliesslich in die Richtung auf die Katastrophe hinzu, die mit dem Zweiten Weltkrieg schon lauerte. Anstatt nach einem konstruktiven Ausweg aus dem Dilemma zu suchen, war Europa damit endgültig auf dem Weg weitergegangen, der in der Perspektive zur Zerstörung seiner eigenen historischen Bedeutung führen wurde. Die USA waren damit perspektivisch zum grossen Gewinner des Ersten Weltkrieges geworden.[71]

Niemand hat prophetischer als John Maynard Keynes analysiert, warum der Vertrag von Versailles einen neuen Krieg und bis heute schwelende politische Konflikte auslösen musste.[72] Keynes' polemische Schrift enthält den deutlichen Verweis auf die nie wieder erlangte Höhe von Europas Reichtum vor 1914 und den Ausblick auf die wenig hoffnungsvolle Nachkriegszeit. Kein anderer hat so anschaulich und mit analyti-

---

70 S. h. die Lektion 62: World War I – The Road to Intervention" und Lektion 63: "World War I – Versailles and Wilsons's Gambit" aus dem Buch „The History of the United States, 2nd Edition, 2003, von C. Guelzo, Gary Gallagher und Patrick N. Allitt.

71 Wir sollten hier noch unerwähnt lassen, dass die USA auf der Rückzahlung der Kredite bestand, die sie in den Kriegsjahren, schon vor ihrem Beitritt zum Krieg, an Frankreich und Großbritannien verliehen hatten.

72 Krieg und Frieden. Die wirtschaftlichen Folgen des Vertrags von Versailles, 1920, John Maynard Keynes.

schem Spott beschrieben, wie 1919 der Frieden verspielt und Europa unabsehbarer Schaden zugefügt wurde. Dabei bietet er wichtige Einblicke in das Verhalten und die Interessen von Woodrow Wilson, Lloyd George und Georges Clemenceau, die Verhandlungsführer auf amerikanischer, britischer und französischer Seite[73]. So hat Europa dann auch schon kurz nach der „Urkatastrophe"[74] und der kurzen Aufbruchstimmung in den „wilden" 20er Jahren, bald wieder in den Krisenmodus geschaltet, aus dem wir bis heute nicht mehr herausgekommen sind, auch wenn wir zwischenzeitlich großen materiellen Reichtum durch starkes Wirtschaftswachstum geschaffen haben. Abgesehen von kurzen Verschnaufpausen, in den 20er Jahren und von 1950 bis 1970, die Anlass zu Optimismus gaben, war der Glanz der europäischen Weltmächte rasch am Verblassen und das Zeitalter der europäischen, globalen Dominanz ging unaufhaltsam seinem historischen Ende entgegen.

In dieser Tendenz leben und entwickeln wir uns in Europa auch heute noch. Es sollte uns also nicht verwundern, wenn „unsere" Medien und die politischen Führer uns glauben machen, dass wir uns in Europa seit 2007 schon wieder von einer ganzen Reihe von Krisen bedroht sehen. So lesen wir in Wikipedia zu den damals „aktuellen" Krisen: *Die Weltwirtschaftskrise ab 2007 wurde ausgelöst durch das Platzen einer Immobilien-Blase*

73 Keynes hielt sich mit Kommentaren zu David Lloyd George, dem britischen Verhandlungsleiter zurück. Offensichtlich wollte er sich zu Hause keine Feinde schaffen.

74 Als „Urkatastrophe" wird der Erste Weltkrieg von Historikern bezeichnet. Diese Kennzeichnung geht auf den US-amerikanischen Historiker und Diplomaten George F. Kennan zurück, der den Krieg 1979 als „the great seminal catastrophe of this century" charakterisiert hatte. Eine differenzierte Deutung wird den Krieg als Chiffre für das Ende des Bürgertums und für die „Krise der klassischen Moderne" würdigen.

(in den USA; unsere Anmerkung), mit einhergehender Finanzkrise und Bankenkrise, auf die später Staatsschuldenkrisen, und zum Teil Staatskrisen, wie in Griechenland, folgten.

Seit 2007 sind heute schon wieder eine Reihe von Jahren vergangen. Damals befand sich die Welt also in einer großen Wirtschaftskrise, begleitet von anderen wichtigen Krisen. Die Immobilienpreisblase beziehungsweise Sub-Prime-Blase in den USA war geplatzt. Wir waren alle von der sogenannten Lehmann-Bankenkrise betroffen.

Wir sollten Angst um unser Geld, um unser Aus- und Fortkommen haben. Noch nicht um unser Leben. So wurde uns erzählt, und wir haben auch entsprechend reagiert und waren bereit, wenn nicht alles, so doch vieles „alternativlos“ zu akzeptieren.

Wir leben seitdem noch immer Krisenmodus, der sich im vergangenen Jahrzehnt eher noch verstärkt hat. Angeführt wird diese Stimmung von den Medien, von Politikern und Wissenschaftlern jeglicher Couleur, die sich bemühen uns Erklärungen zu bieten, für all das, was gerade vorgegangen war und immer erneut vorgeht. Sie alle boten ihre Stories an und steuerten die Welt in dieser Konsequenz. In der Europäischen Union (EU) kam schon bald die sogenannte Staatsschuldenkrise hinzu. Die Eurokrise war dann noch ein zusätzliches Geschenk an die Politiker. So konnten sie uns allen klarmachen: So gut wie bisher könne es uns nur noch gehen, wenn wir uns mehr anstrengten und bereit wären, mehr Opfer zu bringen. Wir müssten auf unsere Politiker und die verantwortlichen Eliten hören — diese wüssten sicher, was zu tun und was für uns das Beste sei[75].

---

75 In den Medien, auch gehobenen Niveaus, werden wir darüber informiert, dass seitdem stetig die „Staatsquote“ steigt. Das deutet auf zunehmende Zentralisierung und die Stärkung des Einheitsstaates hin.

Ach ja, und auch anderswo „war Krise" und entstanden immer wieder neue Krisen. In Syrien, im Irak und in Afghanistan wurde großflächig Krieg geführt. In den nordafrikanischen Staaten war 2011 der Frühling ausgebrochen, mit teilweise massiven Unruhen und bürgerkriegsähnlichen Zuständen. Es dauerte nicht lange, dann wurde auch der Jemen heftig bombardiert. Saudi-Arabien hatte offensichtlich ein grosses Interesse daran, seine Luftwaffe mit den teuren amerikanischen Bombern endlich wieder einmal einsetzen zu können, während die USA ebenfalls ein grosses Interesse daran hatte, denn sie mussten ja die Ausbildung gewährleisten, gegen adäquate Bezahlung versteht sich, und die Munition liefern, ebenso wie Nachschub für zerstörte oder abgeschossene Flugzeuge sichern. So lässt sich also aus jeder Krise auch Gewinn erzielen.

Es war schon reichlich etwas los auf der Welt während der vergangenen Jahre und Jahrzehnte.

Vergessen sollten wir nicht den „Frühling" 2014, auf dem Maidan in Kiew, den nachfolgenden Putsch in der Ukraine, die Krim-Krise. Dazu die ständige Bedrohung, wenn auch meist noch latent, durch China, dessen Wirtschaft uns hier in Europa alle aufzukaufen droht, und das, als Staat in Asien nicht nur ein paar Atolle, sondern die ganze pazifische Welt bedroht und kolonisieren will und inzwischen mit der ganzen Welt im „Handelskrieg" steht[76]. Das alles entnehmen wir täglich unseren Medien, und werden durch

76 Diese geopolitische Gemengelage ist auch Anlass für die „Achberger Friedens-Initiative", wie sie von Herbert Schliffka und assoziierten Freunden in Konsequenz des „Achberger Impulses für Freiheit, Direkte Demokratie und globale Solidarität im Wirtschaftsleben" (https://kulturzentrum-achberg.de/) in die Wege geleitet wurde. Den Rahmen dazu stellt Schliffka sehr gut in dem Aufsatz „Geopolitische Strategien: Gefahren für ein selbstbestimmtes Europa? – Achberger Beiträge für ein „gemeinsames Haus Europa" im 21. Jahrhundert als eigenständige Mitte zwischen West und Ost" dar.

moderne Methoden des „Framing“ dazu aufgefordert, den selbsternannten verantwortlichen Eliten und ihren hehren Vertretern Glauben zu schenken und in Treue Gefolgschaft zu leisten.

Und erinnern wir uns doch auch noch an die anderen europäischen Krisen, die wir in dieser Zeit „erleben“ durften. Ständig werden wir von Immigranten bedroht, einige wurden eingeladen, um dann wieder ausgeladen zu werden. Europa spaltet sich auf, Großbritannien hat sich im Brexit abgespalten, und die osteuropäischen Mitgliedstaaten der EU erlauben es sich, ihre eigenen Positionen in unterschiedlichen Bereichen zum Ausdruck zu bringen und wollen sich nicht weiter durch die westeuropäischen Mitgliedstaaten, wie Frankreich und Deutschland, bevormunden lassen.

Die Wirklichkeit ist komplex, und es ist nicht immer einfach, die Vorgänge zu verstehen und sie sich verständlich zu machen[77]. Ansatzweise soll dies hier aber dennoch von uns versucht werden.

Die Neuordnung der Welt wird 1919 durch die USA eingeläutet

Als die sogenannte Krise im Jahr 2007 losging, war das nur eine Etappe auf dem Weg. Das 20. Jahrhundert war ein „Zeitalter der Extreme“[78] und es endete in Krisen, die im 21. Jahrhundert ihren „natürlichen“ Fortgang fanden.

---

77 In seinen Vorträgen von 1919 zur Symptomatologie der Geschichte fordert Rudolf Steiner uns auf, hinter den Symptomen die Wirklichkeit, die Wahrheit hinter den Vorgängen zu sehen.

78 Das Zeitalter der Extreme, Weltgeschichte des 20. Jahrhunderts, 1995, Eric Hobsbawm.

Schon Anfang des 20. Jahrhunderts, genauer gegen Ende des Ersten Weltkriegs, sollten Europa und die Welt durch die Umsetzung des 14-Punkte Programmes des US-Präsidenten Wilson endlich, wenn nicht gerettet, dann doch endgültig auf die richtige Bahn gebracht werden. Es war der Wilsonianismus, der als Nebenergebnis des Versailler Vertrages zusammen mit der Initiierung des Völkerbundes von den USA auf den Weg gebracht worden war. Was Frankreich und England mit dem besiegten Deutschland verhandeln würden, war aus Sicht der USA nicht so entscheidend. Viel wichtiger war die neue Doktrin der amerikanischen Außenpolitik, die sich in einer entscheidenden Wendung von der bisherigen Politik der Nicht-Einmischung und Trennung der globalen Einflußsphären absetzte [79]. Die USA wollten sich in Zukunft nicht nur auf die amerikanische Hemisphäre beschränken, sondern den Frieden überall in die Welt tragen, zur Not auch durch Kriege. Der Völkerbund, dem die USA nie beigetreten sind, sollte die diplomatische Plattform für die internationalen Dialoge bereitstellen. Das war der Kernpunkt des Wilsonianismus, der noch bis heute jeden Krieg der USA und seiner Verbündeten in der NATO rechtfertigt, von Vietnam über Afghanistan bis in den Irak, nach Syrien, sowie Libyen und dem Jemen[80].

Wie wir wissen, müssen Kriege, neben der Diplomatie das wichtigste Instrument der Aussenpolitik, auch finanziert

79 Es sollte nicht unerwähnt bleiben, dass diese Politik der Hegemonie von den USA zunächst einmal nicht umgesetzt wurde, da innenpolitisch die Tendenz dahin ging, sich auf die amerikanische Hemisphäre zu beschränken. Der hegemoniale globale Anspruch der USA war schließlich eine Konsequenz des 2. Weltkriegs und wurde erst vom damaligen Präsidenten Roosevelt endgültig eingeleitet.

80 So ließe sich damit etwa der Einmarsch der Türkei in Syrien von 2017 bis 2018 rechtfertigen.

werden[81]. Zu diesem Zweck haben die USA 1913 die amerikanische Zentralbank FED geschaffen. Wie wir noch sehen werden, war dies ein weiterer entscheidender Schritt für die Finanzierung der amerikanischen Hegemonialpolitik durch eine bis heute in exorbitante Dimensionen gewachsene Verschuldung.[82]

Als 2007 in den USA die Banken ins Straucheln geraten waren, weil die Rückzahlung der günstigen Hypotheken und Kredite nicht mehr sichergestellt war, wurde der damalige US-Präsident Georg W. Bush gefragt, ob er die Lehmann Bank auch noch auf Kosten der Steuerzahler retten wollte. Da sagte dieser mutige und entschlossene Präsident, dem Rat seiner hochkarätigen Wall-Street-gestählten

---

81 Drei wichtige Quellen sollen hier genügen, um die pragmatische Intelligenz der Amerikaner zu unterstreichen. Der erste Finanzminister der USA, Alexander Hamilton, hat „Finanzierung“ als ein entscheidendes Mittel zur Gestaltung von Politik begriffen und wichtige Instrumente hierzu geschaffen hatte. Manche Historiker nennen die USA deshalb auch „Hamilton's Republic“.
The Ascent of Money: A Financial History of the World, 2008, Niall Ferguson. In diesem Buch zeigt Ferguson, dass die ursprüngliche und wichtigste politische Bedeutung von Banken, privaten und insbesondere den Zentralbanken, in der Finanzierung von Kriegen besteht.
The Federal Reserve System: its origin and growth; reflections and recollections; 2 volumes, New York 1930, Paul Moritz Warburg. Paul M. Warburg, ein Banker aus Hamburg, gilt als Hauptinitiator der 1913 gegründeten US-Zentralbank FED. Paul M. Warburg wurde 1921 Gründungsvorstand des Council on Foreign Relations (CFR), der wichtigsten Institution zur Koordinierung amerikanischer Politik durch ihre Eliten, mit Schwerpunkt für internationale Beziehungen.
The Creature from Jekyll Island, 1994, George Edward Griffin.

82 Eine sehr gute Übersicht mit eindrucksvoller Graphik über die historische Entwicklung und den aktuellen Perspektiven der Verschuldung der USA findet sich in einem Artikel der Kantonalbank Zürich. Quellen: Zürcher Kantonalbank, CBO, Census, OMB. https://www.zkb.ch/de/blog/anlegen/us-staatsverschuldung-rekordkurs.html.

Finanz- und Wirtschaftsberater folgend, dass er das nicht wolle. Die Folge: Die Bank Lehman Brothers musste Insolvenz anmelden. Die Finanzblase platzte. Dies öffnete den Weg zu raschen Abschreibungen und einem schnellen und zielführenden Weg aus der Krise für die Finanzkartelle und Banken der USA.

Alles hat seinen Preis, insbesondere für Deutschland

Das Dumme für uns Europäer war, dass der größte Teil dieser weitgehend ungesicherten amerikanischen Hypotheken und Kredite — sogenannte Sub-Prime Credits — von den amerikanischen an europäische Banken weitergegeben worden war, unter anderem an die Deutsche Bank, an die Commerzbank und auch an große irische Banken[83]. Deshalb mussten letztlich, aufgrund der Entscheidungen der führenden europäischen, also insbesondere von französischen und deutschen Politikern, Notenbankern und anderen Verantwortlichen, die europäischen Steuerzahler die faulen Kredite der amerikanischen Banken bezahlen. So hat also Europa damals schon zur Finanzierung der amerikanischen Wirtschaft, seiner Rüstungsindustrie und der Kriegsmaschinerie zu einem guten Teil beigetragen. Kosten- und Risikoteilung innerhalb der NATO war ja, aus der Sicht der USA, schon immer ein wichtiges Thema gewesen.

Parallel dazu kam in Europa plötzlich die Eurokrise auf, durch

83 Nebenbei hat das auch zum weiteren Abstieg der Deutschen Bank und der Commerzbank beigetragen, die, im internationalen Vergleich gesehen, heute nur noch unbedeutend sind.

die sogenannte Staatsschuldenkrise ausgelöst.[84] Schließlich wollten die Banken und deren Eigner und Investoren ihr Geld zurück, wenn möglich mit einer guten Rendite. Die Norm waren die 25 Prozent Rendite, welche die Deutsche Bank damals regelmäßig als Ziel ausgab, die aber von den angelsächsischen Banken und Fonds bis heute oft noch übertroffen werden[85].

Die deutsche Regierung tat, im Schulterschluss mit Frankreich und der Europäischen Zentralbank (EZB), wozu sie aufgefordert war, und finanzierte alle Forderungen, sowohl die der Banken, wie auch die der Partnerländer in der EU. Das Parlament, als Vertreter der Wähler und Steuerzahler, stimmte allen Zahlungen ausnahmslos zu. Es gab dazu keine Alternative, so jedenfalls sagte es der damalige Präsident der EZB, Jean-Claude Trichet, und so wiederholten es dann auch die Bundeskanzlerin und die deutsche Regierung.

Was in diesen Jahren der Eurokrise und der sogenannten globalen und auch europäischen Strukturanpassung

---

84 In einem Beitrag der Landeszentrale für politische Bildung in Baden-Württemberg heisst es dazu: „Die Euro-Krise ist eine seit 2009 andauernde Krise innerhalb der Europäischen Union. Sie vereint Aspekte einer Staatsschuldenkrise, einer Bankenkrise und einer Finanzkrise in sich. In einzelnen EU-Ländern führte eine vermehrte Kreditaufnahme zu einer hohen Inflation. Diese konnte nicht mehr über eine nationale Fiskalpolitik reguliert werden, so dass dauerhafte Leistungsbilanzdefizite in hohe Staatsschulden mündeten." Es sei hier nur kurz angemerkt, dass die Verschuldung der Staaten seit dieser Zeit stetig weiter angewachsen ist. Einen „ordentlichen" Ausweg sieht schon lange kein Mensch mehr. Sehenden Auges steuert die Welt, wenigstens die „westliche", immer mehr dem Abgrund zu.

85 „Die 25 Prozent sind nicht in Stein gemeißelt, aber eine Richtgröße, die die Besten der Welt erzielt haben", sagte der Spitzenbanker Josef Ackermann, Chef der Deutschen Bank von 2006-2012, zu seinem Ziel, eine Eigenkapitalrendite von 25 Prozent vor Steuern zu erzielen.

tatsächlich geschah, auch hinter dem Vorhang, also ohne, dass die breite Öffentlichkeit davon Kenntnis erhalten hätte, sollte uns dann nicht weiter verwundern. Die Übernahme von Industrie und Finanzwirtschaft in Europa durch das US-amerikanische Kapital wurde konsequent fort- und umgesetzt. Der letzte Rest von Widerstand wurde gewaltlos überwunden. Für die Amerikaner war es wie ein Märchen, ähnlich wie für die Deutschen der „Fall der Mauer", weil alles gewaltlos vor sich ging. Europa hatte gewaltlos kapituliert und alles verschenkt.

Alle waren glücklich. Die Menschen in Europa, dass es nicht noch schlimmer gekommen war, und die US-amerikanischen Investoren, weil sie ohne großen Aufwand Europas Wirtschaft und die Steuerung des europäischen Kapitals und der europäischen Wirtschaft zu einem mehrheitlichen Teil und zu günstigen Konditionen übernehmen konnten[86]. Es war auch zu diesem Zweck, dass die EU eine ehemalige Führungskraft

---

86 Die Investmentfonds sind inzwischen Mehrheitseigner ganzer Branchen im Dax. Dies heißt, dass sie nicht nur Mehrheiten an einzelnen Unternehmen, auch Banken besitzen. Vielmehr sind sie im Mehrheitsbesitz ganzer Branchen, die sie dann also mehr oder weniger beliebig steuern können. Nicht mehr das einzelne Unternehmen oder die einzelne Bank bestimmen über ihre Politik, Preise und Löhne. Die unternehmenspolitischen und damit auch die gesellschaftlich relevanten Entscheidungen werden von den Investmentfonds getroffen. Diese nähern sich hier also der Kapazität zu wirtschaftlicher GESAMTSTEUERUNG. Vielleicht besitzen sie diese Kapazität auch schon für die wichtigsten Schlüsselindustrien — in Deutschland der Maschinen- und Fahrzeugbau zusammen mit der Rüstungsindustrie, inklusive Robotik und andere Hochtechnologien, Chemie — und die Banken, die inzwischen „operativ" bedeutungslos geworden sind und nicht mehr selbständig operieren. Vergleiche hierzu: Alles schon gelaufen? Focus Magazin Nr. 8, 2009, Wem gehört Deutschland?
2024 gibt es im DAX kein einziges Unternehmen, an dem Black Rock nicht beteiligt wäre.

von Goldman Sachs als Präsidenten der Europäischen Zentralbank (EZB) installierte. In den USA war das Finanzministerium spätestens seit der Regierung Bill Clintons, damals unter Robert Rubin, fest in der Hand von Goldmann Sachs und anderer Größen der Wallstreet und der Finanzkartelle.

Die Krise war in den USA also nur eine Art von Neustart, während sie in Europa zu einer starken und vielleicht endgültigen Verschiebung der bisherigen Machtansprüche und zum Ende der finanziellen und wirtschaftlichen Autonomie führte. Die europäische Industrie zusammen mit den Banken und Finanzinstituten waren von nun an fest im Griff der anglo-amerikanischen Banken, Finanzinstitute und Finanzkartelle. Diese mussten sich nicht speziell hochrappeln, sondern sie waren ja Dank ihrer globalen und riesigen Investmentfonds sofort wieder und immer bereit, den Gang der Welt weiter zu finanzieren. Das Geschäft musste schließlich weitergehen — denn wir alle wollen ja weiterhin unseren mehr oder weniger bedeutenden Geschäften nachgehen.

Die anglo-amerikanischen Investmentfonds nutzten also diese Zeit, in der in Europa das Geld knapp war, und Unternehmen und Banken vor allem in Südeuropa oft am Limit waren. Sie halfen uns in Europa, indem sie eine große Zahl von strategischen Investments tätigten und eine große Zahl von „strauchelnden" Unternehmen übernahmen, oft direkt, meist aber indem sie über ihre Investmentfonds die Mehrheiten übernahmen. Inzwischen gehören die DAX-Unternehmen zu mehr als 50 Prozent angelsächsischem Kapital[87]. Zu-

87 Bericht der FAZ, „Viele amerikanische Investoren. Der Dax ist fest in ausländischer Hand", von Daniel Mohr, 26.01.2017. – In diesen Statistiken sind Cross-Ownerships nicht eingerechnet, d. h., wenn die Deutsche Bank einen Anteil an einem Unternehmen besitzt, dann wird dies der Deutschen Bank zugerechnet. Derweil die Deutsche Bank heute schon mehrheitlich im ausländischen Besitz ist.

dem wurden in den Jahren nach 2008 auch noch eine große Zahl auch von mittelständischen Unternehmen in Europa von amerikanischen Firmen und durch amerikanisches Kapital aufgekauft. Dieser eindeutige Trend hat sich nach 2022 noch verstärkt, als sich die deutsche Regierung dienerisch einer De-Industrialisierung und weiteren wirtschaftlichen Anhängigkeit von den USA öffnete. Inzwischen werden in Europa auch schon die grossen Stromnetze von US-amerikanischen Unternehmen, wie Westinghouse, übernommen. Von einer Energiesicherheit kann also tatsächliche nicht gesprochen werden. Vielmehr ist eine neue und noch ausschließlichere Abhängigkeit entstanden, die inzwischen auch Frankreich und andere wichtige Länder in Europa, wie Italien, Spanien, Polen und die Niederlande einschließt.[88]

Der Transfer von äußerst beachtlichen Immobilienwerten in Deutschland und ganz Europa an diese globalen Investmentfonds entspricht in weiten Teilen ebenfalls einer Übernahme. Was in früheren Zeiten mehrheitlich Kommunen, gewerkschaftlichen Verbänden oder staatlichen Einrichtungen gehörte, ist heute oft an die globalen Investmentfonds gegangen, die sich im Sinne der Nähe zum Bürger mit deutschen oder europäischen Namen schmücken, um sich als nette, deutsche und europäische Unternehmen zu präsentieren. Gerade hat uns auch noch eine Nachricht erreicht, in der gemeldet wird, wie ein US-Hedgefonds eine spanische Kommune aufkauft, indem er ihre Schulden übernimmt. Über Rendite wird hier öffentlich noch nicht gesprochen. Die Verschuldung deutscher und euro-

88 Auf dem Lehrstuhl Energie for Society an dem de Grenoble Ecole de Management (GEM) der Universität von Grenoble fragt man sich inzwischen „wie Europa ihre Blindheit im Bereich der Energiepolitik verhindern kann (Politiques énergétiques : comment éviter une dystopie européenne?) und warnt gleichzeitig vor dem Ausverkauf an anglo-amerikanische und chinesische Investoren.

päischer Kommunen auch bei ausländischen Investoren, die diese zur Finanzierung ihrer Investitionen und Betriebe eingegangen sind, wollen wir hier nicht im Detail aufgreifen[89]. Die Politik der USA dient also nicht „der Abwehr der EU-Konkurrenz“ an den Weltmärkten (also der Standort-Politik der USA), sondern die Politik der USA ist die Politik der Einverleibung Europas und seiner Staaten als Vasallen.[90]

Dabei waren wir ja alle so glücklich, dass die deutsche Wirtschaft nach 2009 wieder brummte. Wir sollten uns alle darüber freuen. Auch wenn inzwischen eine große Menge von zeitlich begrenzten Beschäftigungen eingeführt wurden, die in der Folge zunehmend zu prekären Lebensbedingungen und drohender Altersarmut führen. Selbst die Angestellten der Justizvollzugsanstalten in Bayern sind inzwischen gezwungen, zusätzlichen Erwerbsaktivitäten nachzugehen, um ihren Lebensunterhalt finanzieren zu können[91]. Über die schlechte Situation der meisten Beschäftigten in den „Pflegeberufen“ berichten die Medien täglich. Dennoch sollten wir uns alle freuen, dass es genügend Arbeit für alle gibt, die uns täglich Anlass zu großen Glücksgefühlen vermittelt. Bei alledem hatte es die EU geschafft, wenn auch mit immensen wirtschaftlichen und politischen Kosten, Europa zusammenzuhalten. Fürwahr, ein beachtliches Ergebnis.

---

89 Dazu der Deutsche Städtetag: „Die Gemeinden und Gemeindeverbände einschließlich ihrer Beteiligungen waren zum Jahresende 2022 beim nicht-öffentlichen Bereich nach einer Modellrechnung der Statistischen Ämter des Bundes und der Länder mit 313,9 Milliarden Euro verschuldet. Das entsprach einer Verschuldung von 4 034 Euro pro Kopf.

90 s. h. a. a. O. Brzeziński.

91 FAZ, vom 02.01.2018, Bayern, „Erst das Gefängnis, dann der Nebenjob“.

Europa:
Brücke zwischen Ost und West, oder Vorposten der US-Hegemonie

Als die EU Anfang des 21. Jahrhunderts den Gemeinsamen Europäischen Auswärtigen Dienst (GASP) schuf, da sollte dieser ein „Dienst für Frieden, Sicherheit und Konfliktlösung" werden. Wie aber kommt es dann, dass Europa immer mehr von Krisen betroffen und von Kriegen bedroht und in sie direkt und indirekt verwickelt ist, wie in Syrien, Libyen, Irak, Afghanistan, Sudan, Jemen? Wird es uns zur Verwirklichung des Friedensprojektes[92] helfen, wenn wir die Weiterentwicklung der Europäischen Union in den Status einer weltpolitischen „Macht" betreiben, um als Partner der NATO und als „Subjekt der Weltpolitik der Zukunft auftreten" zu können, so wie es von der EU und unter der Führung von Frankreich und Deutschland zusammen mit weiteren Staaten angestrebt wird?

Wie wir weiter oben schon erwähnt haben, müssen wir zur Beantwortung dieser Fragen *von der Wahrnehmung der Symptome zum Verständnis der Wirklichkeit vordringen*. Diese verbirgt sich hinter dem Schleier der Symptome, die uns lediglich einen Schein der Wirklichkeit zeigen. Wir wissen, die Wirklichkeit ist komplex, aber das sollte uns nicht daran hindern, zu versuchen, sie zu verstehen[93]. Wie aber soll und kann das

92 Nicht nur auf der Webseite der deutschen Bundesregierung wird die EU ein Friedensprojekt genannt: https://www.bundesregierung.de/breg-de/schwerpunkte/europa/fragen-und-antworten-zu-frieden-in-europa-448742

93 Wir zitieren hier Gerd Weidenhausen in Die Drei, Nr. 5., aus einer Besprechung des Buches von Wolfgang Bittner, „Die Eroberung Europas durch die USA", Mainz 2015, um zu illustrieren, wie die europäische Intelligenz immer noch auf die eigene Angst hereinfällt, und die Angelegenheit so darstellen will, als hätte die EU noch

gehen? Wie wir schon sagten, ist das wichtigste Instrument, um zum Verstehen zu gelangen, das Denken, und die wichtigste Voraussetzung ist die Furchtlosigkeit, um den Tatsachen und den oft schrecklichen, von uns Menschen verantworteten Geschehnissen ins Gesicht zu blicken[94].

So wollen wir also schon hier eine Tatsache benennen, die sich hinter dem Schleier von Symptomen verstecken will. Be-

---

eine Wahl, als wolle sie noch eine Wahl haben. Es gilt anzuerkennen: „Der Eigennutzen der EU ist der Nutzen der USA".
Nach unserem Verständnis ist dies jedoch „vorbei". Es ist vollbracht! Die europäische, insbesondere die deutsche Intelligenz (die französische ist da oft noch mutiger) anstatt „anzuerkennen was ist", verliert sich aus Angst immer noch in Konjunktiven. Um es klar zu sagen: die EU betreibt keine eigenständige Politik mehr, das könnte uns jeder deutsche Bundeskanzler und Außenminister bestätigen, wenn er denn ehrlich sein wollte.
Hier also das vielsagende Zitat Gerd Weidenhausen in Die Drei, Nr. 5., in dem deutlich ausgesprochen wird, dass die EU keinerlei Optionen mehr hat, weil die „Rollen schon vorab klar verteilt" sind, und die Rolle für Europa von den USA ausdrücklich zugewiesen wurde: „der Hang zur Beschwichtigung der Rolle der EU-Politik, die sich eben nicht nur im Schlepptau der US-Politik bewegte: Diese wurde in ihren angeblich so hehren Demokratisierungsambitionen im Rahmen ihrer seit längerem praktizierten „östlichen Nachbarschaftspolitik" nicht nur von gezielten US-Interventionen konterkariert oder gar hintergangen, vielmehr verfolgte sie von Anfang an ganz eigennützige wirtschaftliche und politische Interessen, die sie vergessen ließen, bei den Verhandlungen um das EU-Assoziierungsabkommen mit der Ukraine Russland mit ins Boot zu holen. Der Schlamassel, der im Gefolge dieses eklatanten Versäumnisses um sich griff, war also zu einem guten Teil eigenverschuldet. Bei aller Konkurrenz um Einfluss und Macht verfolgen EU-Europa und die USA eine Politik der Arbeitsteilung mit vorab verteilten Rollen ...".

94 So hat sich schon C. G. Jung in seiner Biographie ausgedrückt, als er im Rückblick auf den Nationalsozialismus und seine Folgen für Europa und die Welt, bemerkte: „hätten die Menschen den Mut gehabt, dem Bösen ins Angesicht zu sehen und es beim Namen zu nennen, so hätte es verhindert werden können".

rücksichtigt man „denkerisch“ die Tatsache, dass China, gemessen an der großen Bevölkerung, ein flächenmäßig vergleichsweise kleines Land und dazu relativ rohstoffarm ist, dann wird die Stoßrichtung der USA, mit der NATO als Transmissionsriemen, schnell ersichtlich — wenn man denn den Mut hat und tatsächlich verstehen will.

Die Aneignung der Rohstoffe Russlands sind die Voraussetzung für die Macht über China[95]

Die USA verfolgen klare Ziele und langfristige, strategische Interessen. Dies kann man ihnen nicht verdenken. Das langfristige strategische Ziel der amerikanischen Hegemonialstrategie besteht darin, den chinesischen Markt zu dominieren, ihn nach eigenen Regeln und „Werten“ zu gestalten. Der Weg zur Dominanz über China führt für die USA aber über die Eroberung Russlands. Die USA werden deshalb alles tun, um sich die Rohstoffe und natürlichen Ressourcen Russlands, über den Umweg über Europa, einzuverleiben.[96]

95 Schon im Asia-Pacific-Forum vom 31.12.2012 hat Noam Chomsky sich zu diesem Thema in einem Jahresausblick auf klare und einleuchtende Weise geäussert. Er spricht dort von einer „Revenge Of History: Chomsky On Japan, China, The United States, And The Threat of Conflict in Asia“, also von Vorgängen, die zeigen, wie historische Vorgänge sich rächen können.

96 Zur strategischen Ausrichtung der amerikanischen China-Politik finden sich ein grosse Anzahl von Analysen auf der Webseite des Council on Foreign Relations (CFR), https://www.cfr.org/future-us-china-relations.
Noam Chomsky äusserte sich in einem Gespräch mit C. J. Polychroniou zum Thema „Warum China, nicht Russland die US-dominierte Weltordnung bedroht“ ebenfalls im Sinne unserer Argumentation. Veröffentlicht auf Deutsch am 09.07.2022 in Telepolis; Original in Trouthout.

Unter dem damaligen russischen Präsidenten Jelzin[97] haben sich die USA schon ganz nahe an ihrem Ziel gesehen. Sie wollten Russland mit ihrem Kapital überschwemmen, das Land und seine Ressourcen aufkaufen und „friedlich“ übernehmen. Russland hätte zwar politisch „unabhängig“ bleiben können, so wie Deutschland und Europa. Die das Land dominierende Wirtschaft und die Geldwirtschaft aber wären im Besitz von amerikanischem und internationalem Kapital gewesen und von diesem nach dessen Regeln betrieben worden.[98] Es sollte auch niemanden verwundern, dass die sogenannte „Russlandkrise“, die in den Jahren 1998 und 1999 das Land bedrohte, eine Schuldenkrise, die sogenannte „Rubelkrise“ war.[99] Diese Schulden hätten den ausländischen Finanzierungsinstituten und den anglo-amerikanischen Finanzkartellen die Gelegenheit geboten, die Wirtschaft des Landes zu günstigen Bedingungen zu übernehmen.[100] Die nervös gewordenen lokalen oder regionalen Investoren in Russland verkauften damals

---

97 Von 1991 bis 1999 war Boris Jelzin der erste Präsident Russlands nach dem Ende der Sowjetunion.

98 Das war eine Art von „Rockefeller“-Kapitalismus, den die USA umsetzen wollten, ohne Rücksicht auf Verluste und mit klarem Ziel. In dieser Zeit sind dann die großen privaten Konglomerate der Oligarchen entstanden. Einen Teil davon, die wichtigsten zur Steuerung der russischen Volkswirtschaft, also Öl- und Gasunternehmen, sowie die Banken, hat Russland dann nach 1999 wieder unter nationale Aufsicht gestellt. Der Prozess gegen den Oligarchen Chodorkowski war der bisher letzte aufsehenerregende Akt in diesem Vorgang.

99 Es ist nicht unwichtig hier anzumerken, dass die „Russlandkrise“ als Wirtschaftskrise kurz nach Beginn der „Asienkrise“ einsetzte. Eine gute Zeit also für globale Investoren.

100 Niall Ferguson zeigt in seinem Buch „Colossus“ sehr gut, wie schon die Briten während ihres Empire die Verschuldung von Staaten nutzen, Beispiele sind der Irak und Ägypten, um sich für ihren „Einsatz“ honorieren zu lassen, und die kolonisierten Staaten wirtschaftlich und finanziell and das britische „Mutterland“ zu binden.

ihre Aktien, Anleihen und Rubelbestände aus Angst zu niedrigen Preisen und transferierten die Erlöse in besonders sicher erscheinende Länder, insbesondere nach Großbritannien und in die USA. Russland stand kurz vor dem Konkurs.

Das prinzipielle und „natürliche" Interesse der Politik der USA in Bezug auf Russland war damals also die vollständige Übernahme seiner wirtschaftlichen und natürlichen Ressourcen, und dies zu einem möglichst günstigen Preis. Der Rest hätte die USA nicht geschert. Kultur war in den USA schon seit langem von „Medien" betrieben. Auf lange Frist hätten auch die Russen und ihre Verbündeten hauptsächlich Filme aus Hollywood schauen sollen und hätten exklusiv über die Social-Media-Kanäle amerikanischer Firmen kommuniziert.

Wenn den USA diese Übernahme der russischen Wirtschaft und der natürlichen Ressourcen Russlands damals gelungen wäre, dann wäre damit für China der wichtige Zugang zu einer wichtigen Quelle von Rohstoffen zukünftig versperrt gewesen. Der Weg zu künftigem Wachstum wäre für die chinesische Wirtschaft erschwert, wenn nicht gar behindert gewesen.[101] Ohne eine zuverlässige wirtschaftliche Partnerschaft mit Russland hätte China langfristig nicht die Chance gehabt, dem amerikanischen Hegemon gleichzukommen, oder ihn wenigstens abzuwehren. China hätte die anglo-amerikanischen Finanzkonzerne für die russischen Rohstoffe bezahlen müssen. Das ist die „Kreislaufwirtschaft", das außenpolitische und außenwirtschaftliche „Business Modell", das

101 Oft wird über die Investitionen von China auf dem afrikanischen Kontinent geredet. Es dürfte aus dieser Perspektive klar sein, dass es dabei auch in erster Linie um Rohstoffe und Absatzmärkte geht. Von dieser Seite her ist auch die Bedeutung Australiens für China zu verstehen. Australien hat eine relativ geringe Bevölkerung, ist aber im Besitz großer Rohstoffvorkommen auf seinem Kontinent.

die Hegemonialpolitik der USA leitet[102]. Die USA, im Besitz der natürlichen Ressourcen Russlands, wären ein Hegemon ohne Konkurrenz geworden. Um diese Hegemonie aber geht es den USA im globalen Schachspiel insbesondere seit der Zeit des kalten Krieges, wie es von Zbigniew Brzeziński, dem Berater mehrerer amerikanischer Präsidenten, offen dargelegt worden ist[103]. Das ist also „des Pudels Kern", darum dreht sich die große globale Auseinandersetzung seit 1919, und mit neuer Intensität seit 1989.

Die wachsende Intensität dieses Hegemonialstrebens speist sich im Wesentlichen also aus zwei Quellen: einmal aus dem zunehmenden Druck durch die exorbitant wachsende Verschuldung, und zum anderen aus dem, aus Sicht der USA, bedrohlichen Aufstieg von China als zukünftigem wirtschaftlichen und politischen Konkurrenten der USA. Das ist der Hintergrund aller Kriege, die in jüngster Zeit von den USA und auch von ihren Stellvertretern geführt wurden, von Afghanistan, als wichtigem Nachbarn Pakistans, über den Iran, Irak und Syrien bis in den Jemen, als Wächter am südlichen Zugang zum Roten Meer und zum Suezkanal. Dazu ist seit 2014 die Aufrüstung der Ukraine gekommen, mit dem klaren Ziel, Russland militärisch anzugreifen. Der seit 2022 betriebene offene Krieg ist nur als Konsequenz dieser Entwicklungen zu sehen. Die kleineren Scharmützel, wie in Georgien und Armenien, wollen wir hier nur am Rande erwähnen. Von geopolitisch wichtigen Initiativen der USA und der NATO im Pazifik wollen wir hier ebenfalls absehen, da wir uns erst einmal auf Europa konzentrieren wollen.

---

102 So ist es nicht verfehlt zu behaupten, dass die USA auch daran verdienen, wenn Saudi-Arabien Erdöl an China verkauft. Das ist ein Ergebnis der aktuellen Situation der Wirtschafts- und Geopolitik der USA. Einzelheiten hierzu in den nachfolgenden Kapiteln.

103 The Grand Chessboard: American Primacy and its Geostrategic Imperatives, von Zbigniew Brzezinski.

Das also ist der Einsatz, um den es auf dem Schachbrett der amerikanischen Industrie und des Kapitals geht: der freie Zugang zu Rohstoffen und Märkten nach den Regeln der USA. Dies ist das große strategische Element. Dem afrikanischen Kontinent als grossem Rohstoffreservoir kommt insgesamt und langfristig eine ähnliche Rolle zu wie die Russlands. Allerdings ist der Handlungsdruck dort geostrategisch noch nicht so groß.

Für die USA ist China der große Konkurrent, den sie über Europa und den Besitz der Rohstoffe und natürlichen Ressourcen Russlands in Grenzen halten oder, besser gesagt, „dominieren" wollen und wohl auch könnten.

Die industriellen Produktionskapazitäten Deutschlands und Europas spielen dabei sicher auch eine wichtige Rolle und könnten natürlich auch für Deutschland und hätten für die anderen europäischen Länder zu einem wichtigen Pfand werden können. Deutschland, aber auch andere europäische Länder Land verfügen immer noch über gute und sehr nützliche technische und technologische Anlagen, die jedoch schon weitgehend amerikanischen Eigentümern gehören, die darüber, wenn es denn wirklich darauf ankommen würde, auch weitgehend frei verfügen können. Im Kriegsfall, wie es auch schon jetzt im Rahmen der „Kriegswirtschaft" in der Ukraine und in Europa seit 2023 zunehmend geschieht, wird Deutschland zusammen mit Europa seine gesamten Produktionskapazitäten in den Dienst der NATO, und also in den Dienst der amerikanischen Geo-Strategie stellen müssen. Daran hat noch keine deutsche Regierung wirklich Zweifel gelassen. Selbst der grüne Außenminister Joschka Fischer war sehr beflissen und geschickt, um den USA und der NATO ideologisch den Weg nach Südosteuropa und zur Einverleibung Serbiens zu ebnen.[104] Eine der größten Militärbasen der USA in Europa liegt heute im Kosovo — das zwar noch keine Nation ist, aber heute schon ein wichtiger Brückenpfeiler und in naher Zukunft wohl auch, aus strategisch geopolitischen Gründen, ein volles Mitglied von EU und NATO werden wird.

Nur einen kleinen Schritt konsequent weitergedacht kommt man zu folgender Aussage: Die EU und die NATO sind die Brückenpfeiler der USA in östlicher Richtung auf dem eurasischen Kontinent im Kampf um die globale Hegemonie. In westlicher, also pazifischer Richtung sind es Japan und Südkorea, welche die Rolle der US-Brückenpfeiler übernehmen mussten. Die USA betreiben in Europa also schon lange keine industrielle Standortpolitik mehr, sondern sie schaffen geostrategische Fakten zur Durchsetzung der eigenen Interessen im Sinne einer Hegemonie des US-Kapitals[105].

Europa ist spätestens seit 1945 kein Konkurrent mehr zu den USA, sondern integraler Teil einer globalen Strategie um die Weltherrschaft. Schon in den Schriften von Brzeziński werden die europäischen Staaten dann auch folgerichtig „Vasallen“ genannt.

---

104 Zur Rede Joschka Fischers zum NATO-Einsatz im Kosovo und in Serbien: https://de.wikipedia.org/wiki/Rede_Joschka_Fischers_zum_NATO-Einsatz_im_Kosovo.

105 Zur engen Beziehung zwischen Kapital und Krieg siehe die Bücher von Niall Ferguson, zum Beispiel: The Cash Nexus. Money and Power in the Modern World, 1700–2000, London: Allen Lane/Penguin Press, 2001; oder auch: War of the World. History's Age of Hatred, 1914–1989, Allen Lane, 2006.
Niall Ferguson ist sicher kein „Revolutionär“, aber er ist mutig, meist ehrlich und äußerst intelligent, ein Historiker also, der uns behilflich sein kann, wenn wir die Wirklichkeit hinter den Symptomen sehen wollen. Sein Spezialgebiet ist die Geld- und Finanzwirtschaft.

Kurzes Fazit zu Kapitel 1:
Die Neuordnung der Welt nach Versailles

Die Menschheitsgeschichte läuft nicht wie ein mechanisches Konstrukt ab, dazu ist die Welt zu komplex. Und dennoch werden eine gewisse Richtung und Konsequenz in der historischen Entwicklung sichtbar. Bestimmte Entscheidungen, die 1919 von den Siegermächten des Ersten Weltkrieges getroffen wurden, haben zu einer Neuordnung der Welt geführt. Die Prinzipien der Gestaltung von Macht und Herrschaft, die den damaligen Entscheidungen zugrunde lagen, müssen wir kennen, um nachfolgende und heutige Ereignisse und Handlungen politischer Entscheidungsträger und Verantwortlicher einordnen zu können. Nur so kann es gelingen, im vermeintlichen Chaos um uns herum eine Struktur zu erkennen. Diesem Lernen aus der Geschichte wollen wir mit unserem Buch dienen.

Die gewonnenen Einsichten fordern uns dann auf, immer wieder genau hinzuschauen, wenn politische Entscheidungen getroffen werden. Die Folgen müssen nicht nur von uns, sondern viel mehr noch von den künftigen Bewohnern dieses Planeten getragen werden

Zweiter Teil – Kapitel 2

Wie Europa seine Identität verlor: eine Bestandsaufnahme

Einleitung

Es ist hier nicht unsere Absicht, eine Studie zum Integrationsprozess der Europäischen Union (EU) vorzulegen, sondern wir wollen anhand von kritischen Punkten und Ereignissen aufzeigen, wie dieser Prozess verlaufen ist, und zu welchen wichtigen Ergebnissen er geführt hat. Das Verhältnis zwischen Frankreich und Deutschland nach dem Zweiten Weltkrieg und seit der Wiedervereinigung Deutschlands und Europas nach 1990, steht dabei für uns im Zentrum. Wir werden zeigen, wie sich das Verhältnis der beiden ökonomisch und politisch wichtigsten Staaten in Europa, mit der EU als dem entscheidenden Gestaltungsrahmen, entwickelt hat.

Wichtig ist es für uns dabei, einen gesamteuropäischen Blick einzunehmen, also am Ende zu sehen, wie sich Europa als Ganzes geopolitisch entwickelt hat, und welches Szenario sich uns heute bietet. Unser Augenmerk ist dabei gleichzeitig auf die Rolle der USA, als dem entscheidendem mitgestaltenden Akteur der EU und als kritischem Einflussfaktor in der Geschichte seiner Entstehung und Gestaltung, gerichtet.

Brüder unter Waffen 2019 – der mediale Warnschuss

Als Anlass für diesen Abschnitt unseres Buches wollen wir einen Artikel in der FAZ zum französischen Nationalfeiertag am 14. Juli 2019, also genau einhundert Jahre nach dem Abschluss des Vertrages von Versailles, nehmen. In diesem Artikel lobte die FAZ-Korrespondentin in Frankreich die neue „Brüderschaft unter Waffen" und unterstrich diese Bedeutung mit einem Bild, das französische und deutsche Soldaten gemeinsam bei der Parade in Paris auf den Champs Elysées defilierend zeigt. Bei der Einschätzung dieses Ereignisses, des gemeinsamen Defilierens von Soldaten, als dem bedeutendsten Symbol der deutsch-französischen Freundschaft in unserer Zeit, waren wir unmittelbar schockiert. Der enthusiastische deutsche Kommentar zu dem Bild hat uns an die öffentliche Stimmung erinnert, wie sie zur Zeit der „Schlafwandler" vor dem Ersten Weltkrieg in jedem der beiden Länder von der Politik aufgebaut worden war. „Brüder zu den Waffen!", hiess es damals in beiden Ländern vor Ausbruch des Ersten Weltkrieges.[106] Da ist der Titel „Brüder unter Waffen!" nur minimal nuancierter.

Wenn man uns ein Bild gezeigt hätte, wie deutsche und französische, und auch andere Bürger Europas am 14. Juli auf den Champs Elysées gemeinsam gefeiert hätten, dann hätte uns das glücklich stimmen können, als Zeichen der Völkerverständigung und Freundschaft. So aber kam dieser Aufmacher in der FAZ eher einem medialen Warnschuss gleich.

---

106 Gleichzeitig hat Frankreich durch seine Banken, v. a. Rothschild, auch noch die Aufrüstung Russlands und Serbiens finanziert, um damit den zwei-Fronten Krieg gezielt vorzubereiten. s. h. „Die Schlafwandler: Wie Europa in den Ersten Weltkrieg zog", Christopher Clark, DVA, 2013.

Wir wollen also dieses Bild und den Kommentar in der FAZ zum Anlass nehmen, um uns zu fragen, wodurch sich das Verhältnis zwischen Frankreich und Deutschland besonders auszeichnet, und in welche Richtung es sich über die letzten Jahrzehnte entwickelt hat. Dabei sehen wir die EU als eine Art von übergeordnetem, politischen Gestaltungsrahmen für die beiden Länder und für Europa.

Die Gründerjahre der EU: Zentralstaat oder Gemeinschaft der Vaterländer?

Seit den ersten Schritten zur Gründung der EU in den frühen 50er Jahren, über die Montanunion zu den Römischen Verträgen, die 1957 von den sechs Gründerstaaten[107] unterzeichnet worden sind, um die EWG zu gründen, waren sich diese europäischen Staaten grundsätzlich einig, Lehren aus den kriegerischen Zeiten der Vergangenheit zu ziehen, um die Zukunft im Rahmen einer friedlich zusammenlebenden und -arbeitenden europäischen Gemeinschaft zu gestalten. Hinter diesen Prozess der europäischen Einigung stellten sich neben den europäischen Siegermächten des Zweiten Weltkrieges, also Frankreich und England, auch die USA von Anfang an mit Nachdruck.

Bemerkenswert ist jedoch, dass sich schon zu Beginn zwei grundsätzlich unterschiedliche politische Tendenzen bemerkbar machten. Auf der einen Seite war Frankreich, das in Europa als der erste historisch gewachsene Zentralstaat gilt[108], und

107 Die sechs Gründerstaaten sind Frankreich, Deutschland, Italien, Belgien, die Niederlande und Luxemburg.

108 Hierzu von Fernand Braudel, l'Identité de la France, 1986. Auf Deutsch herausgegeben als «Frankreich, Band 1: Raum und Ge-

das seine Rolle als „Grande Nation", also einer grossen Nation, nicht preisgeben wollte und nach einem Staatenbund strebte. Dahingegen unterstützten die USA, die das Modell ihres eigenen Bundesstaates zum Vorbild nahmen, in den ersten Jahren der europäischen Einigung die Bildung eines europäischen Zentral- und Einheitsstaates, also eines Bundesstaates nach amerikanischem Vorbild, in dem die bisherigen Nationalstaaten weitgehend ihre Souveränität aufgeben würden.[109]

In einer dritten Gruppe gründeten die Schweiz, England, Norwegen, Schweden, Österreich, Portugal und Dänemark im Jahre 1960 den Freihandelsverband EFTA, der sich von Anfang an explizit und im Wesentlichen auf die Freiheit des Handels und Warenverkehrs beschränkte, dabei aber den einzelnen Ländern als unabhängigen Nationen die politisch souveräne Gestaltungskraft überliess.

Es war also ein offensichtlicher Gegensatz erkennbar, einmal zwischen dem Modell eines europäischen Zentral- und Einheitsstaates entsprechend der Bestrebungen der USA, und zum anderen dem Modell eines föderalistischen Staatenbundes, wie es heute noch von der EFTA umgesetzt wird.[110]

Konkret zeigte sich in diesem historischen europäischen Integrationsprozess dann schon sehr früh, dass die USA, als eine Art von Ordnungsmacht, in Europa ganz konkrete Ziele verfolgten. So kam es auf Druck der USA und durch das Geschick ihres europäischen Lobbyisten, Jean Monnet, schon bald zu

schichte / Band 2: Die Menschen und die Dinge / Band 3: Die Dinge und die Menschen, 2009, Fernand Braudel.

109 Wir wollen an dieser Stelle nur ein Buch von Frederic Bozo nennen, das diesen Sachverhalt behandelt, „Deux stratégies pour l'Europe", Paris, 1996.

110 Die europäische Freihandelszone, 1960 gegründet, umfasst derzeit nur noch die vier Staaten Island, Liechtenstein, Norwegen und die Schweiz.

einer Einschränkung der Wirkkraft der EFTA. Die EFTA Gründerstaaten England, Österreich, Dänemark und Schweden sahen sich schon bald unter Druck der USA gezwungen, in das Lager der EWG und der späteren EU umzuschwenken.[111] Die USA wollten auf diese Weise ihre Wirtschafts- und Handelsbeziehungen mit der EU einheitlich und, das heisst in ihren Augen, effizienter gestalten. Noch wichtiger aber war, dass die USA die EU in ihrer Perspektive schon von Anfang an als einen integralen Bestandteil der NATO gesehen haben. Die wirtschaftlichen und die militärischen Einflusszonen sollten deshalb zunehmend kohärent zentralistisch gestaltet werden.[112]

Diesem zentralistischen Ansatz der EU, von den USA gefordert und von Jean Monnet auf der politischen Ebene geschickt befördert, widersetzte sich in Frankreich schon bald der General de Gaulle, der 1959 unter der, unter seiner Leitung formulierten Verfassungsreform, der erste Präsident der Fünften Republik geworden war. De Gaulle, der als Präsident Frankreichs den Krieg in Algerien beendete und auch sukzessive den anderen französischen Kolonien die Unabhängigkeit gewährte, war überzeugt von der Notwendigkeit, den histo-

111 Sicher müssen wir den Brexit des Jahres 2020 in diesem Zusammenhang sehen. England will sich auf Dauer nicht in einen zentralistischen Staatenbund eingliedern, um dort seine Souveränität aufzugeben.

112 An dieser Stelle sollten wir nicht vergessen, dass die europäischen Staaten, insbesondere die Siegermächte England und Frankreich, aber auch Italien, von den USA stark abhängig waren und in den ersten Jahrzehnten noch Kredite zurückbezahlen mussten, die sie in den Kriegsjahren aufgenommen hatten, um den Kampf gegen das NS-Regime zu führen.
Für Deutschland wurde der Marshallplan aufgelegt, der sehr rasch und erfolgreich die Wirtschaftsbeziehungen zwischen Deutschland und den USA verstärkte und schon früh zu einer engen Verzahnung der beiden Volkswirtschaften führte, mit Deutschland als dem Juniorpartner.

risch gewachsenen kulturellen, sozialen und politischen Zusammenhalt in den einzelnen europäischen Ländern zu einer Grundlage für die europäische Einigung zu machen. Nur über eine gesunde nationale und kulturelle Identität der Nationen in Europa konnte, nach seinem Verständnis, ein frei gewollter Zusammenschluss der europäischen Staaten langfristig funktionieren.

Diese Phase der europäischen Integration nach 1945 und bis 1963 wurde in Deutschland hervorragender Weise von Eckart Conze herausgearbeitet und verschiedentlich dargestellt. Eine erste ausführliche Untersuchung der amerikanischen Politik gegenüber den deutsch-französischen Beziehungen in den fünfziger und sechziger Jahren hat Conze unter dem Titel „Die gaullistische Herausforderung", schon 1995 vorgelegt[113]. Darin schreibt Conze in den ersten Zeilen des Kapitel II: „Die Forschung betrachtet mit gutem Recht und nahezu einhellig die USA als Hegemonialmacht der westlichen Welt seit 1945", und weiter unten „Der Zweite Weltkrieg hatte katalytische Funktion für die Entstehung amerikanischer Hegemonie". Conze bestätigt auch, dass das amerikanische Hegemonialstreben ein „dreifaches Interesse an europäischer Einigung" hatte, denn es war zwar „primär wirtschaftlich", später jedoch auch „das war von Anfang an mitgedacht, militärisch und politisch". In unserem Zusammenhang ist die Einschätzung von Conze zentral, dass „der supranationale Integrationsansatz der Römischen Verträge ... mittelfristig auch auf die Etablierung supranationaler politischer Strukturen" zielte. Weiter konstatiert er dazu,

113 Eckart Conze – Hegemonie durch Integration: Die amerikanische Europapolitik und ihre Herausforderung durch de Gaulle, in: Institut für Zeitgeschichte, Vierteljahreshefte für Zeitgeschichte, Jahrgang 43 (1995), Heft 2, http://www.ifz-muenchen.de/heftarchiv.html URL: http://www.ifz-muenchen.de/heftarchiv/1995_2.pdf

dass „die Europakonzeption de Gaulles, deren Zentrum die nationale Souveränität der einzelnen Staaten bildete", dem widersprach.

Der General de Gaulle war also ohne Zweifel ein überzeugter Europäer und betrieb auch die Aussöhnung mit der neu gebildeten Bundesrepublik Deutschland mit Nachdruck. Aber er legte grossen Wert auf die Souveränität der Nationalstaaten. Im Jahre 1963 unterzeichneten de Gaulle und Adenauer in Paris den Elysee-Vertrag, den deutsch-französischen Freundschaftsvertrag, mit dem die Beziehungen beider Länder seitdem auf regelmässige Konsultationen und Massnahmen zur gegenseitigen Vertrauensbildung und Zusammenarbeit gebaut wurden. Gleichzeitig wollte de Gaulle durch diesen Akt auch die nationale Souveränität Deutschlands anerkennen und ihr besonderen Nachdruck verleihen. Nur souveräne Nationen konnten, in den Augen de Gaulles, souveräne politische und wirtschaftliche Partner sein.

In diesem Sinne änderte Frankreich auch schon bald seine Politik in Bezug auf die NATO. Die USA hatten von Anfang an den französischen Vorschlag einer europäischen Armee unter französischer Führung und der Einbeziehung Deutschlands abgelehnt. Nachdem es Frankreich gelungen war, seit 1960 seine Atomstreitkraft, *Force de frappe,* zügig aufzubauen, und insbesondere nach der Wiederwahl von de Gaulle im Jahre 1965, verstärkte Frankreich seine Bemühungen zur Bildung einer von den USA unabhängigen europäischen Verteidigungspolitik. Frankreich wollte die NATO weiterhin aktiv mitgestalten, aber mit einem selbständigen europäischen Verteidigungsbündnis, als Teil der NATO. Die NATO sollte in Europa unter europäische Führung gebracht, und die amerikanischen und kanadischen Truppen europäischem Kommando unterstellt werden. Dieses Ansinnen lehnten die USA kategorisch ab, woraufhin de Gaulle den Abzug der alliierten Truppen und des NATO-Hauptquartiers aus Frankreich forderte. Diese Haltung begründete de Gaulle spätestens seit 1966 mit einer klaren Einschätzung, indem er verkündete „Frankreich strebe jetzt die volle Ausübung seiner Souveränität an, die durch die Stationierung fremder Streitkräfte auf seinem Boden nicht gewährleistet“ sein könne.[114] Gleichzeitig erklärte de Gaulle den Rückzug der französischen Truppen aus der NATO, wo sie amerikanischem Kommando unterstellt waren. Die 30.000 NATO-Soldaten mussten Frankreich verlassen, die verschiedenen NATO-Militärquartiere und Kommandozentralen wurden nach Belgien, in die Niederlande und nach Deutschland verlegt.

Die komplementäre Ausgangslage Deutschlands und Frankreichs:

Die bedingungslose West-Orientierung Deutschlands und der Anspruch Frankreichs auf eine Führungsrolle in Europa

Wie wir gesehen haben, gab es also für die EU zwei grundsätzlich unterschiedliche Vorstellungen und Visionen über die zukünftige politische Gestaltung. Die erste, und prioritär betriebene Vorstellung, wurde dabei von den Amerikanern

114 Dazu lesen wir im Spiegel, 14.03.1966, „Frankreich – US-Basen – Boden, Himmel, See - Im Jahre 1944 kamen die Amerikaner, de Gaulles Frankreich zu befreien. 1966 will de Gaulle Frankreich von den Amerikanern befreien.“

favorisiert und in der Person von Jean Monnet[115] innerhalb der Machstrukturen in Europa gefördert. Dieses Konzept für die Struktur und Organisation der EU arbeitete auf einen Bundesstaat, als einem zentralistischen Einheitsstaat zu, in dem die einzelnen Nationen schrittweise ihre Macht und nationalen Befugnisse an die EU und in deren Verantwortung übertragen würden. Die zweite Vision ist eng mit der Person des General de Gaulle verbunden, der diese Position in Europa und die damit zusammenhängenden politischen Vorstellungen mit Nachdruck vertreten hat. Diese Vorstellung geht von einer starken Position der souveränen Staaten aus und strebt nach einem Staatenbund der „Vaterländer". Entsprechend diesem Modell sollten sich die Nationen auf gemeinsame Ziele einigen, wie beispielsweise die Schaffung eines gemeinsamen Marktes und einer gemeinsamen Verteidigung. Die Grundlage und prinzipiellen Akteure der Zusammenarbeit sollten dabei jedoch stets die einzelnen, souveränen Staaten bilden. [116]

---

115 Wir verweisen hier auf die ausgezeichnete Analyse von Werner Wüthrich, der sich in dem Schweizer Magazin *«Zeit-Fragen» von 2011 bis 2012 ausführlich mit dem Thema «Europäische Integration» auseinandergesetzt hat. Dort stellt er auch die «Methode Monnet» vor, als Schlüssel zum Verständnis der Euro-Krise. In weiteren Artikeln zeigt er im geschichtlichen Kontext die zwei grundsätzlich verschiedenen Ansätze, die Länder Europas zu organisieren – das Konzept der europäischen Gemeinschaft und das der EFTA, der europäischen Freihandelsassoziation. Dabei arbeitet er sehr gut auch die zugrundeliegenden staatspolitischen Grundsätze dieser beiden Konzepte heraus, von denen das eine eher zentralistisch und das andere föderalistisch ausgerichtet ist.*

116 In einem Interview veröffentlicht in GlobalBridge vom 21. Mail 2024 vertritt der britische Historiker und Russland-Kenner Richard Sakwa ebenfalls diese Position und nennt sich selbst einen „Gaullisten. „Wir sind an der Beerdigung der alten Schule der Diplomatie", am 21. Mai 2024.

Auf dem Papier, also entsprechend der Theorie, war diese Organisationsstruktur der EU als Staatenbund noch lange gültig. Im Prinzip ist sie es noch bis heute. Die Europäische Kommission ist die „Hüterin der Verträge“ und hat, im Prinzip, keine Exekutivfunktion. Sie muss, im Prinzip, den Vorgaben der nationalen Regierungen folgen. In der Realität konnten sich diese Absichten nicht durchsetzen. Dies zeigt auf sehr überzeugende Weise Charles B. Blankart in seinen Studien und Büchern, in denen er von der Bedeutung der „Finanzverfassung“, also der Macht über die Finanzen der Staatsgebilde ausgeht. Er zeigt nachdrücklich auf, wie sich der „Paradigmenwechsel im europäischen, insbesondere im deutschen Föderalismus nach dem Ersten Weltkrieg“ durchgesetzt hat und macht dabei deutlich, dass der Föderalismus innerhalb der Europäischen Union in seiner jetzigen Form keine Zukunft mehr hat.

Der Einheits- und Zentralstaat der EU ist also jetzt schon Realität geworden. Diese Entwicklung hat sich unter der Kommissionspräsidentin Ursula von der Leyen endgültig in der Praxis des Zusammenwirkens der EU-Institutionen verwurzelt, zuerst unter dem Vorwand der Massnahmen während der sogenannten Corona-Pandemie und endgültig in der Zeit nach 2022, während des Krieges in der Ukraine. Schon unter der Regierungszeit der deutschen Kanzlerin Angela Merkel wurden zunehmend und systematisch Kompetenzen und Funktionen an die Europäische Kommission delegiert. Dabei kam der deutschen Kanzlerin zugute, dass während ihrer langen Regierungszeit[117] in Frankreich, mit Nicolas Sarkozy, François Hollande und Emmanuel Macron, eher schwache, oder gar bedeutungslose politische Figuren die französische Präsidentschaft innehatten. Mit der aktuellen Präsidentschaft

117 Sie war vom 22. November 2005 bis zum 8. Dezember 2021 Bundeskanzlerin.

der Europäischen Kommission, Ursula von der Leyen, kam 2019 eine von Merkel protegierte Politikerin zum Zug, die zudem die absolute und ausschliessliche West-Orientierung der europäischen Politik vehement vertritt, und auch gewillt ist, diese für die EU ohne Vorbehalte durchzusetzen.

Diese prinzipielle Haltung einer engen Anlehnung der EU an die Politik der USA zeigte sich also schon während der Corona-Politik, als die Kommissionspräsidentin „freihändig" grosse Aufträge an US-Pharmaunternehmen vergab[118]. In jüngster Zeit hat sich diese Positionierung der EU noch vertieft, nicht zuletzt unter dem kompromisslosen Einsatz für die Politik der NATO und der massiven Bereitstellung von Rüstungsgütern und finanziellen Mitteln für die Ukraine. Effektive oder gar kritische Kontrolle durch die Mitgliedstaaten wurde immer weniger wahrgenommen, teilweise, wie im Falle von Ungarn, sogar sanktioniert. Die Mitgliedstaaten wurden auf Linie gebracht. Das Wohlverhalten der Mitgliedstaaten mit wirtschaftlichen und finanziellen Problemen, wie Italien, Frankreich und Griechenland, wurde durch die Schaffung neuer Instrumente zur großzügigen Bereitstellung von enormen finanziellen Ressourcen gesichert. Die massive Unterstützung der Öffentlichkeitsarbeit mit Hilfe der Medien sorgte für allgemeine Zustimmung in der breiten Öffentlichkeit in Europa. Kritische Stimmen wurden zusehends durch Gesetze, Erlasse und Verfügungen unterbunden und als „systemgefährdend" oder demokratiefeindlich eingestuft[119]. Die Europäische Kom-

118 Dazu sind im Mai 2024 Klagen, auch von Mitgliedstaaten der EU, vor europäischen Gerichten gegen das Verhalten von Frau von der Leyen eingereicht worden. Die Verhandlungen wurden dann aus unersichtlichen Gründen von belgischen Gerichten vertagt.

119 Es gibt in der EU inzwischen ein „Demokratiefördergesetz". Zu den Gesetzen, Erlassen du Verfügungen zur Unterbindung der öffentlichen Meinung ist es ausreichend, sich an den Presseberichten zur

mission hat sich so in eine Position gebracht, in der sie seit der Corona-Politik und dem Krieg in der Ukraine „durchregiert“[120] hat, also ohne wahrnehmbare Kontrolle durch die Bevölkerungen der Mitgliedstaaten ihre Entscheidungen bekanntgegeben, oder nach ihren Vorstellungen und denen der wichtigsten Mitgliedstaaten durchgedrückt hat. So hat sie es nebenbei geschafft, sich eigenständig verschulden zu dürfen, in dem sie eigene Anleihen auf den Markt bringen durfte, kontrolliert durch Institutionen unter Aufsicht der Europäischen Kommission und gesichert durch die Mitgliedstaaten[121]. Schon ein kurzer kritischer Blick auf diese Vorgänge wird jedem Beobachter zeigen, dass diese Prozesse der Institutionalisierung und Zentralisierung der EU unumkehrbar geworden sind.

Wir wollen uns nachfolgend noch kurz anschauen, wie sich die EU historisch entwickelt hat und welchen Weg der Entwicklung die EU konkret gegangen ist. Dabei wollen wir uns bei dieser skizzenhaften Betrachtung auf die beiden Staaten beschränken, die für beide EU-Modelle als entscheidend angesehen wurden, also Frankreich und Deutschland. Dabei werden wir selbstverständlich immer die Rolle und den Einfluss der USA über die NATO, aber auch durch ihre dominante wirtschaftliche Macht, im Auge behalten. Am Ende dieses analytischen Überblicks werden wir dann die aktuelle Situation anschauen, um zu sehen, wo wir heute in diesem Prozeß der

---

Kontrolle der Social Media und den Öffentlich Rechtlichen Medien (ÖRR) zu informieren. Zensur durch sogenannte „Correctiv“ Institute, die vom Staat gefördert werden, sprechen für sich.

120 „Durchregieren“ war eine Wunschformel der deutschen Kanzlerin für die Gestaltung politischer Prozesse; also Regieren ohne Hindernisse. Hierzu in der Tageszeitung „Die Welt“ vom 07.04.2010, die Meldung „Merkel verabschiedet sich vom „Durchregieren“. Ob das wirklich so war?

121 Am konsequentesten hat diese Entwicklungen Prof. Hans-Werner Sinn, ehemaliger Direktor des Ifo-Institutes in München, begleitet.

europäischen Einigung stehen, was die Konsequenzen aus der bisherigen europäischen Einigungs- und Integrationspolitik für beide Länder sind, und welche möglichen Optionen der politischen Gestaltung in Europa in Zukunft noch bestehen.[122]

Für Deutschland ist dabei die konsequente West-Orientierung der Politik[123] ein herausragendes und durchgängiges Merkmal, das seit 1949, unter der Regierung von Konrad Adenauer bis zu den heutigen Regierungen prägend geworden ist, einmal für die deutsche Aussenpolitik, aber auch für ihre konsequente wirtschaftliche und politische Anbindung an die USA. Daran ändern auch zwischenzeitliche kleinere Friktionen, oder größere öffentliche Debatten nichts. Das transatlantische Netzwerk[124] hat hier über Jahrzehnte ausgezeichnete

---

122 Wir gehen an dieser Stelle nicht auf den Marschall-Plan ein, dessen wirtschaftliche Bedeutung meist weit überschätzt wird. Seine wichtigste Bedeutung liegt in seiner Beförderung der europäischen Integration entsprechend dem Willen der USA. S. h. Hans-Werner Sinn: Der Mythos vom Marshall-Plan; sowie den Wirtschaftshistoriker Werner Abelshauser, der in seinen Büchern zum „Mythos Wirtschaftswunder" die These der „Initialzündung" durch den Marschall-Plan ebenfalls widerlegt.

123 Die West-Orientierung wurde im Sinne der USA über eine West-Integration umgesetzt. Es bleibt aber festzuhalten, dass Deutschland bis heute gewissen Souveränitätsbeschränkungen unterstellt ist und von den damaligen Siegermächten bis heute keinen Friedensvertrag erhalten hat. Im „besonderen Falle" können also die USA bis heute über Krieg und Frieden in Deutschland bestimmen. In der heutigen öffentlichen Diskussion und Berichterstattung werden das die „transatlantischen Beziehungen genannt": https://www.swp-berlin.org/themen/dossiers/die-usa-und-die-transatlantischen-beziehungen

124 „Das transatlantische Netzwerk ausbauen und verstärken" ist eine konsequente Forderung der Bundesregierung. https://www.bundesregierung.de/breg-de/service/bulletin/das-transatlantische-netzwerk-ausbauen-und-verstaerken-rede-des-bundeskanzlers-in-chicago-804836.
Eine gute Quelle ist von Stefan Fröhlich, „Die transatlantischen Beziehungen, Deutschland, 2017.

Arbeit zur Durchsetzung seiner Interessen geleistet. Diese politische West-Orientierung, die durch die frühe Wiederbewaffnung Deutschlands und die Einbindung in die NATO am klarsten zum Ausdruck kommt, wurde zusätzlich verstärkt durch die enge und stetig wachsende wirtschaftliche Verbindung mit den USA[125]. In diesem Bereich ist über die Jahrzehnte, insbesondere nach 1949, eine immer engmaschigere Verflechtung entstanden.

Für Frankreich sah die Situation von Anfang an anders aus, auch wenn Frankreich erst nachträglich von den Alliierten als Siegermacht des Zweiten Weltkrieges aufgenommen wurde und eine eigene Besatzungszone in Deutschland zugesprochen bekam. Für Frankreich unter dem General de Gaulle war es klar, dass es einen Platz als eigenständige europäische Nation am Tisch der grossen Nationen haben müsse. Darüber können auch frühe, gezielte Bemühungen bestimmter politischer und wirtschaftlicher Kreise, die für eine enge politische und wirtschaftliche Verflechtung mit den USA eingetreten sind, nicht hinwegtäuschen.[126] Für das Frankreich der Zeit nach dem Zweiten Weltkrieg gehörte der Anspruch, eine „Grande Nation" zu sein, ein Land, das unter den großen der Welt seinen legitimen Platz haben müsse, immer noch zum historischen Profil. Dieser Anspruch speist sich natürlich auch aus der starken kulturellen Kraft Frankreichs, die in

---

Eine wichtige Rolle spielt auch das *Transatlantic Policy Network* als Lobbyorganisation europäischer und amerikanischer Großkonzerne und Wirtschaftsverbände, das geschaffen wurde, um Einfluss auf die Zusammenarbeit zwischen Europa, der EU und den USA zu nehmen.

125 Die wirtschaftliche Verflechtung bestand schon seit den 20er Jahren des 20. Jahrhunderts. Sie wurde dann nach 1945 durch den Marshall-Plan weiter intensiviert.

126 Wir verweisen hier auf die Studie zur „Geschichte der EU – Teil 1, in Zeit-Fragen, Nr. 38, 2010.

Europa, neben der britischen, für lange Zeit derart dominierend war, sodass die gebildeten Kreise von Paris, über Berlin, bis nach Warschau und Petersburg Französisch sprachen und dachten.[127]

Wir werden aufzeigen, dass diese unterschiedlichen Ausgangslagen der beiden Nationen, Frankreich und Deutschland, sich auch am Beispiel des Prozesses der europäischen Einigung und Integration zeigt, sowie an den Ergebnissen, den diese für das jeweilige Land gebracht haben.

Die „europäische Achsenzeit" von 1985-95 unter Delors und Mitterand

Die Zeit nach 1985, in der Jacques Delors als Präsident der Europäischen Kommission gewirkt hat, dies war also noch während des Abschnitts der EWG, muss als die entscheidende Phase für die Gestaltung der Europäischen Union angesehen werden. Delors war vom französischen Präsidenten François Mitterand auf diesen Posten befördert worden, auf dem er sich von 1985 bis 1995 bewährte. Delors hatte Frankreich schon früh im Europaparlament vertreten und sich dann in mehreren Regierungen unter der Präsidentschaft von Mitterand als hervorragender und loyaler Politiker ausgezeichnet. Diese Zeit der europäischen Integration unter der Achse Mitterand-

127 Wir erinnern hier an Walter Benjamin, der Paris die „Hauptstadt des 19. Jahrhunderts" nannte.
Selbst ein Mann wie Alexander von Humboldt, der von seiner Konstitution her nicht preußischer hätte sein können, hat sich am liebsten entweder in der Natur, auf Reisen, oder aber in Paris aufgehalten. Schon Napoleon und seine Soldaten konnten sich während ihres Krieges in Russland durchweg auf Französisch unterhalten.

Delors bildet, im Nachhinein gesehen und in mehrfacher Hinsicht, die „europäische Achsenzeit", während der die Politik, sowohl der europäischen Einigung und Integration, als auch der Rolle Frankreichs in Europa und als globaler Macht sich grundsätzlich verändert haben. Wie wir noch sehen werden, hängen beide Ereignisse wiederum stark mit dem parallelen Ausbau der amerikanischen Dominanz in Europa zusammen.

In der Literatur zu diesem Thema wird meist darauf verwiesen, dass Delors seit den 80er Jahren des vorigen Jahrhunderts und dann auch noch über die neue Konstellation nach der Wiedervereinigung der beiden deutschen Staaten und dem Zusammenbruch des sowjetischen Staatenbundes, eine immer stärkere Vertiefung der Integration der europäischen Staaten in der EU angestrebt und vorangetrieben habe. Das deute darauf hin, so wird angenommen, dass Delors und Mitterand auf den europäischen, zentralistischen Bundesstaat hingewirkt hätten. Vordergründig ist diese Annahme sicher richtig und insgesamt unbestreitbar. Diese Annahme verdient jedoch eine stärker nuancierte Betrachtung. Denn diese Sicht bedeutet nicht automatisch, dass Delors und Mitterand auch die Verwirklichung des europäischen Bundesstaates unter der US-Hegemonie anstrebten. Ganz im Gegenteil ist die Absicht von starken europäischen Interessen getragen worden. Dies kann weder Mitterand, noch Delors abgestritten werden. Wir dürfen nicht übersehen, dass es das Ziel Frankreichs war, über die EU ihre Rolle als europäische Großmacht festzuschreiben und wenn möglich, sogar noch zu befördern.

Denn für beide Politiker war der gaullistische Anspruch Frankreichs auf die Anerkennung als ebenbürtiger Partner der grossen Nationen nicht verhandelbar. In diesem Sinne waren Mitterand und Delors überzeugte Nationalisten und Gaullisten zugleich. In diesem Sinne sollte sich dann auch die europäische

Integration primär an den Interessen Frankreichs ausrichten und die EU sollte nach den immer noch vorherrschenden etatistischen Vorstellungen der französischen Bürokratie gestaltet werden. Beide Politiker strebten unter diesen Prämissen eine Europäische Union an, die eine Mischung aus zentralistisch-föderalistisch organisiertem Bundesstaat werden sollte, die aber gleichzeitig souverän gegenüber ausländischen Mächten, insbesondere gegenüber den USA, ihre Ansprüche auf der internationalen Bühne geltend machen könnte. In diesem Sinne ist auch das gesamte Wirken von Delors als Präsident der Europäischen Kommission zu verstehen.

Schon im Jahr 1986 wurden unter Delors als Präsidenten der EWG die Römischen Verträge von 1957 erstmals nachhaltig reformiert und die Grundlagen für den europäischen Binnenmarkt gelegt. Die zu diesem Zweck geschaffene „Delors Kommission" entwickelte dazu den Mechanismus des europäischen Rechtsetzungsprozesses, der bis heute, in ausgeweiteter Form, über die „acquis communautaire"[128] für die Integration und Assoziierung weiterer Mitglieds- und Partnerländer maßgeblich geblieben ist und seine Gültigkeit bewahrt hat. Dabei geht es seitdem nicht nur um den Binnenmarkt, sondern es werden alle Bereiche des öffentlichen Lebens ausnahmslos einbezogen, von der Rechtsstaatlichkeit, über den Handel, die wirtschaftlichen Regeln und Gesetze, wie auch die sozialen Normen und Medien, bis zur Migrations- und Aussenpolitik. Dieser weitreichende Prozess der gesetzlichen und regulativen Vereinheitlichung der Länder Europas, sowie der assoziierten Staaten, war bis 1992 rechtskräftig verabschiedet worden und die Ergebnisse ab 1993 als Teil der gegenseitigen Verpflichtungen der Mitgliedstaaten rechtsgültig geworden. Damit war die EU als rechtsstaatli-

128 Im Juristendeutsch wird das „Besitzstand der EU" genannt.

ches Konstrukt endgültig etabliert.[129] Dies muss als die erste grosse Leistung der Europäischen Kommission unter Delors hervorgehoben werden.

Parallel zu diesem Prozess, und in konsequenter Ergänzung dazu, legte Delors 1989 einen Drei-Stufen-Plan zur Errichtung einer Wirtschafts- und Währungsunion vor. Den Auftrag zu dieser von ihm ins Leben gerufenen Initiative hatte er sich vom Europäischen Rat, also von den europäischen Mitgliedsstaaten, schon 1988 geben lassen. Die Arbeiten der Delors-Kommission wurden dem Europäischen Rat in einem Bericht vorgelegt, der dann zur Grundlage für die Ausgestaltung der Wirtschafts- und Währungsunion durch den Vertrag von Maastricht wurde[130], der heute als Gründungsakt der Europäischen Union gilt. Dieses Ergebnis von 1993 gilt als die herausragende Leistung unter der EU-Kommission von Delors.

Der Wendepunkt im Prozess der europäischen Integration und das Ende der „Grande Nation"

Hier aber kommen wir zu einem entscheidenden Punkt in unserer Argumentation. Denn was auf den ersten Blick wie ein grosser Moment für die Zukunft Frankreichs und seiner europäischen, aber auch globalen politischen Ansprüche aus-

129 Dieser Prozess ist auf der offiziellen Webseite der EU unter https://europa.eu/ in vollem Umfang dokumentiert und auch beschrieben.

130 Dazu sei an dieser Stelle angemerkt, dass die wichtigste Forderung Frankreichs, vertreten durch Mitterand, während der Verhandlungen über die deutsche Wiedervereinigung, die Aufgabe der D-Mark und die Annahme des Euro als zukünftiger europäischer Währung war. Damit sah sich Frankreich als aktiver Teilhaber am deutschen Wirtschaftspotential.

sieht, wird letztlich zum entscheidenden Wendepunkt seiner Geschichte. Im Sinne einer *Ironie der Geschichte*[131] zeichnet sich von diesem Zeitpunkt an das Ende der „Grande Nation“ ab. Den Schlüssel zu diesem Verständnis finden wir, wenn wir die Rolle der USA in diesem Prozess genauer betrachten.

Dabei sollten wir nicht davon ausgehen, dass die USA in dieser Zeit mit verdeckten Karten gespielt haben. Vielmehr schien es ein Spiel mit offenem Ausgang gewesen zu sein. Gemessen an der hegemonialen Bedeutung, welche die USA nach dem Zweiten Weltkrieg wirtschaftlich wie militärisch erreicht hatten, darf aber der Ausgang nicht mehr überraschen. Wie wir noch sehen werden, führte der Prozess der europäischen Integration zu dem Ergebnis, das die USA von Anbeginn angestrebt haben, zu einer europäischen Integration nach dem Vorbild des Bundesstaates USA und zum Ende Frankreichs als der „Grande Nation“.

Die französische Politik war hier nämlich an einem Scheitelpunkt angekommen, von dem aus sie nur über eine konsequente Weiterführung der Politik im Sinne der gaullistisch formulierten Interessen der französischen Nation auf dem angestrebten Weg weiter gekommen wäre. Jedoch wollte es die Geschichte anders, und der Lauf der Geschichte führte zu einem anderen Ergebnis. Delors und Mitterand nahmen in den Jahren 1994 und 1995 ihren Abschied als entscheidende Figuren in der Gestaltung der Politik Frankreichs und der EU[132]. Damit war eine konsequente Weiterführung auf dem

---

131 In den Sozial- und Geisteswissenschaften ist das Prinzip der „unbeabsichtigten Folgen“ (engl. unintended consequences, oder “unintended effects“) schon lange bekannt. https://de.wikipedia.org/wiki/Unbeabsichtigte_Folgen#cite_note-1.

132 Mitterand trat 1995 nach seinem zweiten Mandat von der politischen Bühne Frankreich ab. Er verstarb im Jahre 1996. Delors beendete seine EU-Präsidentschaft 1994 nach drei Mandatszeiten.

eingeleiteten föderalistischen Weg der EU unter Führung Frankreichs nicht gesichert und wurde für Frankreich letztlich verspielt, wie wir hier in dem nachfolgenden Teil unserer beschreibenden Analyse noch kurz zeigen werden.

Auf den ersten Blick sieht es zwar so aus, als habe Frankreich unter den drei Mandatszeiten der EU-Präsidentschaft von Delors, offensichtlich die dominierende Rolle in der Politik der europäischen Integration eingenommen. Es schien so, als habe Frankreich seine Interessen eindeutig wahrnehmen können und seine Ziele erreicht. Es schien ganz klar zu sein, dass mit der Umsetzung des 3-Stufen Planes der Europäischen Kommission unter Leitung von Delors und unter dem Vertrag von Maastricht die Europäische Union endgültig ein französisches Gesicht, eine französische Struktur und eine französische geistige und politische Führung haben würde. Dieser Schein aber trügt.

Denn die Wahrung und konsequente Durchsetzung der französischen Interessen hätte gleichzeitig eine Abwehr gegen die Amerikanisierung der europäischen Politik verlangt[133]. Es sollte sich jedoch zeigen, dass selbst politische Größen wie Mitterand und Delors dieser Herausforderung am Ende nicht gewachsen waren. Der Grund dafür ist sehr einfach in der besonderen geopolitischen Position Deutschlands zu finden. Die amerikanische Politik in Bezug auf die europäische Einigung war konsequent und eindeutig. Dabei war für das Erreichen der politischen Ziele in Europa die Position Deutschlands entscheidend, das von Anfang an von den USA wirtschaftlich eingebunden und dominiert war, und in seiner politischen Manövrierfähigkeit als Nation durch eine bedingungslose Loyalität mit den USA und der NATO stark eingeschränkt war. In Euro-

133 Zu einem Einstieg in das Thema empfehlen wir von Anselm Doering-Manteuffel, Amerikanisierung und Westernisierung, Version: 2.0, in: Docupedia-Zeitgeschichte, 19.08.2019.

pa stand Frankreich also mit seiner ursprünglichen Politik des zentralistisch-föderalistischen Staatenbundes, nach gaullistischen Vorstellungen und unter französischer Führung, im Gegensatz zum zentralistischen Bundesstaat nach dem Vorbild der USA, weitgehend alleine da.[134]

Mitterand und Delors waren deshalb auch realistisch genug, um anzunehmen, dass der europäische Integrationsprozess weitgehend im Sinne der Vorstellungen von Monnet[135] und nach dem Vorbild der USA hin zu einem europäischen Bundesstaat laufen würde. Mitterand war ein ausgezeichneter Realpolitiker, der seine Ziele konsequent verfolgte, sich aber gleichzeitig den politischen Zwängen und Tatsachen nicht verweigerte. Mitterand und Delors wussten also, dass sie am Ende nicht davon ausgehen konnten, die USA würden sich die Trümpfe, die sie in Form der Dominanz über Deutschland sowie durch die NATO hatten, aus der Hand nehmen lassen.

---

134 Die USA wussten schon sehr früh, wie sie England, Österreich und Dänemark auf Linie bringen mussten, also von der EFTA weg, hin zur entstehenden EU.
Diesen Prozess zeigt sehr detailliert und überzeugend Werner Wüthrich in einer Folge von mehreren Artikeln in dem Schweizer Magazin „Zeit-Fragen" unter dem Titel „Europäische Integration".
Dort geht er auch sehr detailliert und kenntnisreich auf die unterschiedlichen Rollen von Jean Monnet und de Gaulle ein.
Eine überzeugende Analyse zu dem Einfluss der USA auf den Prozess der europäischen Einigung wurde von dem deutschen Historiker Andreas Bracher in seinem Buch „Europa im amerikanischen Weltsystem, Bruchstücke zu einer ungeschriebenen Geschichte des 20. Jahrhunderts, 2001, vorgelegt.

135 Wir wollen hier daran erinnern, dass Jean Monnet und Robert Schumann meist gemeinsam als die Gründungsväter der Europäischen Union genannt werden. Dabei wird nicht erwähnt, dass die Positionen der beiden Politiker sehr unterschiedlich waren. Monnet betrieb ganz klar die Politik der Bildung eines europäischen Nationalstaates, während Schumann das gaullistische „Europa der Vaterländer" favorisierte.

Aber, als überzeugte Gaullisten haben sie alles in ihrer Macht Stehende getan und bis zum Schluss darauf gehofft, dass dieser zentralistische europäische Bundesstaat letztlich unter der eindeutigen Führung Frankreichs stehen würde. Frankreich sollte die führende Rolle zur Wahrung der europäischen Souveränität und die Gestaltungsmacht[136] der europäischen Politik zukommen.[137] Daher habe ich auch diese paradoxale Bezeichnung für Mitterand und Delors als „Gaulisten" übernommen, denn beide gehörten der französischen Sozialistischen Partei an und wurden in Frankreich formal nicht den Gaullisten zugeordnet[138]. In ihrer Politik aber waren beide überzeugte Gaullisten. Wenn wir hier von französischer Führung und politischer Gestaltungskraft sprechen, dann meinen wir damit: geistige

---

136 Dazu ist der Artikel in von Gunther Hellmann in der Reihe „Aus Politik und Zeitgeschichte" zum Thema „Zwischen Gestaltungsmacht und Hegemoniefalle. Zur neuesten Debatte über eine „neue deutsche Außenpolitik", sehr lesenswert. Anzumerken ist hier noch, dass in diesen Erörterungen von Hellmann zwischen Entscheidungsmacht und Gestaltungsmacht unterschieden wird.

137 In diesem Zusammenhang ist es wichtig darauf hinzuweisen, dass Delors noch 2010 maßgeblich an der Gründung der „Spinelli Group" beteiligt war, die als eine Initiative des Europa-Parlamentes gegründet wurde, um die Bestrebungen innerhalb der EU zur Schaffung eines föderalistischen Staatenbundes zu fördern.
Nicht unterschlagen werden sollte auch, dass Delors in der EU wohl der letzte Präsident war, der das Prinzip der „Subsidiarität" überzeugend vertrat und in seiner Bedeutung für die Gestaltung der europäischen Politik hervorhob.

138 In dem "normalen" französischen Verständnis von Politik, sind sozialistische Politiker keine Gaullisten, denn diese müßten nach diesem Verständnis der konservativen Partei angehören.
Wir aber nennen hier Mitterand und Delors Gaullisten, weil sie die Politik de Gaulles vertreten haben, also eine Politik, welche die nationalen Interessen Frankreichs als „Grande Nation" immer im Auge behält und nie aufgeben darf.

Orientierung und politische Führung durch das nationale Genie Frankreichs[139].

Um dies zu verwirklichen, sollten nach französischer Vorstellung die wirtschaftlichen Kapazitäten und Ressourcen für die EU in erster Linie von Deutschland bereitgestellt werden. Daher stammt ja auch das Bonmot von Mitterand, dass er sich von den Deutschen nichts so sehr gewünscht habe, wie die Deutsche Bundesbank. Tatsächlich hat Frankreich unter Mitterand sich bei den Verhandlungen nach 1989 um die deutsche Einheit durchgesetzt und sich die Währungseinheit und den Euro als Gegenwert für ihre Zustimmung zur deutschen Wiedervereinigung festschreiben lassen. Diese Ergebnisse der Verhandlungen zur Wiedervereinigung wurden unter der Leitung von Delors dann im Vertrag von Maastricht konsequent umgesetzt. Politisch gesehen hat die Bundesbank natürlich direkt nichts mit der deutschen Einheit zu tun. Strategisch aber war die Übernahme der Deutschen Bundesbank durch das Aufgeben der D-Mark und die Einführung des Euro der entscheidende Schritt, um die Kontrolle über die deutschen wirtschaftlichen Kapazitäten und die finanziellen Ressourcen des Landes an die EU unter französischer Führung zu übertragen. Aus der Sicht von Mitterand und Delors war dies gleichbedeutend damit, diese deutschen Kapazitäten und Ressourcen unter französische Aufsicht und Verfügungsgewalt innerhalb der EU zu stellen. [140]

---

139 https://fr.wikipedia.org/wiki/G%C3%A9nie_fran%C3%A7ais

140 Damit war die vollständige Übernahme Deutschlands durch Frankreich, wie sie in dem Vertrag von Versailles unter Clemenceau betrieben und beansprucht worden war, einen entscheidenden Schritt weitergekommen. In einem Teil der deutschen Öffentlichkeit wird dieses Ergebnis der europäischen Integration auch "Versailles 2.0" genannt.
Dazu lesenswert der Artikel in Telepolis, „Komplette, legale Enteignung per Gesetz", von Marc Friedrich und Matthias Weik, 2019.

In der Zusammenschau müssen wir sagen, dass die Politik von Mitterand immer sehr realistisch, gleichzeitig aber strategisch klug und langfristig angelegt war. Dabei behielt er immer im Auge, dass es Ziel der französischen Politik sein müsse, der „Grande Nation“ ihren legitimen Platz unter den Nationen zu sichern. Als Konsequenz der Folgen des Zweiten Weltkrieges war aber für Mitterand nicht zu übersehen, dass die USA über die Schaffung einer neuen Weltordnung, die sich an den Institutionen von Bretton Woods, sowie dem Weltsicherheitsrat der UNO ausrichtete, nach einer Hegemonie strebten, deren Einfluss in Europa nur durch ein vereintes Europa, mit Frankreich und Deutschland im Zentrum, hätte eingedämmt werden können. Nach diesem Verständnis brauchte also Frankreich die EU, mit Deutschland als der dominanten Wirtschaftsmacht, um sich als „Grande Nation“ gegen die Hegemonie der USA bewähren zu können. Diesen Anspruch der bedeutenden Rolle Frankreichs hat Mitterand von de Gaulle übernommen.[141] Nach diesen Vorstellungen Frankreichs sollte die EU in ihrer grundlegenden Struktur so geprägt werden, dass sie im Verbund mit der deutschen Wirtschaftskraft eine souveräne Rolle in der Weltpolitik spielen würde. Frankreich und dessen Politik unter Mitterand und Delors war in diesem Sinne das letzte Bollwerk gegen die Hegemonie der USA in Europa gewesen.

Spätestens seit 2022, mit dem Stellvertreter-Krieg der Ukraine und Europas gegen Russland, sind die USA jedoch als der klare Sieger aus diesen europäischen Entwicklungen zur Integration hervorgegangen. Der große Verlierer ist insbesondere Frankreich, das endgültig in den zweiten Rang der

141 S. h. „Francois Mitterand: un socialiste gaullien“, T. Desjardins, Paris, Hachette 1978; oder auch die Biographie „C’était François Mitterand“, 2007, von Jacques Attali, einem langjährigen Weggefährten und Vertrauten von Mitterand.

Nationen zurückgestuft worden ist. Sicherlich gab es immer auch andere Staaten der EU, die sich eine unabhängige und souveräne europäische Politik gewünscht hätten, wie Dänemark, Österreich, die Niederlande oder Tschechien. Insbesondere aber Deutschland konnte und wollte sich nicht aus der wirtschaftlichen und sicherheitspolitischen Umklammerung der USA lösen. Realistisch gesehen war es für Deutschland nach 1949 praktisch nicht mehr möglich, einen wirklich souveränen Status zu erreichen.[142]

Durch den Vertrag von Maastricht, der 1993 unterzeichnet wurde, war also die EU als die entscheidende Stufe der Verwirklichung einer „immer engeren Union der Völker Europas“ geschaffen, wie es im Vertrag selber heisst. Es war Frankreich nicht gelungen, seine Vorherrschaft in Europa zu festigen, denn der entscheidende Partner, den Frankreich für dieses Modell einer souveränen EU benötigt hatte, war schon lange nicht mehr unabhängig. Deutschland war, um es in der Sprache der USA auszudrücken, ein treuer Vasall auf dem grossen Schachbrett des amerikanischen hegemonialen Anspruchs in Europa.[143]

Und dennoch dürfen wir uns fragen: warum sollten wir in Europa nicht unter dieser Konstellation leben wollen. Es ist ja schließlich wahr, dass wir seit 1949 ein weitgehend friedliches Leben in Europa führen konnten, das einhergegangen ist mit einem bisher nie gekannten Wohlstand und Reichtum. Ist da dieser Ruf nach europäischer Souveränität nicht

---

142 Es ist bekannt, dass die Siegermächte des Zweiten Weltkrieges bis heute Deutschland keinen Friedensvertrag angeboten haben.

143 Diese Einschätzung wird in den USA durchgängig in den Publikationen des "Foreign Policy Research Institute" verwendet und ist durch das Buch "The Grand Chessboard: American Primacy and its Geostrategic Imperatives", von Zbigniew Brzezinski, New York, Basic Books, 1997.

ein nostalgisches Unterfangen, ohne konkrete, dringende Begründung und letztlich gegen die Interessen der EU selbst gerichtet? – Diese Fragen sind sicher berechtigt und verdienen ein analytisches Abwägen im Sinne einer aktuellen Standortbestimmung. Dazu wollen wir hier im Anschluss noch einen Beitrag leisten.

Europa auf amerikanischen Abwegen

In der Absicht dieser Besinnung auf die eigenen Interessen und der notwendigen Standortbestimmung Frankreichs, Deutschlands und der EU, wollen wir kurz zurückkommen auf die gemeinsam auf den Champs Elysees defilierenden „Waffenbrüder"; dieses Bild, auf das wir einleitend zu diesem Kapitel hingewiesen haben, und das uns nicht mehr aus dem Kopf gehen will.

Wir sind uns einig, dass dieses Bild nicht das einzige ist, das symptomatisch ist für die EU und die gemeinsame Politik Frankreichs und Deutschlands. Wir übersehen nicht die überaus schätzenswerten Umstände einer Politik der offenen Grenzen und die Ergebnisse der wirtschaftlichen Integration durch die EU. Die Frage muß aber immer wieder gestellt werden, wer die Regeln bestimmt, nach denen wir das Leben in Europa gestalten wollen. Das ist, wenn man so will, die „Urfrage", die de Gaulle sehr klar und mit Nachdruck gestellt hat, und die wir uns heute wiederum stellen sollten. Denn die Forderungen der Menschenrechtserklärung nach Freiheit, Gleichheit und Brüderlichkeit gelten ja nicht nur für die Individuen, sondern sie müssen auch für Staaten und Länder gelten, dort nennt man das „Selbstbestimmungsrecht" oder auch Souveränität. Länder und die Menschen, die in ihnen leben, müssen das Recht auf Selbstbestimmung und auf die selbstbestimmte Gestaltung ihrer jeweiligen Gemeinwesen haben.[144]

Seit 1919, haben die USA unter ihrem Präsidenten Wilson die internationale Doktrin der Einmischung in Angelegenheiten fremder Staaten auf der Weltbühne als legitimes Machtinstrument in die globale Politik eingeführt. Ein Land kann seitdem auch mit den Mitteln von Gewalt und Krieg bestraft, oder mit Sanktionen belegt werden, wenn die dominierende Macht der Meinung ist, dass ein Land sich nicht an Regeln hält, die von der dominierenden Macht festgelegt werden.[145] Dieser Wilsonianismus dreht sich also nicht in erster Linie um einen Wettstreit der besseren Ideen, sondern er bezieht sein „Recht" und sogar seine „Pflicht" auf Einmischung aus

---

144 Wir stellen hier unterschwellig die Frage nach der Staatsraison, ein Begriff, der in Deutschland mit dem Verweis auf das Grundgesetz direkt aus allen Diskussionen herausgehalten wird.
Wir sind dagegen der Meinung, dass die Staatsraison, also die Frage nach dem Sinn unseres Staatswesens, wieder neu zu stellen ist.
Die herrschenden Parteien sehen die Staatsraison offensichtlich darin, international immer größeres Ansehen und größere Macht zu gewinnen, indem immer mehr Mittel erwirtschaftet werden, die dann für „internationale Aufgaben" im Sinne der NATO, der EU und der UNO zur Verfügung stehen.
Es ist an der Zeit, dieses Verständnis von Staatsraison, das im Wesentlichen in der Renaissance von Machiavelli und anderen Zeitgenossen geprägt wurde, grundsätzlich zu ändern.
Wir sehen die grundsätzliche Staatsraison darin, den Wohlstand und die Lebensqualität für die Bevölkerung zu sichern und nach Möglichkeit auszubauen. „Macht" ist nur in einer feindlichen Umwelt der entscheidende Faktor. In einer Welt der Kooperation wird „Macht" sekundär.

145 Niall Ferguson hat diesen „imperialism" in seiner historischen Entwicklung und in seinen verschiedenen Schattierungen sehr detailliert n seinem Buch „Colossus: The Rise and Fall of the American Empire", 2004, beschrieben und nachvollzogen.

dem amerikanischen Selbstverständnis heraus, also der Art wie das amerikanische Volk seine „missionarische" Bestimmung sieht. In diesem Sinne wurde dann auch die NATO zum „Wertebündnis"[146], also zum militärischen Instrument, um die „missionarische" Bestimmung der USA in die Praxis umzusetzen. Dieser missionarische „Werte-Imperialismus"[147] bezieht explizit die Einmischung und gewaltsame Korrektur des politischen Verhaltens von Ländern mit ein, heutzutage nennt man das offiziell „Regime-Wechsel (*regime change*), ebenso wie das Instrument der Sanktionen, die heute zu einem beliebten Mittel der amerikanischen Politik geworden sind.[148] Es hat sich für die USA herausgestellt, dass dieses Instrument der Sanktionen, auf Grund der ex-

146 Ganz im Sinne unserer Argumentation hat Sevim Dagdelen ganz aktuell ein umfassendes Buch „Die NATO: Eine Abrechnung mit dem Wertebündnis", 2024, veröffentlich.

147 Wir verweisen hier auch auf die „Reihe: Dresdener gesammelte Kommentare zur Sicherheitspolitik – dgksp-diskussionspapiere – vom 14. April 2021.

148 s. h. „Extraterritoriale US-Sanktionen", von Sascha Lohmann, in SWP-Aktuell 2019/A 31, Mai 2019. - Darin schreibt er: „Seit Gründung der Republik weitet die US-Regierung ihre Autorität jenseits der eigenen Landesgrenzen aus, um wirtschafts-, außen- und sicherheitspolitische Ziele zu verfolgen. Die extraterritoriale Anwendung von US-Recht auf natürliche und juristische Personen, Vermögen und Handlungen außerhalb des eigenen Territoriums wird durch drei Faktoren begünstigt: Erstens durch eine weltanschauliche Verpflichtung auf ein naturgegebenes Recht, die sich in einem Bekenntnis zur Unantastbarkeit unveräußerlicher Rechte ausdrückt, die auch über die eigenen Grenzen hinaus für gültig gehalten werden. Zweitens durch eine Rechtskultur, die von der Erfahrung einer steten territorialen Ausdehnung und Vorherrschaft geprägt ist – anfangs als ehemalige Siedlergesellschaft und später als Besatzungsmacht nach dem Zweiten Weltkrieg. Und drittens durch eine unabhängige Justiz, die über einen großen Ermessensspielraum verfügt, den geografischen Geltungsbereich von US-Recht und dessen Vollzug durch Verwaltungsbehörden zu interpretieren."

klusiven amerikanischen Verfügungsgewalt über mächtige Instrumente für Finanztransaktionen[149], zusammen mit seiner dominierenden Rolle als Wirtschaftsmacht, gezielt und wirksam für die US-amerikanischen Interessen eingesetzt werden kann[150], um das wirtschaftliche Wohl ganzer Länder und ihrer Bevölkerungen gezielt zu beeinflussen und diese auch wirtschaftlich mit Gewalt zu treffen und durch Sanktionen auszuhungern.[151]

Ursprünglich war Europa als Friedensprojekt gegründet worden, das der Welt mit ihrem modernen Modell des freiwilligen Zusammenschlusses von Staaten als Vorbild dienen wollte. Der frühe Slogan, mit dem die EU ihr Modell weltweit angeboten hat, hiess „Partnerschaft". Diese Politik soll dem Schein nach bis heute mit den „Partnership and Cooperation

149 s. h. den exzellenten Artikel „Die Superwaffe des Mr. Glaser, Sanktionen gegen Russland und den Iran: Wie amerikanische Finanzbeamte zu Wirtschaftskriegern werden", von Kerstin Kohlenberg und Mark Schieritz, am 23. Oktober 2014, in DIE ZEIT Nr. 44/2014.

150 In dem Krieg gegen Russland, der aktuell in der Ukraine geführt wird, ist deutlich geworden, wie die USA die Sanktionspolitik gegen Russland für die eigenen Interessen einsetzt. Im Falle von Nordstream 2 ging dies so weit, dass eine wichtige Infrastruktur zur Energieversorgung Europas gesprengt wurde, um die amerikanische Energiewirtschaft zu fördern.

151 Im Moment, als wir diesen Text verfassen, werden von den USA ständig eine Vielzahl von Sanktionen angewendet, insbesondere gegen Nordkorea, Iran, Syrien, Venezuela, Rußland, China und selbst gegen die EU und einzelne Länder innerhalb von Europa. In vielen Fällen ist es so, dass die EU auf Druck der USA wiederum selbst Sanktionen ausspricht, auch wenn diese gegen ihre eigenen Interessen verstossen. Euphemistisch wird das „Wirtschaftskrieg" genannt. Nicht selten aber haben diese Sanktionen auch todliche Folgen, wie im Falle von Ländern, in die Krieg getragen wurde, wie Syrien, wo eine Bevölkerung im Krieg noch zusätzlich mit Sanktionen bestraft und ausgehungert wird, weil das „Regime" den USA und Europa nicht genehm ist.

Agreements“ (PCA), die weltweit angeboten und verhandelt werden, weitergeführt werden.[152]

In Wirklichkeit aber wird dieses Instrument der „Partnerschaftsverträge“ von der EU zunehmend als Machtinstrument angewendet, um Staaten „auf Kurs zu bringen“, oder auf Linie zu halten. Dies zeigen sehr deutlich die jüngsten Ereignisse in der Ukraine, aber auch die tendenziell interventionistischen Beziehungen zu den nordafrikanischen Staaten, wie Ägypten, Libanon und Libyen, sowie in der Türkei und Syrien. Aus dieser Erfahrung der Partnerländer heraus wird die EU heute weltweit zunehmend als eine wachsende politische Macht wahrgenommen, die auf politische und wirtschaftliche „Dominanz“ abzielt und sich den Zielen der USA als globaler Hegemonialmacht weitestgehend unterordnet.

Schon seit den Kriegen gegen Jugoslawien und Libyen hat dieses Bild der EU-Partnerschaft in den Augen vieler Partnerländer ganz deutliche Risse erfahren. Hinzu kommen die aktuellen Kriege in Syrien[153], im Irak, in Afghanistan und im

---

152 Der Autor dieses Essay hat über mehrere Jahrzehnte als Berater der EU und von verschiedenen Partnerländern in mehreren Weltregionen an der Umsetzung dieser Partnerschaftsverträge und Assoziierungsabkommen mitgewirkt. Er hatte so die Gelegenheit diese Verhandlungen und die Reformprozesse seit der Präsidentschaft von Delors in bescheidenem Masse mitzugestalten. Der Autor hat also diese politischen Prozesse von beiden Seiten her gesehen und daran unterstützend mitgewirkt, von innen her als Berater und von aussen als Bürger Europas. Dabei war es ihm immer ein Anliegen, das „Europa der Partnerschaft“ zu vertreten. Das Europa der Macht im Sinne der US-Hegemonie entsprach nie seinen Absichten.

153 In Syrien wie im Irak befinden sich bis heute amerikanische Streitkräfte als „Besatzung“ gegen den Willen der jeweiligen Regierungen dieser Länder. Syrien leidet zudem unsäglich unter dem Sanktionsregime der USA und der EU.
Hierzu auch „Syrien-Krise und EU: Katastrophale Armut und Auswanderung als letzter Ausweg“, 22. Februar 2024, Thomas Pany.

Jemen, alle nur wenige Flugstunden von Europas Hauptstädten entfernt, in welche die NATO und einzelne ihrer wichtigen europäischen Mitglieder direkt verwickelt und auch aktiv eingebunden sind.[154]

Zu den sich ständig ausweitenden „Friedensmissionen" in Nord-, West- und Zentralafrika, werden schon neue Einsatzgebiete und „Friedensmissionen in Asien und auf allen Weltmeeren ins Auge gefasst. Wir dürfen davon ausgehen, dass diese Ambitionen sowohl in Lateinamerika, wo es aktuell ganz konkret Länder wie Bolivien, Chile, Ecuador, Kolumbien, Peru und Venezuela betrifft, ebenso wahrgenommen werden, wie in Asien, wo neben den Nuklearmächten China, Indien und Pakistan, auch von den grossen Ländern und bedeutenden Staaten, wie Indonesien, Malaysia und den Philippinen, sehr genau auf die Interessenspolitik der EU geschaut wird. Die „große Politik" will es uns als Zeichen der Stärke und Souveränität darstellen, wenn sich Frankreich und Deutschland, im Verbund mit anderen europäischen Staaten wie Spanien und Italien, zur Bildung und zum Aufbau eines grossen und umfassenden industriell-militärischen Komplexes in Europa zusammenschließen.[155] Die betroffenen Länder aus dem „globalen Süden" blicken in ihrer Aussenansicht auf diese deutlichen militärischen Ambitionen der EU eher mit Argwohn.

Ebenso „Syrien – Die unendliche (Lügen-)Geschichte", 20. Februar 2020, von Tobias Riegel.

154 Zur Illustration der Rolle, die Deutschland in Syrien und als Mitglied der NATO übernimmt, seien hier nur zwei Beispiele angeführt, einmal „Deutschland finanziert Erdogans Umsiedelungspolitik in Nord- und Ostsyrien, vom 24. Januar 2020, von Elke Dangeleit, sowie „Türkei: Merkels zivilisatorischer Tabubruch", vom 25. Januar 2020, von Tomasz Konicz; beide Artikeln sind im Online Magazin Telepolis erschienen.

155 s. h. von Peter Carstens in der FAZ vom 21.01.2020, „Deutsch-Französisches Projekt - Ein Kampfflugzeug für 100 Milliarden Euro".

Sind diese globalen Ergebnisse geopolitischer Initiativen und Aktivitäten nicht Symptome einer Richtungsänderung und einer gravierenden Änderung und massiven Ausweitung der Mandate von EU und NATO? Sollten wir diese Befürchtung haben, dann sollten wir uns auch fragen, ob es das ist, was wir in Europa wollen, und ob, und im gegebenen Falle wie wir diese geopolitischen Vorgänge und Initiativen als souveräne Gestalter unseres politischen Schicksals in Europa in Zukunft selbst bestimmen können.

Die Anzeichen weisen jedoch recht eindeutig darauf hin, dass wir in uns Europa in einem zeitgeschichtlichen politischen Strom befinden, den wir zu immer grösseren Teilen nicht mehr selbst zu steuern vermögen.

Heutzutage wird in grossen Aufmachungen die europäische Aufrüstung und der weitere Aus- und Aufbau eines europäischen militärisch-industriellen Komplexes gefeiert.[156] Geflissentlich wird dabei übersehen, dass der industriell-militärische Komplex in Deutschland, wie auch der gesamte Rest seiner wirtschaftlichen Kapazitäten schon heute weitgehend von den amerikanisch dominierten Finanzkonzernen und ihren Instrumenten gesteuert werden.[157] In der Konsequenz heisst dies, dass wir gerade der Erweiterung des amerikanischen industriell-militärischen Komplexes auf dem Gebiet der EU beiwohnen und diese Vorgänge auch noch enthusiastisch feiern.[158]

---

156 Als eines von vielen weiteren Beispielen, sei hier der Artikel in der FAZ vom 21.01.2020 erwähnt: „Deutsch-Französisches Projekt – Ein Kampfflugzeug für 100 Milliarden Euro". Diese Aufrüstung und ihre öffentliche Zelebrierung betrifft auch alle anderen Waffengattungen, wie den Aufbau einer gemeinsamen Flotte, zum Einsatz auf den Weltmeeren, die aber insbesondere in Asien gegen China gerichtet sein wird.

157 Als eine der neueren Quellen zitieren wir hier Jens Berger, „Wer schützt die Welt vor den Finanzkonzernen?", Frankfurt, 2020.

158 Sehr informativ ist der Artikel von Werner Rügemer in dem Online

In diesem Sinne sahen wir in dieser Begeisterung der FAZ, Deutschlands einziger international renommierter, liberal-konservativer Tageszeitung, als sie am 14. Juli 2019 „die französisch-deutschen Brüder unter Waffen auf dem Elysees-Feld marschieren sah“, das Symptom einer aufziehenden Krise, die wir gerne vermieden hätten. Diese Krise ist seit dem Krieg von 2022 leider real geworden und hat sich massiv vertieft. Die Krise hat in einen großen Krieg eingemündet. Als weitere Folge kommt noch dazu, dass die Ergebnisse dieser historischen Mutationen innerhalb von EU und NATO auch in formelle institutionelle Strukturen gegossen wurden und sich auf die informellen Machtverhältnisse deutlich ausgewirkt haben. Ein Indiz für diese Vorgänge ist in der Personalpolitik der europäischen Institutionen und der NATO zu sehen, die sich immer mehr verschränkt und in Absprachen realisiert, die in keiner Weise als transparent angesehen werden können.

Dieser Titel und das Bild in der FAZ greifen die Situation Europas vor dem Ersten Weltkrieg zumindest durch den Geist auf, wenn nicht mit Worten. Im Jahr 1914 waren die Franzosen und die Deutschen gleichermaßen begeistert, und im darauffolgenden Krieg zahlten sie teuer, mit enormen Menschenopfern auf beiden Seiten. Es folgte ein weiterer Krieg, weniger gewalttätig für Frankreich, weil von deutschen Truppen vor allem nach Osteuropa hin und gegen Russland geführt, auf der Suche „Lebensraum“, nach Bodenschätzen und natürlichen Ressourcen.

Nach diesem Zweiten Weltkrieg war Frankreich schließlich als einer der Gewinner zum Mitglied des Sicherheitsrates der

Magazin „Nachdenkseiten“ vom 23. April 2019, „USA im Niedergang? – Aber in der EU so mächtig wie noch nie“; dazu vom selben Autor „Die Kapitalisten des 21. Jahrhunderts. Allgemeinverständliche Notizen zum Aufstieg der neuen Finanzakteure“, ***Köln***, 2018.

Vereinten Nationen geworden und hatte sich mit seinem eigenen Arsenal an Atomwaffen ausgestattet.

Politisch war Mitterrand in der Tat der letzte Gaullist, der die Interessen Frankreichs und Europas angesichts der amerikanischen Macht verteidigen wollte. Frankreich war die letzte Bastion des bewussten Widerstands gegen die Amerikanisierung Europas und der Welt[159] und gegen die erzwungene Übernahme des einseitigen wissenschaftlich-technisch begrenzten Fortschrittsbegriffes der USA, sowie ihrer hegemonialen politischen Ansprüche in Europa und auch auf globaler Ebene. Seitdem haben sich Frankreich und Europa allmählich aus dieser Position des Widerstands gegen die kulturelle, wirtschaftliche und politische Vereinnahmung zurückgezogen und tatsächlich begonnen, ihre nationalen und europäischen Identitäten zugunsten einer schrittweisen Integration in das amerikanische Hegemonialreich zu transformieren.

Konsequent zeigt sich das daran, dass Frankreich seit 2009 wieder Vollmitglied der NATO geworden ist, und auch daran, dass das US-Kapital derzeit 50% und mehr der Vermögenswerte in Deutschland und anderen europäischen Ländern kontrolliert.[160]

Wenn wir auf die aktuelle Situation und die gemeinsame Parade der französischen und deutschen Streitkräfte auf den Champs Elysees im Jahr 2019 zurückblicken, sollten wir also verstehen, dass die Kriege, die Europa in Zukunft führen wird, die imperialistischen Kriege der Vereinigten Staaten sind.

159 Zu diesem Thema verweisen wir auf den Beitrag über „Amerikanisierung und Westernisierung", von Anselm Doering-Manteuffel, in: Docupedia-Zeitgeschichte, 18.1.2011.

160 Hierzu verweisen wir, als eine von vielen möglichen Quellen, auf Werner Rügemer, „Die Kapitalisten des 21. Jahrhunderts, Gemeinverständlicher Abriss zum Aufstieg der neuen Finanzakteure", Köln, 2018.

Frankreich und Deutschland, und damit Europa, sind zu direkten und bedingungslosen Verbündeten und Vasallen der politischen, militärisch-industriellen und finanziellen Hegemonialkräfte der USA geworden.

Die Unterwerfung unter die Interessen der USA und die Auflösung der Souveränität Europas scheint fürs Erste beschlossen zu sein und wird auf absehbare Zeit nur durch einschneidende Massnahmen und eine geopolitische Neu-Ausrichtung der europäischen Aussenpolitik korrigiert werden können. Die Mitgliedschaft in der NATO ist der kritische Faktor und spielt hier die überragende Rolle. Die kritiklose Integration der Politik der NATO in die Geopolitik der EU hat das Ende der souveränen Gestaltungskraft seiner Aussenpolitik bedeutet. Dies hat auch dazu geführt, dass Europa von einem Friedensprojekt zu einem globalen Kriegsbringer geworden ist, der aktuell für die Interessen der USA und im Rahmen der NATO einen Stellvertreterkrieg gegen Russland führt. Für mögliche Korrekturen im Verhältnis zu den USA ist also bei der Mitgliedschaft in der NATO anzusetzen. Als Ausgangspunkt für die Diskussionen zu diesen Entscheidungen sollte zu den Positionen von Charles de Gaulle zurückgekehrt werden.

Fatale Folgen der West-Orientierung der EU:

der amerikanische „Cordon sanitaire“ vom Baltikum bis zum Schwarzen Meer

Es ist Frankreich also gelungen, über die europäischen Integration seit dem Maastricht Vertrag von 1993, und beschleunigt nach der Finanz- und Schuldenkrise nach 2007/08, erfolgreich den Zugriff auf die deutschen finanziellen und wirtschaftlichen Ressourcen zu erhalten und über die finanziellen Kriseninstrumente der EU schrittweise auszubauen[161]. Deutschland hat sich seit dieser Zeit willig der Politik der EU und der EZB unterworfen, die die gemeinsamen europäischen Ressourcen zum Aufkauf von letztlich ungedeckten Staatsanleihen der Länder aus dem Süden der EU genutzt hat. Ebenso werden durch die Mechanismen der EZB riesige Target-Salden angehäuft, um die wirtschaftliche Liquidität in den südeuropäischen Mitgliedstaaten zu sichern. Zusätzlich wurde der Europäische Stabilitäts-Mechanismus (ESM) geschaffen, ohne ihm eine Grenze zu setzen und auch ohne die profitierenden Länder konsequent in die Verantwortung zu nehmen.[162] Ebenso wird die Bankenunion zu einer generellen Haftung der Mitgliedsländer untereinander führen. Die EU als Plattform für den Transfer praktisch aller finanziellen und wirtschaftlichen Ressourcen und

161 Um diese rasante Entwicklung von Finanzierungsinstrumenten nachzuvollziehen, genügt schon ein Blick auf die offizielle Webseite der EU. Die Souveränität der Mitgliedstaaten ist nicht mehr gegeben und hängt am „Geldbeutel“ der EU: https://www.europarl.europa.eu/factsheets/de/sheet/91/finanzielle-unterstutzung-der-eu-mitgliedstaaten

162 Diese Entwicklungen im Finanz- und Wirtschaftsbereich der EU sind am konsequentesten von Prof. Hans-Werner Sinn kritisch begleitet worden: https://www.hanswernersinn.de/de.

die unbeschränkte gegenseitige Haftung für alle Verpflichtungen ist zu einer Realität geworden. Deutschland hat die Verfügungsgewalt über seine Vermögen und seine gesamten wirtschaftlichen Ressourcen an die EU abgetreten.[163] In dieses Bild passt auch, dass nach neuesten Meldungen Deutschland die Befehlsgewalt über seine Armee an die NATO, und das bedeutet an die USA, abtreten will. Dies hat der deutsche Verteidigungsminister bei seiner Rede vom 10. Mai 2024 an der *Johns Hopkins University* an deren *School of Advanced International Studies* bekanntgegeben.

Das besonders Fatale an dieser Situation aber ist, dass über die europäische Vergemeinschaftung der deutschen Ressourcen die USA zum grossen Gewinner geworden sind. Durch die starke Dominanz der US-Finanzwirtschaft über die deutsche Industrie und die gesamte deutsche Volkswirtschaft[164], die beispielsweise auch einen grossen Teil der Banken sowie der deutschen Immobilienwirtschaft und inzwischen auch die gesamte Energiewirtschaft einbezieht, geht diese Dominanz auch auf die europäische

---

163 Dazu äusserte sich schon relativ früh und dezidiert Prof. Dieter Spethmann am 19.01.2011 in der FAZ, als er davor warnte „Deutschland verschenkt seinen Wohlstand".
Heutzutage ist wohl Prof. Sinn, ehemaliger Direktor des Ifo in München, die prominenteste Stimme, die sich in der Öffentlichkeit sehr deutlich dazu äußert.
Aber auch in der FAZ haben der damalige Mit-Herausgeber Volker Stelzner, wie auch Thomas Mayer, ehemaliger Chef-Volkswirt der Deutschen Bank, über viele Jahre eindringlich vor diesen Entwicklungen und Ergebnissen gewarnt.

164 Volkswirtschaftliche Analysen für Länder wie Griechenland, Spanien oder Italien würden diese Aussagen sicher noch bekräftigen. In den Jahren nach der „Lehmann-Krise" hat sich dieser Trend noch verstärkt, da die US-dominierten Finanzinstrumente diese Zeit der europäischen Schwäche dazu genutzt haben, um verfügbares europäisches Vermögen (*european assets*), in erster Linie also Industrieunternehmen, Banken und Dienstleister, günstig aufzukaufen.

Wirtschaft über. So wird also der französisch-deutsch-britisch-spanische industriell-militärische Komplex schließlich zu einem amerikanisch dominierten Unternehmen gigantischen Ausmaßes und dies auf europäischem Territorium. Wenn wir davon ausgehen[165], dass bei heutigem Stande etwa 50% der weltweiten Waffenproduktion[166] aus den USA stammen, dann werden wir verstehen, dass die militärische Dominanz der USA und der NATO durch den direkten Zugriff auf die europäische Industrie in diesem Bereich noch einmal beträchtlich erhöht wird.

Nach unserem Verständnis ist diese massive Aufrüstung kein gutes Zeichen, denn Waffen werden ja nicht in erster Linie zur Abschreckung gebaut, sondern ihr primärer Zweck besteht darin, in Kriegen eingesetzt zu werden, und sei es in sogenannten „Verteidigungskriegen".

Noch ein weiteres fatales Ergebnis ist durch die Konzentration der europäischen Integration auf die beiden Staaten Frankreich und Deutschland zutage getreten. Geographisch und geopolitisch gesehen ist Deutschland mit dieser Politik aus der europäischen Mitte gerückt. Durch die praktisch ausschließliche Orientierung nach Westen, auf die USA und Frankreich hin hat sich, bildlich gesprochen, Deutschland inzwischen bis zum Atlantik ausgedehnt, indem es zu einem integralen Teil der EU unter französischer Dominanz und im Rahmen der US-Hegemonie geworden ist.

Dies hat gleichzeitig dazu geführt, daß die mittel- und osteuropäischen Staaten von der Politik lange Zeit stark vernachlässigt worden sind. Darüber können auch kleinere Initiativen wie das „Weimarer-Dreieck" mit Deutschland, Frankreich und

---

165 Wir beziehen uns hier maßgeblich auf öffentlich zugängliche Zahlen, wie die von SIPRI.

166 Alle Informationen hierzu finden sich auf der Webseite des SIPRI – Stockholm International Peace Research Institute. https://www.sipri.org/databases/armstransfers.

Polen nicht hinwegtäuschen. Keiner wird bestreiten, dass es zu einem deutschen Reflex geworden ist, bei jedem Problem und bei jeder Herausforderung in der EU zuerst und meist ausschließlich den französischen Partner zu suchen. Dahingegen wurde die deutsche Aussöhnungspolitik, die unter Willy Brandt auf beeindruckende Weise initiiert worden war, von Deutschland nie in ihrem Wesen und in ihrer Bedeutung verstanden. Es ist bedauerlich zu sehen, wie seit dem neuen offenen Krieg gegen Russland die Entspannungspolitik[167], geführt von den Politikern Willy Brandt, Egon Bahr und Hans-Dietrich Genscher, seit 2022 in Deutschland ideologisch verfemt wird.

Die Folgen dieser revisionistischen und einseitigen Ausrichtung der deutschen europäischen Außenpolitik sind fatal. Denn im Laufe der ersten Jahrzehnte des 21. Jahrhunderts ist es den USA im Rahmen der NATO gelungen, sukzessive und strategisch sehr klar ausgerichtet und konsequent umgesetzt, einen „Cordon sanitaire", also eine „Pufferzone" im östlichen Rücken Deutschlands und der EU zu bilden.[168] Die baltischen Staaten, zusammen mit Polen, dem Kosovo, Bulgarien und Rumänien[169] sind von den USA und der NATO vertraglich einge-

---

167 Hierzu die Biographie von Willy Brandt „Frieden sichern und Mauern überwinden – Ost- und Deutschlandpolitik 1955–1989". https://www.willy-brandt-biografie.de/politik/ost-und-deutschlandpolitik/

168 Wir halten es für kein gutes Zeichen, dass die US-Politik heute wieder auf ein Konzept zurückgreift, das erstmals in der Zeit vor dem Ersten Weltkrieg ein Instrument er europäischen Politik gewesen war. Es scheint uns wie ein Hinweis darauf, dass sich Europa nicht aus seiner Vergangenheit lösen kann. Wenn wir zurückfallen würden in die europäische Politik der Kriege, die den Kontinent viele Jahrhunderte lang geprägt hat, dann wäre das allerdings fatal.

169 Spätestens seit 2014 muss hier auch die Ukraine dazu gezählt werden. Die Ukraine ist weder in der EU noch in der NATO, aber sie ist von den USA und Großbritannien zum neuen Front-Staat gegen Russland aufgebaut worden.

bunden und militärisch mit Ausrüstung unterstützt worden, und bilden heute willig die neuen Frontstaaten der NATO und der USA-Hegemonialpolitik, die gegen Russland gerichtet ist.

Für Deutschland, Frankreich und die EU bedeutet dies erneut, vor vollendete Tatsachen gestellt zu sein, und eine Politik auf dem europäischen Kontinent akzeptieren zu müssen, die sie selber nicht mitgestaltet haben. Wie wir zu unserem Leidwesen seit 2022 haben lernen müssen, ist damit der Boden für den nächsten großen Krieg auf dem Gebiet Europas bereitet worden. Aus der Sicht der Vereinigten Staaten muß es prioritäres Ziel ihrer hegemonialen Politik sein, sich freien Zugang zu den Ressourcen zu verschaffen, die auf russischem Territorium liegen. Denn dies ist aus Sicht der USA das entscheidende Mittel, um das Wachstum der chinesischen Wirtschaft sowie die Ausweitung der geopolitischen Bedeutung und Macht Chinas für alle Zukunft wirksam einzudämmen.[170]

Europa hat seine Souveränität aufgegeben

Die EU und praktisch alle Länder Europas haben also seit dem 21. Jahrhundert ihre Souveränität und Selbständigkeit aufgegeben.

Ob Europa seine Souveränität wieder erlangen kann und will, kann sicher nicht abschließend beantwortet werden. Wir haben unsere Aufgabe in dieser analytischen Studie darin

---

170 Im pazifischen Raum verfolgen die USA ihrer ASEAN-Politik, die seit der ersten Regierungszeit von Clinton aktiv und geschickt betrieben wird, das Ziel der wirtschaftlichen und militärischen Einbindung möglichst vieler asiatischer Länder, um sie in einen Vasallenstatus zu bringen, wie es den USA mit den europäischen Staaten erfolgreich gelungen ist.

gesehen, diesen Prozess skizzenartig nachzuzeichnen, über den Frankreich, Deutschland und schließlich ganz Europa die Gestaltungsmacht über ihre Politik verloren haben. Denn erst wenn dieses Bewusstsein in Europa klar zutage getreten ist, werden sich die Menschen die Frage stellen können, ob sie die gegebene Situation ändern können und auch ändern wollen. Jedenfalls scheint es so, dass mit den Entwicklungen der vergangenen Jahrzehnte die Grundregeln für eine funktionierende Demokratie in Europa aus den Angeln gehoben worden sind. Denn wenn die Menschen in ihren Ländern nicht mehr über das staatliche Handeln selbst entscheiden können, sondern wenn im Gegenteil wichtige Entscheidungen von externen Institutionen und fremden Staaten entsprechend fremder Interessen getroffen werden, dann kann von Demokratie keine Rede mehr sein. Darüber können auch die in der EU sehr beliebten Konzepte von „multi-level-Governance" nicht hinweghelfen.[171]

Ziel dieses Kapitels ist es also gewesen, die tiefgreifende Transformation aufzeigen, die sich in Europa seit dem Ende des Zweiten Weltkrieges vollzogen hat. Erst aus einem Verständnis der tieferen Zusammenhänge heraus wird es uns möglich sein, Orientierung zu finden, um die Herausforderun-

171 Es gibt zur „multi-level-Governance" eine ausführliche Literatur, Diskussionen und beinahe möchte man sagen eine "europäische Bewegung". Wir wollen hier nur anmerken, dass dieses prominente Konzept aus unserer Sicht den Ansprüchen von „Demokratie" diametral entgegengesetzt ist, , weil es den Aspekt demokratischer Kontrolle absichtlich unterläuft. Das Konzept der „multi-level-Governance" ist also letztlich undemokratisch und anti föderalistisch. Die Strukturen eines ESM entsprechen genau diesem Konzept. Darin wird explizit in den Statuten gesagt, dass eine Verantwortung der handelnden Personen in jedem Falle auszuschließen ist.
Nach unserem Verständnis gehören aber Demokratie und Verantwortung untrennbar zusammen.

gen der Zukunft bewusst aufzugreifen. Nur aus der Bewältigung der Herausforderungen und der Krise, in der sich Europa akut befindet, können neue Kräfte erwachsen, um neue Wege und Chancen für die souveräne, friedvolle und nachhaltige Gestaltung unserer Lebenszusammenhänge und unserer Gesellschaften zu eröffnen.

Zweiter Teil - Kapitel 3

Der Kampf der USA um globale Hegemonie als Business Modell

Skizze zu den grundlegenden strategischen Zusammenhängen beim Kampf um globale Hegemonie

„Daß der Krieg einmal aufhört, ist nicht gesagt. Es kann natürlich zu einer kleinen Paus' kommen. Der Krieg kann sich verschnaufen müssen, ja, er kann sozusagen verunglücken. Davor ist er nicht gesichert, es gibt ja nix Vollkommenes allhier auf Erden."

Dies sagt der Feldprediger in „Mutter Courage", von Bert Brecht

„Ich glaube, daß nur ein allgemeiner Verzicht auf Waffengewalt überhaupt (...) Sinn hat"

Der Mensch und das Atom, in: Ausblick auf die Zukunft, 1968[172]

Max Born, Nobelpreis Physik, 1954.

---

172 Der Physiknobelpreisträger Max Born war Mitunterzeichner des Göttinger Manifests von 1957, in dem sich 18 namhafte bundesdeutsche Atomforscher gegen die atomare Aufrüstung der Bundeswehr einsetzten.

Einleitende Bemerkungen

Mit diesem kurzen Essay wollen wir die Leserinnen und Leser ermutigen, Illusionen loszulassen und sich von aktuellen Täuschungen zu verabschieden.

Die größte Illusion und Täuschung, der wir uns auf globaler Ebene oft hingeben, besteht darin, zu glauben, dass vieles von dem, was auf globaler politischer und wirtschaftlicher Ebene geschieht, auf Zufall zurückzuführen ist. Außerdem denken wir oft, dass viele der bewaffneten Konflikte und Ereignisse, in die die USA verwickelt oder involviert sind, zu ihrem Nachteil sind und ihnen schaden. Dies kann langfristig der Fall sein, was wir letztlich nicht mit Sicherheit beurteilen können. Kurz- und mittelfristig aber haben die Vereinigten Staaten mit all den Kriegen und Konflikten, die sie seit Jahrhunderten weltweit initiiert und geführt haben, ihre wirtschaftlichen und geopolitischen Interessen immer sehr gezielt verfolgt und auch ein gutes Stück weit erreicht. Dies zeigt sich in ihrer weltweit dominierenden Rolle in den letzten hundert Jahren. Es ist wie in einem Casino, wo man zu sagen pflegt: „Die Bank gewinnt immer". In diesem Teil des Buches wollen wir zeigen, warum das so ist und wie die Mechanismen, die es möglich machen und sogar verursachen, effektiv funktionieren und funktionieren.

Seit dem Ende des Britischen Empire sind die USA die weltweit dominierende Macht und sie sind dabei, diese Position mit Gewalt weiter auszubauen und zu festigen. Wenn wir uns die Details der aktuellen und vergangenen Kriege und Konflikte ansehen, könnten wir auch sagen, dass die Vereinigten Staaten dies „um jeden Preis" tun, oft um den Preis der Zerstörung von Menschenleben zu Hunderttausenden oder sogar um den Preis der Zerstörung der natürlichen Umwelt und des rücksichtslosen Verbrauchs globaler natürlicher Ressourcen.[173]

Das sollten wir uns immer vor Augen halten, wenn wir das politische, militärische und wirtschaftliche Geschehen auf der Erde betrachten. Die USA verfolgen in erster Linie ihre eigenen nationalen egoistischen Interessen, auch wenn dies offensichtlich anderen Menschen großen Schaden zufügt und ganze Länder und Nationen ins Unglück stürzt, wie es in Vietnam der Fall war, wie es in Syrien und im Irak geschehen ist und wie es jetzt in großem Stil in der Ukraine inszeniert wird. Der notwendige Zusammenhang zwischen dem Hegemonialstreben der USA und der Kriegsführung wird in dem Buch „A Century of War: Lincoln, Wilson, and Roosevelt" von John V. Denson sehr deutlich herausgearbeitet. In diesem Buch zeigt er auch, wie die amerikanische revisionistische Geschichtsschreibung immer wieder das gesamte amerikanische Hegemonialstreben als Bekenntnis zu „Humanismus, Frieden und Wohlstand" darstellt.[174]

Hinter dieser Folie der Strategie des Nullsummenspiels[175], bei dem der Gewinn des einen notwendigerweise den Verlust

173 In einem FAZ-Podcast vom 09.04.2024 bringt es Jean-Claude Juncker, langjähriger Präsident der EU-Kommission, wie folgt auf den Punkt: „Eine Stunde Krieg ist teurer als zehn Jahre EU".

174 „A Century of War" wurde 1997 als Vortrag zum fünfzehnjährigen Jubiläum des Ludwig von Mises Institute gehalten. "Abraham Lincoln und der erste Schuss" und "Franklin D. Roosevelt und der erste Schuss" stammen aus "Reassessing the Presidency: The Rise of the Executive State and the Decline of Freedom" (Auburn, Ala.: Mises Institute, 2001). "The Calamity of World War I" und "Another Century of War?" erschienen zuerst im Freeman, und "The Will to Peace" wurde ursprünglich am LewRockwell.com und Mises.org veröffentlicht.

175 Ein kürzlich erschienener Artikel in Foreign Affairs, Band 103, Nummer 3, drückt dies emblematisch aus. Dort heißt es: „Kein Ersatz für den Sieg", auf Deutsch würde man sagen: nur ein Sieg zählt.

des anderen verursacht, müssen wir daher all diese vergangenen und vor allem die gegenwärtigen Ereignisse betrachten.[176] Wenn wir dies nicht tun, dann geben wir uns einer gefährlichen Illusion und Täuschung hin. Russland hat diese Lektion gerade bitter lernen müssen. China ist aufgewacht und hat nun verstanden, dass das Zeitalter der Illusionen vorbei ist.

Klärung der Konzepte und der Logik des US-Ansatzes in dem Streben nach globaler Hegemonie

Es ist wichtig, sich im Detail darüber im Klaren zu sein, wie die globale politische Strategie der USA zur Weltherrschaft aussieht, was ihre erklärten Ziele und Absichten sind und wie die zugrunde liegenden Motive dahinter wirksam werden.[177]

Wenn wir uns also fragen, was die bewussten Absichten und Ziele sind, entspricht es der offen erklärten Doktrin der USA, nach globaler politischer und wirtschaftlicher Macht und Dominanz, also nach globaler Hegemonie, zu streben. Die USA wollen politisch bestimmen, was die einzelnen Akteure auf

---

176 Es ist sicherlich kein Zufall, dass die chinesische Außenpolitik immer wieder das Prinzip der „Win-Win" betont, also das Positivsummenspiel, bei dem alle Beteiligten als gleichberechtigte Partner angesehen werden, deren Interessen berücksichtigt werden und die ein Recht auf ihren eigenen Vorteil haben.

177 Rudolf Steiner äußerte in Vorträgen, die er in den Jahren nach dem Ersten Weltkrieg in verschiedenen europäischen Ländern und Städten hielt, grundlegende Gedanken zur Geschichte Europas und zur *historischen Symptomatologie* als notwendiger Methode der Geschichtswissenschaft. Für eine Annäherung an sein Geschichtsverständnis empfiehlt sich der Band GA 335 der Rudolf Steiner Gesamtausgabe, in dem er auch von einem „englisch-politischen Ideal der aus dem Unbewussten geborenen Weltherrschaft" spricht.

der Erde, also die Länder und Nationen, tun und nach welchen Regeln und Prinzipien sie funktionieren. Das ist es, was die USA mit „regelbasierter Weltordnung“ meinen.[178] Den USA geht es darum, diese Hegemonialmacht auszuüben, um andere Länder und Nationen zu zwingen, eine „regelbasierte Weltordnung“ nach den Vorstellungen der USA anzunehmen. Es muss festgehalten werden, dass die USA selbst die Anforderungen dieses menschenrechtsbasierten Rechtsstaatsmodells oft nicht erfüllen.[179]

Zu dieser Hegemonie gehört für die USA auch die uneingeschränkte Macht über die finanziellen und produktiven Ressourcen der Welt. Länder und Nationen sollen einen Teil ihrer Wirtschaftsleistung konsequent und ohne Einwände an die Vereinigten Staaten abführen. Dies entspricht einer Art „Tribut“,[180] den die USA als Belohnung für ihre weltweiten Bemühungen um die Förderung von „Frieden und Sicherheit“ einfordern. Das ist also Teil der Geopolitik der USA als des einzigen existierenden Empire, und als des einzigen Empire,

---

178 „Regelbasierte Weltordnung, in 80 Sätzen um die Welt“, 01. Juli 2020, von Jörg Lau.

179 Zur Rolle der CIA finden sich zahlreiche Artikel und Vorträge von Jeffry Sachs hier: https://www.jeffsachs.org/newspaper-articles/yhhc8kcdnmhj4gphzwp387wkgt56c2; an anderer Stelle Anmerkungen zum Krieg in der Ukraine: https://www.jeffsachs.org/newspaper-articles/tag/Ukraine. Im Fall von Noam Chomsky finden wir Beispiele für Israel und Palästina, in denen das Nullsummenspiel der amerikanischen Außenpolitik deutlich wird: z.B. hier: https://www.deutschlandfunk.de/offene-wunde-nahost-israel-die-palaestinenser-und-die-us-100.html

180 In Wikipedia finden wir folgende Definition: *Tribut bezieht sich historisch auf eine Abgabe oder Steuer. Der Tribut wurde als Zeichen der Unterwerfung oder Vasallentreue gezahlt. In der Regel handelte es sich dabei um regelmäßige Geld- oder Sachleistungen, die nicht nur wirtschaftlich bedeutsam waren, sondern auch die Machtverhältnisse zum Ausdruck brachten.*

welches im Selbstverständnis der USA überhaupt ein Existenzrecht besitzt.[181]

Im globalen Machtspiel ist die Verfügungsgewalt über zwei grundsätzliche Arten von Ressourcen entscheidend für die wirtschaftliche Leistungsfähigkeit von Volkswirtschaften. Dies sind die natürlichen Ressourcen sowie die menschlichen und technischen Produktionsressourcen. Die Schwerpunkte können in den Ländern und Nationen unterschiedlich sein. Länder und Nationen organisieren ihre jeweiligen Wirtschaftssysteme unterschiedlich, um ihre wirtschaftliche Produktion und ihre wirtschaftlichen Ergebnisse zu erzielen. Es gibt zum Beispiel Länder, die stärker auf Landwirtschaft und natürliche Ressourcen angewiesen sind. Andere Länder legen mehr Wert auf technische und wissenschaftliche Ressourcen.

Um den Kontext besser zu verstehen, müssen wir uns kurz in die Perspektive der Eliten der Vereinigten Staaten versetzen, die die Verantwortung für die Umsetzung der globalen Strategie übernommen haben, um die globale Hegemonie der USA zu erreichen, stetig auszubauen und weiter zu festigen. Im Rahmen dieses Kapitels können wir nur eine Skizze und einen kurzen Überblick geben. Dennoch wollen wir dem informierten Leser deutlich machen, „wohin die Reise geht" und was die anerkannten Ziele und Absichten der USA sind. Wir wollen evidenzbasiert vorgehen, indem wir Hinweise geben, um Erkenntnisse über die verborgenen Motive und Absichten zu gewinnen, indem wir Prozesse und Zusammenhänge aufzeigen.

Auf der strategischen Ebene sehen wir zwei wesentliche Faktoren bzw. Akteure, auf deren Bemühungen und Beiträgen das Streben der USA nach globaler Hegemonie beruht.

181 Für ein Grundverständnis zu diesem Thema empfehlen wir Gore Vidal, Perpetual War for Perpetual Piece, 2002.

Das ist zum einen der militärisch-ökonomische Komplex, mit Unternehmen wie Lockheed Martin, Raytheon Technologies, Boeing, Northrop Grumman, zum anderen sind diese Akteure die großen Finanzkartelle und globalen Investmentfonds, wie Black Rock und die Capital Group, die mittlerweile die größten US-Banken an globaler Bedeutung bei weitem übertreffen[182].

Der militärisch-wirtschaftliche Komplex verfolgt zwei wesentliche Ziele. Er strebt nach einer stetigen Gewinnsteigerung und er will zudem kontinuierlich sein technologisches Potential steigern, kriegerische Waffen und militärische Ausrüstung zu produzieren. Diese Ziele erreicht der militärisch-wirtschaftliche Komplex dadurch, dass er über die amerikanische Aussen- und Handelspolitik global auf der Erde und auch im Weltraum[183], das Maximum an kriegerischen Auseinandersetzungen initiiert und stetig am Laufen hält. Dadurch werden die Absatzmärkte für die Rüstungsgüter geschaffen und nach Möglichkeit auch immer wieder erweitert. Es gilt hier also das zynische Sprichwort: *der Krieg ernährt seine Kinder*. Die Grenze für dieses kriegerische Verhalten wird im Sinne der Spieltheorie dadurch gesetzt, dass ein Zuviel an Kriegen und Auseinandersetzungen entweder die Länder und Nationen erschöpfen, oder die Menschheit insgesamt auslöschen würde. Es ist für den militärisch-industriellen Komplex und ihre Vertreter in der Regierung der USA also wichtig, die kriegerischen „Geschichten“ so zu managen, dass sie ständig am

182 Zu diesen Themen gibt es eine Vielzahl von Publikationen. In Deutschland hat vor allem Werner Rügemer hervorragende Bücher und Schriften zu diesem Thema geschrieben.
Einen guten Einblick in das Thema bietet auch eine Studie der Hans-Böckler-Stiftung: https://www.boeckler.de/de/boeckler-impuls-die-besitzer-der-welt-3512.htm.

183 Tim Marschall hat dazu das Buch „Geografie der Zukunft“, 2023, geschrieben, in dem er aufzeigt „Wie der Kampf um Vorherrschaft im All unsere Welt verändern wird“.

Laufen gehalten werden, aber nie über ein „nachhaltiges" Mass hinausgehen. Der Krieg darf nicht „verunglücken". Es darf in diesem „Spiel" also nie zu einem Stillstand kommen.

Für den zweiten wichtigen Akteur der Strategie der USA um die globale Hegemonie, also für die grossen Finanzkartelle[184], ist es entscheidend, immer einen substantiellen Teil der Ergebnisse der globalen menschlichen und industriellen Produktion für sich abschöpfen zu können. Der Strom der Einnahmen muss kontinuierlich fliessen und, nach dem eisernen Gesetz des Kapitalismus, immer wachsen.[185] Dem militärisch-wirtschaftlichen Komplex kommt dabei eine wichtige Rolle zu, denn er muss in letzter Instanz dafür sorgen, dass nach Möglichkeit alle Länder auf der Erde der „regelbasierten Ordnung" folgen, wie es ihnen die amerikanische Aussenpolitik vorschreibt. Sie müssen sich dem anglo-amerikanischen Kapital öffnen und wirtschaftlich so funktionieren, dass ständig ein Optimum an Rendite erzielt wird, das zudem stetig wachsen muss.

Wenn wir diese „bewussten" Absichten und Ziele der verantwortlichen Eliten der USA im Auge behalten und in der Realität der globalen Geschehnisse, sowie der geopolitischen und wirtschaftlichen Abläufe betrachten, dann werden bestimmte Punkte sehr schnell deutlich.

Wir wissen, dass die USA global eine grosse Zahl von Militärbasen unterhalten[186]. Diese dienen nicht der Erhaltung

---

184 früher hat man das in the Volkswirtschaftslehre das „Kapital" genannt hat.

185 In den USA hat Noam Chomsky die klarsten Analysen dazu vorgestellt. Aber auch bei R. Buckminster Fuller finden sich gute, übersichtliche Darstellungen dazu, z. B. in „The Critical Path".

186 Für eine Übersicht über die Militärbasen der USA: https://de.wikipedia.org/wiki/Liste_von_Milit%C3%A4rbasen_der_Vereinigten_Staaten_im_Ausland.

des Friedens, sondern sie dienen dazu, ein Optimum an Konflikten zu initiieren, in Gang zu halten und immer wieder neu anzufachen, um dem militärisch-industriellen Komplex und den anglo-amerikanischen Finanzkartellen ein Maximum an Ergebnissen zu ermöglichen. Diese Ergebnisse sind also finanzieller und auch militärisch-technologischer Art. Das bedeutet in der Konsequenz, dass die Finanzkartelle hinter dem Verhalten und der Strategie des militärisch-industriellen Komplexes der USA stehen und diesen unterstützen, weil auch sie direkt ihre Vorteile, also Gewinne dabei erzielen können. Man ist versucht, dies ein *synergetisches Management* im Rahmen der amerikanischen Hegemonialpolitik zu nennen. Auf diese Weise ergeben sich ständig neue Möglichkeiten für profitable Investitionen, die dann vom industriell-militärischen Komplex, von der Raumfahrtindustrie und den amerikanischen Tech-Giganten für technologische Innovationen genutzt werden können. Die durch Kriege erwirtschafteten Gewinne erzeugen wiederum die finanziellen Ressourcen für immer mehr Investitionen in immer neue Kriege. Auf diese Weise dient die Umsetzung der Strategie zur globalen Vorherrschaft der USA sowohl dem militärisch-industriellen Komplex, als auch den Interessen der globalen anglo-amerikanischen Finanzkartelle. Die Interessen der beiden sind eng miteinander verwoben.[187] Mit anderen Worten, die Finanzkraft und das Wirtschaftssystem der USA, als Grundlage ihrer globalen Macht, stützen sich im Wesentlichen auf die koordinierten strategischen geopolitischen Aktionen des militärisch-industriellen Komplexes und die Res-

187 Einen guten Überblick über dieses Thema bietet Jeffry Sachs' Essay über die „Agenda of US Foreign Policy" am 20. Dezember 2023 auf Telepolis: https://www.telepolis.de/features/Kriegsdebakel-und-viel-Geld-Die-geheime-Agenda-hinter-der-gescheiterten-US-Aussenpolitik-9584068.html?seite=all.

sourcen und Investitionen der Finanzkartelle und Banken, als den beiden tragenden Säulen.

Dazu kommt, dass die Finanzkartelle auch ein Interesse daran haben, dass die Menschen in allen Ländern und Nationen möglichst gute Konsumenten sind und über gutes Einkommen verfügen. Dieses Interesse treibt also gleichzeitig auch die globale Entwicklung des Kapitalismus voran.[188] Durch ihre Beteiligungen an nahezu sämtlichen Wirtschafts- und Industriezweigen[189] sind die Einnahmenquellen für die anglo-amerikanischen Finanzkartelle inzwischen praktisch unerschöpflich geworden. Die Ergebnisse und Gewinne des wirtschaftlichen Handelns der Menschen auf dem gesamten Globus fliessen immer auch zu einem guten Teil direkt an die anglo-amerikanischen Finanzkartelle, sei es in Form von finanziellen Einnahmen, sei es in der stetigen Ausweitung der Verfügungsgewalt und dem Besitz über die produktiven Ressourcen aller Länder und Nationen auf der Erde.

Wir wollen diese einleitenden Erläuterungen damit abschliessen, indem wir noch ganz kurz auf Hintergründe für die aktuellen Auseinandersetzungen der USA mit China verweisen, und Anmerkungen zu dem Krieg machen, der in der Ukraine gegen Russland geführt wird.

Russland hat eine relativ geringe wirtschaftliche Leistung und Produktivität. Es ist aber das Land auf der Erde, das den grössten Teil der natürlichen Ressourcen besitzt und auch über die technischen Kompetenzen verfügt, um diese Res-

---

188 Dies war die Einsicht, die Ford bei seiner frühen Autoproduktion gewonnen hat. Die Arbeiter in den Fabriken werden einen Teil ihrer Einkommen auch zum Kauf seiner Autos nutzen, also eine „win-win“ Situation.

189 Entsprechend der zitierten Studie der Hans-Böckler-Stiftung gibt es kein DAX-notiertes Unternehmen, an dem Black Rock nicht beteiligt wäre.

sourcen abzubauen und der Wirtschaft global zur Verfügung zu stellen. Von daher ist nur „natürlich", dass die USA alles tun werden, um über diese Ressourcen verfügen zu können. Das ist der Hintergrund des aktuellen Krieges in der Ukraine und des ständigen Schürens von Unruhen in Europa und Zentralasien. Europa ist „reich" an Manpower, also an gut ausgebildeten Menschen, v.a. an gut ausgebildeten Technikern und Ingenieuren. Aber sein natürlicher Reichtum befindet sich auf dem eurasischen Teil des Kontinents.

China verfügt global über das grösste Potential an gesundem Menschenverstand und Intelligenz, gepaart mit der einmaligen Disziplin und dem grossen Fleiß seiner Bewohner.[190] Das Ziel der Finanzkartelle ist es also, einen bestimmten Teil des Ergebnisses der produktiven Leistung der Menschen in China kontinuierlich abzuschöpfen. Stellen wir uns vor, es würden in einem ständig fliessenden Strom nur 3 oder 5% der wirtschaftlichen Leistung Chinas an die USA und die anglo-amerikanischen Finanzkartelle abfliessen. Jeder von uns wird verstehen können, dass dies für die Eigentümer und Manager von BlackRock und ihre Investoren ein phantastischer Traum ist, die Vision eines „Dagobert Duck", der bekannten Karikatur des amerikanischen, eifrigen Glückspilzes, dem das Glück stets hold ist und dem Geld und Reichtum in einem stetigen Strom nur so zufließen.

Wir wollen hier noch kurz darauf verweisen, dass wir hier nicht im Einzelnen auf die unbewussten Absichten und Motivationen eingehen, welche die Eliten der USA im Bereich des militärisch-industriellen Komplexes sowie den Finanzkartellen steuern. Wir werden in den nachfolgenden Kapiteln

190 Einen guten Einblick hierzu verschafft „Die Seele Chinas", 1925, Richard Wilhelm, sowie die verschiedenen Publikationen und Bücher von Joseph Needham, wie „Moulds of Understanding", 1976.

und besonders im dritten Teil des Buches hierzu noch wichtige Hinweise geben. Wir wissen, dass in den USA viele Menschen daran glauben, dass sie die Aufgabe haben, die Welt mit ihrem American Way of Life, sowie ihren Regeln und ihrer Ordnung zu beglücken. Die Menschen auf der Erde, die nicht der amerikanischen Gedankenwelt angehören, mögen diese missionarische Vision der USA nicht nachvollziehen können. Unbewusst aber steuert sie wohl einen guten Teil des Verhaltens der Eliten der USA[191]. Andere unbewusste Motive mögen ebenfalls im Spiel sein. Aber wir werden im Rahmen dieses Kapitels keine Studie zu diesem Thema durchführen und also nicht im Einzelnen darauf eingehen können.[192]

In nachfolgenden wollen wir jetzt wenigstens kurz skizzieren, nach welchem Schema die USA in ihren internationalen Beziehungen militärisch und wirtschaftlich in der Praxis handeln, um ihre „strategischen" Absichten und Ziele im Kampf um die globale Hegemonie zu erreichen und zu festigen.

---

191 Zu dem Thema „Manifest Destiny", also der „offensichtlichen Bestimmung" der USA als Heilbringer der Welt gibt es sehr gute Studien und Bücher, die allesamt, direkt oder indirekt, unsere Argumentation unterstützen. Genannt seien hier: Sam W. Hayes, Christopher Morris (Hrsg.):Manifest Destiny and Empire: American Antebellum Expansionism, 1997; Reginald Horsman: Race and Manifest Destiny: The Origins of American Racial Anglo-Saxonism, 1981; Frederick Merk: Manifest Destiny and Mission in American History: A Reinterpretation, 1963; Anders Stephanson: Manifest Destiny: American Expansionism and the Empire of Right, 1995.

192 Selbst in Standard-Geschichtsbüchern zur Geschichte der USA wird auf dieses amerikanische Selbstverständnis des „auserwählten", besonderen Volkes verwiesen. S. h. The History of the United States, 2nd Edition, 2013, von Allen C. Guelzo, et al.

Zusammenhänge und wichtigste Elemente des Modells der amerikanischen Hegemonie

Wir wollen hier in einer knappen Übersicht die Zusammenhänge und die wichtigsten Elemente des Modells der amerikanischen Hegemonie schematisch, in Form einer Skizze darstellen. Damit wollen wir das geopolitische Handeln und die dahinterstehende „Logik" der verantwortlichen Eliten des militärisch-industriellen Komplexes sowie der Finanzkartelle der USA verständlich zu machen. Wenn wir bedenken, dass es sich bei dem Hegemonialstreben der USA um ein globales Vorhaben handelt, das zudem von einer großen Dynamik geprägt ist, dann werden wir verstehen, weshalb wir dieses Modell nur in einer Art von Skizze präsentieren werden. Wir werden uns also auf das Wesentliche konzentrieren, um so das grundsätzliche Funktionieren verständlich aufzuzeigen. Es wäre sicher interessant und der Arbeit eines Forschungsinstitutes, oder der Forschungsabteilung eines Aussen- oder Verteidigungsministeriums würdig, eine solche Skizze zum Anlass zu nehmen, um daraus ein umfangreiches, interaktives, Computer gesteuertes und dynamisches Modell zu bauen, bei dem man an verschiedenen Bildschirmen die Abläufe einzelner Szenarien mit dem Zusammenwirken der wichtigsten Akteure und einer Vielzahl weiterer Parameter parallel beobachten und nachvollziehen könnte. Ein solches computergestütztes Modell würde die Simulation von Prozessen und verschiedenen Szenarien auf der Grundlage einer Vielzahl unterschiedlicher und sich ständig ändernder Parameter ermöglichen. Dies würde die virtuelle Beobachtung und das Verständnis einer Vielzahl potenzieller Interaktionen der wichtigsten Akteure, Elemente und Faktoren erleichtern, die parallel auf verschiedenen Bildschirmen beobachtet werden könnten. Ein solches Modell würde einer

Simulation der amerikanischen Aussenpolitik entsprechen. Wir gehen davon aus, dass am Pentagon sowie im amerikanischen Außenministerium solche digital gesteuerten Modelle aufgebaut sind und für die fortlaufende Strategieentwicklung eingesetzt werden. Unsere Skizze würden wir dann als gut bezeichnen, wenn sie als Ausgangspunkt für ein solches Modell ausreichen würde, sie also die wichtigsten Parameter in systemtheoretisch nachvollziehbaren Zusammenhängen zeigt.

Bei der Erstellung unseres Basismodells haben wir uns von folgenden Fragen leiten lassen: Was sind aus Sicht der verantwortlichen Eliten der USA die wichtigsten Elemente, Mechanismen, Instrumente und Schritte zur Durchsetzung von US-Interessen auf globaler Ebene? Was bestimmt ihr Handeln? Was ist die strategische „Logik", die alles leitet und den Rahmen für jede Handlung setzt?

Leitfaden und die Logik des Modells

Hier also Schritt für Schritt eine kurze Zusammenfassung des von uns imaginierten[193] praxisorientierten „Leitfadens" der verantwortlichen Eliten der USA bei dem Streben nach globaler Hegemonie:

I. Verstehe und bestimme deine kritischen Bedürfnisse: identifiziere die Ressourcen, die für dein unaufhaltsames Streben nach dem Wachstum deines Einkommens und Vermögens, sowie deiner Macht nützlich sein können;

193 Dieser praxisorientierte Leitfaden ist von uns zwar „imaginiert". Wir gehen auf Grund unserer Analysen sowie der Beobachtung der tatsächlichen geopolitischen Abläufe von Ereignissen davon aus, dass er realistisch ist.

II. Suche in den unterschiedlichen, geopolitisch wichtigen Weltregionen den oder die Partner, die Länder und Nationen, welche deine Bedürfnisse nach Zugang und Verfügung über diese Ressourcen am besten befriedigen können;
III. Analysiere die politische Dynamik in der Region, in der diese Partner angesiedelt sind, die Interaktionen, Zusammenhänge und gegenseitigen Abhängigkeiten;
IV. Das wichtigste strategische Mittel, das du bei der Bildung von Partnerschaften in den jeweiligen Regionen einsetzen solltest: schaffe nach Möglichkeit immer neue und grössere Abhängigkeiten zu den USA: finanziell, technologisch, ideologisch, politisch und juristisch;

  a. Mögliche Mittel und Wege, um solche Abhängigkeiten zu schaffen, sind:
    i. Binde deine Partner durch Verträge: dies stellt die Beziehungen auf eine vermeintlich hohe ethische Stufe, vielleicht sogar völkerrechtlich bindend, und verleiht Glaubwürdigkeit in der jeweils aktuellen politischen Arena;
    ii. Schaffe Handelsbeziehungen und kaufe deinen Partnern Waren ab: dies schafft Vertrauen und fördert gegenseitige wirtschaftliche Abhängigkeit;
    iii. Schaffe deinen Partnern Feinde[194]: dies bindet deine Partner enger an dich, weil du ihr Freund bist und versprichst, ihnen im Kampf gegen ihre Feinde beizustehen[195];

---

194 In den Werkzeugkisten der „Regime Change" Akteure sowie von Agenturen, wie dem CIA, finden sich hierzu sicherlich eine ganze Menge von Instrumenten, die wirkungsvoll eingesetzt werden können.

195 Ein gut bekanntes Beispiel ist die Unterstützung des sunnitisch-wahhabitischen Saudi-Arabien gegen seine schiitischen „Feinde".

iv. Verkaufe deinen Partnern Waffen, um die Feinde zu bekämpfen: dies schafft Einkommen für dich und finanziert den militärisch-wirtschaftlichen Komplex, von dem deine eigene Volkswirtschaft inzwischen in grossem Masse abhängig ist. (s. h. die Wirtschaftsstruktur der USA und von GB, deren Keynesianisches Wirtschaftsmodell für beide Staaten inzwischen von der Dominanz der Finanzindustrie und dem militärisch-industriellen Komplex geprägt ist. Im Falle der USA kommen noch die Tech-Giganten und die Social Media Produzenten hinzu)[196];

v. Lass dich für deine Waffen mit dem Geld bezahlen, mit welchem du deinen regionalen Partnern ihre Waren und die für dich wichtigen Ressourcen bezahlt hast: dies führt zu einem Rückfluss der Geldmittel in deine eigenen Banken und Finanzkartelle. Die rückgeflossenen Geldmittel können dann erneut investiert werden. Gewinne aus In-

---

Der Krieg zwischen Irak und Iran ist ein gutes Beispiel auch dafür, wie Kriege durch Waffenverkäufe an beide Seiten geschürt und für die eignen Interessen „erfolgreich" genutzt werden.

196 Für einen schnellen Überblick zu den Fragen der Wirtschaftsstruktur empfehlen wir die Webseite von Statista: https://de.statista.com/statistik/daten/. Empfehlenswert ist auch die Studie „Die US-amerikanische Wirtschaft" in den Informationen der Bundeszentrale für politische Bildung (bpb) vom 20.03.2014. In der Studie von Prof. Dr. Juli Püschel im bpb Heft vom 13.09.2021 zu „Deindustrialisierung und High Tech in den USA" finden sich ebenfalls interessante Beobachtungen zu unserem Thema. Durch die aktuellen Bemühungen um Re-Industrialisierung der USA und die De-Industrialisierung Europas im Zusammenhang mit dem Krieg in der Ukraine müssen Teile dieser Studie heute schon wieder anders interpretiert werden. Wir leben in einem dynamischen Umfeld!

vestitionen in den betreffenden Regionen werden gleichzeitig abgeschöpft;

vi. Unterstütze deine Partner dabei, das Geld, das sie nicht für den Kauf von Waffen und anderen Gütern ausgegeben haben, bei dir, deinen Banken und Finanzinstituten, anzulegen: dies schafft eine noch grössere Abhängigkeit, weil deine Partner schließlich nicht mehr frei über ihre eigenen Mittel verfügen können[197] und zunehmend lernen vertrauensvoll auf dich zu hören. Zudem verschafft es dir immer mehr finanzielles Potential und wirtschaftliche Macht;

vii. Im Ergebnis wirst du zum Besitzer der Ressourcen deiner Partner. Diese Ressourcen können „natürlich" sein, wie z. B. Erdöl und Erdgas, sie können aber auch aus Produktions- und Industriekapazitäten bestehen, wie im Falle der europäischen Länder, aber auch am Beispiel von Japan und Südkorea, gut zu sehen ist. In der Sprache von Brzeziński sind all diese Länder „Vasallen" der USA.

viii. Es versteht sich von selbst, dass dieses Modell keine Grenzen kennt. Es wohnt diesem Modell der „natürliche" kapitalistische Drang nach Fortschritt, ewigem Wachstum und ständiger Expansion inne. Das Modell tendiert also in der Praxis dazu, sich über alle Länder und Kontinente auszubreiten. Im Sinne dieser „Mission" müssen wir das „Glück" verstehen, das die USA den anderen Nationen auf

197 Ein aktuelles Beispiel aus den Jahren 2022-2024: im Rahmen des aktuellen Stellvertreterkrieges gegen Russland wurden die Vermögen Russlands im Ausland von den USA und der EU „eingefroren" und werden, entgegen internationalem Recht, Stück für Stück der Ukraine für die weitere Kriegsführung zur Verfügung gestellt.

der Welt bringen wollen[198]. Das sind auch die strategischen Ziele, die der Monroe-Doktrin und ihren Nachfolgern innewohnen, die der Politik entsprechen, wie sie Wilson 1919 mit seinem 14-Punkte-Programm und seinem Vorschlag zur Schaffung des Völkerbundes vorgeschlagen hat, und wie sie mit dem System von Bretton Woods von 1945 bis heute immer noch gültig sind.

Wenn wir diesen kurzen Überblick aus dem „praxisorientierten Leitfaden der verantwortlichen Eliten der USA“ lesen und verstanden haben, dann müssen anerkennen, dass die globale Politik der USA sich einen eindeutigen Auftrag gegeben hat und klare Ziele verfolgt. Diese sind nicht in der Verfassung festgelegt. Sie entsprechen aber dem Selbstverständnis der USA, die sich dem Ziel des „Pursuit of Happiness“, also dem Streben nach Glück auf ihre ganz eigene, amerikanische Art verschrieben haben und dieses Glück im *American Way of Life* und in der weltweiten Gestaltung von Gesellschaften und deren Beziehungen nach US-amerikanischen Regeln und „Werten“ sehen.

Allerdings birgt dieser amerikanische Weg zum Glück für alle auch sehr schlechte und zerstörerische Elemente. Global gesehen führen diese Elemente zur Zerstörung von Menschen und Gesellschaften, die diesem amerikanischen Traum, der amerikanischen Vision vom einzig richtigen Leben, nicht folgen wollen.[199] Das wichtige negative Element dieses *Ame-*

198 Wir verweisen hier noch einmal auf unsere Fussnote zum „Manifest Destiny“, also der „offensichtlichen Bestimmung“ der USA als Heilbringer der Welt, wo sich relevante Literaturangaben finden, die allesamt unsere Argumentation unterstützen.

199 Noch einmal verweisen wir auf Gore Vidal, „Perpetual War for Perpetual Piece“, 2002.

rican Way of Life ist insbesondere darin zu sehen, dass es als ein Business Modell auf der Produktion von Waffen und Rüstungsgütern aufbaut, sowie auf Krieg als dem entscheidenden Mittel zur Realisierung von Gewinnen. Es ist das Business Modell einer globalen Kriegswirtschaft.[200]

Wir sollten auch festhalten, dass dieses „Business-Modell" der US-amerikanischen globalen Hegemonial- und Außenpolitik nur unter der Bedingung wirklich gut funktioniert, dass die anderen Völker, Länder und Staaten ihr „Glück" tatsächlich auf dieselbe Weise suchen, wie es für die USA selbstverständlich geworden ist, und sie sich also dem Business Modell als willige Partner der USA ein- und unterordnen lassen.

Sobald die anderen Völker, Länder und Staaten ihr Glück jedoch an anderen Werten und Regeln ausrichten und sich nicht dem „Business-Modell" der US-amerikanischen globalen Hegemonial- und Außenpolitik eingliedern wollen, tauchen Probleme auf. Dann kommt es üblicherweise schon bald zur Konfrontation, oder wenigstens zu Sanktionen und Bestrafung. Dann greifen die USA im Rahmen ihrer wirtschaftlich, finanziell und militärisch dominierenden Macht, meist mit Unterstützung der NATO und dem Segen ihrer Mitglieder versehen, zu den entscheidenden Mitteln. Dann provozieren die USA und die NATO durch aktive und finanzielle Interven-

200 Noch einmal sei an „A Century of War" erinnert, einen Vortrag von 1997, gehalten zum fünfzehnjährigen Jubiläum des Ludwig von Mises Institute. Weitere Quellen hierzu die Schriften „Abraham Lincoln und der erste Schuss" und „Franklin D. Roosevelt und der erste Schuss". Sie stammen aus "Reassessing the Presidency: The Rise of the Executive State and the Decline of Freedom" (Auburn, Ala.: Mises Institute, 2001). Ebenfalls wichtig zur Aufklärung sind „The Calamity of World War I" und „Another Century of War?" erschienen zuerst im Freeman, und „The Will to Peace" wurde ursprünglich bei LewRockwell.com und Mises.org veröffentlicht.

tionen Regimewechsel[201], oder führen direkte militärische Interventionen, oder Kriege von Stellvertretern durch, um der amerikanischen Macht und ihren „privilegierten“ Partnern[202] zur Durchsetzung und bei der unnachgiebigen Verfolgung ihrer „legitimen“ Interessen zu verhelfen.

In dem Moment also, als sich Russland diesem amerikanischen Business Modell widersetzt hat und unter Putin ab dem Jahre 2000 zunehmend die nationale Kontrolle über die eigene Politik und die eigenen Ressourcen zurückgenommen hat, war der Widerspruch mit den Eliten der USA eklatant und ein Graben aufgerissen geworden, den die USA mit allen Mitteln überwinden wollten. Die USA waren entschlossen, und es musste schliesslich zum Krieg kommen, wenn die „Übernahme“ auf friedlichem Weg nicht möglich sein sollte. Denn Russland ist global gesehen das Land mit den grössten natürlichen Ressourcen auf der Welt, ausserhalb der nord-amerikanischen Sphäre, die von Kanada und den USA gebildet wird. Diese natürlichen Ressourcen Russlands spielen eine entscheidende Rolle in der Strategie der USA beim Kampf um die globale Hegemonie. Die USA werden diese Ressourcen „um jeden Preis“, koste es, was es wolle, übernehmen wollen.

Wenn sich Russland die Verfügungsgewalt über die natürlichen Ressourcen von den USA nicht friedlich abnehmen las-

---

201 Dazu empfehlen wir die Lektüre von „Covert Regime Change, America's Secret Cold War“, 2018, von Lindsey A. O'Rourke. Dieses Buch wird auch von Jeffrey Sachs immer wieder als zuverlässige Quelle angegeben. Ein kürzlich (15.03.2024) als Global Times Editorial erschienener Artikel „The more thoroughly exposed the CIA‘s true face, the better”, unterstreicht die aktive Rolle des CIA bei der Imitierung und Durchführung von Regimewechseln.

202 Es gibt im Bereich der internationalen Politik das bekannte Konzept der „Privilegierten Partnerschaft“, das ohne genaue Definition für supranationale oder intergouvernementale Beziehungen verwendet wird.

sen will, also nicht bereit ist, den „Preis“ anzunehmen, den ihnen die USA bieten, dann werden die USA andere Länder und Nationen dafür in den Krieg gegen Russland schicken. Es wird zu Stellvertreter-Kriegen kommen. Das ist die Situation, von grosser Dynamik geprägt, die wir seit dem Ereignis von 9/11 im Jahr 2001 über viele, von Gewalt und Krieg geprägten Stationen, bis aktuell zu dem offenen Krieg in der Ukraine seit 2022 erleben. Dieses „Erleben“ des Krieges in der Ukraine ist jedoch für die europäischen „Partner“ der USA mit hohen Kosten verbunden. Eine friedliche wirtschaftliche und politische Kooperation der EU mit Russland wäre für die europäischen Länder insgesamt sicherlich von wirklichem Nutzen gewesen. Um diese friedliche Zusammenarbeit zwischen Europa mit Russland zu verwirklichen, hat aber die entscheidende Voraussetzung dafür gefehlt. Die EU und die europäischen Länder haben nicht den Willen zur Gestaltung ihres eigenen Schicksals aufgebracht. Die europäischen Eliten und die Menschen in Europa zahlen einen hohen Preis für den Mangel an Mut und Weitsicht, der schließlich zu einem Mangel an Souveränität geführt hat. Auch an diesem Beispiel wird noch einmal deutlich, dass die große Zeit für Europa, in einem Prozess der historischen Erosion[203] seit 1919, endgültig abgelaufen ist und sich unaufhaltsam auf ihr Ende zubewegt. Damit ist Europa an einem scheinbar ausweglosen Scheideweg angelangt, aus dem es nur sehr schwierig wieder herausfinden kann. Im dritten Teil des Buches werden wir hierzu mögliche Wege aufzeigen.

203 The Risk Management Network hat am 7. Oktober 2019 einen sehr interessanten Beitrag veröffentlicht: „Neue Ära der Großmachtkonflikte – Erosionsprozesse der geopolitischen Welt“. https://www.risknet.de/themen/risknews/erosionsprozesse-der-geopolitischen-welt/.

Die strategischen Einfluss-Sphären: das geopolitische Weltbild der USA

Hier nachfolgend präsentieren wir in einer skizzenhaften Übersicht die Aufteilung der strategischen geopolitischen Einfluss-Sphären aus US-amerikanischer Perspektive. Wir wollen hierzu wenigstens kurz auch auf das geopolitische Konzept von Nicholas J. Spykman verweisen[204], das er schon 1938 vorgestellt hat, und in dem er auf die Bedeutung der „Frontstaaten" (*borderlands*) hingewiesen hat[205]. Dort heisst es „wer die umliegenden Länder kontrolliert, herrscht über Eurasien, wer über Eurasien herrscht, kontrolliert das Schicksal der Welt".

Wenn wir uns die Situation in der Ukraine mit dem Krieg gegen Russland ansehen, können wir sehr gut verstehen, dass die USA diesem strategischen Konzept auch heute noch folgen und die inhärente Strategieempfehlung heute noch befolgen.[206]

Wir sind uns klar darüber, dass die nachfolgende Übersicht nur ein erster Ansatz sein kann. Das Dokument müsste in Einzelheiten von einem Team von geopolitischen und militärischen Strategen geprüft und kontinuierlich auf der Grundlage neuer Daten verbessert werden. Die Welt und die geopolitischen Fakten befinden sich in ständiger Entwicklung.

---

204 s. h. „Geography and Foreign Policy", by Nicholas J. Spykman, The American Political Science Review, Vol. XXXII, Nos. 1 and 2, Februar und April 1938.

205 Ein aktuelles Buch zu diesem Thema „Frontline Ukraine: Crisis in the Borderlands", 2022, Richard Sakwa.

206 Ein ähnliches Konzept stammt von Zbigniew Brzezinski, dazu „Die einzige Weltmacht: Amerikas Strategie der Vorherrschaft", 1999. Hierzu empfehlen wir auch die spannende Lektüre des Buches von Anna Reid „Borderland, A Journey Through the History of the Ukraine", 2015.

Wir sehen durchaus auch, dass die Abgrenzung der einzelnen Einfluss-Sphären und Reiche nicht immer eindeutig vorgenommen werden kann. Die Übergänge zwischen den einzelnen geographischen Sphären sind oft fliessend.

Die grossen, globalen Zusammenhänge aber sollten hier dennoch in unserer strukturierten Übersicht schon deutlich werden. Die feinere und detaillierte Ausarbeitung dieser Übersicht in mehr Einzelheiten müsste von geeigneten Instituten oder Universitäten mit Computer gestützten Modellen ausgearbeitet werden. Wir gehen davon aus, dass es in den Ministerien für Verteidigung sowie für Aussenpolitik der grossen Nationen solche Modelle zur Simulation bereits gibt.

Für unsere Argumentation ist jedoch entscheidend, die Parameter und Regeln für das Funktionieren und für die Mechanismen und Abläufe des Modells zu identifizieren und im entsprechenden Zusammenhang und in kohärenter Weise darzustellen. Nur dann kann das Modell „realistische" Szenarios anbieten, die dann als handlungsanleitend für die einzelnen Akteure erkannt werden können.

Es ist davon auszugehen, dass sich die meisten der einzelnen Akteure ihrer Rolle auf dem geopolitischen „Schachbrett" der USA bewusst sind. Einige mögen mit ihrer Rolle zufrieden sein, während andere sich in die Rolle des „Feindes" gedrängt sehen. Sie alle werden bestrebt sein, sich erfolgreich zu positionieren, um ihre eigenen Ziele zu erreichen und durch ihr Handeln Vorteile zu ziehen, die Prozesse zu verwalten und so gut wie möglich an Abläufen zu arbeiten, um sie in ihrem Sinne zu gestalten. Dies aber erfordert ein Bewusstsein für die spezifische Position und Rolle, die jeder der Akteure einnimmt. Viele der Teilnehmer werden sich für autonome Akteure halten und der Meinung sein, dass sie „aus freien Stücken" und entsprechend ihrem eigenen Willen und ihren Interessen folgend handeln[207]. Für diese Akteure, die sich immer noch Illusionen hingeben, ist dieses Buch geschrieben. Es soll ihnen aufzeigen, dass sie nur Schachfiguren in einem grossen geopolitischen Schachspiel sind[208], oft mit hohem Einsatz und mit blutigem Ausgang. Sie erkennen nicht, dass sie Regeln gehorchen, die von anderen vorgegeben sind.

An dieser Stelle möchten wir noch einmal auf Gregory Bateson verweisen, der uns in seinen Schriften über Kybernetik davor warnt, dass jedes Verstehen von Systemen und Prozessen kreativ, aber auch „destruktiv eingesetzt" werden kann.[209] Entscheidend für das Ergebnis sind jedoch die „Spielregeln", die man dem Computer zur Simulation vorgibt. Bestätigt man die Ergebnisse einer solchen Simulation, dann hat man „die Regeln dieses Spiels bestätigt". Aus der Perspektive der Kybernetik und Systemanalyse gibt uns Gregory Bateson dann zu bedenken, „dass es einige Dinge gibt, die auf internationaler Ebene falsch laufen, deshalb müssen Regeln geändert werden".

Im abschliessenden Teil dieses Buches werden wir Beispiele anführen, die uns zeigen, dass es möglich ist, die Regeln zu ändern, nach denen wir unsere „Modelle" der Welt in den letz-

---

207 Die Anlehnung dieses Modells an die analytische Individualpsychologie wird dem gebildeten Leser nicht entgehen.

208 Mephistopheles schon hat diese „Spiele" gut durchschaut, und Goethe legt ihm in seinem Faust II folgende Worte in den Mund sagen: O weh! hinweg! und laßt mir jene Streite, Von Tyranney und Sklaverey bei Seite. Mich langeweilt's; denn kaum ist's abgethan, So fangen sie von vorne wieder an; Und keiner merkt: er ist doch nur geneckt, Vom Asmodeus der dahinter steckt. Sie streiten sich, so heißt's, um Freiheitsrechte, Genau besehn sind's Knechte gegen Knechte.

209 Dieses und die nachfolgenden Zitate entnehmen wir dem Vortag von 1966 „Von Versailles zur Kybernetik", veröffentlicht in Ökologie des Geistes", Seite 603 ff., 1971.

ten fünfhundert Jahrhunderten geformt haben. Denn es sind ja „Denkmodelle“, die unserem Handeln zu Grunde liegen. Diese können nur durch Bewusstwerdung und Veränderung unserer mentalen Strukturen geändert werden. Es sind diese mentalen Strukturen, die schließlich unser Handeln leiten und prägen. Am Beispiel der geopolitischen Strategie der USA und ihrem Streben nach globaler Hegemonie konnten wir zeigen, welchen Regeln das geopolitische Business Modell der USA folgt und entsprechend welcher Mechanismen es in der Praxis funktioniert. Bestimmte Grundprinzipien des amerikanischen „Denkmodells“ und Weltbildes konnten wir schon herausarbeiten.

Wir werden jedoch unsere historisch-analytische Arbeit noch vertiefen, um auch in die erkenntnistheoretischen Dimensionen des „westlichen Denkmodells“ tiefer einzudringen. Auf gewisse Weise werden wir die wichtigsten Archetypen herausarbeiten, die diesem Denkmodell zu Grunde liegen. Wir werden aufzeigen, was der Änderung von Regeln gesellschaftlichen Handelns immer noch im Wege steht, wenngleich insgesamt schon die Einsicht wachsen mag, dass Änderungen der Regeln unseres gesellschaftlichen Handelns wünschenswert und auch notwendig sind. Wir werden dann auch Anregungen geben und Vorschläge machen für die Änderung von gesellschaftlichen Regeln, um Paradigmenwechsel anzustoßen und praktisch umzusetzen.

Es gibt überzeugende Beispiele für Paradigmenwechsel in der Politik und im gesellschaftlichen Leben auf internationaler Ebene. Auf diese werden wir uns berufen. Wir stimmen Gregory Bateson also zu, wenn er meint „in der Kybernetik selbst steckt die Integrität“, die uns dazu verhilft, „nicht durch sie zu einem weiteren Wahnsinn verführt zu werden“. In dem abschliessenden Teil des Buches wollen wir schliesslich unserer Überzeugung zum Ausdruck verhelfen, „dass in der Kybernetik auch das Mittel angelegt ist...unsere Philosophie der Macht zu verändern...".

Wir wollen es uns hier nicht versagen, wenigstens kurz auch noch auf ein Essay von Arnold J. Toynbee aus dem Jahre 1934 zurückzugreifen, um unsere Argumentation zu stützen. In dem Essay „Dinge, die in Paris nicht vorhergesehen wurden. Die Zukunft im Rückblick"[210], schreibt Toynbee unter Bezugnahme auf die Verhandlungen zum Versailler Vertrag von Staatsmännern, die dieses „Friedensabkommen" unter einer „ungeheuerlich naiven Annahme" geschlossen haben. Dann gesteht er diesen Staatsmännern zu, dass man von ihnen „kaum erwarten konnte, dass sie das Wiederaufleben der Türkei und Chinas und Mexikos und Russlands und der anderen Länder der Welt vorhersehen würden, die alte Zivilisationen nicht-westlicher Ordnung besaßen. Die Pariser Friedenskonferenz von 1919 bis 1920 ging in naiver Weise davon aus, dass alle nichtwestlichen Länder ... den siegreichen alliierten und assoziierten Mächten zur Verfügung stünden, mit denen sie nach Belieben umgehen könnten, weil die Erfahrung gezeigt hatte, dass die Kontrolle und Ausbeutung der asiatischen und afrikanischen, indonesischen und antillanischen Herrschaftsgebiete für die westlichen Mächte während des 18. und 19. Jahrhunderts sowohl machbar als auch profitabel gewesen war". Toynbee schließt seinen Essay dann mit einer Warnung, indem er darauf hinweist, dass „unser Problem darin besteht, unsere Ausbildung zu vervollständigen, und wir können dies nicht in aller Ruhe tun, denn die Zeit ist das Wesen des Problems, mit dem wir konfrontiert sind.

210 Der Titel im Original: „Things Not Foreseen at Paris; The Future in Retrospect".

Es scheint ein Wettlauf zwischen verspäteter Weisheit und vorzeitigem Tod durch Selbstmord zu sein".

Es ist diese „Vervollständigung unserer Ausbildung", von der Toynbee spricht, was wir hier mit „Bewusstwerdung und Veränderung unserer mentalen Strukturen" bezeichnet haben. Diese mentalen Strukturen, die in der aktuellen Geopolitik unser Handeln leiten und das friedliche Zusammenleben der Menschen und Nationen bisher immer noch verhindern, müssen wir in einem gegenseitigen globalen Lernprozess nach und nach verändern. Diese global laufenden Lernprozesse sind die Vorboten des Paradigmenwechsels zu einem neuen System der Global Governance.

Wie wir in unserer bisherigen historischen Analyse und Darstellung zeigen konnten, haben wir es in unserer aktuellen Zeitgeschichte immer noch mit einem Modell zu tun, das offensichtlich den Regeln folgt, die die Verhandlungen über den Vertrag von Versailles vor hundert Jahren geleitet haben. Die Regeln und Mechanismen, die diesem Modell des Westens innewohnen, prägen seitdem und bis heute die „Muster unserer Beziehungen" in der internationalen Politik.

Unsere Übersicht hat dazu gedient, dem Leser einen möglichst klaren Überblick über den globalen strategischen Ansatz der USA zu geben, ihre hegemonialen Interessen im Einklang mit diesem Modell durchzusetzen und zu konsolidieren. Wir konnten auch einige der Ergebnisse zusammenfassen, die die USA in den letzten hundert und vor allem in den letzten 50 Jahren erzielt haben. Wir konnten dann zeigen, wie die USA ihr Business Modell gestaltet und strategisch klug ins Werk gesetzt haben, um ihre Interessen mit Nachdruck zu vertreten und um ihre Ziele zu erreichen.

Wie wir gesehen haben, besteht das Hauptinteresse der Vereinigten Staaten weltweit darin, die hegemoniale Vorherrschaft auf der Erde zu sichern und auszubauen. Die Mittel, mit denen dieses übergeordnete strategische Ziel erreicht werden soll, sind die Sicherung und der stetige Ausbau der militärischen Präsenz und Dominanz, der Zuwachs an politischer Macht, der vor allem durch die finanzielle Dominanz der anglo-amerikanisch dominierten Finanzkartelle erreicht werden soll, sowie die immer größer werdende kulturelle Dominanz und verbesserte Kontrolle durch die amerikanische Kulturindustrie und die sozialen Medien.[211]

Diese Übersicht hat auch verdeutlichen können, dass die aktuellen Kriege nicht zufällig entstanden sind. Ihre Entstehung folgt Regeln und Mustern, die wir anhand der Skizze des Business Modell und des praxisorientierten „Leitfadens" zusammenfassen konnten. Unsere analytische Darstellung und Übersicht hat ebenfalls schon hier angedeutet, dass die „Brandherde", die von den USA aktiv gefördert und mitgestaltet werden, regional entsprechend geopolitischer Sphären gegliedert sind.

Wir haben auch auf die Grundregeln hingewiesen, die dafür verantwortlich sind, dass all diese Spannungen, Konflikte und Kriege praktisch nie ein Ende finden. Sie haben kein Ablaufdatum und verlagern sich bestenfalls in benachbarte Gebiete oder Staaten, oft aber weiten sie sich aus, wie wir am Beispiel des „Arabischen Frühlings" seit 2010 gut sehen können. Ausgehend von „Rebellionen", ist es zu Bürgerkriegen und auch zu Kriegen gekommen, wenn wir Syrien und Libyen berücksichtigen wollen. Darüber hinaus hat all dies zu großen Flüchtlingsbewegungen geführt, als negative kollaterale Folgen[212],

---

211 Im „Chess board" von Brzeziński sind diese Punkte übersichtlich vorgestellt.

212 In den Sozial- und Geisteswissenschaften ist das Prinzip der „unbeabsichtigten Folgen" (engl. unintended consequences, oder "unintended effects") schon lange bekannt. https://de.wikipedia.org/wiki/Unbeabsichtigte_Folgen#cite_note-1.

die nicht mehr abebben wollen und sich nicht mehr eingrenzen lassen. Unsere Sicht auf dieses schockierende Szenario warnt implizit davor anzunehmen, dass diese Konflikte und Kriege zufällig entstanden sind und zu einem Ende kommen werden. Vielmehr sollten wir auf der Grundlage unseres historisch-analytischen Überblicks inzwischen verstehen, dass dieses aggressive und unerbittliche Vorgehen der USA den Kern ihres geopolitischen Strebens nach globaler Hegemonie bildet.

Die Wesenszüge des hegemonialen Strebens der USA und das jeweilige Vorgehen, um die strategischen Ziele zu erreichen, gelten auch dann noch, wenn die USA diese Auseinandersetzungen und Kriege im Wesentlichen durch Stellvertreter führen lassen, durch sogenannte „proxy-wars". Dafür gibt es viele klare Beispiele, die dies belegen. Wir wollen nur die verschiedenen Kriege Saudi-Arabiens gegen den Iran nennen, den Krieg der Ukraine gegen Russland, der unter aktivem „Einsatz" Deutschlands, Großbritanniens, Frankreichs, Polens und anderer europäischer NATO-Staaten geführt wird, sowie den aktuell geschürten Konflikt um Taiwan, in dem sich Japan und Südkorea militärisch als die wichtigsten Stellvertreter der USA positionieren.

Auch sollte klar sein, dass sich dieses Business Modell in einem dynamischen globalen Umfeld entwickelt. Akteure ändern ihr Verhalten, positionieren sich neu. Dinge und Gegebenheiten ändern sich ständig, sei es militärisch-technisch, sei es geopolitisch, sei es wissenschaftlich-technologisch. Denken wir nur an die modernen Drohnenkriege, deren Voraussetzungen in der Regierungszeit von US-Präsident Barack Obama und der US-Außenministerin Hillary Clinton geschaffen und auch in der Praxis „getestet" wurden. Immer wieder werden neue Waffensysteme entwickelt. Die Rolle der Aufklärungssatelliten und die Schaffung der technischen Kompetenzen für den Cyber-Space und den Cyber-War sind weitere wichtige Beispiele. Im 19. Jahrhundert hatte noch niemand den Cyber-Space in der heutigen Form im Auge. Geopolitisch konnte niemand mit Sicherheit wissen oder vorausahnen, wie sich Russland nach der Oktoberrevolution entwickeln würde, oder wie die politische und wirtschaftliche Entwicklung von China, Indien und Pakistan im 20. Jahrhundert verlaufen würde. Vor einhundert Jahren konnte niemand das Zeitalter des Computers und des Internets, oder der künstlichen Intelligenz voraussehen. Es tauchen also immer wieder neue Umstände und Gegebenheiten auf, an die sich die US-amerikanische Strategie anpassen wird, auf die sie die geeigneten Antworten finden muss, wenn sie in ihrem Sinne erfolgreich sein will. Wir dürfen jedoch nicht den Fehler machen, solche Anpassungen an neue Umstände mit einer Änderung der Spielregeln zu verwechseln. Unsere analytische Beschreibung sollte inzwischen deutlich gemacht haben, dass die Grundregeln, nach denen das amerikanische geopolitische Business Modell funktioniert, bis heute dieselben geblieben sind.

Eines wird uns die nachfolgende strukturierte Übersicht über die geopolitischen Sphären zudem noch deutlich machen: wenn sich die Haltung der Hauptakteure des Business Modell, und die wichtigsten Akteure sind hier sicherlich die US-amerikanischen Eliten, nicht grundlegend ändert, dann wird dieses hegemoniale Machtstreben der USA weiterhin für viele Auseinandersetzungen, Bürgerkriege und Kriege sorgen. Wir sollten uns in dieser Hinsicht also keiner Illusion hingeben.

Damit die Menschheit diesen „Wettlauf zwischen verspäteter Weisheit und vorzeitigem Tod durch Selbstmord" gewinnen kann, von dem Toynbee in seinem Essay schreibt, sind ein notwendiger geistiger Wandel[213], eine grundsätzliche Erneuerung der psychischen Ausstattung[214], sowie der Mut und die Einsicht in die Notwendigkeit, die handlungsleitenden Regeln der Geopolitik zu ändern, die entscheidenden Voraussetzungen. Dies klingt sicher sehr ambitioniert. Aber an einem historischen Bifurkationspunkt, einem *tipping point* in der Geschichte der Menschheit angekommen, müssen wir ehrlich sein. Es hilft nichts, sich und anderen etwas vorzumachen. Das Ende der Illusionen ist gekommen.

Wenn wir uns fragen, wie diese Spirale der Gewalt und der Kriege beendet werden kann und was wir als Menschheit tun können, um die Erde zu einem Ort zu machen, auf dem Platz für mehr Frieden und Verständigung sein wird, dann sind wir uns einig darüber, dass es darauf keine einfachen Antworten geben wird. Zu tief scheint dieses Verhalten in dem aktuellen Weltbild des „westlichen Teils der Menschheit“ eingeprägt zu sein, das dem Streben nach Macht und Reichtum um jeden Preis den Vorrang vor allen anderen Werten einräumt.

Der erste wichtige Schritt aber ist es, Bewusstheit für die Situation zu schaffen. Dieser Absicht wollen wir dienen und setzen daher unsere Übersicht und analytische Darstellung fort.

---

213 Von der Notwendigkeit einer geistigen Erneuerung spricht auch Karen Armstrong in der Einleitung zu ihrem Buch zum „Axial Age“, also zur Achsenzeit der grossen Zivilisationen

214 Verwiesen sei hier auf das psychologische Essay von C. G. Jung von 1933, Modern Men in Search of a Soul“, auf Deutsch „Der moderne Mensch auf der Suche nach einer Seele“.

Skizze und Übersicht der geopolitischen Einfluss-Sphären

Der wichtigste strukturierende Faktor in der geopolitischen Strategie der USA sind, wie könnte es für eine so „zielorientierte" und pragmatische Nation wie den USA anders sein, **die Schlüssel-Industrien**[215] (entsprechend der Brzeziński-Doktrin):

↪ der Militärisch- Industrielle Komplex;
↪ die Finanz-Industrie;
↪ die Kultur-Industrie.

Für den folgenden strukturierten Überblick über die geopolitischen Einflusssphären verweisen wir auf laufende internationale Diskussionen und Studien. Entsprechende Hinweise und Referenzen geben wir jeweils an. Es gibt einen breiten internationalen Konsens über diese „Struktur der Imperien", und nichts ist von uns erfunden oder nur aus unserem eigenen Denken heraus abgeleitet. In der englischsprachigen Literatur wird für diese geopolitischen Einflusssphären häufig der Begriff „Empire" verwendet. Wir verweisen insbesondere auf den britischen Historiker Niall Ferguson und folgen seiner Praxis in unserer strukturierten Übersicht, in der wir von strategischen „Imperien" oder „Reichen" sprechen.

---

215 Im amerikanischen Englisch sind „Industrien", anders als im Deutschen, alles das, was wirtschaftliche Tätigkeit betrifft, was also Gewinne abwerfen und zu Einkommen verhelfen kann.

Die strategischen Reiche gliedern sich wie folgt:

A Europa[216]

Strategische Partner: West-Mittel-Süd-Zentral Europa;

Begehrte Beute: Russland mit seinen natürlichen Ressourcen und seiner entscheidenden strategischen geopolitischen Lage auf dem eurasischen Kontinent;

Stachel im Fleisch: Ukraine, die Baltischen Staaten, Georgien, Moldawien;

Primäre Ressourcen: Industrie, Technologie, Know-How;

Wichtigste Kriege, Bürgerkriege, bewaffnete Auseinandersetzungen:

WK1, WK2, „Kalter" Krieg, Türkei vs. Griechenland, Zypern, Jugoslawien, Ukraine;

Wichtigste US-militärische Stützpunkte + Verbündete (inkl. NATO): BRD, Italien, Spanien, Polen, Rumänien, Ungarn, Tschechien, Kosovo;

B Naher Osten[217]

Strategische Partner: Saudi-Arabien, Ägypten, Jordanien, Marokko, Türkei (ottomanisches Reich);

---

216 In Europa ist die zeitgenössische Forschung zu diesen globalen Zusammenhängen und Vorgängen von „Macht & Geld" weitgehend verstummt, hat sich dem Mainstream angepasst, oder an den gesellschaftlichen Rand abdrängen lassen. So diskutieren deutsche Gewerkschaften, ob Kriegswirtschaft sinnvoll sein kann, weil sie neue Arbeitsplätze schafft. Erfreuliche Ausnahmen zu solchen Strömungen gibt es, insbesondere in England, z. B. von Niall Ferguson.

217 Im Zusammenhang von Studien zur Rolle von Erdöl in der ökonomischen Entwicklung seit der rapiden Industrialisierung Europas

Begehrte Beute: Iran, Irak, Syrien, arabische Halbinsel;

Stachel im Fleisch: Israel;

Primäre Ressourcen: Erdöl, Erdgas;

Wichtigste Kriege, Bürgerkriege, bewaffnete Auseinandersetzungen: Israel vs. Palästina, Iran, Irak, Jemen, Libyen, Syrien;

Wichtigste US-militärische Stützpunkte + Verbündete (inkl. NATO): Saudi-Arabien, VAE, Israel, Dschibuti, Irak;

C Ostasien - Fernost[218]

Strategische Partner: Japan, Südkorea, Philippinen;

Begehrte Beute: China;

Stachel im Fleisch: Taiwan (chinesische Nationalisten), Nord-Süd Korea;

Primäre Ressourcen: primär menschlich-intellektuelle Ressourcen, Märkte;

---

im 20. Jahrhundert werden auch die Themen von politischer und ökonomischer Macht häufig behandelt. Eine wissenschaftliche Forschung zu diesen Zusammenhängen hat insbesondere über die Entwicklung der Muslimbrüderschaft, v. a. in Ägypten, heute aber auch in anderen Ländern und Staaten (Türkei, Algerien, Jordanien), die zu einer zunehmend eigenständigen politischen Diskussion und Position geführt.

218 In der von seinen Widersachern sogenannten „chinesischen Diktatur" blüht und regt sich derzeit vermutlich das reichste Geistesleben unter all den Ländern auf der Erde. In China herrscht Aufbruchstimmung, auch auf der geistigen Ebene. Im weiteren und tieferen Zusammenhang der Studien von ZHAO Tingyang zu dem, was die Chinesen „Tianxia" nennen, finden derzeit zum Thema der „Zukunft der Weltordnung" (*global governance*) wohl die interessantesten und fruchtbarsten Diskussionen von Ideen und wissenschaftlichen Gedanken in offener und kreativer Atmosphäre statt.

Wichtigste Kriege, Bürgerkriege, bewaffnete Auseinandersetzungen: Japan vs. Russland, Japan vs. China, Bürgerkrieg China (Nationalisten vs. Kommunisten), Vietnam, Korea, Philippinen vs. China, Indien vs. China, Indonesien (Bürgerkrieg);

Wichtigste US-militärische Stützpunkte + Verbündete (inkl. NATO): Guam, Japan, Südkorea, Philippinen;

D Süd- und Südostasien[219]

Strategische Partner: Australien, Indien, Pakistan, Philippinen, Thailand, Singapur;

Begehrte Beute: Indischer Ozean, Strasse von Malakka, Süd-Pazifik;

Stachel im Fleisch: Pakistan, Myanmar, Vietnam;

Primäre Ressourcen: multiple natürliche und menschlich-intellektuelle Ressourcen;

Wichtigste Kriege, Bürgerkriege, bewaffnete Auseinandersetzungen:

219 Zu diesem „strategischen Reich" gibt es eine rege wissenschaftliche und politische Diskussion und entsprechend eine Vielzahl von sehr guten Studien und Büchern, v. a. aus Indien und Pakistan. Es gibt keine Themen, die nicht intensiv und in Diskursen von hoher Qualität behandelt würden. Diese Einflusssphäre bietet ein sehr gutes Beispiel für die Komplexität der geopolitischen Zusammenhänge und der daraus sich ergebenden Herausforderungen an die Menschen und ihre Staatengemeinschaften, um zu einem gedeihlichen und friedlichen Zusammenleben zu finden. Nirgendwo wird deutlicher als in diesem Teil der Welt, dass sich der Mensch über seinen jetzigen geistigen Zustand erheben muss, wenn er sein zukünftiges Leben auf dem Planeten Erde gut und gedeihlich gestalten will. Im Rahmen der bisherigen Mechanismen und unter Anwendung der bisherigen Regeln wird die Dynamik von Gewalt und Krieg nicht zurückgehen.

Vietnam, Korea, Philippinen vs. China, Indien vs. China, Indien vs. Pakistan, Indonesien (Bürgerkrieg);

Wichtigste US-militärische Stützpunkte + Verbündete (neu: AUKUS): Australien, Philippinen, Thailand;

E Zentralasien[220]

Strategische Partner: Kasachstan, Turkmenistan, Türkei (ottomanisches Reich);

Begehrte Beute: Baktrien (Afghanistan, Tadschikistan, Usbekistan), nach der Mackinder Theorie[221] das „Herzland" für die globale Dominanz;

Stachel im Fleisch: Armenien, Georgien, Aserbaidschan;

Primäre Ressourcen: multiple, v. a. natürliche Ressourcen, strategische Plattform;

Wichtigste Kriege, Bürgerkriege, bewaffnete Auseinandersetzungen: Afghanistan, Armenien vs. Aserbaidschan

---

220 Dieses „strategische Reich" zeichnet sich dadurch aus, dass es im geopolitischen Zentrum steht, umgeben von den grossen euro-asiatischen Staaten und Mächten, derzeit Indien, China, Russland, EU, Persien. Dies entspricht wohl auch seiner global-historischen Rolle (s. h. „Foundations of Eastern Civilization" von Craig G. Benjamin).

221 Halford Mackinder, ein britischer Geograph, hat 1904 den Artikel „The Geographical Pivot of History" veröffentlicht, in dem er das Verständnis von Raum und Macht in der internationalen Politik neu bestimmte. Seine „Heartland-Theorie" hatte erhebliche Auswirkungen auf die britische Geopolitik und spielt seitdem auch eine wichtige Rolle in Bezug auf Global Governance, also die Weltmachtstruktur. „The Geographical Pivot of History" ist ein Artikel, den Halford John Mackinder 1904 bei der Royal Geographical Society einreichte und der seine Kernlandtheorie weiterentwickelt. In diesem Artikel erweiterte Mackinder den Umfang der geopolitischen Analyse auf den gesamten Globus

(Berg Karabach), Georgien (Ossetien, Abchasien), Tadschikistan vs. Kirgistan;

Wichtigste US-militärische Stützpunkte + Verbündete (inkl. NATO): Türkei, Georgien, Pakistan, NATO Partner Länder in Zentralasien (Kasachstan, Kirgistan, Tadschikistan, Turkmenistan, Usbekistan);

F Amerika: Nord-Zentral-Süd[222]

Strategische Partner: Brasilien, Kanada, Chile;

Begehrte Beute: generelle USA Dominanz (Monroe-Doktrin & Nachfolger);

Stachel im Fleisch: Kuba, Kolumbien, Peru;

Primäre Ressourcen: multiple, v. a. natürliche Ressourcen, Märkte;

Wichtigste Kriege, Bürgerkriege, bewaffnete Auseinandersetzungen:

USA vs. Mexiko + eine Vielzahl von Kriegen zwischen den südamerikanischen Staaten, dazu eine Vielzahl von „Interventionen“ und „Umstürzen“, die von den USA zur „Wahrung der eigenen Sicherheit“ gefördert wurden und auch selbst unter der Regie des CIA durchgeführt worden sind.

Wichtigste US-militärische Stützpunkte + Verbündete (inkl. NATO): SOUTHCOM – Einrichtung der USA um die regional militärische Präsenz zu organisieren (aktuell etwa 76 militärische Stützpunkte auf dem lateinamerikanischen Sub-

222 Die Forschungen und Diskussionen sind in Nord- und Südamerika rege und intensiv sowie qualitativ oft hochwertig, an Universitäten und Instituten. Der Einfluss dieser Forschungen wird von den Eliten bestimmt.

Kontinent und der Karibik, eingeteilt in 3 Kategorien: base of operations; small military base; US-funded base.

G Schwarz-Afrika (Afrika südlich der Sahara)[223]

Strategische Partner: Südafrika, Botswana, Namibia, Elfenbeinküste, Kamerun, Kenia, Tschad;

Begehrte Beute: primär das Kongobecken, Erdöl in Angola, Gabun, Kongo, Nigeria;

Stachel im Fleisch: Apartheid, Erbe der Sklaverei;

Primäre Ressourcen: multiple, v. a. natürliche Ressourcen;

Wichtigste Kriege, Bürgerkriege, bewaffnete Auseinandersetzungen: Angola, Kongo, Ruanda, Äthiopien, Sudan, Südafrika/südl. Afrika (Anti-Apartheid), Tschad, Somalia;

Wichtigste US-militärische Stützpunkte + Verbündete (inkl. NATO): Diego Garcia, Kenia, Dschibuti (Frankreich + USA), Senegal (durch Frankreich), Niger (Drohnenstützpunkt bis 2024), USA Africa Command (mit Sitz in Stuttgart, Germany);

223 Die wichtigste Forschung zur Rolle Afrikas im globalen Zusammenhang der geopolitischen Diskussionen wird immer noch von Afro-Amerikanern und Afrikanern ausserhalb von Afrika erbracht. Dies hat im Wesentlichen mit der bescheidenen Ausstattung der afrikanischen Institute und Universitäten zu tun. Dennoch gibt es in Afrika eine rege und auch oft gut fundierte Diskussion in grossen Teilen der afrikanischen Eliten. Es fehlt also nicht am Verständnis der Zusammenhänge. Aber es mangelt an der Durchsetzungskraft der Ergebnisse von Forschungen zur Frage der zukünftigen Positionierung Afrikas im globalen politischen und wirtschaftlichen Zusammenspiel. Symptomatisch für die Situation ist das „Africa Institute" in den Arabischen Emiraten (VAE), das praktisch ohne Einfluss auf die Diskussionen in Afrika bleibt, und auch seinen Sitz nicht nach Afrika verlegen will.

Dritter Teil

Der überfällige Paradigmenwechsel

„...wie zeige ich der Fliege den Weg aus dem Fliegenglas?“

Wittgenstein, Philosophische Untersuchungen, §309

Einleitung

In der weiteren Öffentlichkeit wird seit Jahren schon von Neuem Denken gesprochen. Die Medien reden und schreiben davon, dass wir „Neue Köpfe" bräuchten. Selbst der „Neue Mensch" wird immer wieder gefordert. Andere sprechen vom neuen „Menschenbild.[224] Uns scheinen diese Wünsche und Forderungen grundsätzlich richtig und gut, weil wir in der sich rasch wandelnden Welt neue Kompetenzen benötigen und unser Verhalten den sich rasch wandelnden Gegebenheiten anpassen müssen. Aber wir wissen auch, dass man den Neuen Menschen, oder „richtiges" und „anderes" Denken nicht verordnen kann. Der physische Mensch erneuert sich ja ständig, aber ein neuer geistiger Mensch bildet sich entweder durch geistige Revolutionen, wie in der Renaissance, oder über Erfahrungen in langwierigen Lern- und Transformationsprozessen. Für die einzelnen Menschen sind dazu meist lebenslange Lernprozesse, geistige Erneuerungen oder persönliche Transformationen notwendig.

Wir wollen uns also fragen, wie der Mensch, wir als Menschheit, zu „neuem Denken" und zu entsprechend neuem Handeln finden können? - In der heutigen Fachliteratur zu diesem Thema wird oft von einem Unterschied, oder Gegensatz, zwischen linearem (konvergentem) und lateralen (divergentem) Denken ausgegangen[225]. Meist bleibt es aber bei philosophischen oder erkenntnistheoretischen Erwägungen. Die Frage nach den Bedingungen und Voraussetzungen,

---

224 Arthur Koestler und J. R. Smythies haben 1968 den Band zur „Revolutionierung der Wissenschaften vom Leben, Das neue Menschenbild" herausgegeben, als Ergebnis des damaligen Alpbach Symposium.

225 Der Psychologe J. P. Guilford führte 1956 die Begriffe „konvergentes Denken" und „divergentes Denken" ein.

wie von einem bestimmten Denken, einer Denkart, zu einem bestimmten Handeln zu kommen ist, wird dabei meist ausgeblendet. Die entscheidende Frage also bleibt meist unerwähnt, oder wird gar nicht behandelt in diesen Diskussionen: wie komme ich vom „richtigen" Denken zu „gutem" Handeln? In dem Zusammenhang unseres Themas, das von Geopolitik handelt, ist dies natürlich entscheidend. Denn es kommt hier die Machtfrage ins Spiel. Es ist die Machtfrage, die gestellt werden muss, um Änderungen und Neuerungen, auch „neue Regeln", wirklich umzusetzen. Und dann wird es wieder sehr spannend und wir sind wieder mitten in unserem Thema angekommen. Denn es geht bei der Machtfrage darum, wie ich mit meinen eigenen Interessen im Verhältnis zu den Interessen der anderen umgehe. Will ich die Interessen der anderen als gleichberechtigt ansehen? Oder geht es mir darum, die Regeln des Spiels so zu setzen, dass auf einseitige Weise meinen eigenen Interessen, wie in einem Nullsummenspiel, immer absolute Priorität oder sogar Ausschließlichkeit zukommt.

Wir wollen hier in dem nachfolgenden Kapitel jedoch keine Diskussion über Theorien und Philosophien führen, sondern wir werden Beispiele und Hinweise geben, an denen nach unserem Verständnis erkennbar wird, wie „Neues Denken" zu „anderem Handeln" und zu neuem Verhalten führen kann. Wir wollen hier vorsichtig sein und sprechen deshalb nicht vom „richtigen Handeln". Denn über absolute Dinge kann ein Mensch allein nicht urteilen, das hat schon Immanuel Kant in seinen Abhandlungen zum Kategorischen Imperativ und zur Praktischen Vernunft gezeigt. Wir wollen uns aber auch nicht vor intellektueller Redlichkeit scheuen und wollen also unserer sozialen und politischen Verantwortung gerecht werden. Deshalb werden wir unsere Meinung klar und offen vertreten, auch Beispiele nennen und Hinweise darauf geben, was wir für „besseres und sinnvolleres Handeln“ halten.

Wir gehen davon aus, dass eine Änderung des Denkens und Handelns der Menschen in unseren Gesellschaften in der Konsequenz zu einem gesellschaftlichen Paradigmenwechsel[226] führen würde. Dies halten wir in diesen Zeiten des raschen gesellschaftlichen Wandels und der kommunikativen Globalisierung für wünschenswert und wichtig.[227] Wie wir in den vorherigen Kapiteln aufgezeigt haben, wird die Geopolitik seit mehr als einhundert Jahren nach einem Muster gestaltet, das einseitig westlich, und tendenziell anglo-amerikanisch geprägt ist. Im Rahmen dieser Art von Geopolitik scheint die Welt diesen „ewigen Kriegen“ nicht mehr entkommen zu können. Deshalb ist ein Paradigmenwechsel zu vollziehen, der das Zusammenspiel der Nationen und Völker auf der Erde nach anderen, neuen Regeln zulässt. Neues Denken und Handeln

226 Der Begriff Paradigmenwechsel wurde 1962 von Thomas S. Kuhn geprägt und bezeichnet „den Wandel grundlegender Rahmenbedingungen“, wobei sich Kuhn in seinen Arbeiten in erster Linie auf den wissenschaftstheoretischen und wissenschaftshistorischen Zusammenhang bezieht, indem er die Prozesse vom Wandel grundlegender Rahmenbedingungen für einzelne wissenschaftliche Theorien nachzeichnet und analysiert. In seinem Buch zeigte er also auf, wie im wissenschaftlichen Bereich Paradigmenwechsel vor sich gehen, welchen Gesetzmässigkeiten ein solcher Paradigmenwechsel des Umdenkens und anderen Handelns folgt. Seit dieser Zeit hat der Begriff in vielen Bereichen Anwendung gefunden und kann inzwischen als populär gelten.

227 Von unabhängigen Beobachtern, wir wollen hier den Club of Rome, Buckminster Fuller und Gregory Bateson anführen, werden schon seit Jahrzehnten die drei wichtigsten Herausforderungen genannt, denen die Menschheit gegenübersteht: Kriege, Ressourcenverschwendung zusammen mit Klimawandel, rasches demographisches Wachstum.

sind wichtig für uns alle, um dieser negativen Handlungsspirale[228] von Gewalt und Kriegen zu entkommen.[229]

Aufforderung zu einem gesellschaftlichen Paradigmenwechsel

Wir nehmen uns also vor, mit den folgenden Kapiteln, zu einem Paradigmenwechsel in der Politik und zur Gestaltung unserer Gesellschaften aufzufordern[230]. Es geht uns dabei in erster Linie auch darum aufzuzeigen, wie Einstellungen, Haltungen und auch Ideologien die Neugestaltung gesellschaftlicher Prozesse be- und verhindern. Gleichzeitig wollen wir

---

228 Zu dem Thema des Handlungsspielraumes und der Handlungsspiralen weisen wir auch auf folgende Quelle hin: Interview mit Wolfgang Streeck vom Max-Planck-Institut für Gesellschaftsforschung über den Gestaltungsspielraum von Staaten. https://www.mpg.de/6360276/handlungsspielraum_des_staates.

229 In der Tradition der modernen Psychoanalyse zeigt z. B. Arno Gruen diesen Handlungsbedarf auf und weist Wege aus dieser „Psycho-Falle". Dem Leben entfremdet, 2019, Arno Grün. s. a, Christoph Bördlein, Einführung in die Verhaltensanalyse (behavioral Analysis). 1. Auflage, 2015.

230 Der Begriff Paradigmenwechsel wurde 1962 von Thomas S. Kuhn geprägt und bezeichnet „den Wandel grundlegender Rahmenbedingungen", wobei sich Kuhn in seinen Arbeiten in erster Linie auf den wissenschaftstheoretischen und wissenschaftshistorischen Zusammenhang bezieht, indem er die Prozesse vom Wandel grundlegender Rahmenbedingungen für einzelne wissenschaftliche Theorien nachzeichnet und analysiert. In seinem Buch zeigte er also auf, wie im wissenschaftlichen Bereich Paradigmenwechsel vor sich gehen, welchen Gesetzmässigkeiten ein solcher Paradigmenwechsel des Umdenkens und anderen Handelns folgt. Seit dieser Zeit hat der Begriff in vielen Bereichen Anwendung gefunden und kann inzwischen als populär gelten.

an Beispielen aufzeigen, wie Regeln im gesellschaftlichen Zusammenspiel und in der Politik verändert worden sind und zu neuen und besseren Ergebnissen geführt haben. Die mächtigen Eliten haben uns in mehreren Lebensbereichen in aktuell schwierige Situationen gebracht. Wir leben in einem Zeitalter der permanenten und allgemeinen Krisen[231], weil diese Eliten ihr Denken und Handeln für einzig richtig vorgeben. Sie können der ideologischen Falle, in der sie sitzen, nicht entkommen und wollen dennoch, dass wir ihren Regeln folgen. Dem stimmen wir nicht mehr zu, weshalb wir hier dazu auffordern wollen, die aktuell geltenden Regeln für die zukünftige Gestaltung unserer Gesellschaften und für das Zusammenleben auf unserer Erde offen in Frage zu stellen und neu zu bestimmen. An Beispielen wollen wir zeigen, dass andere Wege, andere Lösungen, andere Paradigmen des politischen Handelns und der Gestaltung gesellschaftlichen Zusammenlebens möglich sind.

Wir sind uns dessen bewusst, dass ein solcher Paradigmenwechsel des politischen Denkens und Handelns, wie wir ihn fordern, bei konsequenter Umsetzung, zu einem gesellschaftlichen Wandel, also zu einer gesellschaftlichen Transformation mit weitreichenden gesellschaftlichen Konsequenzen führen würde, der praktisch alle Bereiche des öffentlichen und privaten Lebens der Menschen betreffen würde.

Wir wissen natürlich auch, dass Wandel und Transformation immer mit neuen Herausforderungen und auch mit Risiken verbunden sind. Das ist auch der Grund, weshalb Menschen sich meist vor Wandel scheuen. Diese Angst vor Wandel ist uns

---

231 In einem Gastbeitrag für den Bundesverband „Energie, Wasser, Leben" schreibt Christian Schuldt, 2021, über das „Zeitalter der Krisen". In einem Beitrag in der FAZ vom 15.05.2022, fragt Philipp Krohn „Permanent Zeitenwenden und neue Krisen – wie ertragen wir das?"

angeboren.[232] Es ist deshalb nur natürlich, dass maßgebliche gesellschaftliche Kräfte und Personen sich vor einem gesellschaftlichen Paradigmenwechsel fürchten[233] und ihn so weit wie möglich verhindern. Aus Angst vor Veränderung und den möglichen Risiken werden Gelegenheiten zur gesellschaftlichen Transformation ausgeblendet und meist nicht gesehen, oder verdrängt und nicht ergriffen.[234] Wie bei allen größeren Änderungen, gibt es auch Menschen und Kräfte, die ein Interesse am Beibehalten des *status quo* haben, die sich also bewusst gegen Veränderungen wehren. Der Grund dafür, einen Paradigmenwechsel zurückzuweisen, liegt meist in einer natürlichen Angst vor Wandel, oder auch in der Befürchtung, eigene Interessen aufgeben zu müssen und bisherige Ansprüche zu verlieren. Das ist völlig normal und stellt unser Vorhaben und die Bedeutung unserer Beispiele nicht grundsätzlich in Frage. Denn wie wir wissen, müssen Befürchtungen und Ängste nicht verdrängt werden, um dann in der Form von Aggression zu Tage zu treten. Befürchtungen und Ängste können bewusst überwunden werden und die frei werdende Energie, die bisher zur Bekämpfung dieser Befürchtungen und Ängste

---

232 Konrad Lorenz hat in seinen Studien detailliert nachgewiesen, dass „Angst vor Wandel" zur Grundausstattung der menschlichen Psyche und es menschlichen Verhaltens gehört. Er war davon überzeugt, daß seit „Äonen immer in der Naturgeschichte diejenigen die besten Überlebenschancen hatten, die sich am meisten fürchteten". Zum Thema Angst s. a. Fritz Riemann: Grundformen der Angst. Eine tiefenpsychologische Studie. 10. überarbeitete und erweiterte Auflage (52.–63. Tausend), München, Basel 1975.

233 Auch im Deutschen wird häufig der Anglizismus „Paradigmenshift" verwendet. Wir verwenden hier Paradigmenwechsel und Paradigmenwandel synonym.

234 In Deutschland hat Karl Steinbuch schon vor Jahrzehnten dazu gute und anregende Bücher publiziert. Zum Einstieg sei genannt „Falsch programmiert – Über das Versagen unserer Gesellschaft in der Gegenwart und vor der Zukunft, 1968.

aufgewendet werden musste, kann dann sinnvoll für Wandel und Kreativität eingesetzt werden.[235] Wenn wir diese Überlegung im politischen Bereich anwenden, dann würden wir sagen: die Energie und Kosten, die wir immer wieder für Auseinandersetzungen und Kriege aufwenden, könnten viel besser und sinnvoller für die Verbesserung der Lebensbedingungen der Menschen eingesetzt werden. Von daher stammt also unser Vorschlag zu konstruktivem Paradigmenwechsel, der riesige Vorteile für alle bringen würde, ausgenommen für diejenigen, die ihr Glück und Heil allein in egoistischem Gewinnstreben und im Streben nach hegemonialer Macht sehen können. Diese negativen Tendenzen unserer Zeit müssen wir überwinden und hinter uns lassen.

Unter Paradigmenwechsel verstehen wir hier also den Wechsel zu einem grundsätzlich neuen Denkmuster, das zur Änderung gewohnter Reflexe und Handlungsweisen und zum Einschlagen eines neuen Weges auf der Grundlage von neuen Regeln, bezogen auf gesellschaftliche Prozesse und politisches Handeln, führen wird. Oft wird ein Paradigmenwechsel mit einem Quantensprung verglichen.[236] Das verweist auf die Größe der tatsächlichen Herausforderung. Ein Paradigmenwechsel ist nicht einfach, aber wir werden zeigen, dass er grundsätzlich machbar ist.

Wir sollten hier noch erwähnen, dass nicht jeder Paradigmenwechsel „automatisch", also von sich aus auch sinnvoll und gut sein muss. Ein negatives Paradigma war sicherlich das global weitverbreitete Rauchen von Zigaretten, das seit

---

235 s. h. Heinz W. Krohne: Psychologie der Angst. Kohlhammer, Stuttgart 2010.

236 Der Physiker Prof. Dr. Markolf Niemz spricht von der Sinnhaftigkeit und gesellschaftlichen Notwendigkeit eines „spirituellen Quantensprungs". https://spirit-online.de/ein-spiritueller-quantensprung.html.

dem 19. und insbesondere im 20. Jahrhundert zu einem Teil der gesellschaftlichen Kultur wurde. Dieses Paradigma setzte sich, verbreitet durch intensive Werbung[237], insbesondere nach dem Ersten Weltkrieg durch. Damit verdiente die amerikanische Tabakindustrie riesige Summen. Gleichzeitig aber erlitten viele Menschen beträchtliche gesundheitliche Schäden. Es ist mit dem Paradigmenwechsel also wie mit der Kybernetik: Ohne die richtigen Regeln läuft vieles, oder alles schief. Wie Gregory Bateson sagt: Die Regeln müssen sich ändern. Und wir möchten noch hinzufügen: Regeln müssen geändert werden in freien und offenen Debatten, in einem Wettbewerb um bessere Ideen, wo nicht Macht und Profit die entscheidenden Faktoren sind.

Jeder Paradigmenwechsel beginnt mit ersten Schritten, die oft von einzelnen Persönlichkeiten unternommen werden[238], die angesichts einer Herausforderung die Sinnhaftigkeit für alternatives Vorgehen erkennen[239] und die dann auch den Mut

237 Heute ist der „Marlboro Mann" nahezu gänzlich in der Öffentlichkeit verschwunden.

238 Das jahrelange Ringen der europäischen Physiker über das Verständnis und die Interpretation der Quantenmechanik und Quantentheorie, über den Quantensprung in der Physik, wird sehr einsichtig von Thomas Hürter in seinem Buch „Das Zeitalter der Unschärfe", 2021, geschildert. Ein Paradigmenwandel ist also keine Selbstverständlichkeit. In dem genannten Buch von Thomas Kuhn können die Voraussetzungen für das Gelingen solcher Prozesse nachvollzogen werden.
Im politischen Bereich wollen wir es wagen, hier Mahatma Gandhi zu nennen, der durch seinen Mut, durch sein persönliches Vorbild, aber auch durch seine Beharrlichkeit das Britische Empire schliesslich dazu gezwungen hat, die Besetzung Indiens zu beenden. Der „nackte Fakir", wie Churchill ihn genannt hat, hatte es geschafft, das indische Volk zu ermutigen, um die britische Herrschaft abzuschütteln.

239 Für einen Einstieg in die Frage nach gesellschaftlichem und politischen Paradigmenwechsel empfehlen wir das Gespräch, er-

aufbringen, bewusste Entscheidungen zu treffen, um durch ihr Vorbild und Charisma die gewonnene Erkenntnis konsequent in neue Handlungsmuster umzusetzen. Ein solcher entscheidender erster Schritt ist in der Politik in Deutschland und Europa, in globaler Perspektive aber insbesondere für die USA schon seit Jahrzehnten überfällig[240].

---

schienen in dem Heft 16, Sozialimpulse 4/10, mit Roland Benedikter, Stanford Universität. Die Fragen stellte Thomas Stöckli MA, Direktor des Instituts für praxisorientierte Forschung Solothurn, Schweiz.

240 Man wird uns entgegnen, dass die europäische Einigung einen Paradigmenwechsel in der deutschen Politik bedeutet. Mit dieser Behauptung sind wir einverstanden, soweit wir sie für die Politik der europäischen Integration mit ihren sogenannten vier „Freiheiten" gelten lassen, die freien Personen-, Waren-, Dienstleistungs- und Kapitalverkehr betreffen.

Wie in den vorigen Kapiteln dieses Buches zeigen konnten, ist aber der Paradigmenwechsel, den wir für das grundsätzlich „bessere Funktionieren" unserer Gesellschaften fordern, von der EU bis heute nicht gesehen und nicht umgesetzt worden. Freiheit und Souveränität sind unabdingbare Voraussetzungen für die Formulierung von sinnvollen Regeln zur Gestaltung unserer Gesellschaften. Die EU ist jedoch im Gegensatz dazu, durch Unterordnung unter die Interessen der USA und der NATO, in Kriege und bisher nicht gekannte Dimensionen von politischen und wirtschaftlichen Abhängigkeiten geraten.

Dritter Teil - Kapitel 1

Das Ende der linearen Lösungsansätze in der Politik

Probleme kann man niemals mit derselben Denkweise lösen, durch die sie entstanden sind.

Albert Einstein

Vorwort : Krise, oder die Chance zu neuem Glück

In der Öffentlichkeit vieler Länder wird seit vielen Jahrzehnten die große Angst vor dem „demographischen Wandel“ verbreitet. Dieses Thema wurde selbst vom WEF (World Economic Forum) in seiner berüchtigten Studie zum „Re-Set“ der Weltordnung als „besonders dringend“ hervorgehoben[241]. Dem Global Risk Report 2024 des WEF entnehmen wir dazu folgende Warnung: „Genauso wie natürliche Ökosysteme an ihre Grenzen gebracht werden und zu etwas grundlegend Neuem werden, so können solche systemischen Verschiebungen auch in anderen Bereichen stattfinden: geostrategisch, demografisch und technologisch.“ ”[242].Die aufgeführten Risi-

241 Dort heisst es dazu: „Mächtige wirtschaftliche, demografische und technologische Kräfte schaffen ein neues Kräfteverhältnis“.

242 Im Englischen Original heisst es: Just as natural ecosystems can be pushed to the limit and become something fundamentally new;

ken werden dann als strukturelle Kräfte (*structural forces*) bezeichnet. Dieser Bericht geht also davon aus, dass von diesen strukturellen Kräften globale Risiken für die „globalen Bedingungen“ (*structural conditions*) ausgehen. Richtig klug wird man beim Lesen dieser Statements nicht. Entscheidend aber ist für uns hier, dass aus der Sicht des WEF „demographische Faktoren“ wohl grosse Risiken bergen.

Unser Thema ist also aktuell und ein gut bekanntes Thema in weiten Kreisen der globalen Eliten. Wegen seiner schwierigen ideologischen und emotionalen Konnotationen, wird das Thema in der Öffentlichkeit jedoch inhaltlich meist nur wenig, und meist sehr einseitig behandelt.[243] Der demographische Wandel wird als negatives, bedrohliches Faktum für unsere Gesellschaften hingestellt. Wenn das Thema überhaupt behandelt oder besprochen wird, dann üblicherweise mit eindeutig negativer Konnotation. Die demographische Entwicklung scheint die Welt vor grosse Herausforderungen zu stellen. Demographie wird immer in einen direkten Bezug mit „Überalterung“ gebracht, mit geringer Geburtenquote, mit dem Aussterben von Gesellschaften und mit allgemein drohenden „Untergang“. Im Gegensatz dazu werden wir in diesem Kapitel aufzeigen, dass der „demographische Wandel“ für uns alle ein grosser Segen sein kann. Dies setzt jedoch voraus, dass wir dieser Herausforderung mit einer positiven Haltung und mit dem Aufruf zu

---

such systemic shifts are also taking place across other spheres: geostrategic, demographic and technological.

243 Es ist bemerkenswert, dass das Thema der Demographie mit einer negativen Konnotation während der sogenannten Corona-Pandemie aufgetaucht ist. Es gab „Experten“, welche die Meinung vertraten, dass solche Pandemien letztlich zur „natürlichen“ Regelung des Bevölkerungswachstums führen würden. Beim Auftauchen des Aids-Virus waren ähnliche Diskussionen in Gang gekommen. Diesen Diskussionen, oft rassistisch motiviert, schliessen wir uns nicht an.

einem sinnvollen Paradigmenwechsel[244] begegnen, der unser gesellschaftliches und politisches Denken und Handeln betrifft.

Eines scheint uns offensichtlich zu sein. Wenn wir den demographischen Wandel[245] in einen Segen verwandeln wollen, dann dürfen wir vor dieser Herausforderung nicht wie bisher üblich in eine Politik des ungebremsten Bevölkerungswachstums flüchten und der Forderung nach immer mehr Arbeitskräften nachgeben. Wie wir noch aufzeigen werden, hat diese Art von Industrie- und Gesellschaftspolitik, die für die Industriestaaten im vergangenen Jahrhundert prägend war, in der Konsequenz zu grossen Fehlleistungen und gesellschaftlichen Problemen geführt, für uns in Deutschland und Europa, aber auch für die meisten anderen Länder auf der Erde.

Wir werden zeigen, dass es viel besser wäre, dieser Herausforderung des „demographischen Wandels“ mit Mut und Intelligenz zu begegnen, um einen grundlegenden Paradigmenwechsel einzuleiten[246]. Wie es so schön heisst: jede Krise bietet die Chance zu neuem Glück.

---

244 Wie schon erwähnt, ist nicht jeder Paradigmenwechsel „automatisch“ sinnvoll und gut. Es ist mit dem Paradigmenwechsel wie mit der Kybernetik: es geht darum, die Regeln zu ändern, sie so zu setzen, dass daraus Vorteile für die grosse Mehrheit entstehen.

245 Im WEF Risiko Bericht wird von „demographischer Bifurkation“ gesprochen. Eine Definition für diesen Begriff wird beigefügt. Was der Begriff aber wirklich bedeutet für die demographische Entwicklung, das wird nicht deutlich. Es scheint sich um eine Art von „orwellscher“ Sprachbildung, also um „Neu-Sprech“ zu handeln, um so zu tun, als besitze man grosse Fachwissen.

246 Es ist beispielsweise bekannt, dass das Geburtenwachstum in dem Moment abnimmt, wenn die Gesellschaften höheren Wohlstand, eine bessere Bildung und größere Selbstbestimmung der Frauen zulassen. – Solange aber die intellektuellen und materiellen Ressourcen der Menschheit prioritär zur Produktion von Waffen und zum Führen von Kriegen verwendet werden, werden diese Ziele nicht erreichbar sein

Der nachfolgende Vorschlag ist nicht revolutionär, er fordert also weder zum Aufstand, noch zum Streik auf. Vielmehr sollen in ihm Fragen aufgeworfen werden, die in ihrer Beantwortung zu einem Prozess der gesellschaftlichen Transformation[247] führen würden, als Beitrag für die Gestaltung einer besseren Zukunft für uns alle. In diesem Sinne zeigen wir mehr Mut als der WEF, der in seinem Risikobericht allgemeine Statements abgibt[248], ohne praktikable Hinweise auf kreative Lösungen für globale Herausforderungen zu bieten.

Wir haben dieses Thema des „demographischen Wandels" insbesondere deshalb gewählt, weil ein Paradigmenwechsel in diesem Bereich die größte Hebelwirkung[249] für eine nachhaltige Verbesserung der gesellschaftlichen Verhältnisse und für die Lebensqualität für alle Menschen hätte, in Deutschland und Europa, aber auch für die Menschen in anderen Ländern auf unserer Erde.

Mit unserer Aufforderung zum Paradigmenwechsel werden wir uns häufig auf Deutschland und Europa als dem Referenzrahmen beziehen, weil dort unsere Heimat und Herkunft ist.

---

247 Zur Begriffsklärung wollen wir hier kurz bemerken, dass wir unter „Paradigmenwechsel" einen grundsätzlichen Wandel in einem bestimmten Bereich des gesellschaftlichen Lebens verstehen, wobei im Zusammenhang mit einem solchen Wandel neue Denkformen, eine neue Sicht auf die Dinge und die Welt entstehen.
Die Transformation ist ein eher allgemein gehaltener Begriff einer Wandlung, der je nach Bereich, von der Mathematik bis zur Chemie, spezifisch formuliert wird.

248 Der Bericht des WEF verweist allein auf Probleme auf dem „Arbeitsmarkt". Das ist natürlich banal und greift nach unserem Verständnis, angesichts der globalen Herausforderungen nicht weit genug. Wir nennen dies das Denken von „Erbsenzählern" (bean counters, auf Englisch).

249 Im amerikanischen Business Jargon nennt man das „the highest leverage". Heute würde man sagen, wie kann ich meine Mittel am besten einsetzen, oder „wie erreiche ich mehr, mit weniger".

Wir sollten uns jedoch klar darüber sein, dass das, was wir über Deutschland und Europa sagen, für viele andere Länder, auf die eine oder andere Weise, ebenso gilt. Es geht ja bei unserer Aufforderung zum Paradigmenwechsel nicht um „empirische", also jeweils besondere Einzelheiten und Gegebenheiten. Diese dienen uns zur Illustration. Es geht um Paradigmenwechsel, also um die Änderung und Formulierung von neuen Regeln, welche gesellschaftliche Prozesse auf eine Weise ermöglichen und leiten, damit das Wohl aller, und nicht nur das von selbsternannten Eliten, ermöglicht wird. Es gilt auch festzuhalten, dass unsere Aussagen nach unserem Verständnis nur Sinn machen, wenn sie sich auf andere Länder grundsätzlich übertragen lassen. Diesem Anspruch wollen wir uns selbst unterstellen und uns daran auch messen lassen.

Im Sinne unserer Argumentation wollen wir an die Forderung nach einer Politik für mehr Lebensqualität anknüpfen, die 1972 vom damaligen Bundeskanzler Willy Brandt[250] für Deutschland vorgeschlagen wurde. Damit verwies er auf einen notwendigen Paradigmenwechsel, um alte, überholte Vorstellungen von Politik abzulösen, die sich allein am Wachstum des Bruttosozialproduktes (BIP) ausrichten. Brandt erhob den Anspruch, Gesellschaftspolitik auf neue, nachhaltige und menschengemässe Beine zu stellen. Damit verweisen wir auch auf eine seitdem in Gang gesetzte internationale Diskussion darüber, wie Lebensqualität zu bestimmen sei.[251] Es war ein ehrliches Anliegen von Brandt, in Deutschland eine neue politische Kultur zu schaffen und auch Brücken durch Vertrauen und internationale Zusammenarbeit zwischen den Kulturen aufzubauen.

---

250 Entwickelt zusammen mit Olaf Palme und anderen Mitgliedern europäischer Regierungen und Parteien.

251 Ein Überblick zu dieser Diskussion findet sich hier: https://de.wikipedia.org/wiki/Lebensqualit%C3%A4t

Wir alle wissen, dass Deutschland, zusammen mit den Niederlanden, eines der Länder mit der grössten Bevölkerungsdichte auf der Welt ist. Deshalb ist es aus unserer Sicht ein Irrweg, das Bevölkerungswachstum in Deutschland noch weiter zu fördern, um gleichzeitig andere Länder warnend darauf hinzuweisen, dass sie ihr hohes Bevölkerungswachstum reduzieren sollten. Wir meinen, es wäre besser, die gegebene Situation zum Anlass für ein allgemeines Umdenken und für einen Paradigmenwechsel zu nehmen, um zu sehen, wie wir alle mit einer geringeren Bevölkerungsdichte gut leben können. Das ist, so sehen wir es, die tatsächliche Herausforderung und auch der Weg der Zukunft auf unserem Planeten.

So wie das Zeitalter der Industrialisierung für die meisten Länder der Erde beendet ist, und wir den Weg der Wissensgesellschaften gehen, so werden wir auch das exponentielle Bevölkerungswachstum als eine vorübergehende historische Entwicklung betrachten müssen.

Der Trugschluss, auf den wir mit Benthams „Prinzip des größten Glücks" hereingefallen sind, besteht darin anzunehmen, dass das Glück für die Menschheit mit der Anzahl der Menschen zunehmen würde. Das ist die sozial-kapitalistische Lesart dieses Prinzips, das meist von den sogenannten „Progressiven" vertreten wird. Intuitiv erfasst, war Benthams Prinzip „das größte Glück der größten Zahl" noch bis zur Zeit der ersten Fließbänder in der Ford Autoproduktion gültig. Jedoch, im Jahr 1913 entwickelte Henry Ford das erste flexible Fließband und revolutionierte mit seinem T-Model den industriellen Produktionsprozess. Dieses Fliessband stand in Michigan, USA, und legte den Grundstein für die industrielle Serienproduktion auf der ganzen Welt. Spätestens ab diesem Zeitpunkt war klar geworden, dass das alte Prinzip nicht mehr galt, wonach für eine höhere Industrieproduktion der Einsatz von mehr Menschen benötigt wird. Allen hätte klar werden können, dass intellektueller, wissenschaftlich-technischer Fortschritt zur Schaffung von besseren und effizienteren Fließbändern ausschlaggebend für grössere industrielle Produktion war. Von dieser Zeit an hat sich dieser Glaube an die Notwendigkeit von demographischem Wachstum in seinen Auswirkungen mehr und mehr ins Negative verkehrt. Denn mit der Fliessbandproduktion in zunehmend mehr Industriebereichen wuchs auch der Energie- und Ressourcenverbrauch exponentiell an. Diesen Zeitpunkt, einen historischen *Bifurkations*- oder *Kipp-Punkt*, haben die „modernen Staaten" verschlafen. Es fehlte der Klarblick und die Weitsicht, aber wohl auch der Mut zum Paradigmenwechsel.

Mit seiner genialen Intuition und Ausbildung als Ingenieur ist R. Buckminster Fuller in diesem Verständnis des notwendigen Paradigmenwechsels in der industriellen Produktion noch weitergegangen. Er hat dafür schon 1938 den Begriff der Ephemerialisierung (engl. *ephemerialization*) geprägt.[252] Er bezeichnet damit das Potential, durch technologischen Fortschritt, „mit immer weniger immer mehr zu erreichen, bis man schließlich alles mit nichts tun kann", d.h. eine beschleunigte Steigerung der Effizienz, um den gleichen oder mehr Output (Produkte, Dienstleistungen, Informationen usw.) zu erzielen und dabei gleichzeitig weniger Input (Aufwand, Zeit, Material, Ressourcen usw.) aufzuwenden.

Die Anwendung von Materialien und Technologien in modernen Mobiltelefonen im Vergleich zu älteren Computern und Telefonen ist ein Beispiel für das Konzept der *Ephemerialisierung*. Dies bezeichnet einen Prozess, der zur Steigerung

252 Buckminster Fuller in „Nine Chains to the Moon", 1938. Er verfeinert dieses Konzept weiter in seinem Critical Path und verwendet es auch in seinem „Spaceship Earth".

von Effizienz durch technologischen Fortschritt führt. *Ephemerialisierung* bedeutet, dass bei Einsatz und Verwendung von immer weniger Ressourcen und Materialien eine stetig zunehmende Effizienz erreicht und größerer Nutzen erzielt werden. Für den Kunden bedeutet dies mehr Funktionalität bei geringeren Kosten. Im notwendigen Produktionsprozess wird der Ressourcen- und Energieverbrauch geringer. „Bucky" Fullers Vision war, dass vernünftiger Einsatz von technologischem Fortschritt zu einem ständig steigenden Lebensstandard für immer mehr Menschen führen würde[253]. Damit argumentiertet er grundsätzlich gegen die Theorie von Malthus, wonach die stetig wachsen wollende Menschheit nur begrenzte Ressourcen zur Verfügung habe. Im gesellschaftlichen Bereich hat die Weiterentwicklung dieser grundlegenden Gedanken von Buckminster Fuller zur Forderung nach neuen Gesellschaftsformen geführt, die sich nach dem Prinzip der „selbstorganisierenden Systeme" entfalten.[254]

Spätestens hier kann man erkennen, weshalb wir das „Ende der linearen Lösungsansätze" fordern. An diesem Beispiel wird deutlich, dass Fortschritt in der Industrie in erster Linie durch denkerische Revolutionen und konsequente, mutige und intelligente Umsetzung entsteht. Dahingegen sucht die Politik die Fortsetzung bekannter Lösungsansätze nach

---

253 Wir sollten hier festhalten, dass R. Buckminster Fuller das starke demographische Wachstum als ein grundsätzliches Problem für die Menschheit ansah, das aber durch Aufklärung, Erziehung und allgemein besseren Lebensstandard sich, im Sinne einer kybernetischen Selbststeuerung, einpendeln würde.

254 S. h. Francis Heylighen, Accelerating Evolution, 2007, in Modelski, Tessaleno und Thompson William (eds.) "Globalization as evolutionary process: Modelling global change", Rethinking Globalizations, London 2007. Weitere Gedanken in dieser Richtung sind insbesondere von Alvin Tofler entwickelt worden, z. B. in „Revolutionary Wealth", 2006.

einem überholten Verständnis von Fortschritt und Wachstum. Auf Deutsch sagt man zu diesem Verhalten unserer Machteliten: *sie wurschteln halt weiter, wie bisher*. Es wird lediglich nach funktionalistischen Lösungsansätzen gesucht, in denen immer „ein wenig mehr vom Selben" (engl. *doing more of the same*) angestrebt wird. Wenn wir zu notwendigen, weiterführenden Lösungen für unsere gesellschaftlichen Herausforderungen kommen wollen, dann müssen im gesellschaftlichen wie im politischen Leben und Wirken, im Sinne der Kybernetik, dringend die Regeln geändert werden, nach denen die „Spiele" gespielt werden. Nur durch neue Regeln können gesellschaftliche Systeme auf neue Weise funktionieren, um den Herausforderungen der modernen Welt, mit ihrem raschen technologischen, aber auch sozialen und politischen Wandel, wirkungsvoll und konstruktiv begegnen zu können.

Spätestens nach dem Ersten Weltkrieg, mit den Massentötungen an Menschen, hätte die Menschheit auf ein neues Paradigma im Bereich der Demographie einschwenken müssen. Wir haben als Zeugen für das „Verschlafen" dieser Herausforderung und Gelegenheit nach dem *Schwellenjahr 1919* bisher John Maynard Keynes, Arnold J. Toynbee und Rudolf Steiner genannt. Unsere Machteliten aber haben die Lehren aus der Geschichte nicht gezogen. Diese Verweigerung, aus der Geschichte zu lernen, ist zu einem großen Teil den USA zuzuschreiben, die ihre hegemonialen Interessen fest entschlossen durchgesetzt haben. So geht also unsere globale Geschichte seitdem nach dem altbekannten Muster weiter. Auch wenn die Kriege heute mittels unbemannter Drohnen und mit Überschallraketen geführt werden, die aus grosser Distanz gesteuert und über Computer abgefeuert werden. Die technokratischen Antworten, die uns immer wieder vorrechnen, dass die Erde auch 15, 20, oder mehr Milliarden Menschen „ertragen“ kann und dass technisch „alles machbar“ sei, greifen hier zu kurz. Es geht ja nicht darum, was wir können, sondern es geht darum, was wir als Menschheit wollen.

Die grosse Frage, der wir uns stellen sollten, lautet also: wie wollen wir leben? An dieser Frage müssen wir die Regeln ausrichten, um unsere neuen gesellschaftlichen Systeme zu schaffen und zu formen.

Sinnvolle, weitreichende und nachhaltige Antworten auf diese Frage können wir nur erhalten, wenn wir unsere Denkmuster ändern, um neue Regeln aufzustellen, die unser zukünftiges gesellschaftliches und politisches Handeln leiten werden.

Der demographische Wandel: die grosse Chance für einen Paradigmenwechsel

Wir wollen an dieser Stelle mit unserem Aufruf zu einem Paradigmenwechsel in der deutschen und europäischen[255] Politik hinsichtlich der Bevölkerungspolitik auffordern[256]. Konsequent

255 Vermutlich ist dieses Thema für alle hochentwickelten Gesellschaften relevant. Es bietet auch einen Ansatz für Länder wie China, Indien und Brasilien, in denen die Herausforderungen durch das Bevölkerungswachstum durchaus bekannt sind und zur politischen Agenda gehören.

256 Der Begriff Paradigmenwechsel wurde 1962 von Thomas S. Kuhn geprägt und bezeichnet „den Wandel grundlegender Rahmenbedingungen“, wobei sich Kuhn in seinen Arbeiten in erster Linie auf den wissenschaftstheoretischen und wissenschaftshistorischen Zusammenhang bezieht, indem er die Prozess vom Wandel grundlegender Rahmenbedingungen für einzelne wissenschaftliche Theorien nachzeichnet und analysiert. In seinem Buch zeigte er also auf, wie im wissenschaftlichen Bereich Paradigmenwechsel vor sich gehen, welchen Gesetzmässigkeiten ein solcher Paradigmenwechsel des Umdenkens und anderen Handelns folgt. Seit dieser Zeit hat der Be-

umgesetzt hätte ein solcher Paradigmenwechsel sicher weitreichende gesellschaftliche Konsequenzen, die praktisch alle Bereiche des öffentlichen und privaten Lebens der Menschen in Deutschland und Europa betreffen würden. Dies hängt mit der großen Hebelwirkung zusammen, welche die Demographie auf das öffentliche und private Leben ausübt.[257]

Es ist nur natürlich, dass massgebliche Kräfte und Personen das enorme Potential des demographischen Wandels nicht gesehen haben und die gebotene Gelegenheit zur gesellschaftlichen Transformation seit mehr als einhundert Jahren nicht ergreifen wollten. Wie bei allen größeren Änderungen, gibt es Menschen und Kräfte, die ein Interesse am Beibehalten des *status quo* haben, die sich also gegen Veränderungen wehren. Das ist völlig normal und stellt unseren Vorschlag und Aufruf grundsätzlich nicht in Frage [258], den wir auf den kommenden Seiten näher erläutern und ausführen werden.

---

griff in vielen Berechne Anwendung gefunden und kann inzwischen als populär gelten.

257 Demographie, also die Zusammensetzung und Dynamik der Bevölkerungsentwicklung hat Auswirkungen auf praktisch alle Lebensbereich der modernen Gesellschaften. Dies kann den folgenden Büchern entnommen werden, in denen die unterschiedlichen Aspekte gut beleuchtet werden: Die Macht der Demographie: und wie sie die moderne Welt erklärt, Paul Morland, 2019. Dann auch: Der Bevölkerungsdiskurs. Demographisches Wissen und politische Macht, 2000, Diana Hummel. Des Weiteren: Umwelt, Bevölkerungsdruck und Wirtschaftswachstum in Entwicklungsländern, Burkhard Heer, Oktober 2013. Eine englischsprachige Quelle: Empty Planet: The Shock of Global Population Decline, Darrell Bricker and John Ibbitson, 2019.

258 Man wird uns entgegnen, dass die europäische Einigung einen Paradigmenwechsel in der deutschen Politik bedeutet. Mit dieser Behauptung sind wir einverstanden, soweit wir sie für die Politik der europäischen Integration mit ihren sogenannten vier „Freiheiten" gelten lassen, die freien Personen-, Waren-, Dienstleistungs- und Kapitalverkehr betreffen.

Wie wir zeigen werden, ist aber der Paradigmenwechsel, den wir

Wir machen uns also zur Aufgabe, die Sinnhaftigkeit und Machbarkeit eines Paradigmenwechsels am Beispiel des sogenannten „demographischen Wandels“ aufzuzeigen[259], mit dem das Problem der „Überalterung“ unserer hochentwickelten Gesellschaften gemeint ist. Diese Herausforderung des demographischen Wandels wird inzwischen auch in China wahrgenommen, um ihm leider mit demselben stereotypen „malthusianischen“ Denken zu begegnen, wie in den westlichen Gesellschaften.[260]

Diese sogenannte „Überalterung“ entsteht dadurch, dass die Bevölkerung in Deutschland und anderen Länder insgesamt abnimmt, dass also die Geburtenrate, oder „natürliche Fertilität“ niedriger ist, als die Sterberate. Die Geburtenrate reicht

---

für das grundsätzliche Funktionieren unserer Gesellschaften fordern, von der EU bis heute nicht gesehen und folglich auch nicht umgesetzt worden.

259 Dieses Beispiel kann grundsätzlich natürlich auch auf die anderen Staaten der EU und Europas, sowie auf die anderen hochentwickelten Gesellschaften und Staaten angewendet werden.
Die grundsätzliche Sinnhaftigkeit unsere Forderung nach einem Paradigmenwechsel wird dadurch unterstrichen, dass damit auch die Volksrepublik China schon ganz massiv und direkt von dieser Herausforderung des „demographischen Wandel“ betroffen ist. für Japan ist das schon seit Jahrzehnten ein wichtiges politisches Thema.

260 Wang Mingyuan, “Why Have Repeated Efforts to Revitalize the Northeast Failed? – Rethinking the Twentieth Anniversary of the Strategy of Revitalizing the Old Industrial base”. Quelle https://www.readingthechinadream.com/wang-mingyuan-on-chinas-northeast.html.
Die Zusammenfassung der zitieren Studie warnt dann vor „abnehmender Geburtenrate“ (declining birth rates in China): „Wang, a law professor at Tsinghua, seeks to explain the Northeast region’s persist economic underperformance during reform and opening, and interestingly warns that all of China may be headed in the same direction, given declining birth rates in China and trends toward economic sovereignty throughout the world.”

nicht mehr aus, um die Bevölkerung weiter wachsen zu lassen. Das wird allgemein als ein Problem gesehen, oder mindestens in der Öffentlichkeit als Problem dargestellt. Es sollte für uns jedoch Anlass zu Nachdenken geben, wenn wir von der Sinnhaftigkeit oder gar Notwendigkeit des Bevölkerungswachstums ausgehen. Woher kommt dieser weitverbreitete „Glaube"? Wir wissen natürlich aus dem Alten Testament, dass Gott uns Menschen bei der Vertreibung aus dem Paradies den Auftrag erteilt hat „zu wachsen und uns zu mehren". Wir wissen aber auch, dass vieles aus dem Alten Testament metaphorisch[261] gemeint ist, und nicht direkt handlungsleitend für moderne Gesellschaften sein muss. Von den Medien und den Politikern wird uns erklärt, dass aus dieser Überalterung das grosse Problem entstehe, dass bei einer abnehmenden Bevölkerung, immer mehr Kosten für eine immer ältere, unproduktive Bevölkerung entstehen, die einen immer grösseren Teil der Gesamtbevölkerung einnimmt. Diese wachsenden Kosten müssen von einem immer kleiner werden aktiven und jungen Teil der Bevölkerung getragen werden. Es geht also konkret um ein volkswirtschaftliches Problem der Kostendeckung für die alternde Bevölkerung.

Die Politik und die öffentlichen Medien erzählen uns dazu seit Jahrzehnten die Geschichte, dass dieses Problem nur dadurch gelöst werden könne, indem wir immer mehr Menschen durch Immigration aufnehmen, um die Bevölkerung wachsen zu lassen.[262] Das ist natürlich eine sehr egoistische

261 S. h. die umfangreichen Arbeiten von Joseph Campbell zum Verständnis und zur Interpretation von Mythen. Die Webseite der Joseph Campbell Foundation: https://www.jcf.org/

262 Wir sind uns bewusst, dass auch die Vereinten Nationen mit ihrer Internationalen Organisation für Migration (https://www.iom.int/global-compact-migration) eine wirksame Rolle bei der Steuerung, sondern auch bei der Förderung der globalen Migration spielen. Auch dies sind häufig aktivistische Organisationen, die gerne Probleme aufwerfen, für die sie nicht verantwortlich sein wollen und für

Denkweise, weil es zeigt, dass bestimmte Menschen und auch Institutionen andere Menschen für die Lösung ihrer eigenen Probleme einspannen wollen. [263]Ausserdem ist dieser Weg sehr kurzsichtig und macht langfristig keinen Sinn. Dieses negative Verhalten, die Aufforderung zur Immigration, wird insbesondere von solchen Unternehmen gefordert, die eine geringe Produktivkraft aufweisen. Sie wollen dieser geringen Produktivität mit billigen Arbeitskräften entgegenwirken. Die Wirtschaftsverbände reden deshalb allenthalben und unaufhörlich von einem Fachkräftemangel, um für ihre Interessen nach billigen Arbeitskräften zu werben. Diese Politik der Immigration hat durch die Abwanderung von ausgebildeten, jungen Arbeitskräften zudem sehr negative Folgen für viele Herkunftsländer[264], beispielsweise für Kroatien, Bulgarien, Ungarn, Rumänien. Es wird dabei völlig ausgeblendet, dass sich in diesen Ländern die Dörfer leeren, Häuser stehen zum Verkauf und junge Familien werden getrennt, weil ein Teil der Familie im europäischen Ausland arbeitet.

Diese Haltungen und Behauptungen von Politik und Wirtschaft zur Notwendigkeit von Immigration stellen wir mit unserer Aufforderung zu einem Paradigmenwechsel hin-

---

deren Lösung sie nicht bezahlen können. Vielmehr wollen sie für ihren „Beitrag“ zur Lösung grosszügig entlohnt werden.

263 Das ist das öffentliche Narrativ, das seinen Ursprung in der Wirtschaft hat, als Beispiel sei genannt der sogenannte „Fachkräftemangel“, der von der Politik und den Medien einvernehmlich übernommen und seit Gründung der Bundesrepublik erfolgreich propagiert wird. Nach den gesellschaftlichen Kosten, die durch diese Politik entstehen, wird nie gefragt. Dieses Thema taucht dann immer erst als Konsequenz, als Ergebnis auf, und bildet dann für die Politik ein Problem, das es zu bewältigen gilt, und für das die steuerzahlende Bevölkerung die finanziellen und gesellschaftlichen Lasten tragen muss.

264 Hierzu eine Studie: „Migration und Entwicklung im sozialistischen Jugoslawien“, Sara Žerić, Ulf Brunnbauer, 16. April 2024.

sichtlich des demographischen Wachstums grundsätzlich in Frage. Diese Behauptungen und die Aufforderung zu immer weiteren demographischen Wachstum sind von kurzsichtigen Interessen von einzelnen Lobbygruppen aus der Wirtschaft dirigiert und sind nicht im Interesse der allgemeinen gesellschaftlichen Entwicklung hin zu mehr Lebensqualität. Es geht den Unternehmern um höhere Gewinne durch Einsatz von billiger Arbeitskräfte. Die Unternehmer mögen bei dieser Politik kurzfristig gewinnen. Die sozialen Kosten für diese Immigration müssen dann aber von der Gemeinschaft getragen werden. Diese Migrationspolitik verursacht Kosten, die zu Lasten anderer sozialer Gruppen gehen, die unter den negativen Nebenwirkungen dieser Einwanderungspolitik leiden: Kindergärten, Schulen und Universitäten sind überfüllt und die Qualität der Bildung nimmt ständig ab, Krankenhäuser haben erhöhte Kosten, die von Menschen verursacht werden, die nicht für die Dienstleistungen bezahlen, die soziale und wirtschaftliche Infrastruktur verschlechtert sich, weil die Finanzierung nicht gesichert ist, und so weiter.

Dies ist ein gutes Beispiel dafür, was geschieht, wenn falsche Regeln, oder einseitig und von einzelnen Gruppen festgelegte Regeln angewendet werden, ohne das allgemeine Wohl und Interesse im Auge zu haben.

Auf die Idee, dass eine abnehmende Bevölkerung vielleicht gar kein Problem, sondern vielmehr ein Segen sein könnte, ist bisher niemand gekommen. Jedenfalls hat uns niemand diese Geschichte erzählen wollen.[265] Mit unserem Vorschlag für

---

265 Es ist natürlich nicht ganz richtig, wenn wir hier sagen, es war niemand. Es gibt auch in der Bundesrepublik und auch in anderen Ländern Menschen, die in unserer Richtung gedacht haben. Wir wollen hier nur auf Thomas Straubhaar verweisen einen Schweizer Ökonomen und Migrationsforscher. Er ist Professor für Internationale Wirtschaftsbeziehungen an der Universität Hamburg, wurde

einen Paradigmenwechsel wollen wir also zu einem grundsätzlichen Umdenken in der Politik und der Gesellschaft auffordern, um demographische Entwicklung in Zukunft neu zu sehen, sie aus einer neuen Perspektive anzuschauen. Wir wollen hierzu die Anwendung neuer Regeln vorschlagen. Dabei wollen wir auch zeigen, wie die Unternehmer und die Wirtschaft ganz allgemein zu größerem Wachstum finden und zu größeren Gewinnen kommen können, ohne für die Allgemeinheit Schaden zu verursachen und ungewünschte Kosten zu erzeugen.

Entsprechend unserer Überzeugung, wollen wir uns aber auch nicht mit Ansätzen eines „Social Engineering" begnügen, bei denen teilweise fragwürdige Vorschläge gemacht werden, die letztlich den Menschen zu einem Objekt wissenschaftlich-technisch orientierter Strategien und Politiken machen.[266] Dagegen setzen wir auf die soziale und intellektuelle Kompetenz freier Menschen, die in der Lage sind, das zu erkennen, was gut für sie ist. Diese freien und selbstbestimmten Menschen wissen, aus ihrer Situation das Beste zu machen und werden dabei gleichzeitig bereit sein, Verantwortung zu übernehmen, um gemeinsam nach langfristigen und nachhaltigen Lösungen zu suchen. Freie Menschen haben es jedoch schwer, ihr Potenzial und ihre Kreativität in Gesellschaften zu entfalten,

---

1992 als Professor für Volkswirtschaftslehre an die Universität der Bundeswehr Hamburg berufen. Zugleich war er bis 2006 Präsident des Hamburgischen Weltwirtschaftsinstitutes (HWWA) und wurde 2005 Direktor des damals neu gegründeten Hamburgischen Weltwirtschaftsinstitutes (HWWI).

266 Als Beispiel für einen Ansatz des „Social Engineering", dem wir uns in dieser Form nicht anschliessen wollen, auch wenn wir die analytischen Feststellungen zu den negativen Effekten des starken demographischen Wachstums weitgehend teilen, ist Paul R. Ehrlich, The Population Bomb, New York: Ballantine Books 1968; dt. Übers.: Die Bevölkerungsbombe, München: Carl Hanser 1971.

in der der Staat über alle Aspekte des öffentlichen Lebens herrscht, und in der es den Menschen nicht erlaubt ist, Verantwortung zu übernehmen, um gemeinsam nach langfristigen und nachhaltigen Lösungen zu suchen. Die Menschen können in Gesellschaften nicht gedeihen, in denen die Regierung vorgibt, die Heilung aller Probleme des Lebens zu kennen. Wir bauen darauf, dass Menschen langfristig mehr Lebensqualität wünschen. Dieselben Menschen können auch erkennen, dass immer mehr und ein immer höheres Bevölkerungswachstum schädlich sein kann, was in der aktuellen Situation der Menschheit sicherlich der Fall ist.

Der erste Schritt, der dazu erforderlich ist, besteht darin, neue Themen und Themen in die öffentliche Debatte einzubringen. Wir müssen die Gültigkeit der Regel untersuchen und prüfen, die besagt, dass eine bessere Lebensqualität für die Mehrheit der Menschen von einem höheren demografischen Wachstum abhängt. Diese Regel „mehr Menschen schaffen mehr Glück" muss öffentlich hinterfragt werden. Es besteht eine große Chance, dass dieses Prinzip dann als falsch erkannt wird. In der Folge könnte dann diese Regel fallen gelassen werden, die besagt, dass höhere Lebensqualität für die Mehrheit der Menschen von höherem demographischen Wachstum abhängt.

Andererseits müssen wir offen über die Einführung neuer Regeln diskutieren. In diesen öffentlichen Debatten müssen wir unsere sozialen Prozesse bewerten und die Argumente in den Vordergrund stellen, die bestätigen, dass die Menschheit alle Möglichkeiten hat, durch höhere Produktivität und effizientere Nutzung der vorhandenen Ressourcen eine bessere Lebensqualität zu erreichen. Unter Ressourcen verstehen wir dabei die innovativ-wissenschaftlich-technologische Kompetenz des Menschen im Zusammenwirken mit den natürlichen Ressourcen, die uns die Erde bietet und die uns die Sonne täglich zur Verfügung stellt. Vereinfacht gesagt, müssen wir uns auf unsere eigenen intellektuellen und geistigen Fähigkeiten verlassen. Wir müssen raus aus dem Krisenmodus der ständigen kurzfristigen Gefahrenabwehr oder des kurzsichtigen Strebens nach schnellem Profit. Wir müssen neues Selbstvertrauen in die Fähigkeit der Menschen finden, ihr Schicksal zu meistern, ohne systematische gegenseitige Ausbeutung oder einseitiges Ausnutzen anderer Menschen, und ohne systematischen Rückgriff auf die Mittel der Gewalt. Wir werden einige faszinierende Beispiele anführen, um zu zeigen, dass dies möglich ist.

Lineares Denken in der Politik führt in die Sackgasse[267]

Der ursächliche Grund, weshalb es bisher nicht zu einem Paradigmenwechsel in Bezug auf den demographischen Wandel gekommen ist, liegt darin, dass die meisten von uns bisher immer nur linear denken und handeln.[268] Alles soll so weiter

---

267 Dass wir mit einem solchen Denken nicht weiterkommen, und wie wir es aber besser machen können, zeugt auf sehr einleuchtende Weise René Egli in seinem Buch „Das Lola Prinzip. Die Vollkommenheit der Welt“, Editions d'Olt, 1994.

268 In dem Buch "Die Entdeckung des Chaos" von John Briggs und F. David Peat, 1997; das Original ist 1989 unter dem Titel „Turbulent Mirror“ in New York veröffentlicht worden, zeigen die Autoren überzeugend und durchgängig, dass die Lebenswelt der Menschen mit linearen Konzepten nicht erfasst und verstanden werden kann. Dennoch steuern diese linearen Konzepte bis heute die gängigen Narrative in der Politik. Das wohl beste Beispiel hierfür sind die Veröffentlichungen von Studien, wie sie die Bertelsmann Stiftung zur Steuerung der öffentlichen Meinung periodisch publiziert.

gehen wie bisher, nur besser, schneller und weiter; also immer mehr vom Gleichen. Es wurde uns allen gesagt, in den Schulen und Universitäten eingetrichtert und von den Medien verstärkt, dass alles so weitergehen müsse, wie bisher, nur eben besser; das heisst, schneller, weiter und immer mehr vom Gleichen. Lassen wir uns doch von Buckminster Fuller inspirieren und schauen wir, welchen Weg er uns weist, um aus diesem Dilemma des linearen Denkens, das wir alle gut kennen, zu entkommen. In dem Kapitel „Self-Disciplines of Buckminster Fuller" (auf Deutsch: *Anforderungen, die Buckminster Fuller an sich selbst stellt*) in seinem Buch *The Critical Path* von 1981, fasst er im Alter von 32 Jahren seinen Entschluss wie folgt zusammen: *Ich versuchte auf meine eigene Art zu denken und beschränkte mich dabei nur auf erfahrungsgemäß gewonnene Informationen,... anstatt zu versuchen, die Meinungen, Glaubensbekenntnisse, Bildungstheorien, Romantik und Sitten aller anderen zu berücksichtigen..."*; und weiter unten sagte er seine Haltung bekräftigend: *„Ich versuchte, alles so zu erreichen, dass der für eine Person erzielte Nutzen nie auf Kosten anderer Personen erzielt werden würde"*.[269] Das klingt schon annähernd so, wie eine Anleitung zu einem Paradigmenwechsel. Schon 1784 wählte Immanuel Kant zum Leitspruch der Aufklärung das „sapere aude!", also „Habe Mut, dich deines eigenen Verstandes zu bedienen!" Damit ist sicherlich auf eine der wichtigsten Voraussetzungen für Paradigmenwechsel hingewiesen.

---

269 Im Englischen Original steht da: I sought to do my own thinking, confining it to only experientially gained information...instead of trying to accommodate everyone else's opinions, credos, educational theories, romance and mores...; and further down "I sought to accomplish whatever was to be accomplished for anyone in such a manner that the advantage attained for anyone would never be secured at the cost of another or others".

Auf die Idee eines grundsätzlichen Paradigmenwechsels in Bezug auf diese tatsächlich existierende Herausforderung des demographischen Wandels ist bisher noch niemand gekommen. Niemand in der Öffentlichkeit hat bisher gesagt: versuchen wir es doch einmal auf ganz andere Weise, nicht linear weiter auf dem Weg, den wir bisher immer begehen. Sondern lasst uns der Herausforderung mit einer neuen Haltung, einem neuen Denkmuster begegnen, im Sinne einer grundsätzlichen und nachhaltigen Lösung des Problems und einem konstruktiven Beitrag zur Transformation unserer Gesellschaft.

Im Folgenden wollen wir erklären, was wir damit genau meinen, wie so ein Paradigmenwechsel begründet werden kann[270], und wie die notwendigen Voraussetzungen aussehen.[271]

Eine wichtige Voraussetzung, auf die besonders Buckminster Fuller hinweist, ist seit der klassischen Philosophie bekannt. Er unterscheidet klar zwischen der Funktion des „brain" (Gehirn), und den Potentialen von „mind" (Geist). Während es die Aufgabe des einen ist, uns bei der Beschreibung von „Tatsachen" zu dienen, ist es dem Geist gegeben, die universellen Prinzipien und Gesetze zu entdecken, um die Synergien, an denen sich unsere Lebenswelt ausrichtet, zu verstehen und sich an ihnen auszurichten. Wenn wir uns auf solche Gedanken einlassen, dann wird uns bewusst, dass wir in neue Dimensionen vorstoßen, die Wege für neues Denken und neue

270 Wir beziehen uns dabei auf Richard J. Bernstein: Beyond objectivism and relativism: Science, Hermeneutics, and Praxis, University of Pennsylvania Press 1983.

271 R. Buckminster Fuller in seinem „Critical Path", Foreword, page XI, aber auch auf page 159, wo er schreibt: „brain deals with…thingness" und on page 160 „only minds have the capability to discover principles". Es sind diese "principles" die wir hier im Sinne der Kybernetik die „allgemeinen Regeln" nennen.

Haltungen hin zu einem Paradigmenwechsel öffnen können. Es sind die universellen Prinzipien und Gesetze, von denen Buckminster Fuller spricht, die wir im Sinne der Kybernetik und in Anwendung auf die Transformation von Gesellschaften die „allgemeinen Regeln" nennen. Diese Regeln für die Gestaltung unserer Gesellschaften müssen wir in Frage stellen, diskutieren und schliesslich dahingehend neu bestimmen, dass sie unserem Anspruch nach besserer Lebensqualität entgegenkommen.

Damit wir Mut für Neues Denken und Orientierung für nachhaltiges und sinnvolles Handeln finden, wollen wir aber zuvor wenigstens kurz noch ein paar Beispiele für gelungene und erfolgreiche Paradigmenwechsel anführen, um zu zeigen, dass gesellschaftliche Paradigmenwechsel auch im grossen Maßstab machbar sind und absolut sinnvoll sein können.

Erfolgreiche Beispiele für Paradigmenwechsel in der Politik

Selbst in der Bundesrepublik Deutschland, die ja sicher nicht als ein Staat mit grosser revolutionärer Energie betrachtet werden kann, gab es schon Paradigmenwechsel in bestimmten Bereichen. Wir wollen hier nur kurz zwei Beispiele erwähnen, um zu zeigen, dass es auch in Deutschland grundsätzlich möglich ist, das gewohnte politische und öffentliche Handeln grundsätzlich zu ändern, d. h. nicht nur an den Symptomen zu laborieren, um dann neue Probleme zu schaffen, sondern tatsächlich neue Wege zu begehen, die langfristig erwünschte, positive Änderungen einleiten.

Die Einführung der sozialen Marktwirtschaft in Deutschland[272]

Einmal wollen wir auf einen Politiker aus der Frühzeit der Bundesrepublik verweisen. Es ist Ludwig Erhard, der mit seinem eigensinnigen Eintreten, gepaart mit politischem Geschick, für die Einführung einer „ordnungspolitischen" Wirtschaftspolitik, für die Einführung der D-Mark als eigenständiger Währung und die Gestaltung der sozialen Marktwirtschaft in Deutschland maßgeblich verantwortlich war.[273] Jeder Volkswirtschaftler wird bestätigen können, dass diese Politik eine grundsätzliche Abkehr vom Paradigma der gelenkten Staats-Wirtschaft bedeutet hat, die in Europa bis dahin ein gültiges Paradigma für die meisten Volkswirtschaften in der ersten Hälfte des 20. Jahrhunderts war, und damals insbesondere von den sozialistischen und kommunistischen Regierungen in vielen Ländern bevorzugt wurde.

Dieser ordnungspolitische Ansatz in der Wirtschaftspolitik geht davon aus, dass der Staat den Rahmen absteckt und die grundsätzlichen Regeln zusammen mit den betroffenen

---

272 Wir wissen selbstverständlich, dass es Ökonomen gibt, die uns sofort widersprechen werden, um zu sagen, dass andere wirtschaftliche Systeme besser sind. Wir halten aber dagegen, dass das System der sozialen Marktwirtschaft in den ersten Jahrzehnten der Bundesrepublik und ihren Menschen einen guten wirtschaftlichen Rahmen für den Wiederaufbau geboten hat.

273 Als eine gut lesbare Zusammenschau zu diesem Thema wollen wir das Buch „Die Ordnung der Freiheit und ihre Feinde: Vom Aufstand der Verlassenen gegen die Herrschaft der Eliten", Finanzbuch Verlag 2018, von Thomas Mayer anführen.
Thomas Mayer ist Gründungsdirektor des Flossbach von Storch Research Institute mit Sitz in Köln. Zuvor war er Chefvolkswirt der Deutschen Bank Gruppe und Leiter der Deutsche Bank Research. Bevor er in die Privatwirtschaft wechselte, bekleidete er verschiedene Funktionen beim Internationalen Währungsfonds in Washington und beim Institut für Weltwirtschaft in Kiel.

Partnern bestimmt, durch welche die wirtschaftliche „Ordnung" politisch und wirtschaftlich geregelt werden soll. Darüber hinaus vertraut dieses Ordo-Liberale System sehr stark auf die Kreativität der freien Menschen und Unternehmer. Gleichzeitig beinhaltet dieser Ansatz, dass die Wirtschaft auch ihrem sozialen Auftrag nachkommt und sich verpflichtet, nach Kräften für die Ausbildung ihres Personals zu sorgen, damit niemand ausgegrenzt oder zurückgelassen wird. Sinngemäss heisst es dazu im deutschen Grundgesetz auch, dass „Eigentum verpflichtet", also Verantwortung für die Gesellschaft hat.

Im Gegensatz dazu haben wir in Deutschland seit 20, 30 und mehr Jahren einen Weg eingeschlagen, bei dem die „Staatsquote" immer höher wird, der Staat immer mehr in alle Bereiche des öffentlichen Lebens und der Wirtschaft eingreift, in einer Manier, die zeigen soll, dass ohne den Staat nichts geht, weil er alles besser weiss. Der mündige Bürger von einst ist wieder zum Untertanen verkommen. Die unendlichen Reformen bringen bisher keine nachhaltigen positiven Ergebnisse, sondern führen insgesamt zu einer Senkung der Leistungen, der Standards und der Qualität bei stets steigenden Kosten. Schlagende Bespiele hierfür sind die Gesundheitspolitik, die Energiepolitik, die Bildungspolitik und jetzt seit neuestem die Klimapolitik, auch die Digitalisierung und seit neuestem die „Informationspolitik". Diese Liste liesse sich lange fortführen; leider.

Die Aussöhnungs- und Friedenspolitik unter Willy Brandt

Ein weiteres Beispiel für einen gelungenen Paradigmenwechsel in der Politik der Bundesrepublik Deutschland finden wir in der Aussöhnungs- und Friedenspolitik der Regierung unter Willy Brandt. Heute können wir uns nicht mehr vorstellen, wie sich damals ein grosser Teil der Bevölkerung, unter Anstiftung politischer Parteien, gegen diese Politik der Aussöhnung mit unseren östlichen Nachbarn gesträubt hatte.

Dem Bundeskanzler Willy Brandt ist es mit seinem Charisma und durch die Unterstützung mutiger und kluger Politiker, wie Egon Bahr und Hans-Dietrich Genscher gelungen, diese Politik durchzusetzen. Im Ergebnis hat diese Politik unter anderem dazu geführt, dass Deutschland seitdem ein respektierter Partner unserer östlichen Nachbarländer, aber auch in der gesamten Weltpolitik geworden ist. Das frühere Trauma der politischen Vergangenheit aus der NS-Zeit ist seitdem zu einem handhabbaren Teil unserer aussenpolitischen Agenda geworden, und die Art, wie Deutschland auf mutige und verantwortungsvolle Weise mit seinen grossen historischen Erblasten umgegangen ist, wurde seitdem ein weithin anerkannter Teil seines politischen Profils.

Durch diesen Paradigmenwechsel und diesen mutigen Schritt auf dem Weg der Aussöhnung und Völkerverständigung hat sich Deutschland aus dem Korsett der Vergangenheit befreit. Damit war dann auch die Möglichkeit zu einem selbständigen Fortschreiten der deutschen Aussenpolitik in Bezug auf die osteuropäischen Nachbarstaaten, aber auch in Europa insgesamt, als einer Politik der guten Nachbarschaft, eingeleitet worden.

Erfolgreiche Beispiele für Paradigmenwechsel in der internationalen Politik

Auch auf der Ebene der internationalen Politik gibt es gute Beispiele für gelungene Paradigmenwechsel, von denen wir zur Illustration dessen, was wir hier vorbringen wollen, wenigstens drei kurz anführen wollen.

Singapur: from Third to First World

Aus der Geschichte der Entwicklung der asiatischen Staaten ragt sicher der Staat Singapur[274] als ganz besondere Erscheinung heraus, als das Ergebnis eines einmaligen Experimentes, dem bei seiner Gründung keine große Zukunft eingeräumt wurde. Heute ist Singapur in vieler Hinsicht zu einem Musterstaat geworden, der auf Grund seiner Einmaligkeit leider bisher keine erfolgreichen Nachahmer gefunden hat.[275] Es ist sicher nicht verfehlt, Singapur eine Perle zu nennen, nicht nur unter den asiatischen Staaten, sondern unter den Staaten der Weltgemeinschaft. In Singapur wurde eine außergewöhnlich hohe Lebensqualität in einem bisher nie gekannten Ausmaß für alle Bürger erreicht, die gleichzeitig einhergeht mit einer universellen Verwirklichung der Menschenrechte.

Perestroika und die deutsche Wiedervereinigung

Ein weiteres Beispiel für einen gelungenen Paradigmenwechsel kommt aus unserer europäischen Politik. Wir wollen hier auf die Politik von *Glasnost* und *Perestroika* verweisen, wie sie unter der Führung von Michael Gorbatschow das Ende der

---

274 Es gibt eine sehr umfangreiche Literatur zu Singapur, die alle Bereiche der Wissenschaft und des modernen Lebens abdeckt. Als Einführung zu dem Thema halten wir immer noch die Biographie des Gründers, Lee Kuam Yew, für sehr lesenswert, „From Third World to First“, 2000.

275 Uns ist bekannt, dass es gerade in Deutschland vehemente Kritiker von Singapur als einem „autoritären Regime“ gibt. Wenn wir bedenken, wie viele „failed states“ es auf unserem Globus inzwischen gibt, und wieviele Staaten für Kriege verantwortlich sind, und wievielen Staaten es nicht gelingt, ihrer Bevölkerung gute Gesundheits- und Bildungssysteme anzubieten, oder auch sie nur gut zu ernähren, dann meinen wir, besser ein wenig „autoritär“, als „failed“, oder „problematisch“ in der Entwicklung.

Sowjetunion und den Prozess der friedlichen und gewaltlosen deutschen Wiedervereinigung von 1989 bis 1991 ermöglicht hat. Die Politik der Sowjetunion war in eine Sackgasse geraten. Was wären mögliche Optionen gewesen? Die Atombombe zu zünden? Einen neuen Weltkrieg einzuleiten? – Gorbatschow hat einen anderen Weg gewählt, er hat einen Paradigmenwechsel vollzogen und für ein paar Jahre Gewalt und Krieg aus der Politik Europas gebannt.[276]

Gorbatschow hat sich auf sein politisches Genie verlassen und hat einen anderen Weg eingeschlagen, indem er einen Schritt in eine Richtung machte, die niemand zuvor gesehen hatte. Er hat dem Westen in freundschaftlicher Manier die Hand ausgestreckt, um eine neue Ära einzuleiten, indem er die wirtschaftliche und politische Niederlage der Sowjetunion eingestanden hat. Gleichzeitig aber ging es ihm darum, ausgehend von der gegebenen Situation, eine Lösung vorzuschlagen, die den langfristigen Interessen der Völker der Sowjetunion, deren Präsident er war, aber auch der anderen europäischen Völker, dienen sollte.

Dieses Beispiel macht sehr deutlich, dass es im Denken von Gorbatschow nicht nur ein lineares „weiter-wie-bisher" gegeben hat, sondern dass er die Möglichkeit gesehen hat, die globale politische Konfiguration auf der Welt zu verändern. Wohlgemerkt, die Welt zu verändern, und dies, ohne zu Waffen zu greifen. Welch eine noble Politik!

---

276 In einem Interview erläutert Richard Sakwa hierzu Grundsätzliches: „Wir sind an der Beerdigung der alten Schule der Diplomatie", veröffentlicht in GlobalBridge am 21. Mai 2024. Zur Vertiefung der Einsichten empfehlen wir die Lektüre seiner Bücher, wie „The Lost Peace: How the West Failed to prevent a Second Cold War", von 2023.

Die wirtschaftspolitische und gesellschaftliche Transformation Chinas

Das dritte Beispiel aus der internationalen Politik, auf das wir hier kurz verweisen wollen, ist die Änderung des wirtschaftspolitischen Paradigmas in China unter Deng Xiaoping, dem Führer der kommunistischen Partei und Führer Chinas von 1979 bis 1997. Er hatte als Nachfolger von Mao Zedong die Rolle des „überragenden Führers“ übernommen, gleichzeitig leitete er einen grundsätzlichen Wandel in der chinesischen Politik, insbesondere der Wirtschaftspolitik, ein.

In seiner Position konnte er ja nicht sagen, wir schaffen jetzt die Kommunistische Partei ab, oder wir stellen China insgesamt auf den Kopf, denn das Land hatte sich nach vielen Jahrzehnten von Aufständen und Kriegen erst einmal finden und lernen müssen, nach neuen Regeln stabil und zuverlässig zu funktionieren. Aber er hat bei seinem Besuch in Singapur gelernt[277] und verstanden, dass es einen alternativen, einen anderen Weg geben müsste, um China aus der Armut und Rückständigkeit zu führen. Diesen Weg hat er vorgeschlagen und mit viel politischem Geschick umgesetzt, womit in China das bisherige Paradigma der kommunistischen Produktionsweise und ihrer zentralistischen Verwaltung, das Erbe aus der Zeit von Mao, grundsätzlich beendet war.

Dieser Weg ist von China seither sehr erfolgreich begangen worden.[278] Deng Xiaoping hat in seiner intelligenten und

277 Die entsprechenden Hinweise hierzu finden sich in dem Buch “From Third World to First”, von Lee Kuam Yew, dem Gründer und langjährigen Staatspräsidenten von Singapur.

278 Wir sollten uns an dieser Stelle daran erinnern, dass China zur Zeit von Mao Zedong zwar seine politische Transformation, nach unsäglichen Opfern, insbesondere unter der „Kulturrevolution“, erfolgreich eingeleitet hatte. Wirtschaftlich aber war weder „der große Sprung“ der Industrialisierung gelungen, noch war die grassierende Armut eines grossen Teils der Bevölkerung überwunden.

pragmatischen Art gefragt: Wo stehen wir? Wohin können wir gehen? Was müssen wir dafür tun? Was sind unsere Ressourcen und Möglichkeiten? Und es scheint, als habe er sich noch eine Frage gestellt: welcher Weg kann zu unserer jahrtausendealten Kultur und Tradition passen? – Die Antwort dazu hat er, zusammen mit den Menschen, die mit ihm arbeiteten, in den ethischen Regeln und Tugenden aus der Tradition des Konfuzianismus gefunden, die auch in Singapur heute noch das Leben regeln.

Von der gegebenen Situation ausgehend hat er verstanden, dass China die Spielregeln für seine Wirtschaft grundsätzlich ändern müsse. Freies Unternehmertum innerhalb bestimmter Grenzen und unter Einhaltung bestimmter Regeln wurde ermöglicht und gefördert. Dies brachte natürlich zu gleicher Zeit auch grosse Fortschritte im Sinne einer individuellen Entfaltung der Menschen mit sich. Das strenge und rigide monolithische System Maos war aufgebrochen. Es gibt dazu einen sehr bezeichnenden Ausspruch von Deng Xiaoping, in dem er fragte: „Was ist besser eine schwarze Katze, oder eine weiße Katze?“ Um darauf zu antworten: „Hauptsache ist, die Katze fängt Mäuse“.

Mit dieser Antwort ist das Prinzip eines Paradigmenwechsels sehr gut erklärt. Es geht nicht darum, zwischen schwarz und weiss zu wählen. Vor allem geht es nicht darum, mehr von dem zu tun, was schon bisher nicht, oder nicht gut funktioniert hat. Es geht also auch nicht darum, schwarz und weiss zu vermischen, um dann eine graue Katze zu haben. Nein, es geht darum, einen Weg zu begehen, den bisher niemand gesehen hat. Am Beispiel von China bedeutete dieser Weg, ausgehend von der konfuzianischen Tradition, im Rahmen der Ordnung, die von der kommunistischen Partei vorgegeben wird, auf das Genie und die Kreativität der chinesischen Menschen zu vertrauen.

Nach allem, was wir beobachten können, zeigt dieser Paradigmenwechsel hervorragende Ergebnisse, die einmalig sind in der Geschichte der Menschheit, indem sich ein Volk, im Vertrauen auf seine eigenen Kräfte, in einer Art entwickelt, die unser Erstaunen und unsere Bewunderung herausfordern.

Kritik an der linearen Politik des „immer-weiter-wie bisher"

Wenn wir diese Beispiele und unsere bisherigen Ausführungen auf die Bundesrepublik Deutschland und Europa beziehen, dann wollen wir uns fragen, wie ein neuer Weg, also ein Paradigmenwechsel in Bezug auf die Politik hinsichtlich des „demographischen Wandels" hätte aussehen können, und wie und von wem ein solcher Paradigmenwechsel hätte eingeleitet werden können.

Seit mehreren Jahrzehnten wird uns von den Politikern, den öffentlichen und auch von privat finanzierten Medien sowie von allen Verbänden, Gewerkschaften und Kirchen erzählt, dass wir in der Bundesrepublik und in Europa ein „demographisches Problem" hätten. Dieses sogenannte „demographische Problem" besteht nach allgemeinem Einvernehmen in der sogenannten „Überalterung der Bevölkerung". Dieser Meinung schliessen sich nahezu alle grossen Think-Tanks, professionellen Denker, Politiker und Verbände an, bis hin zur UNO.

Bei so viel „Intelligenz" und Druck hinter der Behauptung, dass die „Überalterung der Bevölkerung" ein grosses Problem darstelle, ist es nur schwer dagegen zu argumentieren. Und dennoch ist es gerade das, was wir hier tun wollen. Als Antwort auf dieses vermeintliche Problem verlangen alle genannten

Gruppen und Institutionen nach einem stärkeren Wachstum und nach Migration und Einwanderung von Menschen, um die „Überalterung" und die Abnahme der Bevölkerungszahl zu verhindern und den Trend umzukehren. Ziel scheint es zu sein, den negativen Trend in den „Gesellschaften des Niedergangs" umzukehren. Wie wir jedoch zeigen werden, führt diese international gesteuerte Politik in Wirklichkeit zu einem Niedergang, also genau zu dem Gegenteil dessen, was sie angeblich anstrebt.

Nach unserem Verständnis ist eine solche Politik der Immigration nur eine Politik in linearer Richtung, eine Politik des „immer-weiter-so", des „immer-mehr-vom-selben". Es ist also eine Politik, die uns zwar weiter führt, aber immer in dieselbe Richtung, absteigend oder aufsteigend, wie man will, aber nicht aus den Problemen heraus.

Die Erfahrung der vergangenen Jahrzehnte zeigt uns eindringlich, dass diese Politik uns bisher bei der Lösung der Probleme nicht weitergeführt hat. Sie wird uns auch in Zukunft nicht weiterführen, da sie nur an den Symptomen herumkuriert, anstatt nach Heilung zu suchen. Diese Politik will nicht die Ursachen bekämpfen und wird uns deshalb auch in Zukunft nicht weiterführen. Die Politik verwaltet und managt die Probleme, anstatt sie zu überwinden, zu beseitigen. Durch diese Politik geraten wir immer tiefer in eine Schieflage und schaffen uns immer neue Probleme. Inzwischen sind die gesellschaftlichen und finanziellen Folgen dieser fehlgeleiteten Politik so gross geworden, dass sie bald nicht mehr zu bewältigen sein werden. Wir wollen zur Begründung unserer Position wenigstens kurz auf wichtige Entwicklungen hinweisen, die unsere Gesellschaften auf negative Weise in ihrem Wohlergehen und in der weiteren Entwicklung bedrohen.

Verstädterung: Zusammenhang von Bevölkerungsdichte und Aggression

Anstatt mit Hinterlist zu kommen und zu meinen, man müsse die Bürger mit Methoden des "Nudging" und "Framing" [279] durch Manipulation zufriedenstellen und auf Kurs bringen, hätte es im Sinne eines sinnvollen Paradigmenwechsels im Bereich der Bevölkerungsentwicklung mehr bewirkt, wenn beispielsweise der evolutionär bedingte Zusammenhang von Bevölkerungsdichte und Aggression bekannt gemacht und in seinen Folgen für die Lebensqualität analysiert und auch öffentlich diskutiert worden wäre[280].

Dieses Thema wird heute von kompetenten Soziologen weltweit insbesondere in Bezug auf die Verstädterung verstärkt beobachtet. Es wird vor einer zunehmenden „Verslumung" gewarnt[281], für welche die Symptome in Europa, nicht nur in den Vorstädten von Paris und Rom, sondern auch in deutschen Städten wie Duisburg, Mannheim und Berlin, jedem aufmerksamen Beobachter inzwischen offensichtlich geworden sind.[282]

---

279 „Merkel will die Deutschen durch Nudging erziehen", schreibt die Tageszeitung „Welt", am 12.03.2015.
Im *Handelsblatt* schreibt Hans-Peter Siebenhaar am 19.02.2019: „Das Framing-Papier der ARD zeugt von einem kruden Demokratieverständnis. Der Sender hat ein Manipulationshandbuch in Auftrag gegeben, um mit Kritik umzugehen – der falsche Weg für mehr gesellschaftliche Akzeptanz".

280 Als eine der vielen Quellen zu diesem Thema wollen wir hier auf das gemeinsam von einem Ökonomen (Lionel Tiger) und einem Anthropologen (Robin Fox) verfasste Buch "Das Herrentier. Steinzeitjäger im Spätkapitalismus", verweisen, und dort insbesondere die spannende Lektüre des Kapitel 8 „Der edle Wilde" empfehlen.

281 Am Beispiel der „Verslumung als Folge von Metropolisierung" zeigt Leonard Couvée in seinem Buch von 2016, all die entstehenden negativen Folgen eindringlich auf.

282 Es gibt zu diesem Thema schon eine beachtliche wissenschaftliche

Es ist klar, und es sollte allen vernünftigen und ehrlichen Menschen klar sein, dass die Lösung des Problems des „demographischen Wandels" nicht darin besteht, die Bevölkerung immer mehr anwachsen zu lassen. Schon seit 1972, als in St. Gallen die Studie mit dem Titel „Grenzen des Wachstums" auf einem Symposium vorgestellt wurde, hätte das Thema der Demographie zu einem entscheidenden Teil der Diskussion um die globale Entwicklungspolitik werden müssen.[283] Ausgehend von empirischen Belegen und wissenschaftlichen Erkenntnissen, welche die fatalen Folgen unbegrenzten Wachstums aufzeigen, gehen wir davon aus, dass es auch konstruktive und kreative Antworten auf das „demographische Problem", oder die sogenannte „Überalterung" unserer Gesellschaften gibt.

Literatur und lebhafte öffentliche Diskussion. Ein Verweis auf das Buch „Planet der Slums" von dem Urbanisten am *Department of History an der University of California* in Irvine, Mike Davis, soll uns hier genügen.
Das Buch *Planet der Slums* ist 2019 auf Deutsch erschienen.
Noch inspirierender mag die Rede von Mike Davis sein, mit dem Titel „Wer wird die Arche bauen? Das Gebot zur Utopie im Zeitalter der Katastrophen", gehalten bei der ersten Preisverleihung des Kulturpreises, der von der Münchner Universitätsgesellschaft verliehen wird. Laudator war der ehemalige deutsche Umweltminister und spätere Direktor des Umweltprogramms der Vereinten Nationen, Klaus Töpfer. In dieser Rede skizziert Mike Davis Strategien im Umgang mit kommenden Katastrophen, die schon aktuell und nicht mehr abwendbar sind. Wir vertreten in unserem Buch hier dagegen der Meinung, dass es immer besser ist nach einer alternativen Lösung über einen Paradigmenwechsel zu suchen, als uns in der Katastrophe einzurichten. Wir vertrauen auf unsere Vernunft, um die Menschheit nicht wie die Lemminge kopflos über die Klippe springen zu lassen.

283 Selbst der Ur-Keynesianer und Nobelpreisträger Joseph Stiglitz gibt inzwischen zu bedenken «Die Weltbevölkerung kann nicht ewig weiter wachsen, das ist ein physikalisches Gesetz», in der NZZ, vom 18.01.2020.

Den Blickwinkel ändern bedeutet, eine neue Perspektive finden

Ein Paradigmenwechsel in der Politik ist kein „Hexenwerk" und auch nichts, das ausserhalb unserer Reichweite liegen würde. Es scheint, als hätte man uns seit Jahrzehnten gesagt, immer nur in eine bestimmte Richtung zu schauen, weil dort angeblich die Lösung zu finden sei. Sicher scheitert ein Paradigmenwechsel auch nicht an fehlendem Wissen, dagegen schon eher an der Erfahrung, weil es dem Menschen oft schwerfällt, Wege einzuschlagen, die er noch nicht „aus der Erfahrung" kennt. Das Haupthindernis ist jedoch wohl die Angst und der daraus resultierende Mangel an Wille und Mut, um große gesellschaftliche Veränderungen in die Wege zu leiten und auch zuzulassen.[284]

Es ist also Zeit für uns, den Blickwinkel und die Richtung unseres Denkens zu ändern, die Herausforderung anzunehmen, um die Lösung zu sehen, die ganz offen vor uns in unserer unmittelbaren Reichweite liegt. Wir müssen die Entwicklung unserer Gesellschaften in eine Richtung steuern, die uns von den aktuellen Problemen wegbringt,[285] anstatt sie nur zu verwalten und durch neugeschaffene Probleme zu ersetzen.

---

284 Horst-Eberhard Richter, der „grosse alte Mann" der deutschen Friedensbewegung, hat sich mit diesem Thema viel beschäftigt. Eines seiner Bücher hierzu lautet „Moral in Zeiten der Krise", Suhrkamp Verlag, Originalausgabe 2010.

285 Wir entlehnen diesen Begriff der Kybernetik, wie sie 1948 von Norbert Wiener zusammen mit anderen Kollegen als Wissenschaft initiiert worden ist. wir verweisen aber auch gleichzeitig auf sein gesellschaftskritischer, populärwissenschaftliches Werk „The Human Use of Human Beings – Cybernetics and Society", in dem er auf die Notwendigkeit der Steuerung von Systemen und Maschinen durch den Menschen verweist. Es ist dieser Ansatz, dem wir hier Rechnung tragen wollen, indem wir an die Verantwortlichkeit des Menschen für die Gestaltung seiner Lebenszusammenhänge appellieren.

Die Herausforderung: Wohlstand sichern und vermehren

Unsere Forderung besteht also darin, endlich den Weg einzuschlagen, der zu einer nachhaltigen Politik und zu grösserer Lebensqualität für alle Menschen in Deutschland, in Europa und auch darüber hinaus[286] führen wird.

So wie wir die Situation verstehen, gibt es kein „demographisches Problem", sondern ein „Wohlstandsproblem". Die Herausforderung besteht darin, die durch demographische Entwicklungen entstehende Finanzierungslücke durch Innovation und einen stetigen Produktivitätszuwachs in den Bereichen von Produktion und Dienstleistungen zu schliessen. Selbstverständlich sind wir dazu auch gerne bereit und halten es für äusserst sinnvoll, die uns zur Verfügung stehenden und stetig wachsenden Mittel der künstlichen Intelligenz (KI) einzusetzen.[287] Der Hebel war wahrscheinlich das erste wichtige Werkzeug, von menschlicher Intelligenz „entdeckt". Das Rad und seine Anwendung hat einen unglaublichen Einfluss auf

---

286 In unserer Darstellung und Analyse beziehen wir uns weitgehend auf Deutschland. Es sollte aber klar sein, dass wir hier keine nationalistische, oder chauvinistische Haltung einnehmen wollen. Andere Länder sollten ihre jeweiligen Paradigmenwechsel ebenfalls einleiten, auf ihrem Weg und zu ihrem Vorteil. Wenn es anderen besser geht, dann ist das für alle gut.

287 Denn für uns ist künstliche Intelligenz nicht „künstlich", sondern menschlich. Wie R. Buckminster Fuller es treffend beschreibt, haben irgendwann vor vielleicht Millionen von Jahren Menschen, oder auch schon ein primatenartiger Vorläufer des Menschen, verstanden und gelernt, dass sie mit einem Hebel (*leverage*) ihre eigene physische Kraft um ein Vielfaches steigern können. Der Hebel ist also eines der frühen und wichtigsten Instrumente „künstlicher" Intelligenz, die der Mensch gefunden hat und seitdem konsequent einsetzt. Das Rad ist ein anderes „künstliches" Instrument. Sollen wir uns davor fürchten?

die technische Evolution der Menschheit gehabt. Für uns ist es jedoch wichtig, diese Instrumente zur Verbesserung der Lebensqualität der Menschen einzusetzen, nicht aber um ständig neue Kriege zu führen.[288] Wir müssen uns also nicht vor der künstlichen Intelligenz und der Wissenschaft fürchten. Dahingegen müssen wir uns genau anschauen, wie und zu welchem Zweck und mit welchem Ziel wir Menschen die künstliche Intelligenz, die Ergebnisse der Wissenschaft und die neuen technologischen Möglichkeiten anwenden wollen. Es geht also um einen bewussten und intelligenten Umgang mit realen Potentialen, Möglichkeiten und Herausforderungen. Es geht insbesondere darum, dass der Mensch bewusst Verantwortung für sein Handeln übernehmen muß. Das bedeutet in diesem besonderen Fall hier, bewusst Verantwortung zu übernehmen für die demographischen Entwicklungen und ihre gesellschaftlichen Folgen.

Wir alle wissen, dass Deutschland und die europäischen Länder noch bis vor kurzem die höchsten Bevölkerungsdichten auf der Welt aufgewiesen haben. Im vergangenen Jahrhundert hat das Bevölkerungswachstum auch in den früheren Entwicklungsländern in einem Tempo zugenommen, dass die dortige Bevölkerungsdichte in vielen Ländern diejenige der Bundesrepublik häufig schon erreicht, oder gar überschritten hat. Deshalb ist es ein Irrweg, die Bevölkerung noch mehr wachsen zu lassen. Besser wäre es, den demographischen

288 Denn für uns ist künstliche Intelligenz nicht „künstlich", sondern menschlich. Wie R. Buckminster Fuller es treffend beschreibt, verstand und lernte ein Mensch oder sogar ein primatenartiger Vorläufer des Menschen, dass er seine eigene körperliche Kraft mit Hebelwirkung um ein Vielfaches steigern kann. Der Hebel ist daher eines der frühen und wichtigsten Instrumente der „künstlichen" Intelligenz, das der Mensch gefunden hat und seitdem konsequent einsetzt. Das Rad ist ein weiteres „künstliches" Instrument. Sollten wir davor Angst haben?

Wandel zum Anlass für einen Paradigmenwechsel zu nehmen, um zu sehen, wie wir mit einer geringeren Bevölkerungsdichte gut leben können. Das ist der Weg der Zukunft auf unserem Planeten.

So wie das Zeitalter der Industrialisierung für die meisten Länder der Erde beendet ist, und wir seit einiger Zeit schon den Weg der Wissensgesellschaften gehen, so werden wir auch das exponentielle Bevölkerungswachstum als eine vorübergehende historische Entwicklung betrachten müssen.

Zur Illustration der demographischen Entwicklung seit den vergangenen Jahrtausenden haben wir hier unten, im dritten Kapitel dritten Teils des Buches, eine Graphik eingefügt. Dort können wir sehen, dass das Wachstum der Weltbevölkerung sich in den vergangenen Jahrhunderten deutlich erhöht und unerwartete Dimensionen erreicht hat. Im Zusammenhang mit einer kleinen Auswahl an Graphiken können wir dabei illustrieren, dass aus diesem exponentiell[289] verlaufenen Bevölkerungswachstum teilweise bedrohliche Konsequenzen in anderen wichtigen Bereichen unserer Lebenswelt entstanden sind.

Im Zeitalter der Jungsteinzeit, etwa im Jahr 10.000 v. Chr., lebten schätzungsweise rund zwei Millionen Menschen auf

---

289 Es wurde uns von UNO-Profis gesagt, dass dieses Bevölkerungswachstum nicht „exponentiell" sei. Dem stimmen wir nicht zu. Als wir uns im Jahr 1982 auf unseren ersten Forschungsaufenthalt in Westafrika vorbereitet haben, standen die Bevölkerungszahlen für die Mehrzahl der dortigen Länder bei 5-7 Millionen. Im Jahr 2005 waren die Bevölkerungszahlen in diesen Ländern auf mehr als 20 Millionen angewachsen. Die Prognosen für das laufende dritte Jahrzehnt nennen 40-50 Millionen Bewohner für diese Länder. Derselbe Trend lässt sich auch in Ländern in Asien und Lateinamerika beobachten. – Dabei ist noch wichtig anzumerken, dass die Produktivität in diesen Ländern in keiner Weise Schritt gehalten hat. Der Abbau und die Zerstörung der natürlichen Ressourcen in beträchtlichem Masse ist eine natürliche Folge dieser Entwicklungen.

der Erde. Im Jahr 9000 v. Chr. hatte sich die Bevölkerungszahl bereits auf rund vier Millionen Menschen verdoppelt[290]. Zur Zeitenwende lebten rund 188 Millionen Menschen auf der Erde. Bis zum Ende des europäischen Mittelalters (ungefähr um 1500 n. Chr.) wuchs die Bevölkerungszahl kontinuierlich. Danach lässt sich eine zunehmende Geschwindigkeit des Wachstums registrieren, die sich ab dem 19. Jahrhundert durch die einsetzende Industrialisierung und die Einführung von Impfungen und anderen wichtigen Maßnahmen zur Verbesserung der Gesundheit, auch durch verbesserte Hygiene, noch einmal stark beschleunigte. Im Jahr 1900 bevölkerten bereits mehr als 1,65 Milliarden Menschen unsere Erde. Im Lauf des 20. Jahrhunderts vervierfache sich die Bevölkerungszahl noch etwa auf 6,15 Milliarden. Heute, im Jahr 2024, nähern wir uns ganz locker der Marke von 10 Milliarden Menschen an.

Die Herausforderung annehmen

Aus unserer Sicht, und im Sinne eines wünschenswerten Paradigmenwechsels halten wir es für sinnvoll, das sogenannte „demographische Problem“ nicht nur als eine Herausforderung anzusehen, sondern es vielmehr sogar als einen Segen zu verstehen. Denn die Menschheit wird dadurch darauf aufmerksam gemacht, dass sie eine sinnvolle Antwort auf diese Herausforderung finden sollte. Das Problem liegt in unserer „Blindheit“, in dem fehlenden Mut, das zu sehen und anzusprechen, was für

290 Um die Zusammenhänge dieses rasch zunehmenden Bevölkerungswachstums seit dem Neolithikum besser zu verstehen, empfiehlt sich die Lektüre von „Arm und Reich. Die Schicksale menschlicher Gesellschaften“, 1998, von Jared Diamond.

uns erst einmal eine Herausforderung darstellt, und schliesslich sogar als eine neue Chance gesehen werden könnte. Wir sollten also verstehen, dass wir kein „demographisches Problem“ haben, sondern eine „Wohlstandsherausforderung“, die darin besteht, für eine abnehmende Bevölkerung den jetzigen Wohlstand zu halten und, soweit möglich und sinnvoll, ihn stetig zu mehren und dabei grössere Lebensqualität zu erreichen.

Mit unserer aktuellen Politik für Immigration tun wir aber genau das Gegenteil. Wir nehmen Menschen aus anderen Länder, anderen Kulturen und mit anderen Erfahrungszusammenhängen bei uns auf, die nicht zu unserem Wohlstand beitragen können. Gleichzeitig erhöhen wir den sozialen Druck und zerstören auch noch zunehmend unsere Umwelt. Zudem werden die meisten dieser Menschen uns in Zukunft, wenn sie älter werden, noch mehr Kosten verursachen, die sie nicht durch erwirtschaftetes Kapital decken können. Wir schaffen uns also immer größere Probleme. Schliesslich ist auch bekannt, dass viele dieser Immigranten in den Ursprungsländern fehlen. Durch ihre Migration in unsere Länder fügen sie ihren Heimatländern oft einen beträchtlichen Wohlstandsverlust zu[291]. Dies ist ein gut analysierter Effekt in Südosteuropa und in vielen anderen Teilen der Welt.[292]

291 Wir übersehen hier nicht den beachtlichen finanziellen Transfer der Immigranten in ihre Heimatländer. Der Beitrag dieser Transferleistungen ist aber nicht nachhaltig. Er heizt das materiell orientierte Wachstum nur noch weiter an und führt zu einem immer weiter wachsenden unkontrollierten Ressourcenverbrauch. Diese Transferleistungen mildern die Symptome, aber sie verändern und verbessern nicht die Ausgangsbedingungen, die sich immer weiter verschlechtern. – Wissenstransfer wäre grundsätzlich der bessere Weg. Am besten wäre der Transfer von Wissen über die Einleitung eines neuen Paradigmas, das die Wurzeln der alten Probleme behebt.

292 Wir nennen hier nur eine der vielen möglichen Quellen: Gunnar Heinsohn, Söhne und Weltmacht, 1. Auflage 2005.

Diese Migranten fehlen ihren Familien und sie fehlen oft auch beim Einsatz für das gedeihliche Funktionieren ihrer eigenen Gesellschaften. Mit unserer aktuellen Politik für Immigration verlagern wir also nur die Probleme. Wirkliche Lösungen sehen anders aus.

Der erste Schritt auf dem Weg zur Lösung besteht also darin, nicht so weiterzumachen, wie bisher, im Sinne eines linearen Denkens und Handelns, sondern einen neuen Weg einzuschlagen. Dieser Weg ist schon da, wir müssen ihn nur wählen, indem wir uns sagen, wir haben eine Wohlstandsherausforderung, das bedeutet, wir wollen unseren Wohlstand halten und wenn möglich vermehren, auch wenn die Bevölkerung abnimmt.

Es gibt wohl niemanden in Deutschland, oder auch in einem Land wie der Schweiz, oder den anderen Ländern Europas, der ernsthaft bezweifeln würde, dass uns dies nicht gelingen sollte. Wir haben immer noch sehr viele gute ausgebildete Ingenieure. Wir haben sehr viel gut ausgebildete und intelligente Menschen, die konzeptionell denken, analysieren, organisieren und managen können. Wir haben sehr viele gut ausgebildete Sozialwissenschaftler, die kompetent mit sozialen Herausforderungen umgehen können. Wir haben eine gut ausgebildete Beamtenschaft, intelligente und ausgebildete Menschen, die in der Verwaltung arbeiten, privat und öffentlich, die also organisieren und verwalten können. Wir müssen wohl keine Angst haben, dass morgen keine Müllabfuhr mehr kommt, die Briefe nicht zugestellt werden, Strom und Wasser nicht mehr fliessen, dass die Steuererhebung nicht mehr funktioniert.

Wovor also haben wir Angst? Wer sagt uns, dass wir Angst haben müssen? Vielleicht sind es diese Leute, die Politiker und anderen Anführer der Eliten, die uns ständig Angst machen, weil sie wollen, dass wir ihnen zuhören, ihnen folgen. Um ihnen wohin zu folgen? Hinunter in den Abgrund?[293]

Trotz aller Möglichkeiten hat die Gesellschaft als Ganzes nicht den Mut, sich von den gewohnten Denk- und Verhaltensmustern zu lösen, auch wenn sich gezeigt hat, dass diese in einer notwendigen Veränderungssituation, wie dem demografischen Wandel, nicht mehr funktionieren und zu keiner nachhaltigen Lösung führen.

Es scheint, als sei es unsere tief verwurzelte Angst, die uns daran hindert, den Wandel aktiv zu gestalten, die notwendige Transformation einzuleiten und den notwendigen Paradigmenwechsel umzusetzen. Stattdessen ziehen wir es vor, angeleitet von unseren Politikern und den verantwortlichen „Eliten", die Probleme nach „alten" Regeln auszusitzen, zu verwalten und zu managen. Wir weigern uns zu sehen, dass die Probleme des demographischen Wandels von der Art und Weise herrühren, wie wir als Gesellschaft damit umgehen.[294]

Den Paradigmenwechsel jetzt einleiten

Wie wir mit den oben aufgeführten Beispielen für Paradigmenwechsel zeigen konnten, sind Paradigmenwechsel möglich, auch in Deutschland, in Europa und anderen Ländern auf der Erde.

---

293 Aus der Corona-Politik ist sehr gut bekannt, dass die deutsche Regierung durch eine sogenannte „wissenschaftliche Studie" bewusst Angst bei der Bevölkerung ausgelöst und verstärkt hat, um „freiwillige" Gefolgschaft für ihre Massnahmen zu erreichen.

294 Der Volksmund sagt hierzu: Angst ist kein guter Ratgeber. Als anregende Literatur zu den Themen *Angst vor Veränderung* und *Angst in der Gesellschaft* im Allgemeinen empfehlen wir „Flüchten oder Standhalten" von Horst-Eberhard Richter, Frankfurt, 2012.

Kommen wir noch einmal kurz zurück auf die Politik unter Willy Brandt. Unter seiner Regierung ist auch der Begriff der „Lebensqualität“ in die Politik eingeführt worden[295]. Damit wurde das auch Thema des Wachstums angesprochen, das ja keinen Wert an sich darstellt, sondern nur dann Wert hat und Sinn macht, wenn es zu mehr „Lebensqualität“ für die Bevölkerung führt. Leider ist davon in der Politik heute nicht mehr die Rede, oder nur noch am Rande, um Nebel zu streuen, aber nicht um politisches Handeln zu leiten. Politik in Europa hat schon lange damit aufgehört, den Menschen mehr Lebensqualität zu bringen. Ihre einzige Funktion ist Krisenmanagement. Wie wir gesehen haben, sind diese selbstgemachten Krisen nicht „natürlich“ oder notwendig. Es sind Krisen, die wir selbst durch unser Verhalten verursacht haben und für die wir selbst die Lösungen finden müssen.[296]

Der Paradigmenwechsel bezogen auf das „demographisches Problem“, die sogenannte „Überalterung der Bevölkerung“ würde darin bestehen, das Problem und die Herausforderung anzunehmen, um Massnahmen zu ergreifen, durch die unsere Lebensqualität garantiert und wenn möglich noch weiter verbessert würde. In unseren Augen würde diese höhere Lebensqualität im Wesentlichen darin bestehen, allen Menschen in unseren Ländern freien Zugang zu qualitätsbewusster Gesundheitsversorgung zu bieten, Zugang zu exzellenter Ausbildung und Bildung, nicht nur für Eliten, sondern für alle Menschen, Zugang zu hochwertigem Wohnraum in einer Umwelt, die auch die Entfaltung des Menschen in der Natur bei Spiel, Sport und in der Freizeit ermöglicht. Es wäre sicher kein Feh-

295 Im Bundestagswahlkampf 1972 stellten Willy Brandt und die SPD die „Qualität des Lebens“ in den Mittelpunkt.

296 Ganz in unserem Sinn spricht davon auch Richard Sakwa in dem zur Lektüre empfohlenen Interview, veröffentlicht in GlobalBridge vom 21. Mail 2024.

ler, wenn auch Europa einmal nach Singapur, der Schweiz, und vielleicht sogar zu den Erfahrungen des „Entwicklungslandes“ China schauen würde, um zu sehen, nach welchen Regeln dort erfolgreiche Gesellschaften aufgebaut worden sind. Wir haben schon lange keine Politik mehr wahrgenommen, die sich diesen Herausforderungen in den genannten wichtigsten gesellschaftlichen Bereich stellen würde. Die Angebote für Gesundheitsversorgung, Bildung und Wohnraum werden immer teurer und immer schlechter. Sie richten sich an der überkommenen Vorstellung von „begrenzten Ressourcen“ aus. Politik und die selbsternannten Eliten bieten sich uns dann an, um die „begrenzten Ressourcen“ gerecht zu verteilen. In autoritärer Manier wird „verteilt“. Die Menschen werden nicht gefragt, was sie wirklich wollen. Debatten mit offenem Ausgang finden nicht statt.

Es scheint so, als sei die ganze Welt dabei, dem Beispiel von Deutschland zu folgen, einem Land, in dem das oberste Ziel von Politik darin besteht, allen Menschen ein „Existenzminimum“ zu garantieren. Dies ist ein Ziel, wie es in der Architektur des Bauhauses auf intellektuell versteckte Weise zum Ausdruck kommt. Wir wünschen uns dagegen eine Haltung, wie wir sie aus traditionellen Gesellschaften in Europa kennen und wie sie in der Architektur von Frank Lloyd Wright, zum Ausdruck gebracht worden ist. Dieser hat unter Berufung auf die traditionelle Gesellschaftsform von Wales als Ziel seiner Architektur angeführt, sie solle den Menschen die optimale Möglichkeit zu allgemeiner und umfassender Entfaltung des Lebens bieten.[297]

297 Zur Einführung in dieses Thema und zu einem ersten Kennenlernen von Frank Lloyd Wright empfehlen wir dessen Biographie von Robert Carter aus dem Jahre 2006.
Lewis Mumford hat die Gefahr dieser Art von westlicher Zivilisation und ihrer Folgen gut erkannt. Hierzu empfehlen wir auf Deutsch „Mythos der Maschine. Kultur, Technik und Macht, von 1986,

Dieses Ziel zeugt von einem deutlichen Kontrast zum deutschen „Existenzminimum" und stellt in unseren Augen einen ernsthaften Ruf nach einem Paradigmenwechsel dar.

Freilich würde ein solcher Paradigmenwechsel eine klare Abwendung von der Politik bedeuten, welche die Staatsraison, also den Sinn unseres Staatswesens, offensichtlich darin sieht, immer mehr Mittel zu erwirtschaften, um für immer mehr „internationale Aufgaben", auch zunehmend für Kriege, wie er seit 2022 in der Ukraine geführt wird, immer größere Mittel zur Verfügung zu haben. So haben wir uns „gerechte Verteilung" von Ressourcen nicht vorgestellt.

Es ist an der Zeit, dieses Verständnis von Staatsraison, das im Wesentlichen in der Renaissance von Machiavelli und anderen Zeitgenossen geprägt wurde, grundsätzlich zu ändern. Wir sehen die grundsätzliche Staatsraison darin, den Wohlstand und die Lebensqualität für die Bevölkerung zu sichern und nach Möglichkeit auszubauen. Dazu gehören auch keine Eroberungskriege für neuen Lebensraum, oder den Kampf um Rohstoffe. Wir wünschen uns die Anwendung wissenschaftlich-technischer Kenntnisse in einem vertraglich einvernehmlich geregelten internationalen Rahmen. Dies sollte es uns als freien Menschen in Deutschland und Europa ermöglichen, im wirtschaftlichen und kulturellen Austausch mit Menschen aus anderen Ländern und Staaten unseren allgemeinen Wohlstand zu sichern und soweit sinnvoll und möglich, zu mehren[298], damit alle eine hohe Lebensqualität geniessen können.

---

ebenso wie seine frühen Bücher, wie »The Story of Utopias«, 1922, »Technics and Civilization« 1934, »The Culture of Cities« 1938, »The Condition of Man« 1944.

298 Als ein Beispiel für diese verfehlte Politik soll hier die Gesundheitspolitik dienen. Es gibt wohl keine Generation mehr, die nicht von der sogenannten „Reform des Gesundheitssystems" gehört, und

Nach unserem Verständnis, das wir hier kurz skizziert haben, würde ein Paradigmenwechsel darin bestehen, die Bevölkerung sich so entwickeln zu lassen, wie sie es eben tut. Den Menschen sollten Informationen angeboten werden, um ihnen zu ermöglichen, über Bevölkerungswachstum offen und mit wachsendem Wissen zu diskutieren. Es geht darum, über unterschiedliche Regeln der gesellschaftlichen Gestaltung nachzudenken und mit anderen darüber zu diskutieren, um zu sehen, welche Regeln am Ende besser für Europa wären. Das Bevölkerungswachstum ist ein Teilsystem des Gesamtsystems „Gesellschaft. Solche selbst-regulierenden Systeme können sich nicht selbst regulieren, wenn ständig mit Vorschriften und externem Druck eingegriffen wird. Es gilt hier das Prinzip: je weniger Vorschriften und Druck von aussen, desto besser gelingt es dem System, sich selbst zu regulieren. Wichtig also ist, dass die Politik nicht in einer Weise eingreift, auch nicht unter dem Druck wirtschaftlicher Lobbyverbände, dass Probleme, wie der Bevölkerungszuwachs, durch externe Massnahmen noch gefördert wird.

Wir sind uns einig, dass die Finanzierungslücke, die sich bei einer abnehmenden Bevölkerungszahl möglicherweise auftut, dann über einen kontinuierlichen Produktivitätszuwachs ge-

---

auch darunter gelitten hat. Vermutlich wird diese Art von Reform die kommenden Generationen weiterhin „beschäftigen".
Im Bereich der Umweltpolitik möchten wir darauf verweisen, dass es praktisch keinen Fluss, oder Bach mehr gibt, aus dem frisches Wasser das ganze Jahr über bedenkenlos getrunken werden könnte. Dort wo dies nicht durch industrielle Umwelt verursacht wird, geschieht es durch die Menschen, die in immer grosser Zahl die Gewässer und Meere belasten und über nachhaltige Masse hinaus nutzen. Dies ist inzwischen ein weltweites Phänomen. Eine gelungene Umweltpolitik würde zu anderen Ergebnissen führen.

schlossen werden muss. Das bedeutet in der Konsequenz, dass jeder aktive Mensch im Produktionsprozess einen immer stärker wachsenden Produktionsüberschuß erzielen muss. Das ist die Herausforderung, die aber technisch ohne größere Schwierigkeiten lösbar ist und uns auch sozial keineswegs überfordern wird. Höhere Produktivität durch Einsatz von intelligenteren Maschinen und Technologien ist der bisher bekannte normale Weg wissenschaftlich-technischer Entwicklung gewesen. Seit einigen Jahrzehnten jedoch hat der Produktivitätszuwachs in Deutschland und Europa stark nachgelassen.[299] Dies zeigt, dass wir auf einem falschen Weg angekommen sind, dass wir unser bisheriges Paradigma ändern müssen.

Derzeit verwenden wir die Gewinne aus dem Produktivitätszuwachs dafür, um die immer höheren Kosten für Einwanderung zu decken, mit allen Folgeproblemen, wie höheren sozialen Kosten, größerem Aufwand für Bildung, Gesundheit und Infrastruktur, stärkerem Druck auf die Umwelt.

Gleichzeitig muss bei der Lösung auch noch der positive Effekt berücksichtigt werden, dass die Finanzierungskosten für die Gesellschaft bei einer abnehmenden Bevölkerung abnehmen werden, und zwar in beträchtlichem Masse. Bei abnehmender Bevölkerung werden weniger Krankenbetten, weniger KITA Plätze, weniger Schulen und Plätze an Universitäten benötigt. Ebenfalls werden weniger Investitionen in die gesamte Infrastruktur, wie Strassen, Verkehr und Umwelt benötigt.

Wie wir sehen, würde ein Paradigmenwechsel in Bezug auf den demographischen Wandel also zu einer „win-win" Situation führen. Alle könnten dabei etwas für sich gewinnen.

---

299 Hier sei nur eine aus vielen möglichen Quellen genannt. Im Economic Policy Brief des VFA – Verbandes der Forschenden Pharmaunternehmen heisst es dazu am 22. Juni 2023: „Produktivität: Deutschlands Industrie rutscht ins internationale Mittelmaß". https://www.vfa.de/de/wirtschaft-politik/macroscope/

Der Schlüssel zur Lösung[300]

Die Lösung besteht also sicher nicht in einem weiteren Bevölkerungswachstum durch immer weitere Immigration, die zu einer zunehmenden Verschlechterung der sozialen Situation in Deutschland und in Europa führen würden. Das dürfte inzwischen jedem aufmerksamen Beobachter der sozialen und wirtschaftlichen Veränderungen, die wir über die letzten Jahrzehnte erlebt haben, einleuchten.

Der Schlüssel zur Lösung auf die Herausforderungen durch demographische Veränderungen besteht vielmehr in einer Berufung auf die eigenen Kräfte, in das Vertrauen darauf, durch das eigene Genie der Menschen in Deutschland und in Europa, den Wohlstand und die Lebensqualität zu sichern und sogar noch zu mehren. Dies verlangt nach einer kontinuierlichen, intelligent geführten, wissenschaftlich-technisch induzierten Produktivitätssteigerung. Eine intelligente Produktivitätssteigerung kann den Wohlstand vermehren. Diese Zusammenhänge zur Produktivität kennt jeder gute Unternehmer. Jeder gebildete moderne Mensch mit gesundem Menschenverstand kann das verstehen und kann es bestätigen.

Wir brauchen dazu keine Erhebung, Umfrage, oder Studie zu machen, um zu wissen, dass unsere Ingenieure, unsere Unternehmen in der Lage sind, die Produktivität in den Produktions- und Wirtschaftseinheiten zu steigern. Das kann uns VW ebenso bestätigen, wie Audi, ABB, BMW, Bosch oder Siemens. Das können uns der gesamte Mittelstand und die erfolgreichen Familienunternehmen in Deutschland und Europa bestätigen, die seit Jahrzehnten die Herausforderung der

300 Ein geniales Buch hat René Egli schon 1994 verfasst, das „Lola-Prinzip. Die Vollkommenheit der Welt", in dem auf überzeugende Weise aufgezeigt wird, wie Paradigmenwechsel möglich sind.

Produktivitätssteigerung angenommen haben, die aber gegen die Effekte einer gegenläufigen Politik langfristig nicht ankommen können.

Das Drama besteht aktuell darin, dass die deutsche und europäische Industrie durch eine falsche Politik dazu verführt wird, Produktivitätszuwachs zu verhindern, indem sie zugewanderte, häufig gering qualifizierte Arbeitskräfte in die Arbeitsprozesse einbindet. Dadurch sinkt letztlich die Produktivität, mit langfristig fatalen Folgen, wie die zunehmenden Wirtschaftskrisen und die wachsenden sozialen Probleme zeigen.

Zusätzlich müssen die Länder Europas und ihre Gesellschaften zunehmend Mittel aufwenden, um gegen die Folgen des demographischen Wachstums anzukämpfen. Die Industrie und die Menschen, die in ihr tätig sind, müssen letztlich das aufwendige und kostentreibende Bevölkerungswachstum, das durch die Immigration verursacht wird, finanzieren. Der größte Teil der Bevölkerung hat nichts davon.[301] Im Gegenteil, die drohende Altersarmut ist ein reales Problem, geschaffen durch den aktuellen Irrweg, den unsere Politik beschreitet. Die Bildungseinrichtungen und die Gesundheitsversorgung verlieren immer weiter an Qualität und die öffentliche Infrastruktur, Bahn und Strassen, verfällt in einem bedrohlichen Ausmaß.

Ein gelungener Paradigmenwechsel hätte das verhindern können. Dieser Paradigmenwechsel hätte darin bestanden, den durch Einsatz von immer besseren technischen Mitteln und intelligenten Verfahren ermöglichten Produktivitätszuwachs und die erreichten Steigerungen in der Effizienz von

---

301 Hierzu Christoph Butterwegge, „Die zerrissene Republik. Wirtschaftliche, soziale und politische Ungleichheit in Deutschland", Beltz Juventa Weinheim, 2019.

Produktion und Management für die Bevölkerung in den Ländern Europas einzusetzen. Das hätte zu wunderbaren Ergebnissen führen können, zu einer grandiosen Steigerung des Wohlstandes und der Lebensqualität für alle, ohne zunehmende soziale Probleme und ohne immer gravierender werdende Umweltbelastungen.

Stattdessen lässt uns die Politik um den toten Götzen des Wachstums der Bevölkerung tanzen. Die Probleme wachsen dabei in Dimensionen, die bald nicht mehr zu beherrschen sein werden.[302]

Unser Aufruf: Verantwortung übernehmen und Handeln

Wichtig und gut wäre es, jetzt endlich zu handeln, um den Paradigmenwechsel zu der Herausforderung des demographischer Wandels einzuleiten und einen anderen, heilsamen Weg zu beschreiten, der uns allen mehr Lebensqualität bringen würde.

Wir meinen, Deutschland und Europa sollten der Welt mit gutem Beispiel vorangehen. Warum haben wir keine Anstrengung unternommen, um der Welt beispielhaft zu zeigen, dass andere Wege möglich sind, dass wir gut leben können in Europa, auf dieser Erde, auch wenn die Bevölkerungszahl in Zukunft abnimmt. Das wäre auch ein Aufruf zu einem Para-

302 Die global zunehmende Zahl der militärischen Auseinandersetzungen und der immer weiter wachsende industriell militärische Komplex, angefeuert durch einen neuen Rüstungswettlauf können als warnende Indizien angesehen werden für die zunehmend aussichtsloser werdende globale Situation. Mit Kriegen werden die Krisen überspielt. Krieg wird so zur ultimativen Krise.

digmenwechsel gewesen im Sinne dessen, was Singapur gezeigt hat: Der Weg von der Dritten Welt zur Ersten ist möglich; für alle Länder, Staaten und ihre Menschen.

Wir haben in diesem Teil des Buches mit dem Essay zur Herausforderung des demographischer Wandels viel Wert auf Hinweise und Beispiele von möglichen praktischen Lösungen gelegt. Die Beispiele aus der deutschen und internationalen Politik sollen belegen, dass Paradigmenwechsel auch unter manchmal schwierigen Bedingungen möglich und machbar sind und zu positiven Ergebnissen führen können.

Es mag auffallen, dass wir dem Aufzeigen der negativen und hinderlichen Kräfte relativ wenig Platz eingeräumt haben. Das läßt sich mit unserer Überzeugung begründen, dass Paradigmenwechsel weder herbeigeredet, noch befohlen werden können. Ein Paradigmenwechsel kommt dann zustande, wenn die Umstände und die richtigen Menschen zur richtigen Zeit zusammenfinden, wenn sich die Kräfte bündeln, um etwas Neues entstehen zu lassen.[303] Wir müssen verstehen lernen, dass dies Prozesse sind, die tief in das menschliche Wesen eingreifen und tiefgreifende Veränderungen für unsere Kulturen bedeuten.

Im gesellschaftlichen Bereich war das 20. Jahrhundert das gewalttätigste der menschlichen Geschichte[304]. Das 21. Jahr-

---

303 In der modernen Physik ist ein Paradigmenwechsel vollzogen in einem Zeitraum worden, der in den letzten Jahrzehnten des 19. Jahrhunderts begann, von Maxwell über Boltzmann und Mach, und der im 20. Jahrhundert über die Wirkungszeiten von Einstein, Bohr, Heisenberg bis zu Pauli reichte, und mit der Formulierung der modernen Quantentheorie abschloss. Dieser Paradigmenwechsel in der Physik war schwer zu erreichen und hat Zeit benötigt, bis er von allen beteiligten Personen schliesslich angenommen wurde. Tobias Hürter hat diesen Prozess des in seinem Buch „Das Zeitalter der Unschärfe (1895-1945)“, von 2021, gut nachgezeichnet.

304 The War of the World: History's Age of Hatred, from Niall Ferguson, 1st Edition, 2009, Penguin.

hundert scheint sich dieser Tendenz anzuschliessen. Gründe dafür haben wir im zweiten Teil unseres Buches aufgeführt. Die retardierenden und destruktiven Kräfte haben in unseren Gesellschaften die Überhand gewonnen und wollen noch nicht weichen. Davor hatte schon Norbert Wiener in seinem gesellschaftskritischen Werk „The Human Use of Human Beings – Cybernetics and Society", gewarnt, in dem er auf die Notwendigkeit der Steuerung von Systemen und Maschinen durch den Menschen verweist. Norbert Wiener sagt es klar und deutlich: Der Mensch kommt nicht umhin und muss immer wieder Verantwortung für seine Zukunft übernehmen. Es ist dieser Ansatz, dem wir hier Rechnung tragen wollen, indem wir an die Verantwortlichkeit des Menschen für die Gestaltung seiner Lebenszusammenhänge appellieren. Wir alle sind hier gefordert.

Auch wenn wir wissen, dass es nicht immer einfach ist, Paradigmenwechsel einzuleiten und auch zu vollziehen, so dürfen wir dennoch nicht vor unserer Verantwortung zurückweichen. Paradigmenwechsel benötigen zu ihrer Umsetzung viel Mut und auch Zeit, bis er von allen beteiligten Personen schliesslich angenommen wird. Wir müssen verstehen lernen, dass dies meist Prozesse sind, die tief in das menschliche Wesen eingreifen und tiefgreifende Veränderungen für unsere Kulturen bedeuten.

Wir sollten auch im 21. Jahrhundert den nötigen Mut aufbringen und nicht nachlassen, die guten Kräfte zu beschwören und auch Wege aufzuzeigen, wie ein Quantensprung durch Paradigmenwechsel für die modernen Gesellschaften zu nachhaltigem Fortschritt und einer qualitativen Verbesserung der Lebensqualität führen kann.

Dritter Teil – Kapitel 2

Zur Entwicklung des kommenden Systems von Global Governance[305]

„Die überwiegende Mehrheit der Menschheit ist natürlich ihr außerwestlicher Teil, und das Paradoxon ist, daß wir Menschen des Westens Leute sind, deren Geschichtsbild noch oft jenem aus der Zeit vor Vasco da Gama gleicht. Ich persönlich glaube nicht daran, daß diese vorsintflutliche, traditionelle Geschichtsauffassung des Westens sich noch lange halten wird. Ich zweifle nicht, daß eine Neuorientierung bevorsteht, und es wird, denke ich, in unserem Falle eine Neuorientierung im buchstäblichen Sinne des Wortes sein"

Arnold Toynbee: „Die Einigung der Menschheit und ihre weltpolitische Zukunft", in: Ausblick auf die Zukunft, Sammelband, 1968.

Hinweis

In diesem Kapitel des Buches werden wir zeigen, wie sich das entstehende System der „Global Governance"[306] durch den

305 Für einen raschen Einstieg in die Thematik empfehlen wir von Helmut Willke, Global Governance, 2006. Dazu auch Michael Zürn: A Theory of Global Governance, Authority, Legitimacy, and Contestation, 2018.

306 Wir verwenden hier durchgehend den englischen Begriff „Global Governance", der auch im deutschen Sprachraum üblicherweise

wirtschaftlichen Aufstieg und die zunehmende politische Bedeutung Chinas mittel- und langfristig ändern wird. Es wird zu einem Paradigmenwechsel im Funktionieren und dem Zusammenspiel der Staaten auf der Erde kommen. Ein neues System der Global Governance ist bereits im Entstehen.

Wir sind uns klar darüber, dass dieser Teil des Buches es verdienen würde, in Umfang und Tiefe weiter ausgebaut zu werden. Wir empfehlen hierzu, dass die Arbeiten zu gegebener Zeit im Rahmen eines grösseren Forschungsprogrammes, vielleicht geleitet durch das Berggruen Institute[307] als einer neutralen Plattform, in Zusammenarbeit mit Universitäten aus verschiedenen Ländern und unterschiedlichen Kulturbereichen unternommen werden.

Unsere Skizze hat dann ihren Zweck erfüllt, wenn sie die Notwendigkeit zu einem Paradigmenwechsel im Bereich der Global Governance ausreichend belegt. Die in diesem Rahmen entwickelten wesentlichen Gedankengänge sollen auch nachdrücklich die Konturen der aktuellen Herausforderungen aufzeigen. Sie sollen eine deutliche Orientierung für künftige Forschungen erkennbar werden lassen.

Es dürfte bis hierher deutlich geworden sein, dass wir in diesem Buch einen konsequenten Bezug zur Kybernetik einhalten. In dieser Konsequenz verfolgen wir die Absicht, die Herausforderungen klar ersichtlich zu machen, vor denen wir stehen, um gleichzeitig brauchbare Hinweise zu geben für die Formulierung von neuen Regeln, nach welchen das kommende System von Global Governance funktionieren sollte.

---

verwendet wird. Im Deutschen würde man dazu sagen „Globale Regierungsführung“, oder auch „regelbasierte globale Ordnung jenseits des Nationalstaates“. Einen Blog bietet hierzu das Wissenschaftszentrum Berlin (WZB) an: https://www.wzb.eu/de/forschung/internationale-politik-und-recht/global-governance.

307 https://berggruen.org/

Einleitung

Zur Orientierung wollen wir diesen Teil des Buches mit einer Arbeitshypothese einleiten, die lautet: Die weitere globale geopolitische Entwicklung wird sich nicht linear weiterentwickeln. Wenn das System von Global Governance für die Mehrheit der beteiligten Länder und Nationen funktionieren und auf Zustimmung stossen soll, dann müssen die Regeln für sein Funktionieren verändert werden. Das hegemoniale System der Global Governance, von dem wir seit einhundert Jahren Zeuge sind, mit dem Prinzip der kriegerischen Auseinandersetzungen als wichtigstem politischen Mittel, wird nicht weiter funktionieren können. Die wesentlichen Gründe dafür sind kulturellen Ursprungs.

Ich habe mich in meinen Gedankenführungen auch von der Imperialismus-Diskussion inspirieren lassen, die in Deutschland schon seit Jahrzehnten um die Veröffentlichungen von Hannah Arendt geführt wird, die nichts an ihrer Aussagekraft verloren haben.[308] Eine Reihe anderer Quellen wurde ebenfalls herangezogen.[309]

Die wesentlichen Begründungen für meine Hypothese aber entnehme ich meinen eigenen, langjährigen Studien und Überlegungen zu dem Thema.

Den direkten Anlass für dieses Essay zum Thema Paradigmenwechsel der Global Governance habe ich den Arbeiten von

---

308 Hannah Arendt: Über den Imperialismus (in: Die verborgene Tradition. Acht Essays, 1976.

309 Zur politischen Relevanz historischer Theorien. Die Imperialismus-Diskussion im Schatten des Kalten Krieges, Bundeszentrale für Politische Bildung, Heft ApuZ 20/1972, Autor: Timothy W. Mason.
s. h. Das Zeitalter des Imperialismus (in Oldenbourg, Grundriss der Geschichte, Band 15). 4. Auflage. München 2000, von Gregor Schöllgen. (hervorragende, umfassende und forschungsnahe Gesamtdarstellung mit 1223 Literaturhinweisen zu verschiedenen Einzelthemen).

Stefan Schmalz[310] entnommen, der in seinen Schriften auf die Besonderheiten der „Nachfolgeregelung“ innerhalb der bisherigen kapitalistischen Ordnung verweist. Die Herausbildung der kapitalistischen Ordnung, wie sie seit Fernand Braudel[311] als verbindlich angenommen wird, hat sich über eine Entwicklungslinie mit drei markanten Schritten vollzogen: a) Ursprung in Italien, während und in Folge der Renaissance; b) dann rasche und globalisierende Weiterentwicklung durch europäische Staaten bis zur Herausbildung der dominierenden Rolle des British Empire im 17. Und 18. Jhd.; und schliesslich c) nach dem Ende des viktorianischen Zeitalters im Jahr 1901, Übernahme des Systems und der Ergebnisse des British Empire durch die USA, mit einer systematischen Weiterentwicklung seiner politischen und wirtschaftlichen Mechanismen und mit kontinuierlicher Steigerung der Dynamik bis in unsere Zeit.

Diese drei Stationen waren bisher wesentlich, wenn wir auch noch eine Vielzahl von Zwischenstationen und Mäandern in dieser Geschichte nennen könnten, die oft sehr wichtig waren, um diese ganze Bewegung des „Kapitalismus“ über die vergangenen 600 Jahre zu befördern.

---

310 Schmalz, Stefan (2015): Chinas neue Rolle im globalen Kapitalismus. In: Prokla 40 (4): 483-503.
Schmalz, Stefan/Ebenau, Mathias: Auf dem Sprung – Brasilien, Indien und China, 2011.
Die Rolle Chinas in den aktuellen Auseinandersetzungen um den Operationsmodus der Globalisierung, in: Zeitschrift für Internationale Beziehungen, 25. Jg. (2018) Heft 2, S. 144 – 163, Jenny Simon.

311 s. h. Fernand Braudel : « Histoire et Sciences sociales : La longue durée », in : Annales, Année 1958, pp. 725-753.
Deutsch als: Die lange Dauer. in: Schriften zur Geschichte, Bd. 1: Gesellschaft und Zeitstrukturen. 1992, S. 49–87. Ganz wichtig in unserem Zusammenhang ist „Die Geschichte der Zivilisation vom 15. bis zum 18. Jahrhundert, 1982, Fernand Braudel. Original als „La dynamique du capitalisme. Paris, 1985. Deutsch als: Die Dynamik des Kapitalismus. 2. Auflage. 1991.

Wir wollen schon an dieser Stelle auf einen sehr wichtigen Punkt hinweisen, der charakteristisch ist für diese Bewegung und Entwicklung des Kapitalismus[312]: Diese Art der „kapitalistischen Zivilisation“ war europäischen Ursprungs und von Europa und den USA, also vom sogenannten „Westen“ getrieben.

Mit dem erneuten Eintritt von China als Akteur der Weltgeschichte[313] seit dem Ende des 20. Jahrhunderts ändert sich dies schlagartig, insbesondere seit dem dynamischen wirtschaftlichen Aufstieg Chinas, der unter der Regierungszeit von Deng Xiaoping eingeleitet worden ist.

Damit sind wir an einem Punkt angelangt, an dem wir unsere einleitende Arbeitshypothese weiter präzisieren können: Da China einem anderen Kulturraum[314], als die westlichen Länder zuzuordnen ist, wird die weitere globale Entwicklung des Kapitalismus und der Global Governance nicht eindimensional europäisch, und damit nicht linear weiterverlaufen. Es

---

312 Wir verwenden den Begriff "Kapitalismus“ hier in einem umfassenden Sinn, der die verschiedenen Dimensionen sozialen, politischen und wirtschaftlichen Handelns einbezieht. Wir sprechen hier also von einem "globalen Entwicklungsprozess" des Kapitalismus.

313 Es gibt zu dem Thema des „neuen“ Eintritts von China in die aktive Gestaltung der Weltgeschichte inzwischen eine große Zahl von Studien und Büchern. Wir wollen hier nur „Die neuen Seidenstraßen, Gegenwart und Zukunft unserer Welt“ von Peter Frankopan, 2018, anführen. Dieses Buch führt auch in die Geschichte der Seidenstraßen, also der Periode der Entfaltung der Handelsbeziehungen und des kulturellen Austausches zwischen Orient und Okzident ein.

314 Mit der Verwendung des Wortes „Kultur“ wollen wir den Umfang der damit verbundenen Forschungsarbeiten nicht auf „Kulturwissenschaften“ beschränken. Vielmehr geht es uns darum, für die Forschungen zum Thema Global Governance ein Feld der wissenschaftlichen, historischen Forschung und philosophischen Reflexion zu eröffnen, das ein breites Spektrum relevanter Themen und Bereiche umfassen soll.

wird zwangsweise zu einem Paradigmenwechsel kommen müssen.

Wir sollten hier auch erwähnen, dass in den vergangenen Jahrzehnten Indien zu einem immer wichtiger werdenden Akteur auf der politischen Weltbühne geworden ist. Indien wird sicher ebenfalls die zukünftige Struktur und die Mechanismen des Systems der Global Governance mitbestimmen. Doch während Indien noch auf der Suche nach seiner Rolle in diesem globalen Machtspiel ist, hat sich China bereits als Hauptakteur etabliert.

Diesen notwendigen Paradigmenwechsel hat Oswald Spengler in seiner ausführlichen Einleitung zu dem Buch „Der Untergang des Abendlandes“[315] vorhergesagt und auch näher erläutert. Dort verweist er auch noch auf weitere Kulturräume, die er nicht dem Abendland, d. h. dem Westen, zuordnet. Dazu gehört neben Asien die arabische Welt, aber auch Russland und Lateinamerika. Wir würden auch noch Afrika dazu nehmen wollen, dessen kulturelle Kraft und Bedeutung für die Menschheit immer noch nicht verstanden und grundsätzlich unterschätzt wird.

Im weiteren Verlauf unserer analytischen Darstellung werden wir aufzeigen, weshalb die weitere geopolitische Entwicklung nicht linear ablaufen wird, und weshalb das neue System von Global Governance neuen Regeln folgen wird. Wir werden dabei auch deutlich machen, weshalb die wesentlichen Gründe dafür kulturellen Ursprungs sind.

315 Spengler, Oswald; Der Untergang des Abendlandes, erster Band 1918, zweiter Band 1922.

Um unserer Hypothese zu untermauern und um ihr zu gutem Verständnis zu verhelfen, müssen wir wenigstens kurz den kulturellen Hintergrund der globalen politischen und ökonomischen Entwicklungen in unsere Überlegungen einbeziehen. Der Hintergrund, auf dem sich diese Entwicklung des modernen Kapitalismus vollzogen hat, ist einmal politisch-gesellschaftlicher Natur, und zum anderen entspringt er in entscheidendem Masse der wissenschaftlich-technischen Entwicklung.[316]

Zu den gesellschaftlichen, wirtschaftlichen und politischen Voraussetzungen zur Herausbildung der „modernen Welt" und des Kapitalismus gibt es eine unendliche Zahl von Studien und Büchern[317]. Sie alle aber führen als wesentliche Gründe im geistigen Bereich eine „Säkularisierung" an, also der „Abwesenheit eines Gottes". Dies geht einher mit einem zunehmenden Bewusstsein für die Eigenverantwortung des Menschen für die Gestaltung seiner Lebensbedingungen. Der deutsche Soziologe Max Weber hat dies mit der „Entzauberung der Welt" in Zusammenhang gebracht. Auf der konkret praktischen Seite tritt mit der Herausbildung des modernen Geldwesens ein ganz wichtiger Aspekt in den Vordergrund, wie es u. a. der britische Historiker Niall Ferguson gut und deutlich herausgearbeitet hat[318]. Nennen wir diesen Vorgang

316 Wir verweisen hier zum Einstieg auf „The Renaissance, the Reformation and the Rise of Nations", ein Hörbuch in der Reihe „The Great Courses" produziert von „The Teaching Company", von 2005, von Andrew C. Fix.

317 Zur Einführung in das Thema empfehlen wir „The Renaissance , the Reformation and the Rise of Nations (1348 – 1715)", 2005, von Andrew C. Fix.

318 Von Niall Ferguson, The Ascent of Money, 2008. Selbstverständlich gibt es zu diesem Thema der Geldwirtschaft ebenfalls eine grosse Zahl von weiteren guten Studien.

versuchsweise die Tendenz zur allgemeinen „Kommerzialisierung der Lebenswelt“. Eine dritte wichtige Voraussetzung ist die zunehmende Verrechtlichung des privaten und öffentlichen Lebens, die einhergeht mit einer Herausbildung des Vertragswesens und der Bestimmung des Individuums als Träger von Rechten und Pflichten.

Die entscheidenden Grundlagen für die bisherige Form des Kapitalismus sind in Europa jedoch von den wissenschaftlich-technischen Entwicklungen gebildet worden. Diese haben die Gesellschaften vor immer neue Herausforderungen gestellt. Die Individuen und die Gesellschaften haben die neuen Möglichkeiten genutzt und mussten sich den neu entstandenen Erfordernissen immer wieder anpassen. Der rasante Fortschritt von Wissenschaft und Technologie seit der Renaissance und dem nachfolgenden Zeitalter der Aufklärung haben zu einer grundlegenden Änderung der Lebenswelten in allen Bereichen geführt. Dieser wissenschaftlich-technologische Fortschritt hat sich in einer auffälligen Eigendynamik immer schneller weiterentwickelt. Dynamisiert hat sich diese Entwicklung des wissenschaftlich-technologischen Fortschritts in Europa seit dem Mittelalter mit dem Einsatz von Wasser- und Windmühlen, ging dann nach der Renaissance weiter mit dem Bau von mechanischen Webstühlen und schliesslich der Entwicklung der Dampfmaschine, führte dann weiter über die Produktion und den Einsatz von elektrischer Energie in der industriellen Produktion und für den Bau von immer komplexeren, später dann auch von selbststeuernden Maschinen. In unseren Tagen haben diese wissenschaftlich-technologischen Entwicklungen zum Bau von Automobilen, Flugzeugen, Atomkraftwerken, Satelliten und Raumfahrzeugen geführt, und haben schliesslich mit moderner Kommunikationstechnologie und den Social Media alle Lebensbereiche erobert. Diese Entwicklung ist inzwischen global geworden und scheint in der heutigen Zeit unaufhaltsam, mit dem Einsatz von Robotik und Künstlicher Intelligenz (KI) einem zukunftsweisenden, sehr dynamischen Vektor zu folgen. Diese Beobachtungen sind heute nur noch ein Gemeinplatz und niemand wird die umwälzende Bedeutung dieser Entwicklungen für die Menschheit ernsthaft abstreiten wollen.

Wir sind uns ebenfalls darin einig, dass die wirtschaftliche Entwicklung sich dieses Potentials moderner Wissenschaft und Technologie schon bisher bedient hat und es auch in Zukunft zu seiner Fortentwicklung weiter nutzen wird. Auch das ist angesichts der aktuellen Entwicklungen ein Gemeinplatz. Der Grund hierfür ist die Allgemeingültigkeit der wissenschaftlichen Gesetze; das, was Buckminster Fuller die „universal principles“ nennt. Wir wollen hier zur Erinnerung nur noch einmal kurz auf das universelle Prinzip der Rückkoppelung hinweisen, wie es in der Kybernetik Anwendung findet. Dort werden Kommunikation und Beobachtung als die grundlegenden menschlichen Kompetenzen und systemtheoretischen Funktionen angesehen, die bei der Steuerung sowohl von Maschinen, wie auch bei der Gestaltung von Gesellschaften zur Anwendung kommen.[319] Aus dem dynamischen Zusammenspiel dieser grundlegenden menschlichen Kompetenzen und systemtheoretischen Funktionen speist sich die weitere Dynamik des wissenschaftlich-technologischen Fortschritts. Die allgemeine Gültigkeit der universellen Prinzipien sind für die Linearität dieser Entwicklung verantwortlich.

Aber, und hier setzen wir mit unserem Ansatz einer nichtlinearen Entwicklung des globalen Kapitalismus und des

319 Hierzu empfehlen wir den Beitrag von Arthur Koestler „Jenseits von Atomismus und Holismus – Der Begriff des Holons“, in „Das Neue Menschenbild – Die Revolutionierung der Wissenschaften vom Menschen“, 1970, Hrsg. Arthur Koestler und J. R. Smythies.

neuen Systems von Global Governance ein, Kulturen folgen in ihrer Entwicklung nicht dem universellen Prinzip von Kausalität oder den Gesetzen der Thermodynamik. Die Beziehungen zwischen Staaten folgen Regeln, wie wir sie aus der Spieltheorie kennen, also von Bewegungen innerhalb eines Systems von Korrelationen und dynamischen Wirkungszusammenhängen. Solche Systeme hängen nicht nur von physischer Kraft und Energie ab, sondern sehr stark von menschlicher „Willenskraft“, [320]wie wir bereits in den frühen Tagen des 20. Jahrhunderts aus der wissenschaftlichen Forschung über selbstregulierende Systeme gelernt haben. Es geht also bei Global Governance um offene Beziehungen und um das Zusammenwirken von Akteuren mit unterschiedlichen Vorstellungen und Interessen. Kausalgesetze können hier nicht, oder nur sehr eingeschränkt, in strategischen Modellen oder Simulationen zur Anwendung kommen. Deshalb wird sich das neue System der Global Governance nicht in linearer Folge weiterentwickeln, wie das für den Bereich von Wissenschaft und Technologie gilt. In dem Bereich, der entscheidend ist für die geopolitische Organisation auf unserem Planeten Erde, wird es zu einem Paradigmenwechsel durch die Entwicklung und Anwendung neuer Regeln kommen müssen.[321]

Der kommende Paradigmenwechsel betrifft das gesamte System der Global Governance, also der Regelung von Me-

---

320 In den Schriften von Alwin Mittasch, ehemaliger Forschungsdirektor der BASF, finden wir aufschlussreiche Überlegungen in seiner Schrift „Katalytische Kraft, Lebenskraft, Willenskraft“, S. 285 ff., in dem Band „Von der Chemie zur Philosophie“, 1948.

321 Wir geben Autoren wie Hellmut Willke, Global Governance, 2006, durchaus recht, dass diese Transformation des Systems der Global Governance mit dem Entstehen einer „Wissensgesellschaft“ zu tun hat. Nach unserem Verständnis wird „Wissen“ jedoch zu keiner „Instanz“ werden, die bei den Entscheidungen zum Funktionieren das „Recht“ als Instanz ablösen könnte.

chanismen, Institutionen und Organisationen der internationalen Zusammenarbeit. Für das erfolgreiche und friedliche Zusammenwirken der Länder und Nationen innerhalb der „Weltgesellschaft" (engl.: *global society*) werden neue Regeln gefunden und ins Werk gesetzt werden müssen, um langfristig ein gedeihliches Zusammenleben der Menschen auf unserem Planeten zu ermöglichen.

Es wird ein neues System der Global Governance entstehen, das nicht in linearer Form aus dem bisherigen, europäisch geprägten Muster entstehen wird, ihm nicht im Sinne eines Kausalzusammenhanges folgen wird. Es werden andere Faktoren aus anderen Kulturen ins Spiel kommen, so dass dieses neue System der Global Governance schliesslich eine neue Struktur und Form erhalten wird.

Die wirtschaftliche Nutzenmaximierung als Prinzip des liberalen Kapitalismus, mit seiner Betonung von Individualismus und der Herausbildung von hierarchischen Systemen und Strukturen, die wiederum den Prinzipien von Dominanz und Herrschaft gehorchen, wird im Bereich der Global Governance nicht in seiner bisherigen Form Gültigkeit behalten können. Das europäische Modell der Global Governance, das auf Macht und Geld als den entscheidenden Instanzen, sowie auf der entscheidenden Regel des Nullsummenspiels (*the winner takes it all*) aufgebaut ist, wird schon in relativ naher Zukunft durch andere Formen ergänzt, und in ferner Zukunft wohl durch ein gänzlich neues Konzept der Global Governance ersetzt werden. So lässt sich unser Verständnis zu dem bevorstehenden Paradigmenwechsel an dieser Stelle zusammenfassen.

Eine wichtige Rolle bei diesen Betrachtungen spielt dabei die „Übergabe" der bisherigen Form des Kapitalismus, also der Herrschaft durch Macht und Geld, an die jeweils nachfolgende Nation. Diese „Übergabe" ist bisher einem linearen Schema gefolgt, solange sie innerhalb der europäischen und westlichen Welt vollzogen worden ist. Bei dieser linearen Übergabe zur Fortführung des kapitalistischen Systems auf neuer „höherer" Stufe wurde das Fortschreiten innerhalb von Europa und später auch den USA jeweils durch Hinzufügen von neuen und innovativen Elementen und Komponenten bewirkt. Solange diese „Übergabe" innerhalb desselben Kulturkreises vollzogen wird, in dem weitgehend identische Regeln gelten, konnte das Fortschreiten entlang einer direkten und nachvollziehbaren Linie, also linear erfolgen.

Vereinfacht lassen sich diese bisherigen Schritte, oder Etappen, wie folgt darstellen: die Niederlande haben dem reinen Handelskapitalismus von Venedig und der Kapitalbildung durch Gold- und Silber aus Südamerika durch Spanien noch ein ausgefeiltes Geld- und ein innovatives Finanzwesen als treibender Kräfte hinzugefügt. England hat dieses System durch die „indirect Rule", also eine zivilisierte Form des Kolonialismus (im Gegensatz zum spanisch-portugiesischen) neu gestaltet und auf der Produktionsseite den Manchesterkapitalismus hinzugefügt, also die wertschöpfende Verarbeitung von Rohstoffen, oft unter entsprechendem Einsatz und brutaler Ausbeutung von Menschenkraft. Das britische Finanzsystem war im Wesentlichen eine Weiterführung und Verbesserung des niederländischen Zentralbank- und Bankensystems. Als das britische System, das inzwischen zu einem europäischen Kolonialismus geworden war, an dem „Imperialismus der anderen", insbesondere von Deutschland, zerbrach, haben die USA diese wesentlichen Elemente des britischen Systems übernommen und durch den Ford-Kapitalismus (consumptive production und „Wohlstand für alle") und den forcierten weiteren Ausbau der militärischen Dominanz ergänzt.

Diese lineare Entwicklungslinie des globalen Kapitalismus gilt weitgehend ungebrochen, solange sie nur den europäischen Kulturraum betroffen hatte. Diese lineare Entwicklungslinie galt bisher sowohl für den Bereich von gesellschaftlicher Organisation, wie auch für die Entwicklung von Wissenschaft und Technologie.

China hatte erst einmal keine Wahl, als sich mit dem Ziel seiner wirtschaftlichen Entwicklung in dieses lineare Entwicklungsschema einzupassen. Damit wurde im Rahmen seiner eigenen Möglichkeiten, die Entwicklung zum sozialistischen „Shenzhen-Kapitalismus"[322] eingeleitet, um damit neue Perspektiven für das Land zu eröffnen. Wir sind uns einig darüber, dass das insgesamt sehr gut gelungen ist. Bis dahin also folgt die kapitalistische Entwicklung auch in China im Bereich der wirtschaftlichen Entwicklung, der vom Potential des wissenschaftlich-technologischen Fortschritts getragen ist, dem europäischen, linear-kumulativ geprägten Modell.

Wir treffen aber eine andere Situation an, wenn es um die Regelung gesellschaftlichen Zusammenlebens, oder um die Regelung von zwischenstaatlichen Beziehungen, also um internationale Beziehungen geht. Treten wir zur Regelung internationaler Beziehungen in einen neuen Kulturkreis ein, dann gilt die Linearität der Entwicklung nur noch für die wirtschaftliche Entwicklung und Handel. Für den Bereich der gesellschaftlichen Entwicklung und für das System von Global Governance gilt diese Linearität der Entwicklung aber nicht mehr. Wissenschaft und Technik folgen universellen Prinzipien und Gesetzen. Kulturen aber unterscheiden sich in den Regeln, nach denen sie das Zusammenleben ihrer Mitglieder gestalten.

322 Hierzu "Shenzhen – Zukunft Made in China: Zwischen Kreativität und Kontrolle", 2021, Frank Sieren. Oder auch „Zukunft? China!: Wie die neue Supermacht unser Leben, unsere Politik, unsere Wirtschaft verändert", 2020, Frank Sieren, Josef Vossenkuhl, et al.

Transformation des Systems der Global Governance

Nach unserem Verständnis wird also die wirtschaftliche Entwicklung des Kapitalismus bis auf Weiteres erst einmal dem bisherigen Schema folgen.[323]

Anders aber sieht es mit der Global Governance aus, bei der es, nach bisherigem Verständnis, sich um den „Kampf um Macht und um Geld“[324] handelt.

Wie wir im ersten Teil des Buches angeführt haben, ist die ökonomische Vorherrschaft im Kapitalismus, spätestens nach dem Ersten Weltkrieg explizit auch an politische und hegemoniale Macht gebunden worden. Das war schon zur Zeit des British Empire so, mit seiner eindeutigen Dominanz über die Meere und den maritimen Handel, wurde aber von den USA nach 1919 grundsätzlich zum Prinzip ihrer Politik erhoben. Handels- und internationale Wirtschaftspolitik sowie globale Sicherheitspolitik waren seitdem immer eng verwoben.

Interessant zu beobachten ist auch, wie es immer wieder zu einer Art von „Interregnum“ kam. Darauf weist ebenfalls Stefan Schmalz in seiner Arbeit hin, die wir in der Einleitung erwähnten. Die nachfolgenden Stufen in der kapitalistischen Entwicklung waren also auch von Lernprozessen und entscheidenden Anpassungen geprägt. Es gab kein vorliegendes Schema, das hätte genau befolgt werden können. Als die USA

323 s. h. von Immanuel Wallerstein „The Capitalist World-Economy, 1979. Sie dazu „Aufstieg und zukünftiger Niedergang des kapitalistischen Weltsystems. Zur Grundlegung vergleichender Analyse. In: Senghaas Dieter (Hrsg.): Kapitalistische Weltökonomie. Kontroversen über ihren Ursprung und ihre Entwicklungsdynamik, 1979 und 1982.

324 Geld als Finanzkraft, als Potential zur Finanzierung von politisch gewollten Entwicklungen.

Anfang des 19. Jhd. die Monroe-Doktrin verabschiedet haben, da wussten sie noch nicht, dass sie 150 Jahre später zur Absicherung und zum Ausbau ihrer globalen Herrschaft das System von Bretton Woods benötigen würden.

Wir wollen unsere Überlegungen mit noch mehr Klarheit ausstatten und den „innovativen Druck“ näher erläutern, der bei der kommenden Transformation des Systems von Global Governance entstehen wird. Deshalb wollen wir hier eine Einschiebung machen, die sich auf Ergebnisse und Überlegungen aus der Geschichtswissenschaft, aber auch aus Studien und Quellen zur „Besonderheit der chinesischen Wissenschaft“ und zum „Wissenschaftlichen Universalismus“[325] bezieht.

Es gibt bereits eine umfassende wissenschaftliche Diskussion zu diesem Thema der Transformation des Systems von Global Governance.[326] In unserem Zusammenhang wollen wir erst einmal nur kurz auf zwei wichtige Vordenker und Historiker aus Europa verweisen, um deutlich zu machen, auf welchem Grund unsere Überlegungen gewachsen sind.

Dazu wollen wir zuerst auf den Zusammenhang von Transformation und Geschichte hinweisen. Wir müssen uns klarmachen, dass wir uns bei einer Betrachtung von gesellschaftlichen Transformationen im „historischen Raum der Zeit“ bewegen. Deshalb halten wir es für unabdingbar, unser Verständnis von „Zeit“ wenigstens ansatzweise zu klären, um zu einem nachvollziehbaren Verständnis der erwarteten Trans-

325 Wir verweisen hier auf die vielfältigen und tiefgründigen Arbeiten von Joseph Needham zu diesen Bereichen. Das Needham Research Institute hat unter seiner Leitung seit 1954 eine Buchreihe „Science and Civilisation in China“ zur Wissenschafts- und Technikgeschichte in China veröffentlicht.

326 Hierzu: https://de.wikipedia.org/wiki/Global_Governance. Dann auch im deutschsprachigen Bereich: https://www.wzb.eu/de/forschung/internationale-politik-und-recht/global-governance.

formation des bestehenden Systems von Global Governance zu gelangen.

Hierzu können wir Reinhart Koselleck viele gute und nützliche Gedanken zum Zeitbegriff und zur „geschichtlichen Zeit" entnehmen[327]. Bei Christopher Clark sehen wir intelligente und weiterführende Ausführungen zu den Überlegungen von Koselleck, z. B. in seinem Buch „Zeit und Macht"[328]. Beiden Wissenschaftlern und Autoren können wir wichtige Gedanken zum Begriff von „Zeit" im historischen Kontext entnehmen. In ihren Studien und Büchern belegen sie die Bedeutung der unterschiedlichen Wahrnehmung des „historischen Raumes der Zeit", also der geschichtlichen Zeit, und dem Raum, als Terrain (geo-)politischer Entfaltung, für die Konzeption politischer Verfassungen, die Steuerung von Entscheidungsprozessen und die Gestaltung internationaler Beziehungen im deutschen und europäischen Raum.[329] Die Untersuchungen beider Autoren beziehen sich im Wesentlichen auf den deutschen und europäischen Kulturraum.

Wir müssen für unsere Belange die Überlegungen dieser Wissenschaftler und Autoren jedoch noch ergänzen, indem wir ihr grundsätzlich richtungsweisendes Verständnis aus dem europäischen Kontext herausheben. Denn Europa und seine Geisteswelt werden in Zukunft nicht mehr der ausschliessliche globale Maßstab und das Muster sein, nach dem die Nationen auf unserer Erde ihre Mechanismen und Regeln des Zu-

---

327 S. h. „Vergangene Zukunft. Zur Semantik geschichtlicher Zeiten", 1989, Reinhard Koselleck.

328 „Von Zeit und Macht", 2910, Christopher Clark

329 Für Frankreich hat der Historiker March Bloch in seinem Meisterwerk „Die Feudalgesellschaft", Neuausgabe 2019, Französisches Original von 1939, die historische Geburt Frankreichs in dem als Hexagon bezeichneten Raum mit seinen sozialen und wirtschaftlichen Strukturen nachgezeichnet.

sammenlebens gestalten werden. Darauf weist schon Oswald Spengler hin[330], wenn er von dem „ptolemäischen System der Geschichte“ spricht, in dem „die hohen Kulturen ihre Bahnen“ um den „Westeuropäer“, als „dem vermeintlichen Mittelpunkt alles Weltgeschehens“, ihre Bahnen ziehen. Er sieht also schon vor dem Ersten Weltkrieg voraus, dass durch die „kopernikanische Entdeckung im Bereich der Historie...ein System an seine Stelle tritt, in dem Antike und Abendland, neben Indien, Babylon, China, Ägypten, der arabischen Kultur, die als Einzelwelten im Gesamtbilde der Geschichte ebenso schwer wiegen,...eine in keiner Weise bevorzugte Stellung einnehmen“.

Zur Ergänzung unserer Argumentation wollen wir hier noch ganz kurz einen Gedanken aus der Organisationstheorie aufgreifen. Dort ist der Begriff der Kultur schon lange geläufig und es werden unterschiedliche Modelle diskutiert, um zu verstehen, welche Bedeutung „Kultur“ in Organisationen hat. Es besteht allgemein Einigkeit darüber, dass „Grundwerte“ und „Glaubenssätze“ darüber entscheiden, wie die Welt gesehen wird und wie das Leben darin am besten und sinnvollsten gestaltet wird. Im Deutschen spricht man dafür oft von „Weltanschauung“, also von der jeweils besonderen Art, wie Dinge, Menschen und die Welt im Zusammenhang gesehen werden. Diese „Grundwerte“ und „Glaubenssätze“ können je nach Kultur sehr unterschiedlich geprägt sein. Eine solche, kulturell geprägte Organisationsform wird dann auch häufig als Paradigma bezeichnet, also als eine besondere gesellschaftliche Form mit bestimmten Werten und Regeln, die historisch entstanden sind. Es besteht auch Einigkeit darüber, dass diese Organisationsformen sich ständig wechselnden Umständen und Druck aus der Umwelt, aber auch verursacht durch Ver-

330 In Kapitel 6 der Einleitung zu „Der Untergang des Abendlandes“, Original 1918, die zitierte Ausgabe von 1922.

halten der internen Akteure des Systems, anpassen müssen, um zu überleben. Es kommt also immer wieder zu Veränderungen, ohne die kein System überleben kann. Dies ist ein bekannter Grundsatz aus der Kybernetik.[331]

Diesem Druck zur Anpassung ist in der aktuellen Situation das System der Global Governance in besonderem Masse ausgesetzt. Die ständig lodernden und immer wieder aufflammenden Kriege und Auseinandersetzungen widersprechen den Grundsätzen von ökonomischer Effizienz für die Mehrheit der Länder und Nationen auf der Erde. Unipolare und hegemoniale Strategien können aus der Perspektive einer globalen Welt und des Anspruchs auf friedliche Regelung des Zusammenlebens der Nationen nicht gerechtfertigt werden. Gleichzeitig sind solche Strategien kontraproduktiv im Sinne eines vernünftigen Umgangs mit den vorhandenen Ressourcen, sowie unserer Umwelt auf der Erde, die nicht teilbar ist.

Aus der systemtheoretisch geprägten Organisationstheorie ist bekannt, dass es zu einem Paradigmenwechsel dann kommen wird, wenn eine existentielle Gefährdung einer Organisation auftritt, das System also grundsätzlich gefährdet ist. Nach unserem Verständnis ist eine solche Gefährdung für das „Raumschiff Erde", ein von Buckminster Fuller[332] geprägter

331 In einem Aufsatz von Niall Ferguson, der am 31.12.2021 in der NZZ unter dem Titel „Eine Nation ist kein Individuum, und ein Individuum ist keine Nation" veröffentlicht worden ist, räumt er auf überzeugende Weise mit einer der ältesten Vorstellungen im politischen Denken des Westens auf, die eine Analogie zwischen dem einzelnen Menschen und dem politischen Körper der Gesellschaft annimmt. In demselben Sinne weisen wir die Analogie zwischen wissenschaftlich-technischem Fortschritt und gesellschaftlicher Entwicklung zurück.

332 "Operating Manual for Spaceship Earth", 1969, von Buckminster Fuller. "Bedienungsanleitung für das Raumschiff Erde", deutsche Übersetzung.

Begriff, nicht mehr zu leugnen. Die Menschheit steht also vor der Herausforderung, ein neues Paradigma, eine neue Form und neue Regeln für das System von Global Governance zu entwickeln. Im Sinne der Kybernetik ist davon auszugehen, dass weder die nötigen Prozesse vollkommen planbar sein werden, noch dass die Ergebnisse vorhersehbar sein werden. Dies ist ein typischer Fall eines „offenen Systems", wie es von Karl Popper in den Jahren nach dem Zweiten Weltkrieg beschrieben und im Einzelnen ausgearbeitet worden ist[333]. Der sich anbahnende und unaufhaltsame Paradigmenwechsel im Bereich der Global Governance wird also unsere ganze Entschlossenheit und unseren unbedingten Einsatz fordern, als unseren Beitrag für die Menschheit und für zukünftiges Leben auf der Erde.

Das zukünftige System der Global Governance: der kulturelle Hintergrund

Unsere Aufgabe ist es hier nicht, Theorien von Global Governance zu diskutieren, also mögliche Modelle vorzustellen. Wir wollen hier aber darauf hinweisen, dass all die Diskussionen, die im westlichen Wissenschaftsbereich zu dem Thema geführt werden, grundsätzlich zu kurz greifen, wenn sie nicht das Wissen und die Diskussionen aus anderen Kulturkreisen hierzu berücksichtigen und mit einbeziehen.

Wir verstehen, dass Wissen und seine Verfügbarkeit einen enorm wichtigen Stellenwert bei diesen Diskussionen um die

333 "The Open Society and its Enemies", 1945. Deutsche Ausgabe in 2 Bänden, "Die offene Gesellschaft und ihre Feinde", 1957 und 1958, von Karl Popper.

Bestimmung eines zukünftigen Systems von Global Governance haben wird. Wir gehen aber nicht davon aus, dass globale politische Steuerung in Zukunft von der bisherigen Logik der Macht durch die Logik des Wissens ersetzt werden wird[334]. Es wird vermutlich gar nicht zu einer globalen Legislative, als einer zentralen legislativen Instanz kommen, die allen Menschen vorschreiben wird, demselben Recht zu gehorchen und nach ihm zu funktionieren[335]. Es wird vermutlich kollektiv verbindliche Regeln geben, vielleicht Verhaltensregeln oder Prinzipien, aber kein kollektiv verbindliches Recht.[336] Wie wir alle wissen, muss Recht ausgelegt werden und funktioniert nicht automatisch. Daher wird wieder Kultur ins Spiel kommen, um Gesetze in ihrem spezifischen Kontext zu interpretieren.

Wir gehen vielmehr davon aus, dass auf der Ebene von Global Governance alles nach den Regeln von Diskursen, also entsprechend von Regeln, welche die Kommunikation und die Prozesse der Entscheidungsfindung steuern, entschieden werden wird. Auf nationaler Ebene mag weiterhin die Legislative die Politik bestimmen, aber auf der globalen Ebene werden andere Regeln gelten müssen. Auch werden internationale Organisationen keine exekutiven Funktionen übernehmen können. Die Staatengemeinschaft wird Aufträge zur Umsetzung von Entschei-

---

334 Wir beziehen uns hier auf „Global Governance", 2006, von Helmut Willke, der dort auch das Potential von Wissen für das System von Global Governance erörtert.

335 Schon an einer neuen Bewertung des „Rechts" als Handlungskontrolle, sollten wir erkennen, dass die kommenden Änderungen für den Westen eine grosse Herausforderung bedeuten werden.

336 Stephen R. Covey hat in seinem Bestseller „Die 7 Wege zur Effektivität", Original von 1990, deutsch 1996, ein solches prinzipiengeleitetes Verhaltensmodell vorgestellt. Dort spricht auch er von der Notwendigkeit einen Paradigmenwechsel im Denken und Handeln einzuleiten.

dungen an internationale Organisationen delegieren können. Diese werden aber keine permanenten Exekutiv-Funktionen erhalten. Die Erfahrung am Beispiel von WHO (Welt-Gesundheitsorganisation der UNO), IWF (Internationaler Währungsfonds; Teil des Bretton Woods Systems) und Weltbank hat gezeigt, dass die internationalen Organisationen durch Druck von einzelnen Nationen, oder von Zahlmeistern aus der Wirtschaft und von Lobbyverbänden geneigt sind, ein Eigenleben zu führen, das sich tendenziell immer der Kontrolle durch das System von Global Governance entziehen wird.

Es wird nicht ausreichen, die Ressourcen der Politik von Macht und machtbasierter Entscheidung über Geld um die Ressource Wissen zu erweitern, um die politische Steuerung durch das System von Global Governance im Kontext von Weltgesellschaft und Wissensgesellschaft erfolgreich werden zu lassen. Wissen ist nicht abstrakt, sondern wird dialogisch erzeugt, durch Übereinkunft und Zustimmung. Wissen und Werte sind auch kulturell begründet und können daher nicht als abstrakte Kausalfaktoren zur politisch erfolgreichen Steuerung durch das System der Global Governance im Kontext der Weltgesellschaft und der Wissensgesellschaft verwendet werden. Natürlich werden Subsidiarität und Entscheidungsbefugnis auf lokaler und regionaler Ebene erforderlich sein. Ironischerweise war dies Teil des politischen Ansatzes der EU unter Jacques Delors. Es passte jedoch nicht in die Erwartungen an eine „effiziente Führung" des US-Hegemon und wurde nur angewendet, solange es nicht den Interessen der USA widersprach.

Die Grenzen aktueller Vorschläge zum kommenden System von Global Governance liegen darin begründet, dass die westlichen Sozial- und Geisteswissenschaften gegenwärtig immer noch unter dem Einfluss eines orthodoxen methodologischen und konzeptionellen Individualismus stehen. „Der Fürst muss souverän über sein Schicksal entscheiden", wie es Machiavelli in seinem „Il Príncipe" sagte. Sie können sich nicht vorstellen, oder wollen sich nicht darauf einlassen zu sehen, dass die globalen Netzwerke und kulturell differenzierten Bedingungen neue Regeln zu ihrer Steuerung erfordern. Nur unter dieser Voraussetzung wird das neue System von Global Governance die Wirksamkeit kollektiver Intelligenz entsprechend von grundlegenden Mustern der menschlichen Kommunikation, wie sie aus der Kybernetik bekannt sind, zum Tragen zu bringen können.

Die Herausforderung der Schaffung eines neuen Systems der Global Governance wird in China bereits gut verstanden. Dort gibt es dazu inzwischen eine breite, offene und lebhafte Diskussion, die jedoch zum grossen Teil von Chinesen und in China geführt wird. Das Berggruen Institute fördert diese Diskussion in China durch die Finanzierung einer offenen wissenschaftlichen Plattform. In Deutschland hat sich schon sehr früh Richard Wilhelm dazu geäussert[337]. Auch britische Historiker, wie Arnold J. Toynbee in seinem „Gang der Weltgeschichte" haben das Wort dazu ergriffen, allerdings meist noch mit begrenzten Zugang zu wissenschaftlicher Literatur aus China. In der aktuell von Chinesen geführten Diskussion ragt Zhao Tingyang mit seiner Darstellung des „Tianxia"[338] als einem Modell zukünftiger Global Governance hervor.

---

337 z. B. in seinem kleinen Büchlein „Weisheit des Ostens", von 1951.

338 Deutsche Ausgabe „Alles unter einem Himmel -Vergangenheit und Zukunft der Weltordnung", 2019, Zhao Tingyang. Das Konzept des Tianxia hat ZHAO erstmals 2005 in einer Monographie detaillierter zu explizieren versucht. In diesem Buch befindet sich eine ausführliche Bibliographie zu dem Thema. Im Januar 2016 ist eine neue Fassung seiner Tianxia-Theorie erschienen (Tianxia de dangdaixing: Shijie zhixu de shijian yu xiangxiang 天下的当代性：世界秩序的实践与想象, Zhongxin chubanshe).

Aus unserer Perspektive stammt der entscheidende Beitrag von Seiten der westlichen Wissenschaft von Joseph Needham. In den schon genannten Schriften und Büchern zum „Wissenschaftlichen Universalismus“ hat er einen Aufsatz mit dem Titel „Time and Eastern Man“ veröffentlicht. Needham schreibt darin: „Ich glaube, dass ich zeigen kann, dass der „Mensch des Westens“ kein Monopol auf das Gefühl für lineare, kontinuierliche Zeit hatte und dass die Vorstellung vom „zeitlosen Orient“ Unsinn ist[339]. Joseph Needham hat in diesem Aufsatz zum „Zeitbegriff im Orient“ eine umfassende Übersicht auf der Grundlage eines detaillierten Quellenstudiums vorgelegt. Es ist nicht unsere Absicht, diese Darstellung hier im Einzelnen nachzuvollziehen. Die Essenz seiner Aussagen aber scheint uns wichtig und wesentlich für die Argumentation, die wir hier vorbringen.

Es scheint tatsächlich so zu sein, dass das chinesische Denken und die Kultur, die in China seit 3000 Jahren geprägt worden ist, sich stark aus einer Quelle der synthetischen[340] Wahrnehmung und des Verständnisses von Dingen und Vorgängen in vernetzten Zusammenhängen speist. Gegensätze stellen grundsätzlich kein Problem dar, sondern werden als Herausforderung gesehen, das Gemeinsame zu finden, oder auch nur zu sehen, wie system-inhärente Gegensätze komplementär

339 Zitiert nach "Wissenschaftlicher Universalismus", 1979, Joseph Needham, aus dem Kapitel „Der Zeitbegriff im Orient“, s. 176-250.

340 Eine einführende Erörterung zum Verständnis des synthetischen Denkens vs. des analytischen Denkens findet sich in dem Buch zur Rechtstheorie von Prof. Mahlmann, Universität Zürich, der „Philosophische Grundlehren“ übersichtlich darstellt. https://www.rwi.uzh.ch/elt-lst-mahlmann/rechtstheorie/kant/de/html/unit_u2.html. Eine grundlegende Darstellung der Fragen zu analytischem und synthetischem Denken findet sich in „Grundlagen der Systemtheorie“, 1989, von Heinz Neubauer. Weitere Hinweise zu diesem Thema: https://de.wikipedia.org/wiki/Systemtheorie.

nebeneinander existieren und sich vielleicht sogar fruchtbringend ergänzen können.

So zeigt Needham, dass China uns zu einer differenzierten Betrachtung des Begriffs von „Zeit“ auffordert, in der nicht alle Vorgänge linear ablaufen. In dem schon genannten Aufsatz zum „Zeitbegriff im Orient“ geht Needham in einem besonderen Kapitel zu „Zeit und Geschichte in China und im Westen“ auf die Frage ein, die für unsere Belange entscheidend ist. In der Zusammenschau der Untersuchungen von Needham zum „Zeitbegriff im Orient“ können wir festhalten, dass sich in China drei Dimensionen von Zeit bestimmen lassen, die auf jeweils besondere Bereiche angewendet wurden:

- ↪ Im Bereich der Naturwissenschaften gilt in China, wie auch im Westen, die lineare Anschauung von Zeit;
- ↪ Im Bereich von Gesellschaft und Staat gilt eine Zeit, die sich im Wesentlichen an den gesellschaftlichen, traditionellen Riten orientiert. Marcel Granet[341] nennt dies die „liturgische“ Zeit. Wir würden es vorziehen, dieses Verständnis von gesellschaftlicher und sozialer Zeit die „öffentlich organisierte Zeit“, oder die „Zeit der Riten, Rhythmen und Rituale“ zu nennen;
- ↪ Ein dritter Zeitbegriff ist die „zyklische Zeit“, die sich aus der Beobachtung der Natur und dem Verständnis der Vorgänge und Abläufe in der Natur und im Kosmos ergibt.

Es ist nicht allzu schwer, beim Blick auf diese drei unterschiedlichen Zeitbegriffe zu verstehen, dass es im Verständnis des Ablaufs von Zeit in der gesellschaftlichen Sphäre einen

341 Marcel Granet, "Die chinesische Zivilisation“. Band 2: „Das chinesische Denken. Inhalt, Form, Charakter“, 2019. Ersterscheinung deutsch 1985. Original: „La pensée chinoise“, Paris 1938.

grossen Unterschied zwischen dem chinesischen und dem westlichen Kulturbereich gibt.

Im Westen wird auf recht einseitige Weise das Konzept, oder das Verständnis der linearen Zeit nicht nur auf die Naturwissenschaften angewendet, sondern auch auf das Verständnis der Organisation von Gesellschaften und des Wirtschaftslebens[342]. Im Westen sollen auch Gesellschaften sich zielgerichtet an „Fortschritt" ausrichten. Dabei sollen Ergebnisse, möglichst quantifizierbar, erreicht werden. Offensichtlich haben unsere Politiker und führenden Eliten die Lektionen der modernen Physik und Naturwissenschaften noch nicht gelernt. Hätten sie das getan, hätten sie schon längst lernen können, dass es bei katalytischen Prozessen oft keinen experimentell definierten Anfang und kein Ende gibt. In der Quantentheorie haben wir es mit Ereignissen zu tun, über die keine Daten gefunden werden können und für die nur die Situation vor und nach einem bestimmten Ereignis, wie z.B. einem Quantensprung, gemessen werden kann. Die absolute Voraussetzung für quantifizierbare Ergebnisse ist ein Konzept, das nicht auf soziale Prozesse, wie z.B. die Entscheidungsfindung in einem globalen Umfeld, angewendet werden kann, wie wir bereits in den früheren Kapiteln unseres Buches eindrucksvoll belegen konnten.

Diesem einseitig linearen Konzept folgt jedoch nicht nur die Aussenpolitik, wie wir in den früheren Kapiteln unseres Bu-

---

342 Das Mises Institute hat am 11. April 2022 einen Artikel von Eduard Braun mit dem Titel „Pseudoliberale Staatsinterventionen und die Neoklassik. Gedanken zum Homo Oeconomicus und zum wahren Wert der Dinge" veröffentlicht. Er zeigt dort, wie ein „unrealistisches Menschenbild" zu irrationalen Annahmen über menschliches Verhalten führen muss.
Schon hieran, also an einer neuen Bewertung des „Rechts" als Handlungskontrolle, sollten wir erkennen, dass die kommenden Änderungen für den Westen eine grosse Herausforderung bedeuten werden.

ches schon eindrucksvoll belegen konnten, sondern auch die Sozialpolitik. Der Begriff der „happiness", also des „Glücks", wie er in der amerikanischen Verfassung niedergeschrieben ist, ist zu einem kapitalistischen Begriff degeneriert, in dem es nur noch um materielle Fortschritte geht. Das allgemeine Wohlergehen muss im heutigen Verständnis des Kapitalismus quantifizierbar sein[343], und wird durch das BIP gemessen. Wohlstand, Wohlergehen und Lebensqualität sind, wenn überhaupt, nur als sekundär zu betrachten. Daher lässt sich auch nachvollziehen, dass das Thema „Umwelt" und die Sorge um diese, in der amerikanischen Politik allenfalls eine sekundäre Rolle spielen, hinter der Nützlichkeit und dem Profit, welche im Sinne der immer noch gültigen westlich-kapitalistischen Doktrin, die primären Triebkräfte für menschliches Handeln sein müssen.

Wir wollen diese Ausführungen nicht beschließen, ohne auch noch auf das Beispiel von Indien zu verweisen. Das Berggruen Institut fördert schon seit Jahrzehnten die Forschung und Studien zu diesem Thema der Governance in Indien und China. In einer wichtigen und richtungsweisenden Veröffentlichung werden klassische Chinesische und Indische politische Philosophie und Staatstheorien in ihrer Praxis und Umsetzung verglichen.[344] In diesem Sammelband werden auch

---

343 Goethe legte dem Mephistopheles in seinem Faust II die folgenden Wort in den Mund: Mephistopheles (am Hofe des Kaisers): „Daran erkenn' ich den gelehrten Herrn! Was ihr nicht tastet, steht euch meilenfern; Was ihr nicht faßt, das fehlt euch ganz und gar; Was ihr nicht rechnet, glaubt ihr sey nicht wahr; Was ihr nicht wägt, hat für euch kein Gewicht; Was ihr nicht münzt, das, meint ihr, gelte nicht."

344 Bridging two Worlds, Comparing Classical Political Thought and Statecraft in India and China. Das Buch wurde 2003 von der University of California Press in der Reihe „Great Transformations" veröffentlicht. Herausgegeben von Daniel A: bell, Amitav Acharya, Rajeev Bhargava, Yan Xuetong.

aus dem indischen Kulturbereich Modelle politischer Organisation vorgestellt, die sich stark von denen unterscheiden, die wir im Westen für die „richtigen", oder für die „besten" halten. In dem Buch wird dann auch explizit und argumentativ gut begründet das System und politische Denken der „Eurozentrischen internationalen Beziehungen" („Eurocentric international Relations") nachdrücklich kritisiert.

Mit diesen Hinweisen wird unser Vorfühlen auf die neuen Mechanismen und Regeln für das System von Global Governance schon recht konkret. Es wäre wichtig, von nun an praxisorientierte Forschungen nach bekannten systemtheoretisch-kybernetischen Methoden zu intensivieren, um Perspektiven und gangbare Wege für innovative Mechanismen und neue Regeln für die Gestaltung des kommenden Systems von Global Governance zu eröffnen.

Durchaus bemerkenswert ist in dieser Hinsicht das Verdrängen dieser Thematik sowie die Unfähigkeit, das Thema konstruktiv und kreativ aufzunehmen, insbesondere im kontinentaleuropäischen Raum. Jürgen Osterhammel, der als bedeutender deutscher Historiker zum Thema der Globalisierung und des „fernen Ostens" gilt, hat bei der Besprechung des Buches von Zhao Tingyang zum Tianxia System, nachdem es 2022 mit dem Titel „Alle unter einem Himmel", auch ins Deutsche übersetzt worden war, seine Reflexionen und Bemerkungen in der FAZ damit abgeschlossen, dass er konstatierte, diesem Tianxia System sei nicht viel abzugewinnen. Denn am Ende sei hierarchische Entscheidungsgewalt notwendig. Ohne einen „Boss" könne kein System funktionieren. Dies zeigt die Hilflosigkeit, zumindest der deutschen Historiker, aber leider wohl auch der deutschen Wissenschaftler im Allgemeinen sowie der breiten Öffentlichkeit in Europa, die in ihren gewohnten Denkmustern verstrickt bleibt.

So muss es auch nicht verwundern, dass in der europäischen Öffentlichkeit wie auch von den Wissenschaften, das vom Staatsrat der chinesischen Republik im September 2023 veröffentlichte Dokument mit dem Titel „Die Globale Gemeinschaft einer geteilten Zukunft: Chinas Vorschläge und Aktionen“[345] praktisch ignoriert worden ist. In diesem Dokument wird ausdrücklich darauf hingewiesen, dass die chinesische Regierung die Welt an einem Wendepunkt (*humanity at a crossroad*), einem *tipping point*, angekommen sieht. Unter einem expliziten Verweis auf ihre tiefen Wurzeln in der Geschichte und ihrer kulturellen Traditionen (*Deep Roots in History and Cultural Traditions*) wagen es die Chinesen dann, einen Vorschlag für zukünftige Wege (*a Blueprint for the Future*) zur Diskussion zu stellen, um dabei sogar die Richtung und die Wege (*Direction and Path*) aufzuzeigen, welche die Menschheit ihrer Meinung nach einschlagen sollte. Sie erlauben sich abschliessend auch, auf Chinas bisherige Aktionen und ihren Beitrag zur Bildung einer „Globalen Gemeinschaft einer geteilten Zukunft“ hinzuweisen. Das klingt für uns wie eine Aufforderung und ein Angebot zum offenen Diskurs über die zukünftige Gestaltung des gemeinsamen Weges. Leider werden solche Angebote im neu ausgerufenen euro-amerikanischen Zeitalter der Ideologien nicht wahrgenommen. Geopolitisches Hegemonialstreben lässt sich in solch offenen Diskursen nicht begründen. Also bleiben Europa und Amerika den Gesprächen auf diesen globalen Plattformen lieber fern und verschweigen sie.

---

345 Diese Formulierung „Globale Gemeinschaft einer geteilten Zukunft“ (Engl. „Global Community of Shared Values“) wurde erstmals von Xi Jinpings Vorgänger Hu Jintao in seinem Bericht an den 18. Parteitag 2012 verwendet, in dem er dazu aufrief, das Bewusstsein für eine „Schicksalsgemeinschaft“ in den Anrainerstaaten Chinas zu verankern. Unter Xi ist der Aufbau einer „Schicksalsgemeinschaft“ zum übergreifenden Ziel der chinesischen Außenpolitik geworden – nicht nur regional, sondern weltweit.

Perspektiven für das kommende System der Global Governance

Es scheint uns hilfreich und sinnvoll, wenn wir an dieser Stelle wenigstens kurz auch noch etwas näher auf Überlegungen und Studien zur Rolle von Wissen als entscheidendem Faktor für das zukünftige System von Global Governance eingehen. Bei diesen Erörterungen beziehen wir uns auf das kurze, aber kluge Buch von Helmut Willke zur Einführung in Global Governance[346]. Dabei wollen wir zudem auch die Herausforderungen für das kommende System von Global Governance aus der Sicht der Systemtheorie beleuchten.

Wir können Willke[347] zustimmen, wenn er sagt, „moderne Organisationen und Gesellschaften befinden sich im Umbruch zu wissensbasierten Systemen. Neben die traditionellen Infrastrukturen der Macht und des Geldes tritt mit zunehmendem Gewicht Wissen als Operationsbedingung und als notwendige Steuerungsressource". Wir halten es auch für klug, wenn er vermutet, dass die „kollektive Wirkung des Wissens... sich in Richtung Steuerung transformiert, also in Richtung einer gezielten Veränderung naturwüchsiger Verläufe in Richtung auf projektierte Zwecke und unwahrscheinliche Entwicklungslinien." Das Wort „naturwüchsig" scheint uns hier nicht glücklich gewählt, denn die Prozesse, die er anspricht, sind ja Organisationsprozesse von Gesellschaften, sie sind also nicht „naturwüchsig", sondern von Menschen gemacht.[348] Dies ist eine wichtige Unterscheidung, die getroffen werden muss. In Anlehnung an die von uns erwähnte Arbeit von Alwin Mit-

346 Willke Helmut, Global Governance, 2006.

347 Willke, 2006, auf S. 142 ff.

348 Für diese Unterscheidung zwischen „naturwüchsig" und „von Menschen gemacht" hätte er sich auf Giambattista Vico und seine „Nova scientia" aus dem Jahr 1725 berufen können.

tasch sollten wir dies als gesellschaftliche Prozesse bezeichnen, die durch die katalytische Willenskraft initiiert werden, nicht durch chemische Energie. Diese Organisationsprozesse werden in vielen Fällen sogar strategisch ausgerichtet sein, also Ziele und geplante „Entwicklungslinien“ kennen. Dennoch, in der Realität werden diese Prozesse normalerweise nicht linear ablaufen, sondern sie werden meist auf zwei Hindernisse stossen. Zum einen ist es nicht immer so, dass sie direkt zu dem angestrebten Ziel führen, was wohl bei dynamischen Prozessen innerhalb von Gesellschaften häufig zutreffen wird. Das wichtigere Problem aber, vor das sich solche gesellschaftlichen Prozesse gestellt sehen, ist häufig, dass sie sich falsche Regeln geben, oder von falschen Annahmen und Vorbedingungen ausgehen. Das bedeutet dann, dass die angestrebten Ziele mit den Prozessen, so wie sie systemisch angelegt waren, gar nicht erreicht werden konnten. Wissen allein hilft hier nicht. Vielmehr geht es um die optimierte Anwendung des Wissens, das sinnvolle Regeln zur Gestaltung von Prozessen voraussetzt.

Auf höherer Ebene geht es dann aber auch noch um die Umsetzung der Ergebnisse der Prozesse in Handlungen, die verantwortungsvoll und von Prinzipien und Werten geleitet sind. Ein sogenanntes „objektives“ Wissen allein genügt hierzu nicht. Wissen zur Gestaltung von gesellschaftlichen Prozessen ist praxisorientiert. Die Regeln, zur Steuerung dieser menschengeleiteten Prozesse müssen in offener, herrschaftsfreier Kommunikation[349] gefunden werden. Die Gestaltung solcher Beziehungen kann sich nur im freien Austausch und offenen Diskurs sinnvoll verwirklichen. Herrschaftsfreic Kommunikation verbietet nicht nur die Ausübung von Ge-

349 Das grundlegende Konzept hierzu hat Jürgen Habermas 1981 in seinem Buch zur „Theorie des kommunikativen Handelns“ vorgestellt.

walt zur Erreichung von Zielen, sondern verlangt auch den Abbau von hierarchischen Strukturen und Machtgefällen in der Kommunikation und den zwischenmenschlichen Beziehungen. Objektive Wahrheit und objektives Wissen, die handlungsleitend sein sollen, entstehen durch Übereinkunft, nicht durch das Diktat von einzelnen Personen oder von staatlichen und anderen „mächtigen" Akteuren.

Wir stimmen mit Willke wiederum überein, wenn er davon ausgeht, dass es noch keine „Weltgesellschaft" gibt. Für uns bedeutet dies aber nicht, dass wir auch auf Steuerung oder Selbststeuerung in den internationalen Beziehungen verzichten können. Die Nationalstaaten haben sich unterschiedliche Organisationsformen gegeben, seien es die bekannten Formen von „Demokratien", oder auch ein „Sozialistisches" Staatssystem wie das von China. Die Nationalstaaten verfügen mit ihren jeweiligen politischen Systemen, mit Gesetzen und Programmen, über Instanzen der Selbststeuerung, um eine gewünschte Ordnung herzustellen.

Unser Interesse gilt aber dem Finden von Regeln zur Steuerung von Beziehungen zwischen diesen Nationalstaaten. Dies ist für uns der nächste wichtige Schritt, der jetzt global als Aufgabe ansteht. Dabei scheint für uns die Kontingenz, also das Prinzip des Zufalls, nicht der entscheidende „Feind" solcher Ordnungen zu sein. Dies befürchtet Willke, und wir stimmen ihm hier nicht zu. Kontingenz wird nur zum Feind, wenn politische Systeme auf Festigkeit und Starrheit abzielen. Heutzutage wird das oft mit dem euphemistisch gebrauchten Begriff der Resilienz umschrieben. Damit werden Änderungen von Prozessen durch die Machteliten[350] verhindert. Wie die Geschichte aber hinlänglich gezeigt hat, sind alle bekannten poli-

350 Wir benutzen hier den Begriff „Machteliten" so wie ihn C. Wright Mills schon 1956 in seinem Buch „The Power Elite" geprägt hat.

tischen Systeme in ständigen Prozessen der Entwicklung begriffen. Diese Entwicklungen können immer als „kontingent" angesehen werden, denn die zukünftigen Herausforderungen können nie vorhergesehen werden. Vereinfacht gesagt: Kontingenz, also Zufall, lässt sich in allen Bereichen menschlichen Lebens nie völlig ausschalten, also müssen auch von Menschen geschaffene gesellschaftliche Ordnungssysteme immer mit dem Prinzip der Kontingenz leben. Positiv gesehen ist Kontingenz meistens mit der Kreativität der Menschen verbunden. Sie ist dann als eine positive Eigenschaft der Systeme zu betrachten, weil diese nur auf der Grundlage menschlicher Kreativität weiterentwickelt werden können.

Die grösste Herausforderung für die Steuerung eines zukünftigen Systems von Global Governance scheint von der kulturellen Diversität der Teilnehmer, also der Länder, Staaten und Nationen herzustammen. Diese kulturelle Diversität ist durch die Globalisierung sozusagen „virulent" geworden, also bedeutungsvoll. Dieser Diversität kann die Menschheit nicht mehr ausweichen. Hegemonie, also Herrschaft durch eine Macht, und auch nicht durch zwei oder drei Mächte, ist heute nicht mehr möglich. Die Umkehrung der Kräfteverhältnisse ist schon weit fortgeschritten und geht unaufhaltsam ihren Weg. Dies ist sicher als ein Fortschritt in der Entwicklung der Menschheit anzusehen.

Die „Entzauberung der Welt" hat den Menschen ja nicht zum Roboter gemacht. Ebenso hat die Globalisierung nicht zu einer Neo-Kolonialisierung geführt, wie es sich die Machteliten in den USA und Europa vielleicht gewünscht hätten, um ihren Machtanspruch weiter durchsetzen zu können. Die „Entzauberung der Welt" hat den Menschen „aufgeweckt" und ihm bewusst gemacht, dass er seine gesellschaftlichen Ordnungssysteme in Selbstverantwortung schaffen kann und es auch bewusst tun sollte. Dies gilt auch für das kommende System von Global Governance.

Wie uns die allgemeine Systemtheorie und selbstregulierende Systeme lehren, sollten wir Menschen unsere Verantwortung bewusst wahrnehmen. Wie Alwin Mittasch uns sagt, ist unsere Willenskraft die katalytische Energie, die in menschlichen Systemen dynamisierend und gestaltend wirkt. Daher wird der bewusste Einsatz von Willenskraft die katalytische Kraft sein, die zur Schaffung des neuen Systems der Global Governance führt.

Es wird jedoch nicht darum gehen, wie das Thomas Hobbes für seinen Leviathan vorgesehen hatte, aus der Vielheit eine Einheit zu schaffen, also ein „singuläres" System, das nur den Regeln eines einzelnen Teilnehmers, oder auch nur den Regeln einer privilegierten Gruppe gehorchen wird. Von einer Ordnung durch Einheit, wie sie in den Nationalstaaten noch angestrebt wird und sinnvoll erscheint, muss das kommende System von Global, Governance zu einer neuen, offenen Ordnung auf der Grundlage kultureller Diversität und der Heterogenität politischer Systeme kommen.

Es scheint uns angebracht, hier wenigstens kurz auch noch auf das Thema und die Bedeutung von „kollektiver Intelligenz" einzugehen, sowie auf Systeme der Selbstorganisation, wie sie aus der Biologie bekannt sind. Diese Begriffe tauchen im Rahmen der Diskussionen zu Global Governance immer wieder auf.

Wir wollen hier sogleich darauf hinweisen, dass wir die „kollektive Intelligenz", ebenso wie biologische Systeme der Selbstorganisation[351], für sehr wichtig halten und davon aus-

---

351 Prigogine spricht beispielsweise von „Ordnung durch Fluktuation. Ein Gespräch mit Ilya Prigogine", 1979. Aber auch die Wissenschaften zur Chaostheorie, zusammenfassend dargestellt in „Die Entdeckung des Chaos", 1997, John Briggs und F. David Peat, gehören hier dazu.

gehen, dass die Menschen viel davon für die Gestaltung ihrer eigenen gesellschaftlichen Organisationssysteme lernen können. Dies gilt auch für das System der Global Governance. Das bedeutet jedoch nicht, dass „kollektive Intelligenz" oder biologische Systeme der Selbstorganisation die Funktion von Instanzen zur Steuerung für Entscheidungsprozesse innerhalb des Systems von Global Governance übernehmen können. Wichtig ist die bewusste Integration von kollektiver Intelligenz und des Wissens um biologische Selbstorganisation in die Gestaltung der Entscheidungsprozesse des künftigen Systems von Global Governance. Beide können als Instrumente der Reflexion angesehen werden und können dann zum Erkennen und zur Überwindung der Grenzen des „objektiven" Wissens beitragen. Auch wir sind der Ansicht, dass sowohl das Verständnis von kollektiver Intelligenz, wie auch das Wissen um biologische Prozesse der Selbstorganisation wichtig sind. Sie können einen wichtigen Beitrag zu einer stetig verbesserten Regelung des künftigen Systems der Global Governance und zu einer erhöhten Qualität der Entscheidungsprozesse leisten. Willke verweist zu Recht darauf, dass „der Kern von Intelligenz Lernfähigkeit ist" und folgert dann ebenso richtig, dass die „organisationale Intelligenz" darin besteht, „dass Organisationen als Organisationen, als soziale Systeme, lernen." Diesen Annahmen stimmen wir ohne Einschränkung zu. Sie werden auch für das neue System von Global Governance gelten müssen.

Aus Sicht der Systemtheorie ist es sicher ebenso richtig von einem hochkomplexen zukünftigen System von Global Gover-

---

Empfehlenswert zur Vertiefung der Thematik: Dell, Paul F. and Goolishian, Harold A.; „Ordnung durch Fluktuation": Eine evolutionäre Epistemologie für menschliche Systeme. Englischer Titel: "Order Through Fluctuation": An Evolutionary Epistemology for Human Systems.

nance zu fordern, dass es die Fähigkeit mitbringt, die diversen Ansprüche der einzelnen Teilnehmer zu berücksichtigen, also mit den Anforderungen von systemischer Komplexität und kultureller Diversität, sowie auch mit Situationen von Unordnung und Heterogenität umzugehen.

Eine der entscheidenden Anforderungen, denen ein zukünftiges System von Global Governance genügen muss, sehen wir ebenfalls darin, „dass das System in der Lage ist, je nach der Besonderheit der Entscheidungssituation die Form des Entscheidens zu variieren, ohne dass die Variationen die Grundregeln des Entscheidens außer Kraft setzen würden".[352] Hierin stimmen wir Willke also wiederum zu und weisen darauf hin, dass seine Formulierung „Besonderheit der Entscheidungsformen" schon auf das Prinzip der Diversität verweist. Er versäumt es aber, auf das kulturelle Moment, auf den Faktor „gesellschaftliche Kultur" hinzuweisen, der für die diversen Ansprüche der Teilnehmer bei globalen Entscheidungsprozessen mit ausschlaggebend sein wird. Ein zukünftiges System von Global Governance muss also notwendigerweise offen sein, um auch dem jeweiligen kulturellen Hintergrund der Akteure und Teilnehmer Rechnung tragen zu können.

Wir sind uns mit Willke also einig darüber, dass es für den internationalen Kontext eines zukünftigen Systems von Global Governance darum gehen wird, „unter Bedingungen hoher Kontingenz" eine dynamische Ordnung unter Bedingungen ausgeprägter kultureller Diversität herzustellen. Diese dynamische Ordnung muss nach unserem Verständnis auch auf der Autonomie der einzelnen Teilnehmer aufbauen und setzt die Bereitschaft der Teilnehmer zu Selbstbeschränkung und Verständigung voraus, ebenso wie den Willen, Verantwortung für Entscheidungen zu übernehmen.

---

352 Willke, s. 131 ff

Wir stimmen Willke ebenfalls zu, wenn er vermutet, dass das Recht seine Rolle als übergreifende Architektur der Systemsteuerung einbüßen wird. Die Architektur der Regelsysteme für ein kommendes System von Global Governance wird „reichhaltiger, vielfältiger und atopischer“[353] werden müssen. Die Regelsysteme selbst werden sich auf neue Formen der Ordnung einstellen müssen, auf Global Governance, die als komplexe Ordnungsform eine grosse kulturelle und politische Diversität von unterschiedlichen Komponenten umfassen wird.

Wir sind uns dessen bewusst, dass wir eine Reihe von wichtigen Themen hier nur angedeutet haben. Um die Zusammenhänge besser zu verstehen und das Verständnis zu vertiefen, werden weitere interdisziplinäre und interkulturelle Forschungen notwendig sein, damit die aufgeworfenen Fragestellungen und die genannten Hypothesen im Einzelnen genauer und umfassender beantwortet werden können.

Auch liessen sich hier sehr gut noch weitere wichtige und interessante Themen angliedern. Wir denken hier beispielsweise an die Rolle Europas und der EU in einem multilateralen System von Global Governance. Dies ist sicher ein spannendes Thema, zu dem es auch schon umfangreiche Literatur und Forschungsberichte gibt. Aber es ist ein grosses Thema, und würde es verdienen, in einem eigenen Ansatz wissenschaftlich behandelt zu werde.

353 „Atopia“, von 2001, heisst eines der Bücher von Helmut Willke, in dem er die Form einer Gesellschaft vorstellt, die ihre „territorialen Begrenzungen radikal auflöst“.

Dritter Teil – Kapitel 3

Die Grenzen des Wachstums und ein Wachstum ohne Ende

Einleitung

Wir wollen mit diesem Kapitel auf die Wurzeln verweisen, aus denen dieses unaufhaltsame Streben nach politischer und wirtschaftlicher Expansion und nach Wachstum ohne Ende hervorgegangen ist, das den globalen Kapitalismus heute prägt, und von dem das Streben nach geopolitischer Hegemonie ein direkter Ausdruck ist.

Auf diese Weise werden wir lernen, die Motivationen, unbewussten Triebkräfte und bewussten Antreiber für soziales, wirtschaftliches und politisches Wachstum besser zu verstehen, die für unsere westlichen Gesellschaften so charakteristisch sind und meist mit dem Begriff „Fortschritt" bezeichnet werden. Dieses Verständnis, das Bewusstsein für unser Selbstbild, das zu einem guten Teil unbewusst ist, kann uns dann auch helfen, Orientierung für unser künftiges Verhalten in dieser Welt zu finden. Wir gehen davon aus, dass wir uns alle wünschen, dass diese neue Welt zuversichtlicher in die Zukunft blickt und auch friedlicher ist als jene, in der wir in den vergangenen 600 Jahren seit der Renaissance gelebt haben.

Natürlicher und sozialer Trieb zum Wachstum

Das Paradigma, das die Entwicklung der Menschheit seit dem Anbruch der Neuzeit, also im Verlaufe der vergangenen 600 Jahre geprägt hat, gründet auf dem Glauben an den unbegrenzten Fortschritt einer materialistisch-orientierten Wissenschaft, die der Menschheit die Möglichkeit eines unbegrenzten Wachstums verschafft, das auf der Nutzung der natürlichen Ressourcen der Erde beruht. Im modernen Verständnis des Kapitalismus hat dieses Zeitalter Anfang des 15. Jahrhunderts begonnen, und wird seit der Renaissance hauptsächlich von den Kräften der rationalen Intelligenz in den Wissenschaften bestimmt, und von ihrer technologischen Anwendung in einer zunehmend industrialisierten und mehr und mehr wissensbasierten Welt kontinuierlich vorangetrieben.

Dieses „alte, immer noch bestehende Paradigma der „positivistischen", abstrakten wissenschaftlichen Vernunft, ist in unserer Zeit an seine Grenzen gestossen und hat sie wohl bereits überschritten[354]. Es zeigt sich immer mehr, dass der rationale Intellekt nicht die einzige und wichtigste Fähigkeit des Menschen ist. Der rationale Intellekt muss durch den menschlichen Geist ergänzt werden. Beide stehen in einem komplementären Verhältnis zueinander. Obwohl diese Tatsache inzwischen weitgehend anerkannt ist, wird das einseitige Paradigma des wissenschaftlich-technischen Fortschritts immer weiter vorangetrieben, ohne Rücksicht auf Verluste und auf Schädigungen unserer natürlichen Umwelt. So findet in der breiten Öffentlichkeit keine Diskussion über den Fortschritt statt und auch nicht darüber, was wir uns fur die Zu-

354 Dies hatte schon Hegel verstanden, der in seinem „Tagebuch der Reise in die Berner Oberalpen", 1796, niederschrieb „eine Grenze wahrnehmen heisst, die Grenze zu überschreiten". In: K. Rosenkranz, G.W.F. Hegels Leben [1844]. Darmstadt 1969: 470–89.

kunft der Menschheit auf unserer Erde erwarten. Die entsprechenden Einlassungen in der Öffentlichkeit sind heutzutage meist den „Aktivisten“[355] überlassen. Tatsächlich liefern diese meist inkompetenten und oft unschuldigen Aktivisten[356] unseren Politikern und „Weltführern“ einen Vorwand, um weiter die Führung zu übernehmen.

Transhumanismus ist eine logische Konsequenz dieses begrenzten Bewusstseins und des hilflosen Verhaltens. Menschen sind nicht gut genug, also bauen wir besser Maschinen mit menschlichen Gesichtern und Aussehen. Die erwachsene, oder ältere Generation scheint schon resigniert zu haben. Wenn nach alternativen Lösungen für auftauchende Probleme gesucht wird, dann hofft man diese im Bereich der Technik und Technologie, oder auch auf anderen Planeten zu finden. Das Leben der Menschen auf der Erde zu verbessern und unsere Chancen für eine bessere Lebensqualität der Menschen zu nutzen, scheint den gewöhnlichen Menschen unerreichbar geworden zu sein und scheint ausserhalb der eigenen Möglichkeiten zu liegen. Es kommt ihnen deshalb nicht mehr in den Sinn. Daher müssen Politiker und Eliteführer von Denkfabriken gefordert werden. Andernfalls könnte die Menschlichkeit verloren und die Erde „unter“ gehen. Einige hoffen, auf anderen Planeten Ausfluchten zu finden. Am Ende geht es aber meist darum, das, was wir gerade tun, auf einem höheren Niveau weiterzuführen.

---

355 Aktivisten sind in der Regel Personen, die Änderungen jeglicher Art erzwingen wollen. Dies betrifft oft auch sinnvolle Änderungen, weshalb Aktivisten auch eine positive Rolle spielen können. Zumeist aber wollen Aktivisten keine Verantwortung für die Ergebnisse der geforderten Änderungen übernehmen. Oft fehlen ihnen auch grundsätzliche Kompetenzen, um dies zu tun.

356 Der öffentlich geförderte Hype um Greta Thunberg in den Jahren 2018/19 kann hier als Beleg dienen.

Aus dieser Hilflosigkeit entsteht ein Streben, das letztlich meist dahin geht, dass wir das, was wir aktuell machen, auf höherem Niveau weiterführen. Es fehlen die kreative Phantasie und das Vermögen, in Bildern zu denken. Auf diese Weise ist der nicht-logische Zugang zu komplexen Vorgängen verschlossen.

Das Verständnis für den Gesamtkörper der Erde, wie es von Lynn Margulis und James Lovelock schon 1974[357] vorgestellt worden ist, stösst auf Unverständnis. Mögliche Vorteile einer solchen Vorstellung von der Erde, als einem lebenden Körper mit einer Biosphäre, werden öffentlich nicht diskutiert und als „esoterisch", oder unwissenschaftlich abgelehnt. Dieses Gaia-Prinzip geht von einem dynamischen System aus, in dem sich „Leben" durch eine inhärente Fähigkeit zur Selbstorganisation auszeichnet. Das Gaia-Prinzip beruht also durchaus auf einem wissenschaftlich-kybernetischen Verständnis der Erde und der Evolution komplexer Organismen und Lebewesen auf ihr. Damit ist klar gesagt, dass dieses Verständnis von der Erde und unserem Leben darauf nicht „esoterisch", sondern wissenschaftlich ist. Diese Wissenschaft entspringt jedoch einer modernen, an den Ergebnissen der Quantenphysik orientierten, systemischen Denkweise der Kybernetik. Sie verweist auf die Grenzen der mechanischen Wissenschaft aus der Zeit von Newton, mit ihrem begrenzten Anwendungsbereich in der Mechanik von Systemen. Lebendige und von Menschen geschaffene Systeme, oder auch solche der Katalyse in der Chemie, können mit diesem mechanischen Weltbild von Newton[358] nicht mehr angemessen beschrieben und verstanden werden.

---

357 Die deutsche Ausgabe „Das Gaia-Prinzip. Die Biographie unseres Planeten", 1991, James Lovelock.

358 Die revolutionäre Kraft der neuen Wissenschaft von Newton war so gross, dass die Mechanik als Prinzip auf viele Bereiche des

Die Kybernetik ist eine wissenschaftliche Gegenströmung zu diesem verallgemeinerten Newtonismus. Kybernetik ist die Wissenschaft und auch die Kunst des Steuerns, und setzt bestimmte menschliche Kompetenzen voraus[359]. Dazu gehören auch geistige Kompetenzen. Kybernetik verlangt, dass der Kontext, die lebendige Umwelt und Umgebung als mitentscheidende Parameter in die Bestimmung der Regeln einbezogen werden, die für die Gestaltung und Steuerung von Prozessen gelten sollen. Dies wird durch das Konzept der Kybernetik zweiter Ordnung[360] noch bestärkt, da dieses vertiefte Verständnis der Kybernetik auch das Bewusstsein, also die Reflexion auf gewonnenes Verständnis von Zusammenhängen, beinhaltet. Das ist mit Rückkoppelung von Lernerfahrungen, einem der wichtigsten Prinzipien der Kybernetik gemeint. In diesem Sinne entsteht dann ein neues, und sich immer wieder erneuerndes Selbstverständnis von Individuen oder auch von Gruppen, die für die Steuerung von Prozessen

---

Lebens, wie der Wissenschaft übertragen wurde. Bekannt ist das Buch „L'homme machine", also „Der Maschinenmensch" von La Mettrie. In der Medizin hat die Anwendung dieses mechanischen Prinzips viele wissenschaftlich-technische Erkenntnisse ermöglicht, gleichzeitig aber auch zu einer Entmenschlichung der Medizin und einer Entgleisung des Menschen geführt. Die frühe Psychiatrie belegt dies sehr eindrucksvoll. C. G. Jung schreibt davon auch in seiner Biographie.

359 Buckminster Fuller gibt in seinem Critical Path eindrucksvolle Beispiele der hohen Kunst der Navigation, wie sie in Ozeanien seit den frühesten Ursprüngen der menschlichen Zivilisation gemeistert worden ist. Schon bei Bronislaw Malinowski finden sich in seinen Schriften zu den Trobriandern hierzu beeindruckende Beschreibungen.

360 Dieses Konzept der „Kybernetik zweiter Ordnung" ist im Rahmen von Forschungen der Kognition entwickelt worden. Der Begriff wurde geprägt von Heinz von Foerster.
Zur Kognitionsforschung s. https://www.mpg.de/11857515/kognitionsforschung

Verantwortung übernehmen können. Für die beiden großen „Menschheitsfragen", „Wer sind wir?", und „Wie wollen wir leben?" ist dieses sich ständig erneuernde Selbstverständnis die Voraussetzung und Grundlage der Bildung von Regeln für Entscheidungsprozesse. Im Management, das auf der Grundlage dieses kybernetischen Verständnisses Prozesse steuert und Entscheidungen trifft, wird kein „Boss" mehr benötigt, der am Ende allen sagt, was sie zu glauben haben und was sie tun sollen. Damit dürfte auch deutlich sein, dass geopolitische Hegemonie, also globale Dominanz einer einzelnen Nation, keinen Platz in einer offen gebildeten Weltgemeinschaft von souveränen Staaten haben kann.

Anstatt sich auf diese grundlegenden Einsichten einzulassen, um daraus die Regeln für die Orientierung zur Gestaltung menschlichen Lebens auf der Erde abzuleiten, ist die gesamte öffentliche und politische Diskussion seit Jahrzehnten in einen Krisenmodus geschaltet worden. Politik ist nicht mehr diskursiv und gestalterisch tätig, sondern beschränkt sich darauf, einfache Antworten auf komplexe Herausforderungen zu geben und verursacht dadurch immer neue Krisen, die meist durch selbstgemachte Probleme entstanden sind. Man nennt das auch einen *circulus vitiosus*, oder Teufelskreis, oder gar eine Abwärtsspirale. In Dantes *Inferno* wird dies *der Weg zur Hölle genannt*, der durch mangelndes Vertrauen in die Fähigkeiten des menschlichen Geistes und das einseitige Vertrauen auf den Intellekt entsteht. Dantes Einsicht gibt uns eine nützliche Orientierung, um die aktuelle Situation der Menschheit auf unserem Planeten Erde zu verstehen. Fortschritt in einer Abwärtsspirale! Sehen wir hier nicht den Widerspruch? Und wenn wir ihn wahrnehmen würden, was wären dann unsere konsequenten Reflexionen, Entscheidungen und Handlungen?

Wir alle nehmen den technischen und technologischen Fortschritt wahr. Denken wir an das Internet und an die Entwicklung im Bereich der Kommunikationsmedien, dann ist es sicher nicht abwegig, oder zu viel gesagt, wenn diese rasanten Entwicklungen in unserer Zeit als „berauschend“ angesehen werden. Soweit besteht sicher eine breite Übereinkunft. Wir bringen aber nicht den Willen auf, diese Mittel für unsere Entwicklung kreativ zu nutzen, um mit Unterstützung und im Rahmen dieses technischen Fortschritts aus dem Krisenmodus auszusteigen, um in gemeinsamen, kommunikativen Prozessen die Zukunft auf unserer Erde zu gestalteten. Die Politik hinkt mit ihren Mechanismen und Machtspielen der Konfrontation und der Kriege hinterher. Vergessen wir nicht, als die UNO und der UNO-Sicherheitsart gegründet wurden, gab es praktisch kein TV, keine Computer, kein Smartphone. Dennoch sitzen diese Delegierten immer noch auf denselben Stühlen und in der gleichen Umgebung. Wir sollten verstehen, dass sich nichts Entscheidendes ändern wird, wenn Deutschland oder Indien einen Sitz im Sicherheitsrat haben. Mit der gleichen Denkweise werden uns diese altmodischen UN-Organisationen nicht zu einer neuen Weltordnung und einem neuen System der Globalen Governance führen. Die Politik mit ihren Mechanismen und Machtspielen der Konfrontation hinkt der Notwendigkeit einer konstruktiven und allgemeinen Zusammenarbeit und der offenen Kommunikation hinterher. Die auftauchenden Voraussetzungen für das reibungslose Funktionieren der Menschheit als selbstregulierendes System werden im Keim erstickt, bevor sie die Chance zur Entfaltung bekommen. Die UNO und ihre vielen Unterorganisationen handeln immer noch nach Regeln, die aus der Zeit des Vertrages von Versailles von 1919 stammen. Offensichtlich gibt es Gründe, warum das nicht mehr gut funktionieren kann und warum wir im anhaltenden Krisenmodus leben. Das kann nicht weiter gut funktionieren.

Es ist klar, dass wir in den vergangenen einhundert Jahren mit Clausewitz eine Politik betrieben haben, in der „Krieg" immer das wichtigste und entscheidende Mittel war[361], um dem Stärkeren zur Macht zu verhelfen. Von dem „Wert der besseren Ideen"[362], als einer Grundlage für Fortschritt in der geopolitischen Gestaltung der Weltgemeinschaft wird bis heute nicht ausgegangen.

Ein wichtiger Punkt im Verständnis des Fortschritts betrifft die Frage, ob Fortschritt, so wie wir ihn wahrnehmen, willentliche und gezielte Veränderungen meint. Wir sind uns aber wohl soweit einig, dass niemand den Fortschritt und die „berauschenden" technologischen Entwicklungen und Innovationen hat vorhersehen können, welche die Menschheit bis heute verwirklicht hat. Einzelne Erfindungen und Innovationen sind bewusste Ergebnisse und Produkte von Wissenschaftlern und Technikern. Der technologische Fortschritt in seiner Gesamtheit und in seinem Ergebnis für die Menschheit ist aber nicht willentlich und gezielt abgelaufen. Dies ist ein wichtiger Punkt, denn er bedeutet, dass wir als Menschheit unseren Fortschritt nicht selbst bestimmen, nicht bewusst planen und voraussehen können.

---

361 Carl Clausewitz hat in den Jahren von 1816 bis 1830 sein unvollendetes Buch „Vom Kriege" verfasst. Daraus ist das Zitat bekannt, dass „Krieg die Fortsetzung der Politik mit anderen Mitteln" ist. Diese Theorien über Strategie, Taktik und Philosophie des Krieges bilden heute noch die Grundlage für die Ausbildung an Militärakademien. Es wäre interessant, diese preußisch geprägten Ausführungen zum Krieg mit dem Werk des Chinesen SunTzu, „Die Kunst des Krieges", zu vergleichen, das 500 vor unserer Zeitrechnung entstanden ist.

362 Dies ist der Titel eines Buches von Ludwig von Mises, das 1958 auf der Grundlage von Vorlesungen in Buenos Aires, Argentinien, verfasst worden ist.

Wir können auf subtile Weise wahrnehmen, dass auf dieser Ebene die angeborene „Angst vor Veränderung“ ins Spiel kommt. Wenn wir die Zukunft nicht kennen können, wie können wir uns dann solche unsicheren Veränderungsprozesse wünschen? Auf der psychologischen Ebene gibt es wohl noch einen weiteren Faktor, der bei diesem Fortbestehen der „Angst vor Veränderung“ eine entscheidende Rolle spielt: die Angst vor dem anderen, meinem Nächsten und meinem Partner in diesem Weltspiel. Es scheint, dass Buckminster Fuller mit großer Intuition begabt war, als er bereits in den 1960er Jahren ein „großes Logistikspiel“ und ein „Weltfriedensspiel“ vorschlug, das später einfach „Weltspiel“ genannt wurde. Dies sollte „ein Werkzeug werden, das eine umfassende, vorausschauende, designwissenschaftliche Herangehensweise an die Probleme der Welt ermöglicht“, d. h. eine Kommunikationsplattform, um ein gemeinsames Verständnis für den Weg zu schaffen, den die Menschheit gehen muss, um den wissenschaftlichen und technologischen Fortschritt sinnvoll zu nutzen. Buckminster Fuller hat diesen Ansatz ins Leben gerufen, um uns zum Kampf gegen „Waffen“ zum Wohle der „Lebendigkeit“ aufzurufen. Dieser Ansatz hat nichts von seiner Aktualität verloren.

Wenn wir diese Überlegungen ernst nehmen, stehen wir vor einer spannenden Situation, in der wir uns fragen sollten, was wir als Menschheit tun können und wollen, um uns nicht blind und ohnmächtig einem Fortschritt zu überlassen, der zu immer mehr „Waffen“ und zu einer Zerstörung unserer natürlichen Lebensgrundlagen führt, deren schlimme Folgen wir alle nur zu gut kennen. Wenn wir zunehmend zu einer bewussten Kontrolle und Ausrichtung der Fortschrittsprozesse kommen wollen, dann müssen wir uns fragen, nach welchen Regeln dieser Fortschritt in seinen Ergebnissen für das Zusammenleben der Menschheit gestaltet werden kann, welchen Grundprinzipien und Gesetzen unser Zusammenleben gehorchen soll. Das müssen wir immer wieder an jedem einzelnen Ort der Erde, in jeder Gemeinschaft und Nation, sowie auch auf der Ebene der Weltgemeinschaft, im offenen Diskurs und in der freien Kommunikation entscheiden. Diese Prozesse der Selbstbestimmung der Menschheit können nicht in einem Umfeld der Herrschaft und des Zwangs funktionieren, wie wir es in den letzten hundert Jahren erlebt haben. Dies würde immer wieder zu starken Reibungspunkten und in der Folge zu gewaltsamen Konflikten und Kriegen führen.

Wir nähern uns jetzt einem Punkt, an dem wir beginnen, die Ursachen für die Notwendigkeit zu verstehen, die Art und Weise zu ändern, wie wir unser Leben auf dem „Raumschiff Erde“ gestalten. Die Weltkrise ist gleichzeitig eine europäische Krise, in der Europa sein Potenzial mit den „kreativen Ideen“ und dem Potenzial der kulturellen Wertesysteme der anderen Mitglieder auf unserem Globus verschmelzen muss. Die Ursache sind nicht Wissenschaft und Technologie. Die Ursache liegt in dem eingeschränkten Gebrauch, den wir von unserem Geist bei der Regelung unserer gesellschaftlichen Angelegenheiten machen.

An diesem Punkt unserer Erörterungen stossen wir dann auch auf die überaus spannende Frage, ob wir Menschen alles, was uns möglich ist, auch verwirklichen müssen oder sollten. Gibt es hier Zwangsmechanismen, die in der Psyche des Menschen angelegt sind? Wir wissen es nicht. Es ist erstaunlich, mit welcher Selbstverständlichkeit die meisten Menschen sagen würden, es lasse sich letztlich nichts auf immer und ewig verbieten. Oder, der Mensch werde sich nie einschränken, oder etwas grundsätzlich verbieten lassen. Als geschulter Ethnologe sind wir uns da nicht so sicher.

Denn es gibt viele Beispiele von menschlichen Gemeinschaften, die bestimmte Dinge, oder ihre Eigenschaften und Potentiale, nie übernommen, nie angewandt, und die vorhandenen Möglichkeiten nie genutzt haben. Diese Beispiele zeigen, dass es dem Menschen möglich ist, Dinge abzulehnen und ihre Möglichkeiten nicht zu nutzen.[363] Dies gilt also nicht nur für Individuen, sondern auch für kulturelle Gemeinschaften. Wohl das berühmteste Beispiel ist das Rad. Das Rad wird in der Entwicklung der Technologie als eines der bedeutendsten Instrumente angesehen, um technologische Entwicklung zu fördern. Auf dem gesamten afrikanischen Kontinent unterhalb der Sahara, früher Schwarz-Afrika genannt, wurde das Rad aber nie als Mittel zur Bewegung oder für die Technik eingesetzt. Es gibt Ausgrabungen, die zeigen, dass das Rad in Afrika bekannt war. Es wurde aber nie als technisches Instrument in die Gesellschaften integriert. Es gab vor der Kolonisierung keine Wagen und keine Fahrräder dort. Dasselbe gilt für die Schrift als Kommunikationsmittel. Auch dieses Instrument der Kommunikation ist in Afrika nie entwickelt und eingesetzt worden. Die beiden Beispiele haben sicherlich nichts mit einer irgendwie vermuteten geistigen oder intellektuellen Minderwertigkeit der Afrikaner zu tun. Diese sind so intelligent, wie alle anderen Menschen auf der Erde und mit denselben geistigen und intellektuelle Fähigkeiten ausgestattet, wie alle anderen Menschen. Diese Beispiele bedeuten auch nicht, dass Afrika Technologie oder Innovationen feindlich gegenüberstehen würde. Es gibt viele Beispiele, nennen wir nur den Webstuhl und auch eine grosse Varietät von Musikinstrumenten, die zeigen, dass Afrika durchaus techno-

363 Dies verweist ganz direkt auf den Utilitarismus. Diese Beispiele zeigen, dass „Nutzen“ auf sehr unterschiedliche Weise verstanden werden kann.

logisch-kreativ gewirkt hat. Was also hat zu diesen kulturell äussert wichtigen Entscheidungen geführt? Und was waren die positiven und vielleicht auch negativen Folgen dieser Entscheidungen? Darauf haben wir keine unmittelbaren Antworten. Es steht jedoch ausser Frage, dass wir diese kulturellen Entscheidungen Afrikas respektieren müssen. Es gäbe viele interessante und überraschende Beispiele anzuführen von Dingen, Instrumenten und Potentialen, die von bestimmten Gesellschaften abgelehnt, oder einfach nicht angenommen wurden. Wir meinen, dass es sich lohnen würde, sich die Umstände dieser Beispiele, und wie es zu diesem Verhalten der Gesellschaften gekommen ist, genauer anzuschauen. Das, was wir daraus für uns lernen könnten, wäre vermutlich oft von grossem Wert in dem Sinne, dass es zu dem „Wettbewerb der Menschheit um die besseren Ideen“ oft sehr inspirierende Beiträge erbringen würde.

Wir wollen sicher nicht generell abstreiten, dass wissenschaftlich-technischer Fortschritt Gutes bringen kann. Wir möchten aber dennoch dazu auffordern, uns im Lichte unserer Erfahrungen zu fragen, ob alles das, was wir als Fortschritt bezeichnen, wirklich gut und sinnvoll ist. Wir alle wünschen uns das „beständige Fortschreiten...vom Schlechteren zum Besseren“, wie Kant es in seiner Geschichtsphilosophie programmatisch ausgedrückt hat. Noch im 18. und 19. Jahrhundert, also in der Zeit der Aufklärung, wurde von einer zwangsläufigen Perfektionierung des Menschen und der Welt ausgegangen, die an die „Naturbeherrschung“ gebunden war. Widersprüche und Rückschläge waren nur Anzeichen für fehlendes Wissen und dienten als Ansporn, um Wissenschaft und Technologie weiterzuentwickeln, um sie als Motor des Fortschritts einzusetzen. Jedoch wurden die Auswirkungen dieser immer stärker intensivierten wissenschaftlichen und immer schnelleren technologischen Entwicklung auf die Lebensbedingungen in den sich industrialisierenden Gesellschaften Europas seit dem 17. und 18. Jahrhundert bis in unsere Zeit immer deutlicher.[364] Wissenschaft und Technik verliehen dem Menschen immer mehr Mittel und Macht über die Natur, um sein Leben und seine Lebenswelt zu gestalten. In der Konsequenz bedeutete dies dann auch, dass Einfluss der Menschen auf dem Planeten im Zuge der industriellen Revolution immer deutlichere Spuren hinterließ. Wenn wir nach wissenschaftlichem Verständnis bisher im Holozän lebten, in dem geologischen Zeitalter nach den letzten Eiszeiten, so haben wir jetzt damit begonnen, unser gegenwärtiges, beginnendes Zeitalter das Anthropozän zu nennen. Das wäre dann also das Zeitalter, in dem der Mensch die Erde und das Leben auf ihr gestaltet. Wenn das stimmen sollte, dann haben wir eine grosse Verantwortung. Es ist noch nicht allen klar und deutlich, was diese neu erkannte Verantwortung für die Erde und für unser aller Wohlergehen auf ihr tatsächlich bedeutet. Eines sollte jedoch jedem klar sein: Die Antwort auf diese Herausforderung und die Lösungen werden nicht aus Europa oder den USA alleine kommen. Die Herausforderung hat eine globale Tragweite und kann nicht mit einer Haltung der Dominanz und einer allgemeinen Kriegswirtschaft, also mit Waffen, bewältigt werden. Die Lösungen für die globalen Herausforderungen müssen von einer Menschheit gefunden werden, die aus gleich berechtigten Partnern besteht.

In optimistischer Manier ging man in Europa und im Westen bisher davon aus, dass auf der Grundlage des materiellen Fortschritts eine bessere und gerechtere Welt entstehen würde. Ein wahrhaft menschlicher Aufschwung und Fortschritt wurden seit der Zeit der Aufklärung nach der Französischen

364 Eine ausführliche Schilderung dieser Vorgänge findet sich in dem Buch „The Pursuit of Power, Europe 1815-1914“ von Richard Evans.

Revolution erwartet. Zunehmende Naturbeherrschung und die Verbesserung des Lebensstandards wurden als kausale Kette gesehen. Widersprüche, Rückschläge und Konflikte wurden als notwendige Begleiterscheinung des Fortschritts betrachtet, die aber die allgemeine Tendenz nicht in Frage stellten.

Im 19. und 20. Jahrhundert wurde jedoch zunehmend auch Kritik an der Industrialisierung laut. Es waren wohl in erster Linie die teilweise erschreckend schlechten Arbeitsbedingungen in der industriellen Produktion, welche aufmerksame Beobachter der Situation zu ersten Zweifeln an dem Segen der industriellen Entwicklung anregten. Nicht nur die Bücher von Charles Dickens, oder Victor Hugo und Balzac, oder das Drama „Die Weber" von Gerhart Hauptmann, legen davon Zeugnis ab, sondern auch die Bildung und der wachsende Einfluss von Gewerkschaften und sozialen Bewegungen sind auf die oft miserablen Arbeitsbedingungen zurückzuführen. Es ist den Menschen zunehmend klar geworden, dass nicht alles „Gold war, was da so glänzte". So gab es auch immer wieder Menschen, die den Fortschrittsgedanken grundsätzlich in Frage stellten[365]. Es wurde befürchtet, dass der Preis des Fortschritts höher sein werde, als sein Nutzen für die Menschen.[366]

365 So schon bei Nietzsche in seiner „Genealogie der Moral", 1887. Später dann bei Autoren wie Georg Lukács, in „Die Zerstörung der Vernunft", 1955.
Im Exil in den USA verfassten Max Horkheimer und Theodor W. Adorno ihre „Dialektik der Aufklärung", ein Buch, mit dem sie den Vernunftbegriff der Aufklärung einer radikalen Kritik unterzogen. Sie zeigten sich, wie viele andere, schockiert von der Tatsache, dass die Gesellschaft den Herrschaftsformen von Faschismus und Monopolkapitalismus keinen wirksamen Widerstand entgegensetzt. – Diese Liste der Kritiker am „Fortschritt" liesse sich beliebig lange fortsetzen.

366 Von Goethe ist bekannt, dass er der technisch-wissenschaftlichen Entwicklung, so wie sie betrieben wurde, skeptisch gegenüber

Interessante Überlegungen hierzu kamen auch von Seiten der Ethnologie. So unterscheidet der Ethnologe Claude Lévi-Strauss zwei fundamental unterschiedliche Typen menschlicher Gesellschaften. Er nennt sie kalte und heisse Kulturen. Die „kalten“ Kulturen, naturnah lebende Ethnien und Bevölkerungsgruppen[367], sind heute praktisch ausgelöscht, verschwunden und haben sich in den modernen Zivilisationen der „heissen“ Kulturen aufgelöst. Diese modernen Zivilisationen, also unseren westlichen, „heissen“ Gesellschaften, sind nach Lévi-Strauss geprägt von ständigem kulturellen Wandel durch die wachsende wissenschaftliche Erkenntnisfähigkeit der Menschen.[368] Ein wichtiger Charakterzug, der diese Bemühungen des Menschen um Fortschritt häufig prägt, in dem er die Natur seinen Bedürfnissen anzupassen sucht, ist das Streben nach einer „Idealgesellschaft“. Diese Bestrebungen sind dann oft mit Ideologien verbunden, wo es darum geht, wer der Bessere ist und wer recht hat.

Solche ideologischen Auseinandersetzungen werden oft emotional so weit gesteigert, dass sie zu gewaltsamen Auseinandersetzungen führen und sich dann oft bis zu Kriegen steigern. Genährt werden solche Ideologien aus der Angst, vor dem Untergang, der Angst sein eigenes Überleben, und

---

stand. Sein Roman „Wilhelm Meister“ bringt diese Skepsis gegenüber der Bedeutung des technischen Fortschritts gut zum Ausdruck. Ein wichtiger Punkt an dieser Stelle: „Fortschritt“ wird immer anthropomorph gedacht, also aus der Perspektive des Menschen, ohne diesen in einen universalen Zusammenhang von Entwicklung zu stellen.

367 Einen Zugang zu diesem Thema kann man bei Christian Sigrist in seinem Buch „Regulierte Anarchie“ finden. Dort befindet sich auch eine ausführliche Bibliographie für die Vertiefung des Themas der „segmentären“ Gesellschaften.

368 Eine Einführung in das Thema findet sich bei Claude Lévi-Strauss in „Das wilde Denken“, 1976.

das seiner Nation, nicht sichern zu können. Denken wir nur an den ideologischen Konflikt zwischen dem liberalen Kapitalismus und dem Kommunismus, der während der Ära des „Kalten Krieges" viele Jahrzehnte lang entscheidend für die globale politische Entwicklung war. Solche Ideologien nähren sich im Grunde aus dem Streben nach dem Überleben des Stärkeren, was zur Angst vor der Zerstörung führt, zur Angst, das eigene Überleben und das der eigenen Nation nicht sichern zu können. Es ist die Angst, der andere nehme einem etwas weg, was man selbst dringend zum Überleben benötige. Daraus ist in der Wissenschaft der Ökonomie das Paradigma von den „begrenzten Ressourcen" entstanden.

Aus der Beobachtung und dem Verständnis dieser Ideologien und der folgenden Auseinandersetzungen und Kriege leiten manche Ethnologen und Anthropologen dann eine allgemeine Kritik am Fortschritt ab. Diese Kritik mündet häufig auch in eine generelle Kulturkritik, die das Modell der europäisch-geprägten gesellschaftlichen Entwicklung grundsätzlich in Frage stellt.[369]

Wir wollen diesen Überblick zum Thema des Fortschritts damit abschliessen, indem wir auch auf die Bedeutung des Kolonialismus hinweisen, der als eine notwendige Begleiterscheinung des Kapitalismus angesehen werden muss, wie er sich durch die von Europa geprägten Entwicklungen herausgebildet hat. Das wird uns dann zu einem umfassenderen

369 Eine Übersicht zu dem Thema findet sich in Ralf Konersmann (Hrsg.) Kulturkritik: Reflexionen in der veränderten Welt, Reclam 2001.
Für diese generelle Kritik des westlichen „Fortschritts" sind die Werke der „Kritischen Theorie" der Frankfurter Schule eine wichtige Quelle. Als Referenz kann hier die „Dialektik der Aufklärung" von Max Horkheimer und Theodor W. Adorno aus dem Jahr 1944 dienen.

Verständnis des neuen, zukünftigen Paradigma der „unendlichen Erneuerung unserer Ressourcen“[370] kommen lassen. Denn das zukünftige Paradigma wird nach unserem Verständnis kein „westliches“ sein, sondern die Menschheit in ihrer Gesamtheit einschliessen müssen.[371]

Für ein besseres Verständnis unserer Argumente zu dem neu entstehenden, post-kolonialistischen Weltbild, wird es hilfreich sein, wenn wir einen kurzen Blick auf das „Geoscope“ werfen, wie es von Buckminster Fuller 1960 entwickelt und in seinem „Critical Path“ im fünften Kapitel erneut vorgestellt wird. Daraus ist inzwischen eine globale Bewegung entstanden, die sich an einer Welt „ohne Grenzen“ ausrichtet. An der Technischen Universität in Zürich (UZH) gibt das Departement für Geographie die Zeitschrift *Geoscope* heraus. Grenzen werden nach dem Verständnis der Teilnehmer an dieser globalen *Geoscope* Bewegung als Herausforderungen gesehen, die überwunden werden müssen. Das klingt für uns wie ein kritischer Hinweis zu unserem kurzen Überblick zur Rolle des Kolonialismus für den europäischen Kapitalismus.

Der europäische Kolonialismus wird meist als eine notwendige Begleiterscheinung des europäisch geprägten Kapitalismus angesehen. Ein Blick auf die Entstehung und geschichtlich Entfaltung des British Empire ersetzt hier das Studium

---

370 Diesen Begriff der „unendlichen Erneuerung“ oder „unendliche Regeneration von Ressourcen“ haben wir von R. Buckminster Fuller entlehnt, der ihn in seinen Schriften immer wieder als grundsätzliche Grösse benennt. S. h. Operating Manual for Spaceship Earth, erste Veröffentlichung 1969. Dann auch sein Alterswerk „Critical Path“, von 1981.

371 Es mag hilfreich für ein besseres Verständnis dieses neuen Weltbildes sein, wenn wir einen Blick werfen auf das „Geoscope“, wie es von Buckminster Fuller entwickelt und in seinem „Critical Path“ im fünften Kapitel vorgestellt wird.

ganzer Bände an Literatur.[372] Die expansive Tendenz Europas, die mit den Entdeckungsreisen und Weltumsegelungen des 15. und 16. Jahrhunderts erkennbar wurde, ist unmittelbar mit dem wachsenden Glauben an den Fortschritt der Menschheit verbunden. Allgemein gilt die Segelreise von Kolumbus im Jahr 1492, als das Signal für den Aufbruch zu neuen Ufern und zur Entdeckung von neuen Kontinenten und neuen Welten. Im Rückblick verstehen wir heute, dass diese Reise das Signal war für die Eroberung der Welt durch die europäisch geprägte kapitalistische Wirtschaft und Weltordnung, sowie für das Zeitalter der Globalisierung, in dem wir seit dem Britischen Empire im 17. und 18. Jahrhundert angekommen sind.

In diesem Sinne ist in den Wissenschaften und bei den Menschen allgemein die Erkenntnis gewachsen, den Kolonialismus nicht als eine zufällige historische Begleiterscheinung, sondern als eine wichtige Funktion und elementaren Bestandteil von imperialistischer Politik anzusehen. Damit ist der Kolonialismus, also die Beherrschung anderer Völker und Länder, dann gleichzeitig auch ein wesentlicher Bestandteil des bestehenden Paradigmas geworden, das durch unendlichen Fortschritt von Wissenschaft und Technologie, sowie den Glauben an unendliches Wachstum und die unendliche Verfügbarkeit natürlicher Ressourcen geprägt ist. Wenngleich die Vorteile dieses Paradigmas nur für einen Teil der Menschheit gelten sollten.

Wenn von Kolonialismus die Rede ist, dann wird in erster Linie meist an die europäischen Kolonialreiche in Afrika, Lateinamerika und Asien gedacht. Wenn wir jedoch einzelne Kolonialreiche in ihrer Bedeutung hervorheben sollten, dann gehören dazu als Einzelbeispiele sicherlich Indien, aber vor allem auch

372 Hierzu sei noch einmal auf das Buch von Niall Ferguson „Empire: How Britain Made the Modern World", 2003, verwiesen.

die Vereinigten Staaten von Amerika. An diesen beiden Staaten wird auch deutlich, dass die Kolonialisierung oft sehr unterschiedliche Formen annahm. Im Falle der USA war der Kolonialismus verbunden mit einer nahezu vollständigen Auslöschung der indianischen Kulturen und dem überwiegenden Teil der autochthonen Bevölkerung in Nord-Amerika, sowie mit der Loslösung vom europäischen „Mutterland" Großbritannien. Der besondere Verlauf und das konkrete Ergebnis des Kolonialismus in Nordamerika, mit der Schaffung grosser Staaten und Staatenverbünde, wie die USA, aber auch Kanada und Mexico, ist sicher eine ganz besondere Erfahrung in der Geschichte der Menschheit. In der Konsequenz hat dieser Kolonialismus in Nordamerika, der dann noch durch den Sklavenhandel[373] ergänzt wurde, wirtschaftliche, politische und soziale Folgen erzeugt, die bis heute für die gesamte Menschheit noch stark nachwirken.[374]

Wir wollen hier wenigstens kurz noch auf ein wichtiges Merkmal verweisen, das für die koloniale Denkweise charakteristisch ist. Dieses charakteristische Merkmal des kolonialen Denkens

---

373 Um der Redlichkeit willen wollen wir hier anmerken, dass der Sklavenhandel in die neu gegründeten Vereinigten Staaten von Amerika nur etwa 10% des gesamten Sklavenhandels ausmachte. Der grösste Teil der Sklaven aus Afrika war für die überwiegend britischen und französischen Kolonien in der Karibik und für die portugiesischen und spanischen in Lateinamerika bestimmt.

374 Zum Thema des Kolonialismus gibt es eine umfangreiche Literatur. Zum Einstieg empfehlen wir von Wolfgang Reinhard „Die Unterwerfung der Welt: Globalgeschichte der europäischen Expansion 1414 - 2015", erschienen 2017. Alternativ dazu von Reinhard Wendt „Vom Kolonialismus zur Globalisierung: Europa und die Welt seit 1500", 2016.
Dann zur Bedeutung des Britischen Kolonialreiches das Buch von Niall Ferguson „Empire: How Britain Made the Modern World", 2003.
Interessant auch von Franz Ansprenger das Buch zur „Auflösung der Kolonialreiche", 1989.

teilt die Welt in zwei Teile ein, in „wir“ und die „anderen“, „wir hier“ und die „anderen dort“. Dies führt zu einem Denken, das die Existenz von Ressourcen auf der „anderen Seite“, d.h. außerhalb der unmittelbaren eigenen Lebenssphäre, voraussetzt. Der europäische Geist ist durch diese fehlerhafte und irreführende Erfahrung geprägt worden, die Europa getrennt vom Rest der Welt sah. Mit dem Aufkommen einer globalen Weltanschauung hat diese begrenzte koloniale Denkweise ihre Berechtigung verloren. Hier stoßen wir also auf einen ganz bestimmten Grund, warum der europäische Geist, d. h. der europäische Mensch, Schwierigkeiten hat, die innovativen Merkmale der neuen Weltordnung und des neuen Systems der Weltregierung zu erkennen und in ihren Konsequenzen zu akzeptieren.

Das neue Paradigma: Wachstum ohne Ende und die unendliche Erneuerung von Energie

„... Die Menschheit hat jetzt – zum ersten Mal in der Geschichte die realistische Chance, der Evolution zu helfen, das zu tun, was sie unerbittlich zu tun beabsichtigt; die gesamte Menschheit in eine harmonische Weltfamilie umzuwandeln und diese Familie nachhaltig und wirtschaftlich erfolgreich zu machen“.[375]

R. Buckminster Fuller
im Vorwort zu seinem Alterswerk „Critical Path“, von 1981, auf Seite XIX

Daher muss unser „Hauptmotor“, der lebensregenerierende Prozess, ausschließlich mit unserem enormen täglichen Energieaufkommen aus den Kräften von Wind, Gezeiten, Wasser und der direkten Sonnenstrahlungsenergie betrieben werden.

R. Buckminster Fuller, in seinem
„Operating Manual for Spaceship Earth, erste Veröffentlichung 1969[376].

---

375 Im Original: „...humanity now – for the first time in history has the realistic opportunity to help evolution to do what it is inexorably intent on doing – converting all humanity into one harmonious world family and making that family sustainingly, economically successful“, so schreibt R. Buckminster Fuller im Vorwort zu seinem Alterswerk „Critical Path“, von 1981, auf Seite XIX.

376 Im Original: „therefore, our „main engine“, the life regenerating process, must operate exclusively on our vast daily energy income from the powers of wind, tide, water, and the direct Sun radiation energy“, so schreibt R. Buckminster Fuller in seinem „Operating Manual for Spaceship Earth, erste Veröffentlichung 1969.

Das „neue Paradigma", das sich ankündigt, wird geprägt sein von dem Verständnis einer holistischen Lebenswelt, in welcher der frei gewordene Mensch Verantwortung für das Leben auf dem Planeten Erde übernehmen will, auch wenn ihm bewusst ist, dass es kein abschliessendes und endgültiges Ziel für die Reise der Menschheit geben wird. In seinem Buch „Hoffnung oder Barbarei" hat Lewis Mumford den mutigen Versuch unternommen, „einen neuen Mythos zu schaffen"[377] und die Konturen einer „Weltkultur" zu beschreiben. Damit stellt er sich in die Tradition der Renaissance eines Leonardo da Vinci, der zu Beginn dieser neuen Menschheitsepoche eine Utopie, ein Bild des zukünftigen Menschen geprägt hat, also von dem Menschen, der die Fähigkeit und den Willen hat, sich auf die Suche nach Befreiung aus den irdischen Fesseln zu machen, weil er sich dem Geist der kosmischen Gesetze einfügen will.[378] Nach dem Menschenbild der Renaissance und des Leonardo da Vinci muss der Mensch unbedingt seine wissenschaftlich-technischen Fähigkeiten entwickeln. Dies muss aber bei Leonardo da Vinci immer zusammen gehen mit der geistigen Entwicklung des Menschen, aus der heraus der neue Mensch dann entstehen wird. Über das immer weiter entwickelte Zusammenwirken von intellektueller (*Wissenschaft*) und geistiger (*Bewusstsein*) Begabung des Menschen wird er dann auch bereit sein, sich als freier Mensch bewusst und mit Verantwortung in das Zent-

377 „Hoffnung oder Barbarei", 1981, S. 11, Lewis Mumford. Die amerikanische Originalausgabe „The Transformation of Man" ist von 1956.

378 Einen leicht lesbaren, aber dennoch tiefsinnigen Einblick in diese Entwicklung seit Galilei und durch die Renaissance bis heute, finden wir in dem kleinen Büchlein „Wie sieht die Welt von morgen aus?", das aus christlich-protestantischer Sicht der Quantenphysiker Pascual Jordan 1958 verfasst hat.

rum der Entwicklung auf der Erde zu stellen.[379] Das war die Vorstellung vom Menschen, die in der Renaissance geprägt wurde. Wie wir zeigen werden, wurde dieses Bild des humanistischen Menschen, also des ganzheitlich intellektuell gebildeten, geistig orientierten und künstlerisch erzogenen Menschen in der Zeit der Herausbildung der Naturwissenschaften im 19. Jahrhundert von dem ausschließlich wissenschaftlich-technisch geprägten Menschenbild verdrängt. Dieser einseitig wissenschaftlich-technisch interessierte Wissensmensch wurde dann zunehmend noch durch den einseitig am Profit orientierten Kaufmann und Unternehmer ergänzt. Damit war das Profil des „idealen Menschen" des Westens vollständig.

Das Wunder des Wachstums in der Natur

In den gemässigten Zonen der Erde dürfen wir alle im Frühjahr immer wieder dieses Wunder des Wachstums neu erleben. Die Kraft der Natur macht sich überall bemerkbar, bricht durch, zeigt sich in ihrem unbändigen Wirken, und zieht uns alle in den Bann. In den Tropen ist diese unendliche Energie das ganze Jahr über zu erleben. Dieses Erlebnis vermittelt den Eindruck eines Wachstums ohne Grenzen, ohne Ende. Dieses Wachstum der Natur scheint unbändig und unbegrenzt zu sein. Es wird sich lohnen, dieses Phänomen ein wenig näher zu betrachten.

---

379 Zu einem Verständnis des Menschenbildes von Leonardo da Vinci empfehlen wir die Lektüre des historischen Romans „Leonardo da Vinci" von Dmitri Mereschkowski. Auch Jakob Burkhard mit seiner „Kultur der Renaissance in Italien" kann uns immer wieder wichtige Einblicke vermitteln.

Buckminster Fuller nennt diese Naturkraft „unendlich regenerativ“.[380] Für ihn ist diese Naturkraft kosmischen Ursprungs. Sie ist deshalb für ihn unbegrenzt verfügbar und unendlich regenerativ.[381] Der Kosmos lebt von dieser unendlich regenerativen Kraft, in ihm entfaltet sie sich gänzlich. Einstein hat für das Universum die Aussage getroffen, dass dieses zwar endlich, aber unbegrenzt sei. Es scheint uns wichtig, dass der Mensch diese paradoxal scheinende Erkenntnis von Einstein auch auf sein Verständnis der Natur überträgt. Wenn wir dies tun, dann werden wir verstehen lernen, dass zum einen „Energie“ „unendlich regenerativ“ ist, uns also ohne Ende[382] und in unbegrenztem Masse zur Verfügung steht. Gleichzeitig aber müssen wir auch verstehen lernen, dass diese unendlich regenerative Energie nicht notwendigerweise zu unbegrenztem Wachstum aller Elemente auf der Erde führt.

Wir wollen das Verständnis dieser Gedanken noch ein wenig vertiefen und kurz auf das schauen, was wir in der Natur Wachstum nennen. Es ist scheinbar unendlich. Gilt dies aber immer und für alle Wachstumsprozesse?

Ein Gras oder Kraut wächst. Es erreicht eine bestimmte Länge und Grösse, dann hört es auf zu wachsen. Es mag Sa-

---

380 Zu Buckminster Fuller empfehlen wir sein Alterswerk „Critical Path“ aus dem Jahre 1981. Im Deutschen liegt auch die „Bedienungsanleitung für das Raumschiff Erde“ vor, im Englischen 1969 als „Operating Manual for Spaceship Earth“ publiziert.

381 Dies verweist auch auf die Feststellung aus der allgemeinen Relativitätstheorie von Einstein, wo wir lernen, dass die *Raum-Zeit* eine innere *gekrümmte* Struktur besitzt und von daher das Universum zwar endlich, jedoch unbegrenzt ist. Ein solcher Schluss liesse sich auch für die „Energie“ ziehen, die zwar „unendlich regenerativ“ ist, aber nicht notwendig zu unbegrenztem Wachstum aller Elemente führt.

382 Selbstverständlich gilt dies erst einmal nur für die „Lebensdauer“ des Sonnensystems.

men bilden, oder Wurzeln und Zwiebeln zur Vermehrung, um sich also nach einer gewissen Zeit zu regenerieren. Aber sein Wachstum ist nicht unbegrenzt. Dasselbe gilt für einen Baum. Eine Eiche oder Linde mögen eine sehr stattliche Grösse erreichen, aber wenn sie ihre Möglichkeiten zu Wachstum ausgeschöpft haben, dann hören sie auf zu wachsen. Ja, nach einiger Zeit beginnen sie sogar zu degenerieren, sie bauen sich wieder ab, und sterben.

Dasselbe läßt sich in leicht abgewandelter Form für den menschlichen Leib sagen. Er wächst, bildet seine Organe, erreicht seine voll ausgebildete Form etwa im Alter von 28 Jahren. Damit hat er eine Grenze erreicht. Von da ab erneuert er sich noch eine gewisse Zahl von Jahren. Aber der Abbau des menschlichen, oder auch des tierischen Leibes ist unvermeidlich, er altert, und nach dem physischen Tode, wenn der Lebensgeist aus ihm gewichen ist, löst er sich gänzlich auf und wird wieder zu Erde.

Wie wir schon an diesen wenigen Beispielen sehen, hat Wachstum in der Natur immer Grenzen. Dies gilt sogar für die menschliche Krankheit „Krebs", die danach strebt, immer weiterzuwachsen und zu wuchern. Doch dies kann nicht gelingen, denn der Krebs „stirbt" schliesslich zusammen mit seinem Opfer.

Mit dem menschlichen Geist und dem Intellekt jedoch verhält es sich anders, wie wir alle wissen. Nicht nur sind ihre regenerativen Kräfte potentiell unbegrenzt, sondern dasselbe gilt auch für ihr Wachstum. Wir lernen das schon relativ früh im Leben, dass es immer mehr zu lernen, zu wissen und zu verstehen gibt. Wenn wir älter oder reifer werden, oder auch beides zusammen, dann verstehen wir noch besser, dass dem geistigen Wachstum, also nicht nur dem, das auf Intelligenz gebaut ist, sondern insbesondere dem Wachstum der seelischen und geistigen Kräfte, keine Grenzen gesetzt zu sein scheinen.[383]

In diesem Sinne, bezogen auf die Intelligenz und das geistig zugängliche Wissen, scheint also das menschliche Wachstum unbegrenzt zu sein. So jedenfalls nehmen wir es wahr, und wollen es dann direkt auf das materielle Wachstum übertragen, um auch dieses immer und in jedem Falle als unbegrenzt anzusehen. Das ist jedoch ein logischer Trugschluss, eine Art von „logical fallacy", auf den wir dabei hereinfallen. Wir werden lernen müssen, dass nicht alles unendlich wachsen kann, und wir werden entsprechend handeln müssen. Der Mensch muss ein eingehendes Verständnis von Wachstum und den Grenzen des Wachstums entwickeln, um abhängig von spezifischen Situationen und je nach den Objekten sein Handeln bestimmen zu können. Die Menschheit wird auch über die Nutzung und Anwendung der kosmischen Energie entscheiden müssen. Das ist Teil der Rolle, die wir auf der Erde spielen, als Teil des Kosmos. Wir werden lernen müssen, dies als Menschheit gemeinsam und bewusst zu tun. Das entspricht unserer kosmischen Mission.

Wir wollen an dieser Stelle ausdrücklich anmerken, dass wir mit diesen Aussagen in keiner Weise der Erkenntnistheorie von Gregory Bateson widersprechen, wie er sie in seinem Buch „Geist und Natur, eine notwendige Einheit"[384] vorstellt. Ganz im Gegenteil stimmen wir mit ihm überein, dass die Energie, die für die evolutionäre Entwicklung auf der Erde zur Verfügung steht, unendlich ist, da sie ja von der Sonne kommt. Ebenso sind geistigem und intellektuellem Wachstum prinzipiell keine Grenzen gesetzt. Wir sind uns ebenso ei-

383 Schon bei Dschuang Dsi „Das wahre Buch vom südlichen Blütenland", 2007, übersetzt von Richard Wilhelm, lesen wir auf S. 64, Buch III, 1: „Unser Leben ist endlich; das Wissen ist unendlich".

384 „Geist und Natur. Eine notwendige Einheit", 1987, Gregory Bateson.

nig darin, dass kein Element in der Natur unendlich wachsen kann. Grenzen des Wachstums werden schon allein dadurch gesetzt, dass es eine grosse Zahl von Elementen in der Natur gibt, die ihre Existenz nur behalten können, wenn sie von anderen Elementen nicht eliminiert und ausgelöscht werden. Es findet immer Austausch statt. Es gibt kein einzelnes „Ding“ ohne Beziehung zu anderen Dingen. Heisenberg zusammen mit Niels Bohr und ihren Kollegen entdeckten und formulierten 1922 das grundlegende Prinzip der Komplementarität, das wesentlich ist für „den Erfolg des ewig regenerativen Universums“[385]. Das „Ding an sich“ gibt es nur in der Vorstellung der Philosophen. Im Leben des Menschen und seiner Gesellschaften, wie auch in der Natur, stehen alle Dinge und Kräfte immer in notwendig komplementärer Beziehung.[386]

Globalisierung des Wachstums

Ein symbolisches Ereignis und ein entscheidender Schritt hin zu der uns heute bekannten „Wachstumsorgie“ wurde schon vor mehr als 600 Jahren von Christoph Kolumbus unternommen, als er 1492 auf einem kleinen Segelschiff die „Neue Welt“ in der heutigen amerikanischen Hemisphäre entdeck-

---

385 Wir zitieren hier aus den einleitenden Passagen des Vorworts von „Critical Path“, 1981, von Buckminster Fuller. Die Übersetzung stammt von uns / WP.

386 S. h. Fortes, Meyer; The Political Systems of the Tallensi of the Northern Territories of the Gold Coast, in African Political Systems, M. Fortes and E. E. Evans-Pritchard (eds.), First Edition 1940. Dieses Prinzip gilt auch für andere einfache afrikanische Gesellschaften, wie es uns in dem Buch „Ronga – Ein Beispiel politischer Komplementarität“, 1987, Walter Pfluger, in Einzelheiten aufgezeigt wird.

te. Es ist nicht ohne Bedeutung, dass Kolumbus, ein Genuese, für seine Reise durch Toscanelli, einem Florentiner, instruiert worden ist, der zum Wirkungskreis von Leonardo da Vinci gehörte. Toscanelli war als Wissenschaftler und Astronom einer der Wegbereiter der frühen Renaissance, und er entwarf auch Landkarten, über die er sich schriftlich mit Kolumbus austauschte. Die Entwicklung der Wissenschaften war also von Anfang an ganz eng verbunden mit dem Entdeckergeist der Renaissance, der diese Zeit des Aufbruchs generell auszeichnete. Auch wenn die Entwicklung der Grundlagen für die modernen Naturwissenschaften durch Galileo Galilei noch mehr als einhundert Jahre warten musste, so sind doch schon in dieser frühen Periode der Renaissance in Italien die geistigen Voraussetzungen geschaffen worden. Wie wir wissen, bildete auch Nikolaus Kopernikus seine Grundlagen zu wissenschaftlichem Denken und erwarb sich seine wichtigsten wissenschaftlichen Kenntnisse während seiner Studienaufenthalte in Italien. Die Kopernikanische Wende zur Neuzeit wurde dann endgültig im Jahr 1543, mit der Veröffentlichung des Hauptwerkes von Nikolaus Kopernikus „De revolutionibus orbium coelestium" (Über die Umschwünge der himmlischen Kreise) eingeleitet.

Kein Mensch konnte damals ahnen, in welche neuen Dimensionen diese wissenschaftlichen Entdeckungen und Entwicklungen die Menschheit führen würden. Aber die Wissenschaftler und Künstler in Florenz und den anderen Städten Norditaliens ahnten schon damals, dass sie die Türen in neue Welten öffnen würden. Zusammen mit den auf die Renaissance folgenden bahnbrechenden wissenschaftlich-technischen Entwicklungen wurde der Aufbruch zu ungehemmtem wirtschaftlichem Wachstum eingeläutet. Die Reise von Kolumbus und die Entdeckung der „neuen Welt" waren dafür der symbolische Auftakt. Geblendet von dem Gold und Silber, das im südlichen Amerika gefunden und zunehmend von den Kolonialmächten abgebaut wurde, um die Schatzkammern der spanischen und portugiesischen Könige und Kaiser zu füllen, war dem Drang zur Eroberung der Welt durch die europäischen Länder keine Grenze mehr gesetzt. Die Kolonialisierung erreichte bald auch die asiatischen und afrikanischen Kontinente.[387] Es musste die ganze Welt sein.

Keine Person kann besser Zeugnis für diesen unbändigen Drang zur Welteroberung durch Kolonisation ablegen, als Cecil Rhodes, der Herr über Rhodesien und Besitzer großer Gold- und Diamantenminen in Südafrika und Botswana[388], die bis heute noch in anglo-amerikanischem Besitz sind. Seiner Biographie entnehmen wir folgende Aussage[389], die man auch als „Ansage" zur Eroberung der Welt ansehen kann: „Nachdem ich die Geschichte anderer Länder gelesen hatte, erkannte ich, dass Expansion alles war, und dass die Oberfläche der Welt begrenzt ist, und dass es das große Ziel der heutigen Menschheit sein sollte, so viel von der Welt wie möglich zu nehmen". Diese Aussage lässt an Klarheit nichts zu wünschen übrig. Zudem enthält sie auch einen Hinweis, der für die Belange unserer Argumentation von Bedeutung ist. Cecil Rhodes spricht auch von dem großen Ziel „der heutigen Menschheit". Wobei für Rhodes die „heutige Menschheit" in erster Linie von den

---

387 Im Jahr 1770 erreichte James Cook die Ostküste Australiens. Er nahm das Land als New South Wales für die britische Krone in Besitz.

388 Wir empfehlen hierzu die Biographie von Anthony Thomas „Rhodes: the Race for Africa", 1997.

389 Im englischen Original lautet der Text folgendermassen: „Having read the histories of other countries, I saw that expansion was everything, and that the world's surface being limited, the great object of present humanity should be to take as much of the world as it possibly could."

Bewohnern von Großbritannien und den USA gebildet wurde. Rhodes war ein bekannter und bekennender Rassist, der die Briten und die britischen Amerikaner, als „erste Rasse der Welt" betrachtete. So wird es auch nicht überraschen, wenn er von der Wiedervereinigung der anglo-amerikanischen Welt träumte, um ein weltumspannendes anglo-amerikanisches Imperium zu bilden. Diesen Traum träumen heute noch viele Menschen, seien es die Machteliten selbst, oder ihre Handlanger. Wir müssen taub und blind sein, um in dieser Aussage nicht die „faustische" Ankündigung der Neuzeit herauszuhören und zu sehen, also dem heute noch gültigen unbedingten anglo-amerikanischen Streben nach Hegemonialmacht über den Rest der Welt, in der wir leben.[390]

Der frühe Kolonialismus mit seinen dramatischen Konsequenzen war das große Vorspiel und eine ergänzende Kraft für die Herausbildung des globalen Kapitalismus in seiner heutigen Form, der sich seit dem 15. und 16. Jahrhundert in Europa vorbereitete.[391] Die Zentren dieses Kapitalismus wanderten schon bald aus den katholisch-kirchlich dominierten Königreichen Südwest-Europas, Spanien und Portugal, in die nördlichen Länder ab, zuerst nach den Niederlanden. Dort bildete sich das erste moderne, liberale Finanz- und Handelszentrum des Kapitalismus heraus, um schon bald wirkungsmächtige Ableger in England und dann auch in Deutschland und Frankreich zu zeugen.[392]

390 Es war Oswald Spengler, der in Cecil Rhodes diese exemplarische Figur für die faustische Neuzeit des Abendlandes gesehen hat. Siehe die Einleitung zu „Der Niedergang des Abendlandes".

391 Für eine Übersicht zu den historischen Prozessen empfehlen wir von Fernand Braudel „Die Dynamik des Kapitalismus", 1991, Stuttgart.

392 Diese Entwicklungen lassen sich gut nachvollziehen bei Niall Ferguson in „The ascent of Money", 2003.

Angetrieben durch die rational-logische Anwendung von Verstand und Vernunft, ausgehend vom „objektivem" Wissenschaftsverständnis, das von Bacon[393] und Newton seit dem 17. Jahrhundert entwickelt wurde, brach sich in ganz Europa der wissenschaftlich-technische Fortschritt Bahn, um die umfassende Industrialisierung des gesamten Globus einzuleiten, wie wir sie heute kennen.

Diese von Europa initiierte Bewegung veränderte die Gesellschaften und die Lebensformen der Menschen auf der ganzen Welt von Grund auf. In den ländlich-agrarisch geprägten Gesellschaften Europas bildeten sich immer mehr Zentren des industriellen Wachstums, immer grössere Städte wuchsen heran, immer mehr wurden die Menschen mit ihren Lebenszusammenhängen von der Natur weg zu der industriellen Lebensweise hingetrieben. Es schien kein Entkommen zu geben. Das Leiden und die Opfer, vieler Kinder, Frauen und Männer, die in den Bergwerken und Fabriken damals gnadenlos ausgebeutet wurden, schrien zum Himmel. Millionen schwarzer Afrikaner und Inder wurden in den neuen Kolonien Amerikas versklavt, aber auch in arabischen Ländern, um den materiellen Reichtum der „Herren der Welt"[394] zu schaffen und zu mehren.

Dieses industrielle und wirtschaftliche Wachstum schien dem Menschen unbegrenzte Möglichkeiten zu verschaffen, um sich Reichtum und Macht anzueignen. Das Britische Empire, die Niederlande und Frankreich gründeten immer weitere Kolonien und holten Bodenschätze, Agrarprodukte und Reichtum

---

393 Hierzu empfiehlt sich das „Novum organum" von Francis Bacon, erstmals 1620 in England veröffentlicht.

394 So denunziert schon Adam Smith im Jahre 1776 in seinem berühmten Buch „Der Wohlstand der Nationen" die Haltung der „Masters of mankind", der neuen kapitalistischen Elite: „All for ourselves and nothing for other people, seems, in every age of the world, to have been the vile maxim of the „*masters* of mankind."

aus den Kolonien heraus zur Vermehrung des eigenen Reichtums. Amerika, die wichtigste britische Kolonie, kaufte schon bald seine Sklaven in den afrikanischen und indischen Kolonien auf. Die Kolonien in Lateinamerika, Afrika und Asien florierten und vermehrten den Reichtum in den Ländern Europas.

Grenzen des Wachstums

Mit der Weitsicht eines grossen Historikers bringt Eric Hobsbawm das Ende des Kolonialismus mit dem „Ende der Imperien"[395] zusammen. Die USA hatten 1776 ihre Unabhängigkeit von Großbritannien erklärt. Brasilien löste sich 1822 von Portugal. Indien hatte 1948 seine Unabhängigkeit von Großbritannien zurückerobert, die Niederlande gaben ihre Kolonie in Indonesien erst 1949, nach erbitterten Kämpfen auf. Die meisten der afrikanischen Kolonien sind in den Jahren bis 1960 in die Unabhängigkeit entlassen worden. Algerien hat seine Unabhängigkeit erst 1963, nach langjährigen erbitterten Kämpfen, von Frankreich zurückgewonnen. Portugal weigerte sich bis 1975 seine Kolonien in Afrika aufzugeben. In Südafrika wurde das rassistische Apartheidsystem erst 1994 aufgelöst und das nach Cecil Rhodes benannte Rhodesien wurde im selben Jahr als unabhängiger Staat Simbabwe befreit. Wir sehen also sehr gut, dass diese Befreiungsbewegungen weit in die moderne Epoche nach dem Vertrag von Versailles von 1919 hereinreichen. Im ersten und zweiten Teil unseres Buches haben wir die wichtigsten geopolitischen Vorgänge dieser Epoche in Europa bereits einer Analyse unterzogen.

395 So nennt Eric Hobsbawm das Siebente Kapitel in seinem Buch „Das Zeitalter der Extreme" von 1994.

Dieser Prozess der Entkolonialisierung, der oft von grosser Gewalt und Kriegen geprägt war, ist also erst vor ganz kurzer Zeit zum Abschluss gekommen. Dies sollte uns noch einmal an die Tatsache erinnern, dass die Regeln für die Steuerung der Geopolitik sich bis heute nicht wesentlich geändert wurden. Dies ist der historische Verrat, auf den sich Gregory Bateson in seinem kurzen Essay über die beiden wichtigsten Ereignisse in seinem Leben bezieht. Dies bezieht sich auch auf die Wurzel unseres gegenwärtigen Leidens unter dem Hegemonialstreben des Westens durch gewaltsame Aktionen, Sanktionen und Kriege auf der ganzen Welt. Schließlich ist dieser kurze Rückblick auf das Ende des Kolonialismus und das Ende der Imperien, die Hobsbawm miteinander verbindet, also ein klarer Hinweis darauf, dass sich die Regeln für das neue System der Global Governance ändern müssen.

Eric Hobsbawm lässt auf das „Zeitalter der Imperien“ in seinem Buch die „Goldenen Jahre“ folgen. Damit sind wir in der Zeit angelangt, die mit der kulturellen Revolution des Westens Ende der 1960er Jahre und der massenhaften Opposition gegen den Krieg der USA in Vietnam einen zwischenzeitlichen Höhepunkt fand. Es ist dann auch nicht zu verwundern, dass in diese Zeit im Jahr 1972 die Veröffentlichung der Studie mit dem Titel „Grenzen des Wachstums“ auf einem Symposium in St. Gallen vorgestellt wurde. Damit ist das Thema des Wachstums zum ersten Mal zu einem wichtigen Teil der öffentlichen Diskussion in den modernen Gesellschaften geworden. Dies hatte dann auch direkte Auswirkung auf die globale Entwicklungspolitik der Menschheit. Als Ergebnis dieser öffentlichen Diskussion, die sich im Wesentlichen erst einmal auf Europa und die USA beschränkte, wurde 1977 unter dem Vorsitz von Willy Brandt und in enger Zusammenarbeit mit Olaf Palme die „Nord-Süd-Kommission“ als eine „unabhängige Kommission für internationale Entwicklungsfragen“ gegründet.

Es ist damals etwas in das Bewusstsein vieler Menschen eingesickert. Leider aber hat die Frage nach möglichen Grenzen des Wachstums nicht wirklich Wurzeln geschlagen und wurde immer wieder durch andere umwälzende Gegebenheiten und Vorgänge verdrängt. Der Aufruf, der in dieser Veröffentlichung des *Club of Rome* drinsteckte, wurde schon bald abgelehnt, überhört, oder weitgehend vergessen. Die Menschheit schien Wichtigeres zu tun haben, insbesondere widmete sie sich immer wieder dem Ziel, das wirtschaftliche Wachstum „um jeden Preis“ zu steigern. Daran änderte auch die Konferenz von Rio de Janeiro im Jahr 1992 nichts, zu der die UNO 172 Staaten eingeladen hatte, um „Lösungen für Probleme wie Armut, den wachsenden Graben zwischen Industrie- und Entwicklungsländern sowie für die zunehmenden Umwelt-, Wirtschafts- und Sozialprobleme zu finden und die Weichen für eine weltweite nachhaltige Entwicklung zu stellen“. Offiziell wurden damals Umweltschutz und soziale und wirtschaftliche Entwicklung als gleich bedeutend gewichtet. Die nachfolgenden Entwicklungen mit ihrer zunehmenden Zerstörung der natürlichen Umwelt, einer immer weiter forcierten Ausbeutung der natürlichen Rohstoffe, sowie einer grossen Zahl zerstörerischer Kriege zeigen jedoch sehr deutlich, dass den noblen Absichten und Zielen der Konferenz von Rio nur wenig konkrete Taten folgten.

Der unaufhörliche und erbitterte Kampf um Geld und Macht unter den vereinten Hegemonialmächten der USA und der NATO behinderte weiterhin eine konstruktive globale Debatte über ein neues System der Global Governance, also das, was man heute eine multipolare Weltordnung nennt. Das ist leider die Situation, in der wir uns auch heute noch befinden.

Jedenfalls haben sich die menschlichen Gesellschaften auf der Erde seitdem nicht an eine Grenze des Wachstums gehalten, sie haben sich auch keine Grenze gesetzt, keine gesehen. Dies gilt jedenfalls für den Westen, dem „der Himmel die Grenze setzt“, während andere sich an die Grenzen halten sollten, die der Westen bestimmte. So ist also das Wachstum unserer Gesellschaften unbeirrt weiter gegangen und weiter vorangetrieben worden von dem Streben nach immer mehr Macht und Reichtum. Dieses Wachstum erhöht, zumindest in der Theorie, die Chancen, das Potential für den Gewinn von Macht und Geld immer weiter zu vergrössern. Das Streben nach grenzenlosem Wachstum wirkt also wie eine Droge und reduziert das Bewusstsein. Die Realität verschwimmt zunehmend und ist Gegenstand einer gestörten Denkweise. Die Fähigkeit, über egozentrische Interessen hinaus Verantwortung zu übernehmen, wird immer mehr eingeschränkt. Es ist wohl nicht unangebracht zu sagen, dass wir uns heute in Europa von diesem Wachstum überwältigt sehen und hilflos zusehen, wie dieses eindimensionale Streben nach „Fortschritt“, aufgebaut auf dem Streben nach absoluter Verfügung über Macht und Geld als den wichtigsten Ressourcen des Glücks, ungehindert weitergeht. Mehr noch, die Geschwindigkeit und das Ausmaß des Wachstums haben rasant zugenommen. Es ist wohl nicht verfehlt zu sagen, dass wir uns heute von diesem Wachstum überrollt sehen, wir ohnmächtig zusehen, wie es ungehindert und ohne Ziel fortschreiten will.

Viele Menschen sind immer noch der Überzeugung, dass dieser Prozess des materiellen Wachstums, einer von Wissenschaft, Technik und Industrie getrieben Entwicklung, zu keinem Ende kommen wird.

Diese Einstellung der Menschen lässt sich relativ leicht erklären, denn sie hat einfach mit der Bequemlichkeit der Menschen zu tun, also mit dem in der menschlichen Psyche tief verankerten Prinzip des geringsten Widerstandes (engl. *principle of least effort*). Dies besagt, dass wir Lebewesen im allgemeinen, zu denen ja auch wir Menschen gehören, uns gerne ein einfaches Leben wünschen und danach streben, den einfachsten Weg zu nehmen, um Ziele zu erreichen, oder Zwänge zu vermeiden. Dabei gehen wir, soweit möglich, Problemen gerne aus dem Weg. Dieses Verhalten ist eng verwandt mit dem Verhalten der Unternehmer in der kapitalistischen Wirtschaft, die grundsätzlich und in erster Linie nach der Verwirklichung von schnellen Gewinnen streben.

Zu diesem tief verwurzelten Streben nach Glück und einem einfachen Leben gehören natürlich auch der materielle Wohlstand und das Ziel eines Lebens im Überfluss. Wir sehen also sehr deutlich, dass das derzeitige kurzfristige Verhalten nur geändert werden kann, wenn sich die Menschen ihrer Haltung bewusst werden und wenn die Menschen bereit sind, ihre Wünsche und Prioritäten anders zu setzen. Entsprechend unserer Argumentation muss also anstelle von kurzfristigem Gewinn für einzelne die langfristige und kontinuierliche Steigerung des Wohlstandes und der Lebensqualität für alle angestrebt werden. Solche Verhaltensänderungen können nicht angeordnet oder befohlen werden. Sie erfordern immer eine Veränderung der Denkweise und des Bewusstseins der Menschen, die durch Erziehung inspiriert werden kann und von den jeweiligen Gemeinschaften gewollt wird. Offensichtlich wurde das derzeitige Paradigma in unseren Gesellschaften durch ein Bildungssystem untermauert, das darauf abzielt „eindimensionale" Menschen zu reproduzieren, die ihre Bemühungen im Leben in erster Linie auf den Gewinn von Macht und Geld beschränken.

Worauf es also ankommt ist, dass die Menschen ihre Wünsche und Prioritäten innerhalb der Grenzen ihres Verhaltens ändern. Auch wenn dies teilweise den Ansichten widersprechen sollte, die Adam Smith in seinem berühmten Werk von 1776, zum „Wohlstand der Nationen" vertreten hat, dann mag es angesichts der heutigen Situation, in der sich die Menschheit als Weltgesellschaft befindet, durchaus Sinn machen. Wir sollten nicht alles, was in diesem Buch steht, oder was in es hineininterpretiert wurde, als universale Prinzipien betrachten. Für die menschlichen Kulturen gibt es solche universalen Prinzipien nicht. So existieren „Menschenrechte" nur in der Theorie. Wir wissen, dass oft ihre Missachtung beklagt wird. Ihre Bedeutung muss jeweils von Menschen bestimmt und angenommen werden. Ohne Selbst-Regulierung durch den menschlichen Katalysator *Willenskraft* lassen sich Menschenrechte, oder die Würde des Menschen nicht bestimmen und nicht in der Praxis verwirklichen.

Dabei ist uns auch klar, dass ein Kind, das in den Slums einer der Großstädte der Welt aufwachsen muss, sich schon darüber freuen kann, wenn es am Tag genügend zu essen findet, oder genügend Wasser hat, um sich ein wenig zu waschen. So ein Kind kann sich nicht mehr vorstellen, wie schön es sein kann, mit Freunden am Strand, im Wald, oder auf einer Wiese zu spielen, oder gar mit einem schönen Fahrrad auf einem Waldweg entlang eines sauberen Flusses zu fahren und mit

Freunden in eine gute saubere Schule zu gehen. Dieses Kind kann dann auch den Wunsch nach diesen Dingen gar nicht mehr haben. Dieses Beispiel zeigt, wie der Mensch sich auch an Umstände mit mangelnder oder schlechter Lebensqualität gewöhnen wird und es sogar schaffen wird, auch unter widrigen Umständen immer wieder Momente des Glücks und der Liebe zu empfinden. Das bedeutet aber noch nicht, dass wir diese mangelhaften oder schlechten Zustände für diese Kinder akzeptieren sollten. Wir, die wir es besser wissen, sollten alles tun, was in unseren Kräften steht, damit die Menschen wieder Wünsche nach gesunden Lebensumständen entwickeln können, in denen sie ihr Leben zunehmend in Freiheit der Wahl zu mehr Lebensqualität führen können. Diese Vorstellung vom „besseren Leben" betrifft natürlich alle wichtigen Lebensbereiche, wie Bildung, Gesundheit und Wohnen, in denen selbst in den reichen Staaten der Erde immer mehr Abstriche und Einschränkungen zu verzeichnen sind.

Damit wir uns von dem alten Paradigma der gegenseitigen Ausbeutung durch das europäisch geprägte Dominanzstreben wegbewegen, müssen wir erkennen und zugeben, dass der bisherige Weg des unbegrenzten materiellen Wachstums, das einzelne auf Kosten anderer anstreben, nicht zu allgemeinem Glück führen kann. Gleichzeitig müssen wir lernen, Wege zu einem neuen Paradigma zu finden.

Wir sind uns bewusst, dass wir hier von einer Utopie reden. Aber das halten wir für richtig. Dies ist ja auch das Verhalten des Wissenschaftlers im technischen Bereich, der nach etwas sucht, das es bisher noch nicht gegeben hat. Dieser Suche nach dem Neuen und Besseren müssen wir uns auch im gesellschaftlichen Bereich immer wieder zuwenden. Die Utopie anzustreben, ist also das Ziel. Auch wenn wir wissen, dass wir nie ganz an dieses Ziel gelangen werden, dann sollten wir dennoch danach streben. Es gehört nach unserem Verständnis zur menschlichen Natur, nach Glück und einer guten Lebensqualität zu streben.

In diesem Sinne hätten wir uns ein Europa und eine Europäische Union (EU) gewünscht, die nach dem Vorbild von Singapur danach gestrebt hätten, allen Menschen freien Zugang zum besten Erziehungssystem, zum besten Gesundheitssystem, zu den besten Wohnsituationen und zur besten Lebensqualität zu ermöglichen. Diese Entwicklung hätten wir uns für Europa gewünscht. Sie wäre dem Geist gefolgt, aus dem die Renaissance eines Leonardo da Vinci entstanden ist. Wir hätten uns eine EU gewünscht, die sich nicht in Kriege verwickelt, die keine Kriege finanziert und keine Kriegswaffen exportiert, die andere Länder nicht mit Sanktionen bestrafen will, die anderen Ländern nicht ihr überkommenes Lebensmodell aufzwingen will. Dies scheint für uns immer noch eine erstrebenswerte Utopie zu sein. Wir wünschen uns eine EU, die ihre Leistung an der Lebensqualität bemisst, die sie den Menschen ermöglicht, nicht an Erfolgen auf dem Schlachtfeld.

Leider haben Europa und die EU diesen Weg zur optimierten Lebensqualität für ihre Bürger nicht gewählt. Obwohl die Erfahrungen, die im Verlaufe dieses Prozesses der sozialen und wirtschaftlichen Entwicklung über die vergangenen sechshundert Jahre gemacht wurden, offensichtlich nicht nur positiv für die Menschheit und ihre Lebenswelt waren. Es wäre also sicher genügend Raum für die Entfaltung von guten Taten geblieben. Denn immer mehr zeigten sich auch negative Effekte und Wirkungen dieser globalen, von Europa ausgehenden Entwicklungen. Dies gilt umso mehr, je weiter sich diese Entwicklung des ungehemmten Wachstums ausbreitete und intensivierte. Bis heute gilt unter vielen Ökonomen die einseitige Vorstellung, dass durch diese Entwicklung ein bisher für unmöglich gehaltener Reichtum geschaffen wurde. Zumal sich dieses von Europa impulsierte, wissenschaftlich-industriell getriebene Wachstum inzwischen auf den gesamten Globus ausgebreitet hat. Diese Ansicht mag stimmen, solange wir über monetäres Einkommen sprechen. Der geschaffene Reichtum beschränkt sich in der Regel auf Dinge, die wir mit Geld kaufen können. Dieser Ansatz übersieht aber die Tatsache, dass vor der totalen Ökonomisierung der Weltgesellschaften viele Dinge und Dienstleistungen kostenlos waren.[396] Dagegen steht die Absicht der totalen und umfassenden Ökonomisierung der menschlichen Lebensverhältnisse. Sie ist das finale Ziel, die Utopie dieses von Europa und den USA getriebenen Kapitalismus. In diesem Sinne und nach der Vorstellung dieser Ökonomen und Politiker scheint die Menschheit auf dem richtigen Weg zu sein.

Diese Ökonomen, Politiker und „Mächtigen" übersehen aber die negative Seite der Bilanz dieser von Europa und den USA vorangetriebenen Entwicklungen. Die Rückseite der Medaille wird nicht wahrgenommen, oft auch ganz geleugnet.[397] Dies hat auch damit zu tun, dass die negativen Auswirkungen in den ärmeren Ländern der Entwicklungsländer in der Regel schwer-

---

396 Jörg Guido Hülsmann hat gerade ein Buch veröffentlicht, in dem er die Interdependenz zwischen «Überfluss, Großzügigkeit und dem Staat: eine Untersuchung der ökonomischen Prinzipien» analysiert, 2024. Dort können wir lernen, wie der Staat zum Feind der guten Nachbarschaft, der großzügigen Freundschaft und der fröhlichen Erziehung geworden ist.

397 Schon sehr früh, Ende des 18. Jahrhunderts und im Verlauf seines Lebens bis in die zweite Hälfte des 19. Jahrhunderts hat schon Alexander von Humboldt in seinen Reiseberichten und späteren Vorträgen auf diese negativen Wirkungen des wirtschaftlichen Handelns hingewiesen, teilweise in einer Sprache und Deutlichkeit, die auf heute Mißstände genauso anzuwenden wäre. Wir empfehlen hierzu die Lektüre des Buches "Alexander von Humboldt und die Erfindung der Natur", deutsch 2016, von Andrea Wulf.

wiegender sind, da diese weniger Kapazitäten haben, um Umweltmassnahmen nach modernen Standards durchzuführen. Ein markantes Symptom für diese Situation und die einseitig egoistische Herangehensweise an das Umweltmanagement der Industrienationen ist in unserer Zeit der Export von Müll, wie Plastikmüll oder von Elektroschrott in Länder, die nicht über die technischen Mittel für ein angemessenes Recycling verfügen. Die Umweltschäden und auch die gesundheitlichen Bedrohungen für Mensch und Tier sind deshalb oft erheblich.

Das alles geschieht, obwohl mit diesem global rasanten Wachstum, das seinen ersten Höhepunkt schon Ende des 19. Jahrhunderts in der viktorianischen Epoche Englands erreicht hatte, sich die negativen Effekte und Wirkungen schon seit vielen Jahrzehnten immer deutlicher zeigen, um in unserer Zeit in erschreckendem Masse zu kulminieren. Wir werden heute Zeugen davon, dass das „Modell Europa", eines wissenschaftlich-technisch getriebenen unendlichen Wachstums nur für eine begrenzte Zeit funktioniert hat. Dieses Paradigma hat so lange funktioniert, wie es möglich war, im „Westen" auf einer „Insel" zu leben, und die Ressourcen, Menschen und Rohstoffe, „von aussen" zu holen.[398] Das „europäische Modell" hat für die „goldene Milliarde" der Weltbevölkerung mehr oder weniger effizient funktioniert. Es hat jedoch unermessliches Leid für Milliarden von Menschen gebracht und verheerende Auswirkungen auf die Umwelt in unglaublich großem Ausmaß gehabt.

Wir haben alle verstanden, dass wir in „einer Welt" leben. Diese Welt ist nicht kulturell einheitlich geworden, wie viele es sich naiverweise erhofft hatten, indem sie annahmen, alle Menschen würden in dieser einen Welt so wie Europäer oder Amerikaner funktionieren. Aber diese Welt ist zu einer Welt geworden, in

398 Und auch den Müll dort wieder abzuladen, sei es in die ehemaligen Kolonien zu verkaufen, oder direkt in die Meere zu kippen.

der wir uns über Grenzen hinweg verständigen müssen, in der es keinen einheitlichen Wertekanon mehr gibt, in der alle Menschen und Nationen das Recht haben, als souveräne Teilnehmer an der Gestaltung des Zusammenlebens mitzuwirken.

Diesen Punkt, dass es das „aussen" oder „ausserhalb" für die Menschheit in einer globalisierten Welt nicht mehr gibt, sieht auch Lewis Mumford als wichtigen Punkt an[399]. Das ist die „kolonialistische Perspektive", die Perspektive des „hier sind wir, und dort sind die anderen". Diese Perspektive gilt heute nicht mehr. Dies war die Perspektive des Hegemon, von dem Cecil Rhodes träumte. Nachdem sich aber das kapitalistische Entwicklungsmodell, durch die Entwicklung von Automobil, Flugzeug, und den Kommunikationsmedien endgültig globalisiert hat, gibt es keinen Ort mehr, der „ausserhalb" liegen würde, von dem die Ressourcen geholt werden könnten, ohne sie jemandem wegzunehmen. Die Grenzen des Wachstums sind nicht mehr zu übersehen. Die Welt ist ein Ganzes, und wir als Menschen sind alle mittendrin. Der Druck auf das Wohlergehen der Menschen und auf die natürliche Umwelt wird direkt spürbar. Die Distanz zu den Ergebnissen und Folgen eigenen Handelns ist verlorengegangen. Jeder Mensch ist Teil des Ganzen geworden. Jede individuelle Handlung führt zu globalen Konsequenzen. Die Folgen dieser Handlungen der Massen von Individuen sind nicht mehr zu übersehen. Die Folgen des Wachstums zeigen immer deutlicher, immer mehr negative Effekte und Wirkungen. Mensch und Umwelt leiden immer mehr, sind immer größerem Druck ausgesetzt.

Im heutigen Europa leben die einstigen Herren. Europa hätte klar sein müssen, dass wir die Verantwortung für das zukünftige Wohlergehen der Menschheit nicht leugnen können.

---

399 Lewis Mumford „Hoffnung oder Barbarei", Kapitel VIII, „Weltkultur", S. 159 ff.

Von uns wird verlangt, dass wir handeln, nach Maßstäben, die dem Menschen gemäß sind, nicht durch Handeln[400], das allein vom Streben nach Macht und Geld angetrieben wird.

Durch den ungebändigten Abbau an natürlichen Ressourcen sind die grossen Regenwälder um den gesamten subtropischen und tropischen Gürtel der Erde vom Menschen gerodet worden. Es wird von Politikern und in den Medien davon geredet, dass diese Regenwälder geschützt und gerettet werden müssten. Aber sie existieren heute schon nicht mehr. Die natürlichen Ressourcen der Meere werden zunehmend aufgebraucht. Die Regenerationsfähigkeit von Flora und Fauna in den Meeren nimmt stetig ab und ist oft schon existentiell bedroht. Die meisten Arten von Fischen und Lebewesen in den Meeren sind heute vom Aussterben bedroht, viele sind schon verschwunden. Sie werden meistens vom Menschen buchstäblich „aufgefressen". Auch die ins Unermessliche gewachsene Schifffahrt auf Grund des grossen Welthandels wirkt hier in bedeutendem Umfang direkt zerstörerisch auf die Lebenswelten der Meere. Die wunderbaren Korallenriffe werden bald nur noch auf den Bildschirmen zu bewundern sein. Frisches Wasser wird zu einer prekären Ressource in vielen Ländern. Selbst im hochentwickelten Europa gibt es kaum noch Gewässer, aus denen das Wasser frisch und ohne umständliche „Aufbereitung" genossen werden kann. Die Natur ist auch keine Ressource mehr, in der der Mensch Ruhe und Erholung finden würde. Die Bevölkerungsdichte in immer mehr Ländern nähert sich den Zuständen von Bangladesch an, wo es keinen Platz mehr gibt, um Landwirtschaft zu betreiben, sauberes Wasser nur schwer zu bekommen ist, und die Bevölkerungs-

400 „Menschliches Handeln" ist der Titel des Meisterwerks von Ludwig von Mises, einem in Österreich geborenen Ökonomen, der in die USA emigriert war.

dichte auf dem Lande sich der von Großstädten annähert.[401] In diesen Ländern hat die Natur auch keine Zeit mehr, sich zu erholen. Sie wird als überlebenswichtige Ressource so lange ausgebeutet, bis sie aufgebraucht und ausgelaugt ist. Die Böden werden Jahrhunderte oder gar Jahrtausende und mehr benötigen, um sich neu zu bilden, und um Wäldern die Grundlage zur Neubildung zu bieten. Wir könnten unendlich damit fortfahren, Beispiele für diese Entwicklungen anzuführen.

Wir wollen hier jedoch einhalten, um uns nach dem diagnostischen Teil im nächsten Kapitel den Fragen zuzuwenden, die durch diese Situation aufgeworfen werden. Wir fragen uns, was wir in einer solchen Situation tun können? Wie sollen wir uns in Europa dazu verhalten? Was sollen unsere Handlungen sein? Welche Regeln sind anzuwenden und wie sind sie zu befolgen? Wer werden unsere Partner sein, die uns nach wie vor vertrauen und bereit sind, sich gemeinsam mit uns den Herausforderungen zu stellen?

Die Dimension des Dilemmas

Der bisherige Weg, der nahezu ausschließlich begangen und gesehen wird, besteht in der Lösung des Dilemmas, in das wir uns durch unser Verhalten begeben haben, durch wissenschaftlich-

401 Bei seinem letzten Arbeitsaufenthalt in Kenia, im Jahre 2016, hat der Verfasser dieser Zeilen mit Erschrecken wahrgenommen, dass auf der Höhe des afrikanischen Grabenbruchs in Kenia, einer der fruchtbarsten Gegenden der Welt, mit einer vor hundert Jahren noch unglaublichen Artenvielfalt und beeindruckenden Pflanzenwelt in den tropischen Wäldern, der Mensch sich derart ausgebreitet hat, dass selbst die Wasserressourcen zum Überleben kaum noch ausreichen.

technische Massnahmen. In Deutschland und Europa wird dieses Vorgehen als „Energiewende“ bezeichnet. Schlimmer noch, Europa hat nun nach US-amerikanischem Vorbild die Kriegswirtschaft eingeführt. Sie scheint unseren Machteliten in der EU und der NATO der effizienteste Weg zu sein, um sich die Ressourcen für die Umsetzung solcher technologiegetriebenen „Energie- und Zeitenwenden“ zu beschaffen. Offensichtlich bewegen wir uns vorwärts auf Dantes *Weg in die Hölle*, dem Weg der *Abwärtsspirale*. In einer Paraphrase zu Dante könnten wir sagen, der Weg aus dem Dilemma ist nicht „mit guten Vorsätzen“, sondern mit „Blut, Schweiß und Tränen“, also mit Kriegen gepflastert.

Wir übersehen dabei aber, dass wir unsere globalen Probleme praktisch ausschliesslich mit denselben Mitteln lösen wollen, durch die sie geschaffen wurden. Das kann nicht gut gehen. Das hat schon Einstein gewusst, als er sagte, dass ein Problem nicht durch dasselbe Denken gelöst werden kann, durch das es entstanden ist.

Sicher, wir sind heute eine moderne globale Gesellschaft, die sich im Wesentlichen durch wissenschaftlich-technische Entwicklung gebildet hat. Es wird also keinen Sinn machen, wenn wir all dieses Wissen und diese Möglichkeiten wegwerfen, oder abschaffen wollen, die uns Wissenschaft und Technik bieten. Wir sind sicher gut beraten, wenn wir die Möglichkeiten und Kapazitäten nutzen werden, die sie uns bieten. Entscheidend aber wird sein, erst einmal gemeinsam Orientierung für die Ziele unseres Fortschritts zu finden. Die Menschheit muss eine Übereinkunft finden, wie das überholte Modell von Fortschritt zu einem baldigen Ende gebracht werden kann. Voraussetzung dafür ist ein allgemeines Bewusstsein für die Notwendigkeit zu einem Paradigmenwechsel. Klimakonferenzen, in denen von Machteliten und Aktivisten an den Symptomen laboriert wird, können hier nicht weiterhelfen.

Wir werden unser Verhältnis zur Natur und zur Erde verändern müssen. Buckminster Fuller hat uns in seinem Buch „Bedienungsanleitung für das Raumschiff Erde" wichtige Hinweise gegeben. Diese könnten wir als Grundlage für unser Vorgehen nehmen, um sie in einem kontinuierlichen Prozess zu verbessern. Fortschritt lässt sich nicht verordnen. Dazu müssen wir Regeln bestimmen, die uns helfen in offenem Diskurs über die Ziele zu entscheiden, sowie über den Sinn und den angestrebten Nutzen des Einsatzes von Wissenschaft und Technik. Wir müssen herausfinden, nach welchen Regeln Entscheidungen getroffen werden sollen, um über den „Fortschritt der Menschheit" zu bestimmen. Und schliesslich müssen wir uns immer wieder gegenseitig fragen, wie es möglich werden wird, dass wir uns einem Konsens zu den wichtigsten Fragen nähern, deren Beantwortung uns helfen wird, zu einem besseren und friedlicheren Zusammenleben auf diesem Planeten zu kommen und unsere Gesellschaften in Zukunft nachhaltig zu gestalten.

Um dies zu erreichen, sollten wir uns nicht des utopischen und visionären Denkens enthalten. Wir verstehen sehr gut, dass das „pragmatische" und lineare Denken unserer Machteliten und Führer uns auf unserem Weg zum Fortschritt nicht weiter voranbringen wird. Die Aufwärtsspirale wurde fast ausschließlich auf technologischer Ebene realisiert. Aus globaler Perspektive betrachtet zerstört die Menschheit zunehmend ihre natürlichen, aber auch die sozialen und politischen Grundlagen für die Lebensqualität und das friedliche Leben. Freiheit wird zunehmend eingeschränkt mit der Begründung, dass die Menschen nicht in der Lage sind, Verantwortung zu übernehmen. Die Argumente lauten, dass die Welt heute zu komplex und für gewöhnliche Menschen zu schwer zu verstehen ist. Deshalb müssen unsere edlen Eliten und Führer die Macht übernehmen. Das ist die Politik des WEF, die seinem Fahrplan für den *Great Reset* innewohnt. Wir glauben nicht an den Wert und die Rechtschaffenheit dieser Politik. Erstens, weil wir nicht davon überzeugt sind, dass diese sogenannten globalen Machteliten und Führer es besser wissen oder klüger sind als andere Menschen. Und darüber hinaus sind wir nicht von ihrer moralischen Hoheit und den guten Absichten überzeugt, denen sie mit ihren Vorschlägen und Handlungsanweisungen angeblich folgen. Die augenscheinliche Erfahrung lehrt uns, dass vieles von dem, was uns erzählt wird, nicht stimmen kann, nicht richtig ist. Es liegt auf der Hand, dass die Welt in diesem Sinne wieder auf den Kopf gestellt werden muss. Die Menschen und die einzelnen Nationen müssen über ihr Schicksal wieder selbst bestimmen. Das Diktat durch die Machteliten verspricht für die Zukunft keine guten Ergebnisse.

Wir müssen soziale und politische Einheiten entwickeln, die in der Lage sind, ihr Leben auf fruchtbare Weise zu gestalten, um in Frieden zu leben. Wir werden auch soziale und politische Plattformen entwickeln müssen, um die Regeln festzulegen, nach denen Entscheidungen getroffen werden sollten, um den „Fortschritt der Menschheit" zu bestimmen. Dies wird vermutlich direkt zu einer Verringerung der einseitigen Macht und zunehmend auch zu einer Verringerung der Konzentration der Finanzmittel in den Händen einiger weniger Privilegierter führen. Und schließlich müssen wir uns immer wieder fragen, wie es uns möglich sein wird, einen Konsens über die wichtigsten Fragen zu erzielen, deren Antworten uns helfen werden, ein besseres und friedlicheres Zusammenleben auf diesem Planeten zu erreichen und unsere Gesellschaften in Zukunft zu gestalten. Die Dominanz unilateraler Ansätze, die auf Macht und finanziellen Ressourcen beruhen, wird nicht weiter akzeptiert werden können. Freiheit und ihre

Grenzen werden angesichts der bestehenden Herausforderungen in einer stetigen Debatte immer wieder neu definiert werden müssen. Ja, wir verstehen, dass die Eliten des gegenwärtigen Machtsystems Waffen und Kriege brauchen, um ihre Position zu behaupten und ihre Macht zu vergrößern. Brauchen gewöhnliche Menschen Kriegstechnologie und Kriege, um ihre Lebensqualität zu verbessern? Das sind Fragen, die in öffentlichen Debatten aufgeworfen werden müssen. Sie können nicht durch leitfadengestützte Interviews beantwortet werden, bei denen die Antworten von vornherein bekannt sind. Unsere Antworten müssen berücksichtigt werden. Nach und nach wird sich das Blatt wenden müssen.

Der Paradigmenwechsel muß also sicher darin bestehen, diese wissenschaftlich-technische Entwicklung nicht zu weiterem ungebremsten Wachstum in allen Bereichen und alle Elemente betreffend weiterhin ungehindert einzusetzen. Die Ausbeutung und Nutzung der natürlichen Ressourcen darf nicht mehr ohne wohlüberlegte, gemeinsam verantwortete Steuerung vorangetrieben werden. Die natürlichen Ressourcen sind für alle da. Sie werden uns von anderen zur Verfügung gestellt, die treuhänderisch für die Menschheit über sie verfügen, um sie allen, nach abgestimmten Regeln zur Verfügung zu stellen. Die natürlichen Ressourcen und ihre Nutzung dürfen nicht in den Händen von grossen Konzernen und Kartellen liegen, die nur ihren Eigentümern verantwortlich sind.

Die Menschheit wird ihren Ausweg aus dem Dilemma finden, sobald das gegenwärtige System, dessen Paradigma von der Anwendung von Gewalt, von der Konzentration finanzieller Ressourcen und vom hegemonialen Einsatz militärischer Macht beherrscht wird, nach und nach zu seinem Ende gebracht wird.

Welche Schritte müssen wir unternehmen, wenn wir von diesem überholten Paradigma Abschied nehmen wollen? Wie können wir zu einem Paradigma der „unendlichen Regeneration“ und friedlichen Nutzung kosmischer, also auch irdischer Energien und Kräfte gelangen? Wie muss das Zusammenspiel der Menschen und ihrer Nationen gestaltet werden, damit die Menschheit sich schrittweise durch vereintes Bestreben der Utopie einer „Idealgesellschaft“ annähern wird, also eine stetige Verbesserung der Lebensqualität für alle Menschen erreichen wird?

Gegenwärtig werden die Ziele und der Zweck, die die Entwicklung auf der Erde vorantreiben, immer noch hauptsächlich von den Regeln und Prinzipien bestimmt, die im westlichen, d.h. europäischen und amerikanischen Paradigma verankert sind. Offensichtlich wird der Wechsel zu einem neuen Paradigma neue Regeln und Prinzipien erfordern, die von der Menschheit akzeptiert und für die Regulierung ihrer Gesellschaften und Nationen angewendet werden, einschließlich in der Geopolitik. Das Bemühen um einen solchen globalen Paradigmenwechsel wird unweigerlich zu einem globalen Strategiewechsel führen müssen. Die Menschheit wird zu einer Bestimmung neuer Ziele und Zwecke für ihre Entwicklung finden müssen. Es ist das, was die Chinesen die „globale Gemeinschaft für eine gemeinsame Zukunft“ nennen.[402] In dem genannten Dokument der chinesischen Regierung heisst es ausdrücklich auch: Das Nullsummenspiel ist vorbei. Dies ist eine klare Ansage, die wir alle berücksichtigen sollten.

Wenn wir uns der Beantwortung dieser komplexen Fragen zuwenden, dann müssen wir uns die wesentlichen Faktoren anschauen, die dieses Verlangen nach einem unbegrenzten Wachstum bisher fördern, wir müssen sehen, in welchen

402 Wir erinnern hier an das *White Paper* der Chinesischen Regierung mit dem Titel „A Global Community of a Shared Future: China‘s Proposals and Actions.“

Schlüsselbereichen es sich am stärksten ausdrückt. Wenn wir diese Faktoren und Schlüsselbereiche kennen, dann werden wir fähig werden, sie im Sinne einer gemeinsamen Zukunft immer besser zu steuern.

Wir müssen also sehen, welche Schlüsselbereiche die kritischsten sind, um den Wandel im globalen Selbstregulierungssystem hin zu einem neuen Paradigma herbeizuführen. In den modernen Formen der Wissenschaften der Kybernetik, Biologie und Chemie, werden solche Modifikationen in der Dynamik sowie in der Richtung von Prozessen als „Bifurkationspunkte" bezeichnet. Auch hier wird die Menschheit von der modernen Wissenschaft lernen müssen, wie sie ihre Gesellschaften und Länder sowie die Geopolitik besser regeln und gestalten kann, um eine Aufwärtsspirale der kontinuierlichen Verbesserung der Lebensqualität aller Menschen auf dem Raumschiff Erde in Gang zu setzen. Deshalb schlagen wir der Menschheit vor, nach *Kipp-Punkten* zu sehen, also nach *Gabelungs- oder Bifurkationspunkten*. Dabei geht es darum, zu verstehen, welche Kräfte am Wirken sind. Diese *Bifurkationspunkte* sind zeitliche Momente oder Bereiche, in denen Prozesse bereit sind, sich durch Einwirkung von Katalysatoren, d. h. durch Einwirkung von minimalen Kräften, in unterschiedlichen Richtungen weiterzuentwickeln. Wir gehen davon aus, dass sich die Menschheit an solch einem *Kipp-Punkt*, bzw. *Gabelungs- oder Bifurkationspunkte* befindet. Deshalb ist es wichtig, diesen Moment, in dem die Möglichkeit besteht, den globalen gesellschaftlichen Prozess durch einen gemeinsamen Willensakt katalytisch zu beeinflussen, nicht ungenutzt verstreichen zu lassen. Nach Möglichkeit sollte die Menschheit möglichst bewusst von einem Paradigma zu einem anderen wechseln. Wir gehen davon aus, dass die Menschheit bewusst Verantwortung für diesen Paradigmenwechsel übernehmen sollte. Das ist die Fähigkeit, die dem Menschen durch das Geschenk der Freiheit mitgegeben wurde. Die Freiheit zur Entscheidung wohnt der menschlichen Konstitution inne.

Dabei müssen wir in einem ersten Schritt ins Auge fassen, dass dieses von Wissenschaft und Technik getriebene materialistische Wachstum einhergegangen ist mit einem ebensolchen exponentiellen Wachstum in mehreren Schlüsselbereichen für die Entwicklungen auf der Erde. In einem unserer vorangegangenen Kapitel haben wir gezeigt, wie dieses materialistisch orientierte Wachstum, das von Wissenschaft und Technologie angetrieben wurde, von einem ebenso exponentiellen Wachstum der Bevölkerung auf der Erde begleitet wurde. Alle wichtigen Wachstumskurven, die des Wirtschaftswachstums, die des Wachstums der wissenschaftlichen und technischen Erkenntnisse sowie die des Energieverbrauchs, sind eng mit der Kurve verbunden, die das Bevölkerungswachstum auf der Erde zeigt. Sie laufen alle praktisch exponentiell parallel. Es könnte hier noch ein ganze Reihe solcher Wachstumskurven abgebildet werden, die alle eine eindrucksvolle parallele Entwicklung aufzeigen würden.

Wir gehen davon aus, dass es einen kausalen Zusammenhang zwischen diesen verschiedenen Bereichen der Evolution der Menschheit gibt. Wir nehmen dies als ein deutliches Indiz dafür, dass die Menschheit ein lebendiges, sich selbst regulierendes System ist.

Diese Vermutung wird noch stärker bestätigt, wenn wir uns eine Reihe von inversen Wachstumskurven ansehen. Dies sind Wachstumskurven, die negative Tendenzen anzeigen, die also spiegelbildlich exponentiell zu den bisher angeführten Wachstumskurven verlaufen, jedoch im negativen Sinne, also negative Ergebnisse von Wachstum aufzeigen.

Dazu würden gehören die Wachstumskurven für Artenvielfalt, für verfügbares Agrarland, für die Fläche der tropischen Wälder, für die Entwicklung der Korallenriffe in den Meeren, für die Fischbestände in den Meeren, für die Vermüllung grosser Landflächen, für den Grad der Verschmutzung der Weltmeere. Die Liste liesse sich noch lange fortführen. Es ist offensichtlich, dass sich auch die negativen Trends steil nach oben bewegen, dass sie ebenfalls exponentiell wachsen. Diese negativen Trends zeigen die Bedrohung und den Schaden für die Menschheit an, die sich aus diesem ungebremsten Fortschreiten unserer Lebensweise, unseres europäischen und amerikanischen *Way of Life* ergeben.

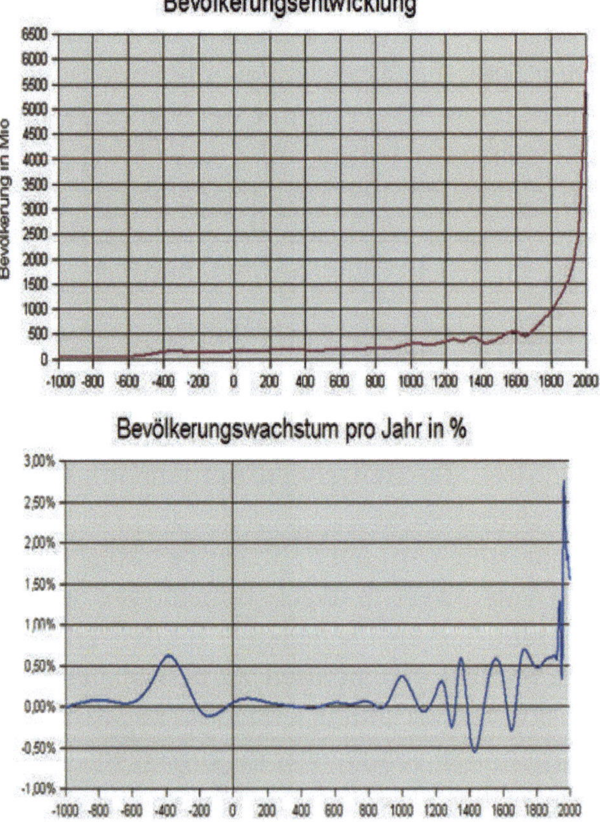

Entwicklung des Weltenergieverbrauchs im Industriezeitalter (von 1860 bis 2010); Verbrauch fossiler Energie

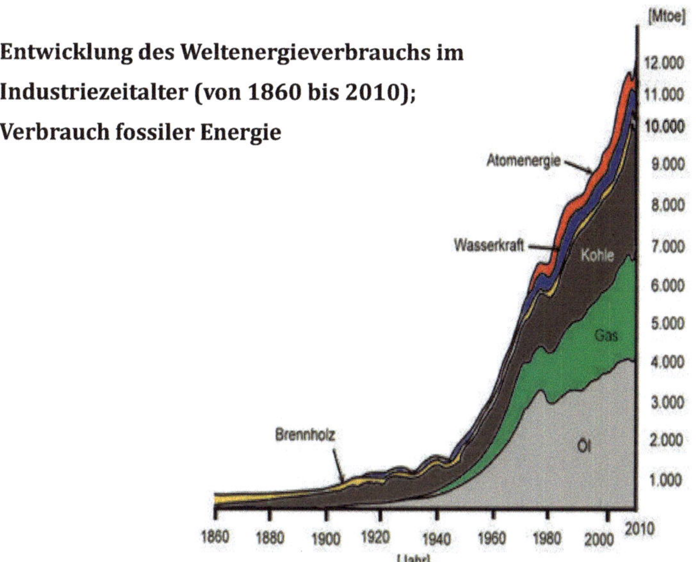

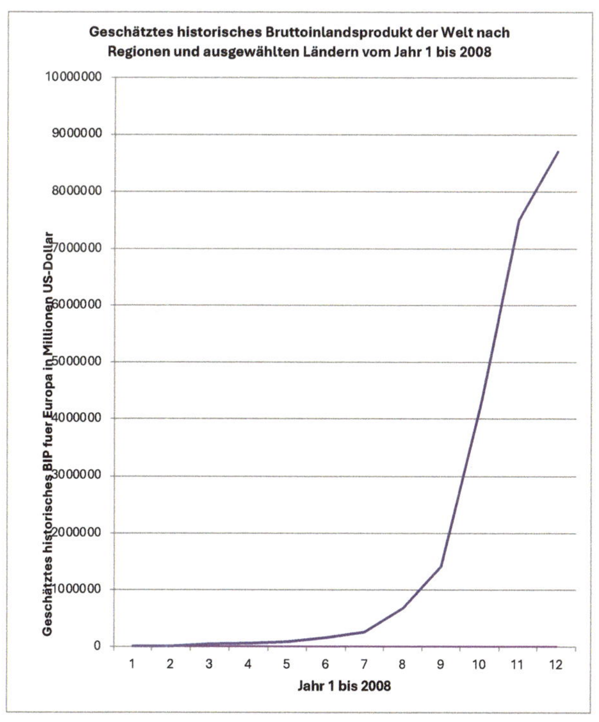

Entwicklung der Zahl der Forscher als Kriterium für den Wissenszuwachs (1400 - 1900)

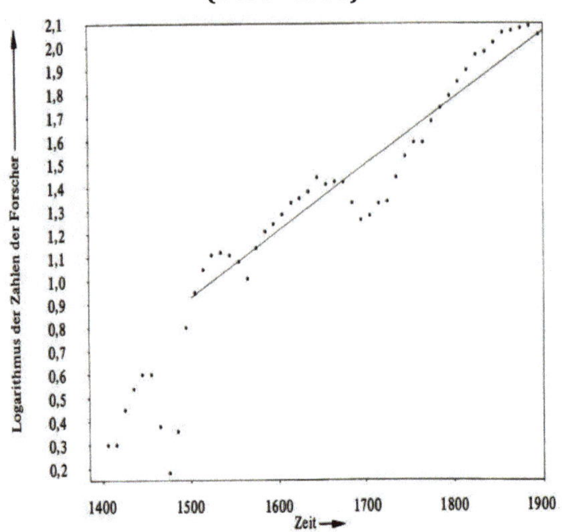

Zahl der verliehenen Doktortitel seit 1900

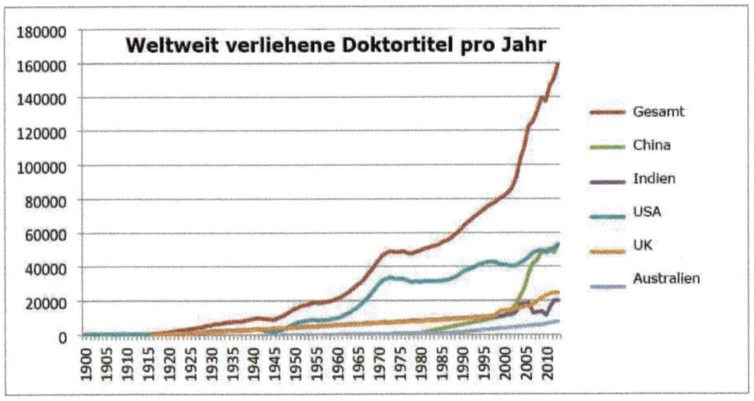

Wenn wir dieses synoptische Bild, der parallel und exponentiell verlaufenden Kurven in Ruhe betrachten, dann sollte uns der direkte und gegenseitige Zusammenhang zwischen den lebenswichtigen Entwicklungsbereichen unseren Gesellschaften sofort einleuchten. Wenn wir diese Abbildung dann in ihrer Konsequenz zu verstehen versuchen, dann sollte uns zudem deutlich werden, dass weiteres ungebändigtes, nicht bewusst von uns Menschen gesteuertes Wachstum, so wie es von diesen exponentiell wachsenden Kurven abgebildet wird, zu keinem guten Ende führen kann.[403]

Derzeit blicken wir in die falsche Richtung und nehmen eine falsche Perspektive ein. Die Menschheit sucht Hilfe durch Wissenschaft und Technologie. Das nennen wir den funktionalen und linearen Lösungsansatz. Das bedeutet, dass die Suche nach einer Lösung auf eine Art und Weise und mit Hilfe von Werkzeugen erfolgt, die sich auf den Hauptfaktor des aktuellen technologiegetriebenen Paradigmas stützen. Das wird uns am Ende immer tiefer in unsere Probleme führen. Wir müssen jedoch verstehen, dass Technologie nur ein Mittel sein kann, aber nicht die Grundlage und den Grundbaustein des neuen Paradigmas liefert. Die Grundlage für das neue Paradigma kommt vom Menschen. Die Wurzel liegt im Menschen und seinem Verhalten in der ihn umgebenden Natur und der von ihm geschaffenen Lebensumwelt auf unserer Erde. Wie könnte es anders sein? Wir sind Menschen mit einer Seele. Wir sind keine Roboter.

Unter Berücksichtigung dieser Tatsachen ist es offensichtlich, was uns diese Illustrationen zeigen und auf welche Konsequenzen sie hinweisen. Es liegt auf der Hand, dass weiteres ungezügeltes Wachstum, wie es durch diese *exponentiell wachsenden Kurven* dargestellt wird, in seinen durch die *inversen Wachstumskurven* demonstrierten Konsequenzen nicht

---

403 Um die Aussagekraft dieser Graphiken noch zu verstärken, liessen sich beispielsweise Kurven für das Artensterben, oder die Abnahme der tropischen Wälder anführen. Wer daran interessiert ist, kann sich die entsprechenden Graphiken im Internet heraussuchen und anschauen.

zu einem guten Ende führen kann.[404] Es liegt auf der Hand, dass Wachstum im weitesten Sinne und in direktem Zusammenhang mit den Herausforderungen gebracht werden muss, die aus dem Streben nach der ständigen Verbesserung der Lebensqualität aller Menschen entstehen. Diese Prozesse des Strebens nach mehr Lebensqualität für alle Menschen müssen von uns, als vernünftigen Menschen in einem kooperativen globalen Ansatz zunehmend bewusst gesteuert werden. Die synoptische Betrachtung dieser Wachstumskurven ist ein Hilfsmittel zur Bewusstwerdung dieser Prozesse und ihrer Wirkungszusammenhänge mit der Erde und den Menschen.

Die Menschheit als Ganzes muss sich dieser Aufgabe auf allen Ebenen unserer Gesellschaften bewusst stellen. Es kann weder eine äußere noch eine innere Welt geben. Verantwortung ist lokal, regional, national und global. Verantwortung kann nicht von anderen für andere übernommen werden. Freiheit ist eine Funktion die Verantwortung erfordert. Sie fordert den Menschen dazu auf, sein Leben in seiner jeweiligen Gesellschaft selbst in die Hand zu nehmen. Europa oder die USA werden nicht die Lösung bringen, sie können Hilfe und Unterstützung anbieten und diese gewaltfrei in die Handlungszusammenhänge einbringen. Um den gemeinsamen Weg zum neuen Paradigma zu finden, wird ein schrittweises Vorgehen erforderlich sein, denn wir sind tief in unseren Krisenmodus eingetaucht. Wir werden diesen neuen Weg friedlich und mutig beschreiten müssen. Dazu muss man miteinander reden und immer neues Vertrauen zwischen den Menschen und den Nationen aufbauen. Die Kriege und Konflikte, die weltweit verübt werden, weisen nicht in die richtige Richtung. Gegen-

404 Um die Aussagekraft dieser Grafiken weiter zu erhöhen, könnten z.B. Kurven für das Artensterben oder den Rückgang der Tropenwälder angeführt werden. Wer Interesse hat, kann sich im Internet nach den entsprechenden Grafiken umsehen und diese anschauen.

seitiges Vertrauen, Zuversicht und entschlossene Willenskraft werden die menschlichen Fähigkeiten sein, die in Europa und von der Menschheit weltweit neu belebt werden müssen, um die großen Herausforderungen unserer Zeit zu bewältigen.

Wie wir sagten, und dies soll als eine wichtige Annahme für uns gelten, wird der wissenschaftlich-technische Fortschritt, also die Zunahme an technisch nutzbarem Wissen, uns auch in Zukunft wichtiges Potential für die weitere Entwicklung der Menschheit zur Verfügung stellen. Diese wissenschaftlich-technischen Kräfte müssen in unserer entstehenden „Weltgesellschaft" jedoch immer von den Menschen und im Zusammenwirken der Gesamtheit der Nationen gesteuert werden. Dieser Aufgabe müssen wir uns als Menschheit im Gesamten stellen. Den gemeinsamen Weg zu finden und ihn auch friedvoll zu beschreiten, dies ist die grosse Herausforderung unserer Epoche.

Wege aus dem Dilemma

Wo also sollen wir ansetzen, um aus dieser scheinbar nicht zu bezwingenden „Wachstumsfalle" herauszukommen? Wir werden nicht allen Herausforderungen gleichzeitig begegnen können. Wir werden also wohlüberlegt und Schritt für Schritt vorgehen müssen.

Objektiv gesehen hat das Bevölkerungswachstum sicher das größte Potential, besitzt die größte Hebelwirkung, um die negativen Effekte und Wirkungen dieses unbändigen Wachstums zu begrenzen, und diese vielleicht sogar umzukehren.

Dies scheint als ein Ergebnis menschlicher Erfahrung einzuleuchten. Denn es leuchtet unmittelbar ein, dass mehr Menschen mehr Energie benötigen, mehr Ressourcen benötigen und verbrauchen, um ihre Lebenswelt zu gestalten, mehr Abfall und Abwässer produzieren und mehr Raum beanspruchen, den sie bewohnen werden.

Ein neuer Ansatz für die demografische Herausforderung könnte also sicherlich ein erster und wichtiger Schritt auf dem Weg zu einem neuen Paradigma sein. Wenn wir für unseren Vorschlag offen sind und unserer bisherigen Argumentation folgen, dann werden wir verstehen, dass dieser erste Schritt das menschliche Handeln in der Gesellschaft in den Mittelpunkt stellen wird. Es zeigt die Menschheit auf ihrem Weg zu einem sich selbst regulierenden System, das sich nicht weiter von den begrenzten Möglichkeiten der Instanzen Macht und Geld leiten lässt. Wir neigen also nicht dazu anzunehmen, dass der erste Schritt zur Verbesserung der Lebensqualität auf der Erde durch eine technologische Lösung kommen wird. Unser Ansatz vertraut darauf, dass der Mensch in der Lage und willens ist, Lösungen für die Herausforderungen zu finden, mit denen er konfrontiert ist. Wir vertrauen also auch nicht mehr den Machteliten und führenden Politikern.

Die Umsetzung dieses ersten Schritts auf dem Weg zu einem neuen Paradigma wird die aktuelle Situation praktisch sofort verändern. Erste Auswirkungen werden sich schon innerhalb von einer Generation zeigen. In erster Linie aber wird ein solcher Schritt zur Vertrauensbildung zwischen den Menschen beitragen. Er wird Selbstvertrauen schaffen und zeigen, dass gemeinsames Handeln möglich ist. Darüber hinaus wird es den Menschen zeigen, dass sie Entscheidungen treffen und befolgen können, ohne von ihren Machteliten und Führern manipuliert zu werden. Schließlich werden die Menschen die Auswirkungen einer solchen Entscheidung direkt als Ergebnis ihres eigenen menschlichen Handelns spüren, das zu eigenen, neuen Erfahrungen führt. Innerhalb von einer Generation wird sich zeigen, dass weniger Menschen weniger Energie benötigen, weniger Ressourcen benötigen und verbrauchen, um ihr Lebensumfeld zu gestalten, weniger Abfall und Abwasser produzieren und weniger Wohnraum beanspruchen. Das generelle Wachstum, so wie wir es gewohnt sind, wird sofort zurückgehen. Die Menschen werden Prioritäten setzen müssen. Was können und wollen sie aufgeben? Was wird dringend weiterhin benötigt. Die Menschen werden nach Lösungen für neue Herausforderungen suchen müssen, die direkt ihr Leben betreffen. Dieses zunehmend bewusste Suchen nach Lösungen fördert die Bewusstseinsbildung. Lösungen können nur in gemeinsamen und friedlichen Anstrengungen gefunden werden. Diese menschlichen Handlungen werden die Einstellungen kurzfristig und mit spürbaren Wirkungen verändern, die das gegenseitige Vertrauen und Verständnis der Menschen füreinander stärken werden.

Diejenigen, die uns bis hierher gefolgt sind, werden wohl verstehen, dass wir hier auf Prinzipien menschlichen Handelns verweisen, wie sie von Mahatma Gandhi mit seinen *Satyagraha-Methoden* und von Martin Luther King Jr. mit seiner Massenprotestbewegung zum *Busboykott in Montgomery* angewandt wurden. In beiden Fällen haben bewusste und mutige Menschen verantwortungsvoll gehandelt und beachtliche Ergebnisse erzielt. In beiden Fällen haben sich wenige Menschen bewusst für die Ziele und das Wohlergehen grösserer Gemeinschaften eingesetzt. Wir gehen davon aus, dass durch diese Art menschlichen Handelns, das von der Zivilgesellschaft geleitet wird, spürbare Veränderungen eingeleitet und herbeigeführt werden können, die zu einem neuen Paradigma für die Menschheit führen. Das neue Paradigma wird nicht in Parlamenten oder anderen vermeintlich repräsentativen Institutionen entstehen.

Wir rufen also ganz selbstverständlich zu Aktionen des zivilen Ungehorsams auf. Wir tun dies, weil dies für uns das wirksamste Mittel scheint, um unser Streben nach einem Paradigmenwechsel zu initiieren und zu verstärken. Es ist nicht das einzige Mittel, aber sicherlich eines der effektivsten. Auf dem Weg zur Utopie werden wir auf viele Hindernisse und viele Menschen stoßen, die uns sagen werden, dass dies Unsinn und nicht realistisch ist. Wir folgen also auch nicht dem Weg von Aldous Huxley oder Thomas Moore, die meinten, dass Utopie nur auf einer Insel verwirklicht werden könne. Wir leben auf dieser Erde und wir haben nur diese Erde, um auf ihr zu leben. Dazu gibt es keine Alternative. Es gibt also auch keine Alternative zu unserem Streben nach einem Paradigmenwechsel auf dem Weg zur Utopie.

Werfen wir kurz noch einen Blick auf die Realität, auf unsere Realität der letzten Jahre. Was wäre passiert, wenn die Menschen die Methoden von Gandhis *Satyagraha* und Martin Luther Kings Jr. *Busboykott-Massenprotestbewegung* während der sogenannten Corona-Pandemie eingesetzt hätten? Die Menschen hätten sich weigern können, diese lächerlichen, verunglimpfenden und völlig nutzlosen Masken zu tragen, sie hätten jede Art von zusätzlicher Impfung ablehnen können, sie hätten das Leben ohne Reisen genießen können. Keine Regierung der Welt hätte etwas gegen ihre eigenen Bevölkerungen tun können. Wäre es in Fällen, in denen es um Leben und Tod geht, oder auch um die Frage von Krieg und Frieden, nicht sinnvoll, wenn die Menschen sich weigern würden, Steuern zu zahlen, oder zur Arbeit zu gehen, solange bis lebenssichernde und friedliche Aktionen zugelassen und ergriffen würden? Die wichtigste Maßnahme auf diesem Weg der Verantwortung für ihr eigenes Leben würde vermutlich darin bestehen, erst einmal alle Fernseher abzuschalten und auch die Nutzung anderer öffentlicher Medien zu beenden. Die Menschen müssen sich wieder ihres eigenen Verstandes bedienen und nicht sich von anderen sagen lassen, was sie zu tun haben und wie sie leben sollen. Die Menschen müssen sich ihre Informationen durch ihre eigene Recherche im Internet und durch Begegnungen und Gespräche mit ihren Nachbarn und in Vereinen, Verbänden und Interessengruppen beschaffen. Dies sollten zukünftig unsere primären Informationsquellen sein.

Wir sind uns bewusst, dass uns jeder sagen wird, dass dies nicht realistisch ist. Wir glauben jedoch nicht mehr an diesen Einspruch. Was wir täglich erleben, ist, dass gewaltsame Auseinandersetzungen und Kriege auf der ganzen Welt „realistisch" sind, jeden Tag und in großem Maßstab. Diese Kriege kosten viele Menschenleben und verursachen enorme Schäden für die Umwelt. Das ist realistisch und wird von der Menschheit, in unserem Namen, verwirklicht. Haben wir nicht das Recht, gegen solche Aktionen vorzugehen, die von unseren Machteliten gefördert werden? Das sind Fragen, die wir immer wieder stellen sollten. Die Bereicherung einer sehr begrenzten Anzahl von Menschen und Kartellen geschieht jeden Tag in unglaublich großem Ausmaß. Wir wissen, dass während der ganzen Krisen der letzten Jahrzehnte die Reichen und Wohlhabenden mit jedem Tag reicher und wohlhabender geworden sind. Das ist realistisch und wird realisiert, solange wir stillschweigend zuschauen. Gleichzeitig ist der Druck in allen Lebensbereichen auf die Milliarden der einfachen Menschen von Tag zu Tag gestiegen. Dies wird durch unsere tägliche Erfahrung bestätigt.

Wir Menschen können denken, und wir sind, was wir denken. Offensichtlich müssen wir das ändern, was wir derzeit denken und glauben[405]. Wir sollten unseren selbsternannten Führern und Machteliten nicht mehr folgen. Sie haben uns enttäuscht, uns in die Irre geführt und oft auch getäuscht. Es ist Zeit, wieder selbst Verantwortung für unser Leben und unser Schicksal zu übernehmen. Beides sollten wir nicht delegieren. Wir müssen verstehen, dass alles unrealistisch ist, bis es geschieht und realisiert wird. Das nennt man das Prinzip der Manifestation[406] oder Inkarnation. Es geht also darum, wieder neue Ideen und Dinge ins Leben zu bringen, Ereignisse zu realisieren und Dinge zu gestalten. Wir stimmen mit Buckminster Fuller darin überein, dass es einen kritischen Pfad gibt, den man einschlagen muss. So gelangte der erste Mensch auf den Mond und kehrte auf die Erde zurück. Es ist der Weg der zehntausend Schritte, von denen jeder Schritt entscheidend ist. Wir glauben jedoch, dass dies der einzige Weg ist, um unser Ziel zu erreichen, ein neues Paradigma schrittweise einzuleiten.

Auf der Grundlage dieser Überlegungen fordern wir daher einen ersten Schritt zu unternehmen, um uns auf den Weg zur Einleitung und schrittweisen Verwirklichung eines neuen Paradigmas zu begeben. Wir schlagen also vor, den ersten

405 Als einführende Lektüre in dieses Thema der Meinungsmanipulation empfehlen wir das Buch „Warum schweigen die Lämmer?", 2018, von Rainer Mausfeld. Dort finden sich weitere Literaturhinweise. Rainer Mausfeld hat seitdem auch weitere Bücher und Schriften zu diesem Thema veröffentlicht. Sehr intelligente Überlegungen zu diesem Thema aus anthroposophischer Sicht finden sich auch bei Johannes Mosmann, der inzwischen in der Zeitschrift *Die Drei* als Redaktionsmitglied regelmässig veröffentlicht. Interessant sind auch seine Aufsätze zu dem Corona Ereignis, z. B. „Corona-Virus: Mit künstlicher Intelligenz gegen den freien Geist", aus dem Jahr 2020.

406 David Spangler hat in seinem Buch The Laws of Manifestation, 1978, eine informative Einführung in dieses Thema geschrieben.

Schritt mit neuen Wegen im Bereich des demographischen Wandels zu wagen. Wäre es nicht sinnvoll, wenn die Zivilgesellschaft in Europa eine Debatte über die demografischen Trends und das mögliche Interesse daran eröffnen würde, sie zu ändern, um zukünftig zunehmend mit selbst-regulierenden demografischen Entwicklungen zu leben? Die Vorschläge der Zivilgesellschaft würden vermutlich anders aussehen, als die Maßnahmen, die derzeit weltweit von unseren selbsternannten Machteliten vorgeschlagen und von Regierungen und Parlamenten durchgesetzt werden. Um dies zu erreichen, müssen wir als Zivilgesellschaft handeln. Nur menschliches Handeln kann die Grundlage für die Entwicklung und erneute Entfaltung des menschlichen Potentials bilden. Wissenschaft und Technologie werden uns dabei helfen, Energie für Heizung und Licht zu erzeugen, wenn wir in Besprechungen sitzen, unsere Arbeit in unseren Fabriken oder Unternehmen erledigen oder wenn wir in unseren Häusern wohnen. Wissenschaft und Technologie werden jedoch keine Lösung für die Herausforderungen bringen, vor denen die Menschheit steht. Solche Methoden, wie sie von zivilgesellschaftlichen Bewegungen unter Gandhi und Martin Luther King Jr. angewandt wurden, werden zu Bedingungen führen, die es uns ermöglichen, neue Regeln zu etablieren, die die Gestaltung und das Funktionieren unserer Gesellschaften auf das Ziel einer besseren Lebensqualität ausrichten. Die Utopie einer immer besseren Lebensqualität wird die geeignete Perspektive für unser Handeln bieten.

Unsere Politiker und Führer sowie Menschen aus allen möglichen Branchen und Bereichen werden alles in ihrer Macht Stehende tun, um die Verwirklichung dieser Utopie zu verhindern. Sie alle werden ständig versuchen, uns davon zu überzeugen, dass mehr Wachstum in allen Bereichen, insbesondere das Wachstum der Wirtschaft, entscheidend für ein besseres Wohlergehen ist. Sie werden sagen, dass dieses Wachstum nur durch ein höheres Bevölkerungswachstum erreicht werden kann. Ist das wirklich richtig? Ist dieser Zusammenhang korrekt? Oder folgen diese Menschen ihren egoistischen, kurzsichtigen, kurzfristigen Interessen, um ihre kurzfristigen Vorteile aus unbegrenztem und einseitigem Wachstum zu erzielen. Wir lassen uns nicht mehr von diesen Machteliten und wirtschaftlichen Interessengruppen überzeugen, deren Streben einzig auf Wirtschaftswachstum ausgerichtet ist, um die Einnahmen der Finanzkartelle zu erhöhen. Wir werden den Machteliten nicht mehr Glauben schenken, wenn sie uns erzählen wollen, dass Wachstum auf dem ständig steigenden Verbrauch von Energie und natürlichen Ressourcen beruhen muss und angeblich nur von immer größeren Massen von Menschen erwirtschaftet werden kann. Wir werden uns weigern, die Massen zu sein, die sie jeden Tag für die Verwirklichung ihrer kurzsichtigen Interessen zu manipulieren beabsichtigen. Wir werden sie wissen lassen, dass ihre Herangehensweise an das Wachstum negative Folgen für die Menschheit und für unsere Erde hat, und dass ihr Handeln exponentiell immer größere negative Auswirkungen und langfristige Schäden verursachen wird. Wir werden ihnen sagen, dass wir uns weigern, ihnen auf ihrem ausgetretenen Weg zu folgen.

Wäre es also, ausgehend von diesen einleuchtenden Überlegungen, nicht sinnvoll, wir würden in Europa auch unseren Erfahrungshorizont erweitern, indem wir unseren demographischen Wachstumstrend neu bestimmen? Wir müssten dazu neue Regeln aufstellen, welche die Gestaltung und das Funktionieren unserer Gesellschaften an dem Ziel einer besseren Lebensqualität ausrichten. Die Utopie der optimierten Lebensqualität würde dafür die geeignete Perspektive bieten.

Wir sind der Überzeugung, dass es durchaus möglich ist, Wohlstand, Lebensqualität und Wohlergehen für die Menschen in Europa zu gewährleisten, auch mit einer Bevölkerung, die abnimmt, die langfristig gesehen also spürbar kleiner. Nach welchen Kriterien würde der freie Mensch, der wir alle werden wollen, Wohlstand, Lebensqualität und Wohlergehen bewerten? Vielleicht wäre es sogar möglich, Wohlstand, Lebensqualität und Wohlergehen für alle Menschen auf dieser Erde zu mehren, ohne dem Druck nach immer größerem materiellen und wirtschaftlichen Wachstum und nach immer grösseren Bevölkerungszahlen nachzugeben. Würde dies nicht auch einem Wandel vom Industriezeitalter zum Zeitalter der Wissensgesellschaft entsprechen?[407]

Der Schlüssel liegt darin, dass wir wieder Verantwortung übernehmen, um den Prozess von Fortschritt und Wachstum nach Regeln zu steuern, die uns dem Ziel einer immer höheren Lebensqualität näherbringen, auch bei abnehmender Bevölkerung. Das Mittel hierzu liegt in der Steigerung der Produktivität, die ein direktes Ergebnis des wissenschaftlich-technischen Fortschritts ist. Dies bedeutet, dass es möglich ist, grundsätzlich immer mehr und auch bessere Produkte zu schaffen, indem die Produktivität, also das Ergebnis des Produktionsprozesses erhöht und verbessert wird, bei gleichzeitigem Abnehmen des Einsatzes von Ressourcen. Es sollte jedem einleuchten, dass durch die zunehmende Robotisierung der Produktion und durch den Einsatz von „künstlicher Intelligenz" (KI) dem Wachstum von Produktivität keine Grenzen gesetzt sind. Das ist es doch, wonach wir seit der Renaissance immer gesucht haben.

---

407 Zum Thema der Wissensgesellschaft findet sich eine Einführung mit ausführlichen Hinweisen zur Literatur auf: https://de.wikipedia.org/wiki/Wissensgesellschaft

Wenn wir uns also auf diesen gedanklichen Versuch einlassen würden, dann würden wir vermutlich schon bald die Erfahrung machen, dass wir mit einer geringeren Bevölkerung besser leben könnten, mit höherer Lebensqualität und mehr Wohlergehen.[408] Dieses Ergebnis sollte uns nicht einmal erstaunen, es leuchtet unmittelbar ein. Es wäre wohl den Versuch wert, diese Erfahrung jetzt einmal zu wagen. Fragen wir doch die Menschen aus anderen Kulturbereichen, was sie von dieser Idee halten. Das wäre sicher weiter führend, als immer mit unseren „westlichen“ Lösungsansätzen zu kommen, so zu tun, als ob wir schon wüssten, was für alle das Beste sei.

Der materielle Reichtum im Rahmen dieses neuen Weges würde aus dem potentiell unendlichen Wachstum der wissenschaftlich-technischen Kapazitäten geschöpft und mittels dieser erarbeitet.[409] Dies könnte uns sicher auch bei einer abnehmenden Bevölkerung gelingen. Denn die erwirtschafteten Mittel könnten auf diese Weise auf weniger Menschen verteilt werden und der verfügbare Wohlstand für die Menschen könnte sich weiter mehren. Dies würde auch bedeuten, dass die Angst vor einer Begrenzung, oder vor einem Ende der Ressourcen abnehmen würde. Das äussere, materiell orientierte

---

408 Auf diese Tatsache hat immer wieder Hans-Peter Duerr in seinen Vorträgen und Büchern aufmerksam gemacht. Hierzu empfehlen wir die Lektüre seines Buches „Der Mythos vom Zivilisationsprozeß“, 2005. S. a. das *Global Challenges Network*; http://www.denkwerkzukunft.de/index.php/stiftung/index/Duerr.

409 Ein Begriff, der üblicherweise dafür verwendet wird, betrifft den Produktivitätszuwachs, als einem zentralen Begriff der Wachstumstheorie. Produktivitätszuwachs bedeutet eine positive Veränderung von Produktionsergebnis im Verhältnisses zu den dafür eingesetzten Produktionsfaktoren wie Arbeit, Kapital, Umweltressourcen über einen bestimmten Zeitverlauf. Vereinfacht könnte man sagen: „doing more with less“; also mehr erreichen, indem man weniger Ressourcen einsetzt.

Wachstum würde an Bedeutung verlieren, um dem Menschen mehr Raum zur Entwicklung einer ihm gemäßen Lebenswelt einzuräumen. Nicht das weitere, exponentielle wirtschaftliche Wachstum wäre das Mass aller Dinge. Vielmehr könnte der Schwerpunkt auf die soziale und kulturelle Entwicklung gelegt werden, die das Wohlergehen des Menschen in Selbstbestimmung und Eigenverantwortung in den Mittelpunkt stellt.

Wäre dies nicht auch ein Modell, das für andere Gesellschaften, nicht nur für Europa, sinnvoll sein könnte? Für China, Indien, Bangladesch, oder Brasilien und Malaysia, wie auch für viele Länder in Afrika, die alle unter dem exponentiellen Wachstum ihrer Bevölkerungen leiden, das einhergeht mit einer beispiellosen Zerstörung natürlicher Ressourcen. Die Initiativen zur Schaffung eines neuen Paradigmas und die Kommunikation und der Austausch zu den Ergebnissen unserer Überlegungen und Debatten zur Bildung einer neuen Weltgesellschaft könnten Anlass zur Bildung neuer internationaler Partnerschaften geben. Dahingegen hat die EU mit ihrer begrenzten Vision und nach dem Vorbild der eigenen Entwicklung die Entstehung von Gesellschaften gefördert, die nicht mehr wissen, wie sie die Menschen ernähren sollen, ihnen kaum noch sauberes Wasser anbieten können, wo die Menschen in den Städten keine saubere Luft mehr atmen und sich vor dem allgegenwärtigen Lärm nicht verstecken können.

Das neue Paradigma: neue Lebensformen

Das überholte Paradigma des unbegrenzten materiellen Wachstums, das „wissenschaftlich-technische Zeitalter“, das wir seit 600 Jahren betreiben und in das wir uns seit dem Zeitalter der Industrialisierung Europa im 19. Jahrhundert immer tiefer eingegraben haben, kommt zu einem natürlichen Ende. Die selbst-regulierenden Kräfte der Menschheit und der Natur zeigen ihre Wirkungen. Der Mensch will es noch nicht einsehen. Er ist verblendet von dem Trugbild des Glücks, das ihm täglich vorgegaukelt wird. Dieses Glück entsteht angeblich durch unendliches materielles Wachstums, getrieben durch einen von Wissenschaft und Technik produzierten ungebändigten materiellen Fortschritt.

Ein gelungener Paradigmenwechsel, würde darin bestehen, die wissenschaftlich-technischen Fähigkeiten und intelligenten Potentiale der Organisation von Produktion, Prozessen und Management neu auszurichten. Diese Fähigkeiten und Potentiale, die uns aus der Kybernetik zugekommen sind, sollten als Voraussetzung dafür dienen, um neue Regeln für die Gestaltung einer menschengemässen Wirtschaft und Gesellschaft aufzustellen. Dies wäre auch ganz im Sinne der Ziele einer kommenden Epoche, die auf zunehmendem Bewusstsein und höherer Geist-Erkenntnis beruhen muss[410]. Dies setzt voraus, dass das intellektuelle Wissen in Einklang mit den Ansprüchen der Menschen und den Erfordernissen einer menschengemässen Entwicklung gebracht wird. Unsere Kenntnis wissenschaftlicher Prinzipien und Gesetze müssen wir zu diesem Zweck konstruktiv verwenden. Dieses Abgleichen zwischen Wissen und Ansprüchen wird in einem iterativen Findungsprozess unsere Handlungen leiten müssen. Dies wird Wirkungen zeigen, die zunehmend zur Erreichung eines zunehmend besseren Gleichgewichts zwischen Ansprüchen und Handlungen führen werden. Auf diese Weise kann sich

410 Wir verweisen hier noch einmal auf R. Buckminster Fuller, der nicht im Verdacht steht, ein Esoteriker zu sein. „Brain is different from mind“ hat er uns in seinem „Critical Path“ wissen lassen.

die Menschheit auf den Weg zu einer nachhaltigen Steigerung des Wohlstandes und der Lebensqualität für alle begeben, ohne zunehmende soziale Probleme zu schaffen und ohne immer gravierender werdende Belastungen für die Umwelt zu erzeugen.

Stattdessen lassen uns die Machteliten weiterhin um den toten Götzen des unendlichen Wachstums der Bevölkerung und der Wirtschaft tanzen. Die Probleme wachsen dabei in Dimensionen, die bald nicht mehr zu beherrschen sein werden.[411]

Die entscheidende Frage: wie wollen wir leben?

Wichtig und gut wäre es, jetzt zu handeln. Es wäre für uns alle von Vorteil, wenn wir in Europa beispielhaft zeigen würden, dass andere Wege der Entwicklung und der menschlichen Evolution möglich sind, dass wir gut leben können in unseren Ländern, auf dieser Erde, auch wenn die Bevölkerungszahl abnimmt und das materielle Wachstum in Zukunft vielleicht nicht mehr in demselben Masse zunimmt. Das wäre ein wichtiger Aufruf zu einem Paradigmenwechsel im Sinne eines gangbaren Weges der Entwicklung für alle Menschen, Nationen und Staaten.

Das neue Paradigma unserer Epoche und der zukünftigen gesellschaftlichen Transformationen muss auf zunehmen-

---

411 Die global zunehmende Zahl der militärischen Auseinandersetzungen und der immer weiter wachsende industriell-militärische Komplex, angefeuert durch einen neuen Rüstungswettlauf können als warnende Indizien angesehen werden für die zunehmend aussichtloser werdende globale Situation. Mit Kriegen werden die Krisen überspielt. Krieg wird so zur ultimativen Krise.

dem Wissen und immer höherem Bewusstsein[412] gründen. Dies wird den Gesellschaftsformen, die auf unbegrenztem demographischen Wachstum und unkontrollierter Ausbeutung natürlicher Ressourcen aufbauen, ein natürliches Ende bereiten. Wir alle wissen das, auch wenn viele es immer noch nicht wahrhaben wollen.

Die bisherige Herausforderung, der wir in Europa seit mehr als 600 Jahren folgten, war geleitet von der Frage: wie können wir weiter wachsen? Dabei wurde wirtschaftlich-materielles Wachstum zum Maßstab gesetzt und direkt in Verbindung mit Bevölkerungswachstum gesehen. Es wurde ein positiver Zusammenhang gesehen zwischen Demographie und Produktivität. Es wurde davon ausgegangen, dass mehr Menschen grösseren Reichtum und also auch grösseres Glück bringen würden.

Das Prinzip „das größte Glück der größten Zahl" (*greatest-happiness-principle*) von Bentham war noch bis zu den Fließbändern der Ford Autoproduktion gültig.[413] Denn in der ersten Epoche des industriellen Zeitalters, ab dem 18. Jahrhundert, galt erst einmal, dass für einen Produktivitätszuwachs mehr Arbeiter notwendig sind. Mit zunehmender Kapazität der

412 Lewis Mumford unterstreicht diesen Punkt auf besonders nachdrückliche Weise in den Schlusskapiteln seines Buches „Hoffnung oder Barbarei", wo er den „neuen Menschen" als die Voraussetzung für die „neue Weltkultur" betrachtet. Er hätte uns vermutlich zugestimmt, wenn wir davon ausgehen, dass diese „neue Welt" als Ergebnis eines kybernetischen Prozesses der Rückkopplung und der Selbstoptimierung immer mehr verwirklicht werden wird.

413 S. h. Buckminster Fuller, auch in seinen Hinweisen auf die Anwendung der Berechnungen von Malthus (1766-1834). Malthus war Ökonom, Statistiker und Beamter der Britischen Kolonialverwaltung. Er zieht aus seinen statistischen Berechnungen die Lehre, dass es eine „schicksalhafte Notwendigkeit" sei, dass die Menschheit blind dem Gesetz der unbegrenzten Vermehrung gehorche. https://de.wikipedia.org/wiki/Thomas_Robert_Malthus.

technischen Produktionsmittel, also von Maschinen, wurde dieses Prinzip immer mehr in Frage gestellt. Spätestens mit der Fliessbandproduktion und dem einhergehenden raschen technischen Fortschritt der Produktionsmittel ist dieses Prinzip obsolet geworden. Seitdem, also mit dem beginnenden 20. Jahrhundert, hat sich das Ganze mehr und mehr ins Negative umgedreht. Diesen Bifurkationspunkt (Kipp-Punkt) haben die „modernen Staaten", also Europa und Amerika, verschlafen. Es ist offensichtlich, dass sich in den Zeiten von Künstlicher Intelligenz (KI) noch stärkere Argumente für unseren Standpunkt finden lassen. Es wird inzwischen allen deutlich, dass der Einsatz von künstlicher Intelligenz in Produktion und Verwaltung die menschliche Produktivität in einem noch stärkeren Masse anwachsen lassen wird, als dies bisher schon der Fall war.

Spätestens nach dem Ersten Weltkrieg, mit den Massentötungen an Menschen, hätte die Menschheit auf ein neues Paradigma einschwenken müssen. Der vermeintlich notwendige Zusammenhang zwischen einer wachsenden Bevölkerung und dem Erreichen eines immer höheren Produktionszuwachses hat sich durch Einsatz von immer effizienteren Maschinen und Produktionstechniken als langfristiger Irrweg erwiesen. Demographie und Produktivität sind durch die wissenschaftlich-technologische Entwicklung voneinander abgekoppelt worden. Die technokratischen Antworten, die uns immer vorrechnen, dass die Erde auch 12, 15, oder mehr Milliarden Menschen „ertragen" kann, greifen hier zu kurz. Es geht ja nicht darum, was wir können, sondern es geht darum, was wir wollen.

Die grosse Frage, die wir uns in Europa, aber auch als Menschheit stellen sollten, lautet also: wie wollen wir leben?

Europa verfügt sicherlich über die intellektuellen, wissenschaftlichen und auch die geistigen Ressourcen, um zu diesem neuen Paradigma überzuwechseln. Europa sollte diese Chance zu neuem Glück ergreifen. Auf diese Weise könnte Europa auch wieder ein Vorbild und Modell für andere Gesellschaften werden.

Der Druck auf die Natur, die Aggression unter den Menschen und Völkern, würden auf natürliche Weise abnehmen. Frieden ist immer möglich. Der Weg zum Frieden aber stellt uns vor Herausforderungen, denen wir uns bewusst stellen müssen.

Das größte Hemmnis liegt in uns selber. Es ist die Angst davor, neue Wege zu beschreiten. Überwinden wir diese Angst und diese enge, materialistische Vision von unserer menschlichen Lebenswelt. Beenden wir also in einem ersten wichtigen Schritt den Irrglauben, dass unbegrenztes materielles Wachstum nur durch unbegrenztes Bevölkerungswachstum möglich sei. Wechseln wir zu einem neuen Paradigma des regenerativen Wachstums. Vertrauen wir darauf, dass wir als freie Menschen für diesen neuen Weg der Entwicklung die Verantwortung übernehmen können. Es wäre dies auch der Weg einer vernünftigen Menschheit. Wir alle stehen hier in der Pflicht.[414]

---

414 Wir wollen hierzu auch auf eine Quelle aus China verweisen, die zeigt, dass dort an den Möglichkeiten der Transformation der Menschheit gearbeitet wird. In einem *White Paper*, also einer öffentlichen Diskussionsvorlage, verweist die chinesische Regierung auf die Ergebnisse ihrer Politik der „grünen Entwicklung“ und unterbreitet ihre Vorschläge zu *Governance* im Bereich der globalen ökologischen Entwicklungen. Ein Bericht hierzu wurde veröffentlich in Global Times China, 19. Januar 2023, von Li Xuanmin and Fan Anqi; (https://www.globaltimes.cn//author/Reporter-Li-Xuanmin.html).

Epilog – abschliessende Betrachtungen

Guai - Der Durchbruch (die Entschlossenheit)

Die beste Art, das Böse zu bekämpfen, ist energischer Fortschritt im Guten.

I Ging, das Buch der Wandlungen, in der Übersetzung von Richard Wilhelm

---

Es liegt uns fern, uns hier als den grossen Spezialisten des europäischen Integrationsprozesses oder der Politik der NATO-Erweiterung, oder auch der amerikanischen Aussenpolitik aufzuspielen. Für alle diese Felder und Bereich gibt es Spezialisten, die uns im Einzelnen weit überlegen sind.

Wir sind jedoch der Überzeugung, dass es unsere Stärke ist, Dinge, Vorgänge und Prozesse im Zusammenhang zu sehen, zu verstehen und auch darzustellen. Ausserdem ist einer unserer Vorzüge, dass wir von keiner Institution abhängig sind, dass wir von niemandem für unsere Arbeit bezahlt werden. Wir sind in diesem Sinne niemandem etwas schuldig, allein unserem eigenen Gewissen.

Für eine kritische Betrachtung des Integrationsprozesses der EU empfehlen wir die Arbeiten von Ulrike Guérot, die inzwischen von der Universität Bonn als Professorin entlassen worden ist, vorgeblich wegen Plagiatsvorwürfen, tatsächlich aber, weil sie dem Mainstream der aktuell praktizierten Gesinnungspolitik der europäischen Regierungen nicht gehorsam leisten will. Sie hat teures Lehrgeld zahlen müssen für ihre ehrlichen und aufrichtigen Bemühungen zur Förderung der europäischen Integration. Zur amerikanischen Aussenpolitik haben wir uns immer wieder bei Henry Kissinger, als einem zwar umstrittenen, aber kundigen Insider informiert. Die beste Quelle zur amerikanischen Aussenpolitik sind sicherlich die Publikationen des Council on Foreign Relations (CFR, oder auch Cfr), wo man die Entwicklung der Positionen der US-Außenpolitik über das vergangene Jahrhundert sehr gut nachvollziehen kann. Für einen kritischen Beobachter der aktuellen Entwicklungen der US-Außenpolitik sind die hervorragenden Analysen ausreichend, die sich täglich auf Global Times China finden. Dort wird die amerikanische Aussenpolitik kritisch und kompetent kommentiert. Zur NATO Erweiterung sind inzwischen so viele Diskussionspapiere zu unterschiedlichen Standpunkten veröffentlicht worden, dass wir hier keine einzelne Quelle nennen wollen. Unsere Haltung dazu haben wir im ersten und zweiten Teil des Buches, mit vielen Quellen belegt, deutlich werden lassen.

Als aufmerksamer Beobachter der gegenwärtigen politischen und sozialen Vorgänge, und als ausgebildeter Ökonom, Politikwissenschaftler und Ethnologe bringe ich persönlich alle Voraussetzungen und analytischen Fähigkeiten mit, um zu einem guten Verständnis der Zusammenhänge zu gelangen, von denen dieses Buch handelt. Außerdem habe ich über mehrere Jahrzehnte viel für die Europäische Kommission, aber auch immer wieder für andere internationale Organisationen, wie die Weltbank, das UNDP (*United Nations Development Programme*) und die African und die Asian Development Bank, gearbeitet. Ich kenne diese, und weitere Institutionen also auch von innen heraus, weiss einigermaßen, wie sie organisiert sind und nach welchen Regeln sie funktionieren. Auch die deutsche und die Schweizer Bundesregierungen zählten zu meinen Kunden. In meiner vierzigjährigen Karriere habe ich in mehr als fünfzig Ländern auf vier Kontinenten Beratungsleistungen erbracht, meist für Regierungen und ihre Institutionen, aber auch für private Unternehmen und Banken. Vieles, von dem in diesem Buch die Rede ist, kenne ich aus eigener Erfahrung. Ich habe bei meiner Arbeit als Berater immer gut zugehört und dadurch viel gelernt, gerade auch von Personen in den Ländern, die Europa von aussen betrachten. Dies gilt auch für Länder wie Polen, Tschechien, Ungarn, Rumänien, Albanien, oder das Kosovo, die Europa und die EU zu einer Zeit von aussen betrachtet haben, als sie noch nicht Mitglied der NATO waren, also vor 1999, und als sie noch nicht Mitglied der EU waren, in den Jahren nach 1990 bis 2003.

Ich nehme mir also bewusst das Recht heraus, klare Aussagen zu machen, weil ich davon ausgehe, dass ich ein ausreichend gutes Verständnis der Geschichte, der Hintergründe und der Zusammenhänge mitbringe, über die ich in diesem Buch geschrieben habe. Ich kann mich auch auf die akademische Ausbildung berufen, die mich für diese Arbeit qualifiziert. Zudem habe ich viele schriftliche Quellen aufgesucht und sorgfältig analysiert. In meiner beruflichen Laufbahn habe ich von 1982 bis 2024 intensive praktische Erfahrung bei der Bewältigung einer grossen Zahl von diversen Aufgaben im Rahmen von Reformprozessen in vielen, oft sehr unterschiedlichen Ländern gesammelt. Dies sei gesagt, um den Autor wenigstens kurz auch als Person ins Bild zu bringen. Zudem soll der Verweis auf die Kompetenz des Autors der in diesem Buch vorgestellten Analyse und Argumentation, sowie den daraus abgeleiteten Aussagen, eine gewisse Autorität verleihen.

Es dürfte deutlich geworden sein, dass wir mit diesem Buch in erster Linie das Ziel verfolgen, die europäische Öffentlichkeit über ihre eigene Situation aufzuklären. Wir wissen nicht, wer das Buch lesen wird, wie es verstanden und aufgenommen werden wird, und welche Wirkungen es zeitigen wird. Wir wissen aber, dass es nicht nur in Europa gelesen werden wird. Frühere Veröffentlichungen von verwandten Gedankengängen und Argumentation haben jedenfalls im Ausland, insbesondere auch in China und Russland, ein grosses Interesse gefunden.

Unser Ziel ist es, ein Buch zu präsentieren, das gut lesbar ist, dessen Argumentation klar und übersichtlich ist, auch dann, wenn die Analysen der Inhalte und Gegenstände oft sehr komplex sind. Die wichtigste Botschaft ist, dass Europa durch eigenes Verschulden in eine existentielle Krise geraten ist. Wir sind der Meinung, dass sich Europa am eigenen Schopf aus dem Sumpf ziehen muss, in den es über einen Zeitraum von mehr als hundert Jahren durch eigenes Versagen geraten ist.

Wir wollten dabei auch andeuten, dass es in solch schwierigen Situation wichtig ist und entscheidend sein kann, zu verstehen, wer die Freunde, und wer die Feinde für das eigene Bemühen sind, um aus den Schwierigkeiten wieder herauszufinden. Durch die interne Zerstrittenheit, die in Europa lange Zeit üblich war, ist es für andere, ambitionierte Nationen, wie die USA, ein Leichtes gewesen, sich in die innere Gestaltung Europas einzumischen. Die grossen Länder und Staaten in Europa haben sich über Jahrhunderte hinweg immer wieder durch Kriege zerstritten und dadurch in immer neue und immer grössere Abhängigkeiten bringen lassen. Es fehlt bis heute ein gesundes europäisches Selbstverständnis. Der Egoismus der Nationalstaaten ist immer noch entscheidend und wichtiger, als die Formulierung gemeinsamer Ziele und Absichten. Das ganze Regelwerk für Politik und Wirtschaft innerhalb der EU und anderer internationaler Organisationen muss neu gestaltet werden. Es genügt in keiner Weise, wenn der UN-Sicherheitsrat mit neuen Mitgliedern ausgestattet wird. Es müssen neue Plattformen mit neuen Regeln zur Entscheidungsfindung geschaffen werden. Die alten Hierarchien und Mechanismen der Kontrolle von Macht und Geld, nach denen bisher die wichtigen geopolitischen Entscheidungsprozesse gemanagt worden sind, reichen schon lange nicht mehr aus und sind längst überholt.

Europa muss wieder gestalterisch in die Geopolitik einwirken, nicht durch Waffen, sondern intelligent und mit frischem Geist und Mut. Europa muss wieder selbst bestimmen, welches seine Freunde und Partner sind, und wie es den Umgang mit diesen Freunden und Partnern pflegen will. Europa muss ein neues Selbstverständnis gewinnen, nicht im Angesicht eines provozierten Feindes, wie das der gegen Russland initiierte Krieg in der Ukraine zeigt.

„Partnerschaft" schien uns ein guter Ansatzpunkt für die Bildung eines neuen Selbstverständnisses für die EU zu sein. Wir haben das bei der internationalen Beratung für die EU in vielen Ländern wahrgenommen. Als noch die Partnerschaft unter Freunden im Vordergrund der Zusammenarbeit stand, da wurde uns von allen Seiten Respekt, Achtung und Wohlwollen entgegengebracht. Nachdem sich die Aussenpolitik der EU mit der NATO und den USA in einer Linie aufgestellt hat, ist Misstrauen, Argwohn und oft auch Zynismus in den Beziehungen entstanden. Die Partner hatten verstanden, dass es nicht vorrangig darum ging, Zukunft gemeinsam zu gestalten, sondern dass unsere eigenen, egoistischen, wirtschaftlichen und politischen Interessen im Vordergrund stehen. Sie verstanden aber auch, wer im Hintergrund die Partner waren, die uns Europäer bei der Bestimmung unserer Interessen beeinflussten, und dass Europa nicht mehr souverän, sondern als abhängiger geopolitischer Akteur der USA aufgetreten ist.

Europa muss wieder zu einem neuen, souveränen Selbstverständnis finden. Das neue Selbstverständnis von Europa muss auf dem Selbstvertrauen aufbauen, dass es möglich sein wird, unser Leben auf unserem kleinen Kontinent so zu gestalten, wie die Menschen es sich wünschen, nach Regeln, die nicht andere für uns vorgeben. Wir müssen uns Freunde suchen, die uns in unserem Bemühen um diese kreative Lebensgestaltung unterstützen, uns nicht dominieren, oder uns Vorschriften machen und Zwängen unterstellen wollen. Dies ist keine einfache Aufgabe, und es wird schwierig werden, wenn wir die ökonomischen Abhängigkeiten betrachten, denen wir in Europa inzwischen ausgesetzt sind. Der Druck ist schon jetzt enorm gross, obwohl uns immer gesagt wurde, wir könnten uns auf die Unterstützung unserer Freunde immer und in jeder Situation verlassen. Wenn wir den Preis betrachten, den wir augenblicklich mit dem Krieg in der Ukraine für unsere „Freundschaften" bezahlen, dann muss diese Behauptung in Frage gestellt, oder auch direkt bezweifelt und schliesslich als falsch abgelehnt werden. Uns allen ist zunehmend bewusst geworden, dass wir fremdbestimmt sind, schon lange nicht mehr souverän über unser eigenes Schicksal entscheiden können.

Wie gehen davon aus, dass die Menschen in Europa in offenen Diskursen sehr gut herausfinden können, was ihnen tatsächlich wichtig und teuer ist, und was in ihrem Interesse ist. Wir müssen uns dazu aus dem Krisenmodus verabschieden, um uns dem massiven Handlungsdruck zu entziehen, der uns immer weiter in immer schwierigere Verstrickungen führt und uns Prioritäten unterstellen will, die nicht die unseren sind und nicht unseren langfristigen Interessen dienen. Die kulturell verschiedenen Lebensmodelle, die wir in den verschiedenen Ländern Europas immer noch kennen und überwiegend auch schätzen, stehen alle unter dem Druck der Vereinheitlichung und Uniformisierung durch immer neuen Zwang und durch immer stärkere Beeinflussung hin zu einer Kultur ohne eigenes Profil. Die Behinderung und Unterdrückung von kultureller und geistiger Vielfalt nimmt immer grössere Dimensionen der Bedrohung an. Dies ist schon zu Zeiten der Corona-Politik sehr deutlich geworden, als wir alle gezwungen waren, Regeln zu folgen, von denen wir nicht wussten, woher sie kamen und wer sie aufgestellt hatte. Es wurde eine Seuche, eine sogenannte Pandemie herbeigeredet, von der es keine Symptome gab, ausser der Angst, die den Bürgern Europas von sogenannten Eliten mit böser, manipulativer Absicht gemacht worden ist.[415]

Diese Vorgänge der öffentlichen Manipulation nehmen zunehmend bedrohliche Formen an, seitdem die deutsche und europäische Öffentlichkeit dazu aufgefordert und oft auch gezwungen wird, Russland zu dämonisieren, und sich kulturell gegen China zu wenden. Dies sind extremistische Haltungen und politische Vorgänge, die in keiner Weise in offenen und freiheitlichen Gesellschaften akzeptiert werden dürfen.

415 Wie Rachel Marsden und viele andere inzwischen glaubwürdig berichten, hat Dr. Anthony Fauci, der frühere Direktor des National Institute of Allergy and Infectious Diseases inzwischen bekannt, dass er Anordnungen empfohlen hat, die keinerlei wissenschaftlichen Wert hatten und sich auch auf keine Erfahrungswerte gründeten. Siehe hierzu die Quelle: "a House of Senate Select Subcommittee on the Coronavirus Pandemic hearing in Washington, DC", June 3, 2024. Die Weigerung der deutschen Regierung und ihrer Behörden, die Corona-Politik aufzuarbeiten, spricht hierzu Bände. Ebenfalls hilfreich ist ein Blick in den Blog von Norbert Häring, der sich ausführlich mit der Corona-Politik beschäftigt hat.

Dies sind alles Haltungen und Handlungsregeln, die in der Realität keine Begründung finden können, sondern uns von den Macheliten vorgegeben werden, die meinen, sich dafür nicht rechtfertigen zu müssen. Der internationalen Staatengemeinschaft wurden von einzelnen „westlichen" Nationen und „westlich" dominierten Institutionen wie der WHO Handlungsregeln vorgegeben, die nicht mehr in Frage gestellt werden durften. Diese Vorgänge sind Beispiele dafür, wie das künftige System der Global Governance nicht geregelt werden darf, wenn es verbesserte Lebensqualität für alle und die Entfaltung von mehr Freiheit sowie die Chance zu friedlichem und gedeihlichem Zusammenleben für das Leben auf unserem Planeten ermöglichen soll.

Dieses Buch will also der Bewusstwerdung dienen, als der wichtigsten Voraussetzung für ein neues europäisches Selbstverständnis.

Europas Schritt aus der Krise

Wir sehen Europa heute in einer extrem schwierigen Situation. Es wird sehr schwierig sein für Europa, aus eigenen Kräften aus diesen Schwierigkeiten herauszufinden. Bei der Befreiung aus dieser „politischen und wirtschaftlichen Falle", in die Europa hineingeraten ist, wird es sehr hilfreich sein, die Unterstützung von Freunden zu finden. Europa wird sich neue Freunde und Partner suchen müssen, oder bewährte Freundschaften wieder beleben müssen. Zur Bildung neuer Freundschaften wird sich Europa Ziele setzen müssen, denn die Freunde wollen ja wissen, wohin die gemeinsame Reise gehen soll.

Der Paradigmenwechsel, dem sich Europa unterziehen muss, wird notwendig machen, dass Europa sich die Möglichkeit verschafft, sich geopolitisch wieder neu zu positionieren. Europa muss dazu ein eigenes, souveränes Profil entwickeln. Europa muss in der entstehenden multipolaren Welt seine Rolle neu definieren. Dazu gehört auch, dass sich Europa bis auf Weiteres nicht in andere Bündnisse einbinden lässt. Der Beitritt zu anderen Bündnissen setzt ein gesundes und selbstbewusstes Selbstverständnis voraus, das in Europa derzeit fehlt und erst wieder entwickelt werden muss.

Nach dem Zusammenbruch der Sowjetunion und der deutschen Wiedervereinigung war das Fenster für eine solche neue Rolle Europas für kurze Zeit offen. Nach dem Attentat auf das World Trade Center im September 2001 haben die USA dann ihre Aussenpolitik zur Erreichung ihrer hegemonialen Vorherrschaft intensiviert. Die USA waren erst einmal als einzige Supermacht aus dem Kalten Krieg hervorgegangen. Europa und die EU waren die wichtigsten Partner für die Umsetzung der amerikanischen Strategie zur geopolitischen Hegemonie. Europa ging mit den USA in den Irak, nach Afghanistan und europäische NATO-Staaten übernahmen auch stellvertretend die Bombardierung von Libyen. Die Aufnahme der syrischen Flüchtlinge und der Deal mit der Türkei zum Management der Flüchtlingsströme gehören ebenso zu dieser Zeit. Europa war eindeutig in amerikanisches Fahrwasser geraten, ohne die Möglichkeit, sein eigenes Schicksal zu bestimmen. Dies hat selbstverständlich auch die Beziehungen zu Europas bisherigen Partnern betroffen.

Die internationalen Beziehungen Europas wurden insbesondere durch die zunehmend aggressive Sanktionspolitik und die nationalistische Wirtschaftspolitik der USA in den Jahren seit dem Krieg in der Ukraine noch zusätzlich massiv beschädigt. Russland ist zum Feind mutiert, dem der Krieg erklärt worden ist. China ist zum grossen Gegner geworden, weil es sich den amerikanischen Interessen nicht unterordnen will. Europa ist gezwungen worden, sich diesen politischen Schritten bedingungslos anzuschließen. Dadurch hat das geopolitisches Image von Europa grossen Schaden erlitten. Das gilt auch für einzelne Länder in Europa und für einzelne Mitgliedsstaaten der EU. Der diplomatische Schaden aus der Befolgung der amerikanischen Politik und der expansiven NATO Strategie ist riesig. Dies kann ich als Autor aus meiner persönlichen Praxis in der internationalen Beratung ohne Einschränkung bestätigen.

Zu einer solchen Situation, wie wir sie hier kurz skizzieren, passt sehr gut der bekannte Spruch: „wer solche Freunde hat, braucht sich um Feinde nicht zu sorgen". Dies gilt insbesondere für die NATO. Wenn Europa in Zukunft global wieder eine eigene, eigenständige und souveräne Rolle spielen will, dann muss es sich aus der NATO lösen und schrittweise zurückziehen[416]. Dies bedeutet auch, dass bisherige Freundschaften nicht mehr bedingungslos und in derselben Form gültig bleiben werden. Es bedeutet auch, dass bisherige Feindschaften beendet werden können. Europa benötigt diese NATO für seine gedeihliche Entwicklung nicht. Europa ist nicht militä-

416 Es ist erstaunlich zu sehen, wie das kleine, und nicht sehr reiche Land Ungarn, als Mitglied der EU und der NATO sich den Zwängen dieser Institutionen nicht ohne Widerstand unterordnen will. In einer Nachricht in dem ungarischen Online Magazin *Hungary Today* vom 24. Mai 2024 lesen wir, dass Ungarn sich weigert, direkt an dem Krieg gegen Russland teilzunehmen. Ungarn bringt ein sehr intelligentes Argument vor und besteht darauf, dass die NATO sich als „Verteidigungsbündnis" steht. Deshalb können Mitglieder nicht in Angriffskriege hineingezwungen werden. Dies zeigt, dass durchaus Alternativen zur bedingungslosen Unterwerfung unter das Diktat der USA und der NATO möglich sind.

risch bedroht, weder von Russland, noch von China, und auch noch nicht von den USA. Die NATO ist zu einem Instrument mutiert, das prioritär nicht der Sicherheit Europas dient, sondern den Interessen der USA und dessen Hegemonialstreben untergeordnet ist.[417] Die Abkoppelung Europas von der NATO wäre also der erste einleitende, aber entscheidende Schritt für einen Paradigmenwechsel in Europa. Damit wäre die wichtigste Voraussetzung für Europa geschaffen, um in Zukunft wieder eine neue, souveräne geopolitische Rolle spielen zu können. Wenn Europa aus der NATO austritt, wenigstens die grossen europäischen Nationen, wie Frankreich, Deutschland, Italien, die Niederlande und Spanien, dann ist der Paradigmenwechsel eingeleitet. Dies ist also der entscheidende Schritt, um sich aus der Umklammerung der USA zu lösen.

Die Schwerpunkte in der wirtschaftlichen Zusammenarbeit werden dann ebenfalls neu gelegt werden müssen. Dies wird Zeit benötigen. Aber die Dominanz und nahezu ausschliessliche wirtschaftliche Fixierung auf die USA wird schrittweise zurückgefahren werden müssen, zum Vorteil der Intensivierung der wirtschaftlichen Beziehungen mit anderen Ländern, allen voran mit China, Indien und Russland. Europa muss eine neue Balance schaffen zwischen dem alten, grossen Partner USA und den neuen Partnern aus Asien, Eurasien, Lateinamerika und Afrika.

Die Krise für Europa ist da. Sie kann nicht mehr geleugnet werden. Zwei Möglichkeiten stehen offen, zwei Wege, von denen nur der zweite ein gelingender Ausweg aus der Krise sein wird. Entweder kann Europa so weitermachen wie bis-

---

417 In der aktuellen politischen Debatte von 2024 ist es zunehmend die ungarische Regierung, die diese Position vertritt. In Frankreich ist es die Partei des *Rassemblement National* (RN), das die französische Politik ebenfalls wieder in die Fußstapfen des General de Gaulle zurückführen will.

her, und sich getrieben von der NATO, also letztlich ohne direkte Verantwortung der Nationalstaaten, dem Hegemonialstreben der USA unterwerfen. Europa wird dann Teil einer multipolaren neuen Weltordnung werden, aber als integrierter Teil eines „westlichen Blocks", ohne die Möglichkeit, eine eigenständige Rolle zu spielen. Europa wird auf diese Weise immer Junior Partner der USA bleiben, zu dessen Block es zwangsweise gehören wird.

In einer Alternative dazu, kann Europa sich aus eigener Kraft aus der Krise herausarbeiten, indem es sich an seine eigenen Interessen erinnert und sich wieder eigene souveräne Ziel setzt, auch eine eigene Strategie und Road Map entwickelt.

Europas neues Selbstverständnis, gewachsen aus seiner Geschichte und Kultur

Damit Europa diesen Weg den Weg aus der Krise heraus finden kann, wird es sinnvoll sein, sich noch einmal zu fragen, wie Europa in diese Krise geraten ist. Um darauf Antworten zu geben, bedarf es einer Ehrlichkeit, der bisher nahezu alle politischen Verantwortlichen und die führenden Personen unserer Eliten geflissentlich aus dem Wege gehen. Europa ist in der heutigen Krise, weil es seit mehr als einhundert Jahren nicht den Willen aufgebracht hat, sein Schicksal selbst in die Hand zu nehmen. Bis zum Ersten Weltkrieg waren es immer nur Königshäuser und einzelne Staaten, die für sich und zur Verfolgung ihrer nationalen Interessen Verantwortung übernommen hatten. Europa war zerstritten und die Nationen bekämpften sich immer wieder in heftigen Kriegen, der Hundertjährige Krieg zwischen England und Frankreich und die napoleonischen Kriege können als Beispiele aus vormoderner Zeit dienen. Auch das Habsburger Reich verdankte seine Ausdehnung entweder Angriffskriegen in Italien, oder im Balkan, oder auch Verteidigungskriegen gegen die Türken. Im 20. Jahrhundert haben diese Kriege ihre unrühmlichen Höhepunkte mit den zwei Weltkriegen gefunden. Europa ist daraus geschwächt hervorgegangen, während die USA sich als neues Global Empire präsentieren und zur neuen globalen Macht aufschwingen konnten. Es ist also nicht verfehlt zu sagen, dass Europa und die europäischen Mächte durch eigenes Versagen in diese Krise geraten sind, die sich in unserer Zeit zuspitzt. Schon mit diesen Überlegungen zeigen wir, dass wir die EU und die europäische Integration grundsätzlich befürworten und auch weiterhin fördern wollen. Aber Europa und die EU müssen sich aus der Umklammerung der NATO lösen und zu einem eigenen Weg finden. Die EU sollte anstreben, Europa zu einem Zusammenleben zu führen, das nach eigenen Regeln gestaltet wird. Der Weg auf dem Europa und die EU sich in die Abhängigkeit zu den USA und der NATO begeben haben, ist ein Irrweg.

Zu einem vertieften Verständnis der Situation Europas und der EU sollten wir uns auch noch fragen, weshalb sich diese Krise zuspitzt, was die konkreten Gründe dafür sind. Auch hier ist die Antwort nicht schwierig zu finden, wenn man versucht, ehrlich zu sein. Die Krise Europas spitzt sich zu, weil die USA selbst zunehmend in eine Krise geraten sind. Diese Krise der USA ist entstanden zum einen aus internen, hausgemachten Widersprüchen, insbesondere weil die Finanzierbarkeit des eigenen Hegemonialstreben zunehmend in Frage gestellt ist. Die Krise des amerikanischen Hegemonialstrebens hat aber auch mit den wachsenden Gegenkräften anderer Nationen und Bündnisse[418] zu tun hat. Die USA wollen aber nicht zurückweichen, sie gehen nicht von ihrer bisherigen Linie und Strategie ab, und sind bereit jedes Mittel einzusetzen, um in dieser Krise ihre Dominanz nicht zu verlieren und wenn möglich, sogar noch gestärkt aus ihr hervorzugehen. Durch die nahezu absolute Unterordnung Europas im Rahmen der NATO unter die strategischen Bestrebungen der USA, ist die Krise der USA heute zur Krise Europas geworden.

Wenn wir es so sehen, dann wird auch deutlich, wie der Weg aus der Krise heraus gefunden werden kann. Europa muss sich nicht von den USA ankoppeln, das wird nicht möglich sein und ist letztlich auch nicht wünschenswert. Die USA werden in den internationalen Beziehungen zu Europa noch für lange Zeit einen privilegierten Platz einnehmen. Aber Europa muss dem Hegemonialstreben der USA widerstehen. Europa darf sich nicht zum Handlanger für die Kriege der USA machen lassen, welche über die Militärplattform der NATO inzwischen weltweit geführt und weiterhin propagiert und vorbereitet werden.[419]

Im Sinne unserer Argumentation in diesem Buch müssen wir ehrlicherweise auch noch einmal darauf hinweisen, dass das Übel des Glaubens an unbegrenztes Wachstum in allen Bereichen und auf allen Ebenen in Europa seine Wurzel hat. Hier sind die modernen Wissenschaften entstanden. Bis in die 20er Jahre des 20. Jahrhunderts sind praktisch alle Nobelpreisträger der Naturwissenschaften in Europa ausgebil-

418 Andere Nationen: China, Russland, Indien, Brasilien. Andere Bündnisse: Shanghai Organisation für Zusammenarbeit (SZO), *Belt and Roads Initiative* (BRI) der Chinesen, BRICS.

419 Ganz im Sinne unserer Argumentation hat die Bundestagsabgeordnete und Spezialistin für den Nahen und Mittleren Osten, Sevim Dagdelen, aktuell ein umfassendes Buch „Die NATO: Eine Abrechnung mit dem Wertebündnis", 2024, veröffentlicht.

det worden und haben hier ihre Wirkung entfaltet. Ein Drittel der Nobelpreise in den Naturwissenschaften und in der Mathematik ging im ersten Drittel des 20. Jahrhunderts allein an Deutschland. Das gesamte Wissen zur Bildung der modernen Wissenschaften kommt aus Europa. So ist auch Oppenheimer, der das Team zum Bau der ersten Atombombe leitete, bei Max Planck in Göttingen und bei Niels Bohr in Kopenhagen ausgebildet worden. Dieser europäische Ursprung und die Entwicklung der Grundlagen der modernen Wissenschaften bis zum Zweiten Weltkrieg gilt von der Mathematik, über die Chemie, hin zur Physik und Astrophysik.

Die USA haben die europäische Wissenschaft in der Zeit nach dem Zweiten Weltkrieg, also nach 1945, noch perfektioniert und insbesondere die technologische Anwendung der Ergebnisse der Wissenschaften intensiv und ganz pragmatisch weitergeführt[420]. Nicht nur das gesamte notwendige Wissen zum Bau der Atombombe ist von Europa in die USA gekommen, sondern auch das Wissen in den anderen Wissenschaften. Erinnert sei hier beispielhaft auch an den Wiener Kreis, aus dessen Wirken die Kybernetik entstanden ist. Seit 1945 kommen die meisten Nobelpreisträger in den Naturwissenschaften nicht mehr aus Europa, sondern aus den USA. Aber nicht nur die europäischen Wissenschaften sind in die USA ausgewandert und dort perfektioniert worden, sondern auch der Glaube an den Fortschritt ohne Ende und in allen Be-

---

420 Zu diesem Pragmatismus hat Sigmund Freud bei seinen in den USA gehaltenen Vorlesungen zur Psychoanalyse eine interessante Beobachtung gemacht. Er sagt bei Gelegenheit einer Vorlesung, dass er es nicht gewagt habe, bei diesen Vorlesungen auch über Träume und Traumanalyse zu sprechen, weil dies bei einem so „pragmatischen Volk", wie den Amerikanern, unverständlich bleiben müsse. Jeder weiss, dass die Traumanalyse für die Psychoanalyse von Freud im Mittelpunkt steht.

reichen, ist in den USA zu neuen Höhen gehoben worden. Dadurch sind die Wissenschaften immer mehr in eine Einseitigkeit hineingewachsen, in der es primär um die Entwicklung von Technologie ging, um die Erhöhung der Macht des Menschen über die Natur, gepaart zusammen mit dem unaufhaltsamen Streben nach schnellem wirtschaftlichen Gewinn. Es ist auch bekannt, dass die wichtigsten technologischen Neuerungen der letzten einhundert Jahre entweder direkt aus den Bedürfnissen für Kriegsführung heraus entwickelt worden sind, oder dabei ihren „Wert" und ihre Bedeutung unter Beweis stellen konnten. Man denke nur an die Flugzeugindustrie, oder an die heutigen Drohnen für den militärischen Einsatz. Wenn es nicht Kriege direkt waren, dann waren die politischen und wirtschaftlichen Triebkräfte doch immer geleitet von dem Streben nach mehr Macht und nach größerem Reichtum für einzelne Unternehmer[421]. Grösserer Wohlstand für alle war also eher ein Nebenprodukt dieser Bestrebungen. Ein gutes Beispiel für dieses Vorgehen bietet uns John D. Rockefeller, der als ein tiefgläubiger Christ keine Möglichkeit ausließ, um seine Konkurrenten, die ihm beim Aufbau seines eigenen Geschäftes als Empire im Wege waren, unter Einsatz von allen ihm zur Verfügung stehenden Mitteln rücksichtslos auszuschalten. Die Aggressivität, die ihn dabei auszeichnete, war zusammen mit seinem unbändigen Trieb zum geschäftlichen Erfolg, der Schlüssel für seinen Reichtum und seine Macht.[422] Selbstverständlich gilt auch er immer noch als gros-

421 Gore Vidal schreibt in seinem Buch „Inventing a Nation", dass George Washington der erste amerikanische Millionär gewesen sei. Jetzt wissen wir, wie der grosse amerikanische Held sich seine Sporen verdient hat.

422 Sehr überzeugend wird diese widersprüchliche Persönlichkeit in dem Buch von Robert Greene „Die Gesetze der menschlichen Natur", 2019, in dem Kapitel zur „Aggressivität" aufgezeigt. Das englische

ser amerikanischer Unternehmer und typischer Vertreter des *American Way of Life*.

Wir sind uns bewusst, dass aus den wissenschaftlichen Forschungen und ihren überwältigenden technologischen Wirkungen unendlich viel Gutes und Wichtiges für die Menschheit entstanden ist. Wir dürfen ohne Zögern sagen, dass hier in Europa und über die vergangenen sechshundert Jahre der moderne, individualistisch geprägte Mensch der Wissenschaften gebildet worden ist. Dies alles hat also einen grossen Schritt in der Entwicklung der Menschheit bedeutet. Das Dilemma, in das Europa aber gleichzeitig gelangt ist, hat seinen Ursprung in der Tatsache, dass Europa bis heute kein Gegengewicht zu dieser einseitigen wissenschaftlich-technischen Entwicklung gefunden hat, um zu einer Balance zu finden. Die gesellschaftlichen und politischen Entwicklungen in Europa haben mit diesem wissenschaftlichen und technologischen Fortschritt nicht Schritt gehalten. Die Bildung der EU war sicher ein wichtiger Schritt in die richtige Richtung, um sich aus den alten Zwängen und Widersprüchen zu lösen und in Zukunft neuen Regeln zu folgen. Dieser wichtige Schritt zeigt dann auch deutlich an, welches die entscheidende Herausforderung für Europa in unserer Zeit ist, um den alten Rahmen tatsächlich zu sprengen. Es geht um die souveräne Neu-Gestaltung unserer Gesellschaften, die entsprechend von neuen Regeln erfolgen muss. Es geht jetzt darum, dieser Herausforderung zur Aufstellung von neuen Regeln für das Zusammenleben in Europa mit Mut und Entschlossenheit zu begegnen. Wir sollten die Chance ergreifen und alle Anstrengungen unternehmen, um den Weg aus der aktuellen Krise zu finden und die anstehenden Herausforderungen gemeinsam zu bewältigen.

Original „The Laws of Human Nature, 2018.

Für die Bildung eines neuen Selbstverständnisses Europa ist es auch von Bedeutung zu verstehen, dass durch das Aufkommen der nationalsozialistischen Ideologie nach 1920, viele bedeutende Wissenschaftler und mit ihnen oft grosses wissenschaftliches Potential, in die USA emigriert sind. Der grosse Verlust, den Europa durch diese nationalsozialistische Ideologie und seinen ausgeprägten Antisemitismus erlitten hat, besteht in der Emigration der jüdischen Wissenschaftler, des jüdisch-deutschen Bildungsbürgertums und auch von wichtigen Kulturträgern. Wir können das heute nur noch retrospektiv nachvollziehen, auch mit Hilfe von Werken wie „Die Welt von gestern" von Stefan Zweig, der zweimal seine Existenz verlor und wieder neu aufbauen musste. Einmal, mit dem Zusammenbruch der Habsburger Monarchie durch den Ersten Weltkrieg, und dann durch die Verfolgung durch das nationalsozialistische Regime in Deutschland, der er sich, wie Tausende anderer Juden, nur durch die Emigration entziehen konnte. Die Emigration hat den Reichtum der europäischen Wissenschaft zu einem grossen Teil in die USA gebracht, ein anderer, vielleicht noch grössere Teil, ist in den Vernichtungslagern zum Schweigen gebracht worden. Diese Vorgänge sind nicht nur der Grund für eine grosse Schande, sondern sie haben Europa, seiner Wissenschaft, Wirtschaft und Kultur enormen Schaden zugefügt. Das nationalsozialistische System sowie seine Kriege und böswilligen Taten waren also der entscheidende Faktor für das Ausbluten Europas und für die heutige Dominanz der USA über Europa. Europa hat sich selbst zerstört. Daran besteht kein Zweifel.

Diese Wurzeln der heutigen Krise sollten wir nicht verschweigen, und es ist wichtig für unser Selbstverständnis, dass wir die Ursprünge der aktuellen Krise verstehen. Damit schaffen wir die Voraussetzung dafür, auch die Verantwortung zu übernehmen. Verantwortung nicht unbedingt im moralisch retrospektiven Sinn, aber Verantwortung für die Schaffung einer besseren Zukunft für alle Menschen auf unserem Planeten. Europa muss also Verantwortung für seine Vergangenheit übernehmen, um sein Selbstverständnis neu zu formulieren und um Verantwortung für die Zukunft neu wagen zu können.

Wir möchten uns hier auch noch gestatten, die Frage nach dem kulturellen Hintergrund zu vertiefen, um die kulturellen Grundlagen für die Krise, in der sich Europa befindet, noch besser zu verstehen. Dies scheint uns deshalb wichtig, weil in der amerikanischen Hemisphäre, in erster Linie in den USA und Kanada, aber auch in anderer Form in den Ländern Mittel- und Südamerikas, Gesellschaften entstanden sind, die ihre Wurzeln in Europa haben. Und dennoch haben sich diese Länder auf neuem Grund und in Unabhängigkeit von ihren jeweiligen Mutterländern entfaltet und ihre jeweils eigenen Kulturen gebildet haben. Nicht nur sind die USA als Staat nach 1776 entstanden, sondern sie haben auch erst nach dieser Zeit ihre eigene Kultur herausgebildet. Die Kulturen Europas, mehr aber noch die grossen Kulturen im Nahen, Mittleren und Fernen Osten unserer Erde, blicken auf Zeithorizonte zurück, die über mehrere Jahrtausende zurückreichen. Diese Kulturen sind also über historische, zivilisatorische Prozesse entstanden, die sich über Jahrtausende erstreckt haben.[423] Im Falle von Indien, wenn wir die Drawidische Kultur mitberücksichtigen, dann reichen die Wurzeln wohl über mehr als zehntausend Jahre zurück. Für China gilt die Besonderheit, dass

423 Als guten Einstieg in das Verständnis dieser zivilisatorischen Prozesse empfehlen wir die Schriften von Joseph Campbell zur Bedeutung und Verbreitung der Mythologien. Insbesondere das Buch zum „Axial Age“ von Karen Armstrong „The Great Transformation. The Beginning of our Religious Traditions“, 2005.

dort vor etwa 3.000 Jahren ein Reich entstanden ist, mit einer Bevölkerung, die sich durch grosse Homogenität auszeichnet, und mit einer einheitlichen Kultur und Sprache, die sich bis heute in einer kontinuierlichen Linie weiterentwickelt hat[424]. In der Ethnologie wurden die Gesellschaften Afrikas oder von Ozeanien früher oft als „Kulturen ohne Geschichte" betrachtet. Wenn wir aber mit den Mitteln der Linguistik und der Ethnologie an das Verständnis dieser Kulturen herangehen, dann kann die These von tausendjährigen Kulturen in Afrika und Ozeanien nicht leicht von der Hand gewiesen werden, auch wenn diese Kulturen keine grossen materiellen Reiche gebildet und Reichtümer angehäuft haben.[425]

In Amerika und insbesondere in den USA verhält sich das ganz anders. In den Gründerstaaten an der Ostküste der USA, wie Massachusetts, Pennsylvania, New York oder Virginia beginnt die eigene Geschichte im 17. Jahrhundert mit den Pionierleistungen zur Eroberung des nordamerikanischen Kontinents und mit den Ereignissen der Loslösung vom Mutterland. Wenn wir heute in ein kleines Museum in einem Dorf, oder in einer Kleinstadt im Mittleren Westen in den USA ge-

424 Es ist nicht ohne Grund, dass sich der Einheitsstaat des sozialistischen Chinas herausgebildet hat. Dies kann durchaus als moderne Form des alten chinesischen Reiches verstanden werden. Dies zeigt die Bedeutung von „Kultur" für das menschliche Leben und für die Gestaltung von Zivilisationen.

425 Auch zu diesem Thema ist es interessant, noch einmal einen Blick in das Buch „The Critical Path" von Buckminster Fuller zu werfen. Dort entwirft er in dem Kapitel 1 eine faszinierende „Speculative Prehistory of Humanity", also eine spekulative Frühgeschichte der Menschheit. Dabei verweist er auf das geniale Verständnis von Geometrie, das Anwendung bei den weitreichenden Bootsreisen findet, und den hoch ausgebildeten Technologien für den Schiffbau, wie sie die Bewohner Ozeaniens beherrschten. Beispiele dafür führt er aus Thailand an, wo diese Techniken bis heute im traditionellen Schiffbau angewendet werden.

hen, dann beginnt die eigentliche Geschichte der USA dort mit dem Einsatz von motorbetrieben Maschinen. Die indianische Kultur kommt nicht vor, oder wird in eigenen Museen oder in einem eigenen, isolierten Bereich dargestellt. In Kalifornien, also im Westen der USA, ist auch der Bezug zum Mutterland praktisch ausgelöscht. Dort gibt es nur noch die „neue globale Kultur". Diese Tatsache ist sicher mitentscheidend für den Erfolg der USA in den neuen Medien und neuen Technologien, die zumeist in Kalifornien ihren Ursprung nahmen. Die Kulturen der alten und der anderen Welten sind zu bloßen historischen „Gegenständen" oder punktuellen Ereignissen und *Events* in der Geschichte der Menschheit geschrumpft. Diese werden im Vorbeigehen benutzt, um die neue globale Lebensform zu inspirieren, ihnen wird aber kein eigener Wert für das Leben auf dem Planeten mehr zugesprochen. Oft sind sie nur noch in Bildern oder Filmen präsent.

Damit wollen wir darauf hindeuten, dass es für die verantwortlichen Eliten und Politiker der USA meist nicht wirklich möglich ist, den Wert von Kulturen zu schätzen, die über Jahrtausende gewachsen sind. Dieses Selbstverständnis von „alten Kulturen" geht ihnen ab. Wenn sie davon überhaupt Kenntnis haben, dann als Touristen oder aus Filmen. Die besondere Bedeutung eines Lebens in solchen alten Kulturen bleibt ihnen fremd. Aus diesen beiden Elementen, dem Glauben an unendlichen Fortschritt in allen Bereichen und dem Unverständnis gegenüber von Kulturen, die über die Jahrtausende gewachsen sind, hat sich in den USA eine Kultur entwickelt, die davon ausgeht, dass Kulturen eher nebensächlich sind, und sich grundsätzlich auch künstlich bilden lassen. Als die USA in den Irak einmarschiert sind, wurde gleichzeitig, um die internationalen moralischen Widerstände zu besänftigen, ein milliardenschweres Wiederaufbauprogramm in Aussicht gestellt. Das mag löblich sein und gut klingen. Die USA übersehen dabei jedoch, dass sie mit ihren Eingriffen und Kriegen nicht nur Gebäude und Infrastruktur zerstören, sondern auch Kulturen angreifen und sie auch beschädigen oder zerstören, die über Jahrtausende gewachsen sind. Dies gilt sicher nicht nur für den Irak, sondern ebenso für die alten Kulturen von Vietnam und Syrien, wie auch für Afghanistan oder den Jemen. Die Verantwortlichen in den USA können nicht verstehen, dass die dortigen jahrtausendjährigen Kulturen sich nicht „wiederaufbauen" lassen, wie ein Disneyland.[426]

Wir möchten dieses Schlusswort zu dem Buch mit ein paar Gedanken abschliessen, in denen wir Hinweise auf geistesgeschichtliche Zusammenhänge geben, die für die Reflexion auf unsere gegenwärtige Weltsituation nicht ohne Bedeutung

426 Psychologen mögen sich hier auch die Frage stellen, ob aus dieser Situation, in der die USA als die grosse Kultur der modernen Welt auftritt, nicht auch ein Neid auf diese alten Kulturen mitspielt. Denn diese alten Kulturen haben Werte und Wertvorstellungen geschaffen, die teilweise heute noch ihre Bedeutung und Wirkung für die Menschheit haben. Es würde sich lohnen, bei Karen Armstrong in ihrem Buch zum „Axial Age", „The Great Transformation. The Beginning of our Religious Traditions", 2005, die Ausführungen zur Bedeutung der zoroastrischen Religion für die Gestaltung des Wertekanons der westlichen Religionen und Kulturen genau nachzulesen. Das könnte dann Spuren liefern für den irrationalen Hass, der sich aus der Politik der USA gegen den Iran bis heute oft spüren lässt. Auf solche Zusammenhänge weist im Übrigen auch Lewis Mumford in seinem Buch „Hoffnung oder Barbarei" immer wieder hin.
Zu der Bedeutung Persiens für die abendländische Kultur empfehlen wir auch die aufmerksame Lektüre von Joseph Campbell, „Das bist du. Die spirituelle Bedeutung biblischer Geschichten, Wunder und Gleichnisse", 2002. Dort erklärt Campbell, die Bedeutung der persischen Religion von Zoroaster für die Entstehung der Polarität von Gut und Böse im abendländischen Denken. Diese Polarität gibt es im östlichen Denken nicht auf dieselbe Weise. Daraus folgt ein grundsätzlicher kultureller Unterschied zwischen Ost und West.

sein mögen. Es ist aus der Psychologie bekannt, dass die Ausbildung der Identität von Menschen sich zu einem grossen Teil aus vergangenen Erlebnissen speist. Für Länder und Nationen sind die vergangenen Erlebnisse in ihrer Geschichte, als dem kollektiven Gedächtnis gespeichert. Diese Energie, die aus der eigenen Geschichte eines Landes erwächst, beruht auf den geschichtlichen Erfahrungen, wie sie tatsächlich erlebt wurden, aber auch aus der Ideologie und dem Selbstbild, die aus der Verarbeitung der eigenen Geschichte entstanden sind.

Es erscheint uns also durchaus einsichtig, dass das aktuelle und nachvollziehbare Verhalten der USA sehr viel mit der eigenen Geschichte, und der Art, wie sie von den USA selbst gesehen wird, zu tun hat. Der Drang zur Perfektionierung von Wissenschaft und Technik speist sich sicher auch aus dem Glauben, dass Wissenschaft und Technik die wichtigsten Bereiche für „Erfolg im Leben" sind. So wurde die Entwicklung der Atombombe als einmalige amerikanische Leistung, sozusagen als eine „einmalige nationale Leistung" der USA, gesehen. Keine andere Nation würde es je den USA gleichtun können. Der Einsatz von Bombern, die über Vietnam das hochgiftige „Agent Orange" abwarfen und versprühten, wurde als Heldentat eines grossen Volkes gesehen.[427] Die technische Leistung und der vermeintliche kriegerische Erfolg wurden gefeiert, während das Leid für die Menschen und der Schaden für die Erde als unvermeidbare Kollateralschäden abgetan wurden. Dies erinnert uns stark an die Phänomene von Verdrängung und Anamnese aus der Psychologie. In einem solchen Fall ist es nicht notwendig, den Gegner zu dämonisieren, wie das noch dem Hitlerregime nötig schien, das die Juden und

---

427 Noch heute leiden viele Menschen in Vietnam unter den Spätfolgen dieser Handlungen.

die Russen dämonisierte, um sich das Recht herauszunehmen, diese „minderwertigen Rassen", entweder zu vernichten, oder sie in die Sklaverei zu treiben. Von dieser kulturellen Last sind die USA befreit, sie können den Gegner vernichten und „neutralisieren", und sie nehmen sich das Recht dazu heraus, weil sie über die technischen Mittel verfügen, und weil sie dadurch die eigene Macht und den Reichtum vergrößern. Die USA setzen auf diese Weise also grundsätzlich den eigenen Maßstab für ihr Handeln. Der Rest wird ausgeblendet.

Diese Haltung kann für Europa nicht gelten, weil wir unsere eigene Geschichte und unser eigenes kollektives Gedächtnis haben, aus dem heraus wir unser neues Selbstverständnis und unsere Zukunft bilden sollten.

Literaturverzeichnis

Abelshauser, Werner; Wunder gibt es immer wieder: Mythos Wirtschaftswunder, in: Aus Politik und Zeitgeschichte, 68 (2018) 27, S. 4-10.

Ansprenger, Franz; Auflösung der Kolonialreiche, 1989.

Armstrong, Karen; The Great Transformation: The Axial Age, 2005. Deutsch: Achsenzeit der grossen Zivilisationen, 2006.

Attali, Jacques; Biographie: C'était François Mitterand, Paris, 2007.

Bateson, Gregory; Geist und Natur. Eine notwendige Einheit, 1987.

Bateson, Gregory; in Ökologie des Geistes, Teil VI, Krisen in der Ökologie des Geistes, von Versailles zur Kybernetik, Vorlesung von 1966.

Bateson, Gregory; Ökologie des Geistes, 1985; englische Ausgabe: Steps to an Ecology of Mind, Collected Essays, 1972.

Bell, Daniel A, Amitav Acharya, Rajeev Bhargava, Yan Xuetong (eds.); Bridging two Worlds, Comparing Classical Political Thought and Statecraft in India and China, 2003. University of California Press, series: Great Transformations.

Benjamin, Craig G.; Foundations of Eastern Civilization,

Berger, Jens; Wer schützt die Welt vor den Finanzkonzernen?, 2020.

Bernstein, Richard J.; Beyond objectivism and relativism: Science, Hermeneutics, and Praxis, University of Pennsylvania Press 1983.

Bittner, Wolfgang; Die Eroberung Europas durch die USA, 2015.

Blankart, Charles B.; Föderalismus in Deutschland und in Europa, 2007, erschienen in der Reihe „Neue Studien zur Politischen Ökonomie", Nomos Verlag.

Blankart, Charles B.; Öffentliche Finanzen in der Demokratie: Eine Einführung in die Finanzwissenschaft, gebundene Ausgabe, 2017.

Bloch, Marc; Die Feudalgesellschaft, Neuausgabe 2019, Französisches Original von 1939.

Bono, Edward de; Lateral Thinking: a Textbook of Creativity, 1970.

Bono, Edward de; Laterales Denken: Ein Kursbuch zur Erschliessung ihrer Kreativitätsreserven, 1971;

Bördlein, Christoph; Einführung in die Verhaltensanalyse (behavioral Analysis), 2015.

Born, Max; Der Mensch und das Atom, in: Ausblick auf die Zukunft, 1968.

Bozo, Frederic; Deux stratégies pour l'Europe, Paris, 1996.

Bracher, Andreas; Europa im amerikanischen Weltsystem, Bruchstücke zu einer ungeschriebenen Geschichte des 20. Jahrhunderts, 2001.

Bracher, Andreas; Völkische Selbstbestimmung und Dreigliederung, in der Zeitschrift Perseus, der Europäer, Jg. 6 Nr. 8, Juni 2002.

Brandt, Willy; Frieden sichern und Mauern überwinden – Ost- und Deutschlandpolitik 1955–1989. https://www.willy-brandt-biografie.de/politik/ost-und-deutschlandpolitik/

Braudel, Fernand; Die lange Dauer. in: Schriften zur Geschichte, Bd. 1: Gesellschaft und Zeitstrukturen. 1992, S. 49–87. Ganz wichtig in unserem Zusammenhang ist „Die Geschichte der Zivilisation vom 15 bis zum 18 Jahrhundert, 1982,

Braudel, Fernand; La dynamique du capitalisme. Paris, 1985. Deutsch als: Die Dynamik des Kapitalismus, 1991.

Braudel, Fernand; Histoire et Sciences sociales : La longue durée, in : Annales, Année 1958, pp. 725-753.

Braudel, Fernand; L'Identité de la France, auf Deutsch herausgegeben als «Frankreich, Band 1: Raum und Geschichte / Band 2: Die Menschen und die Dinge / Band 3: die Dinge und die Menschen, 2009.

Braun, Eduard; Pseudoliberale Staatsinterventionen und die Neoklassik . Gedanken zum Homo Oeconomicus und zum wahren Wert der Dinge, Mises Institute, Mises Wire, 11. April 2022.

Bricker, Darrell and Ibbitson, John; Empty Planet: The Shock of Global Population Decline, 2019

Briggs, John und Peat, F. David; Die Entdeckung des Chaos, 1997; das Original ist 1989 unter dem Titel „Turbulent Mirror" in New York veröffentlicht worden.

Brzezinski, Zbigniew, The Grand Chessboard: American Primacy and its Geostrategic Imperatives, 1997.

Brzezinski, Zbigniew; Die einzige Weltmacht: Amerikas Strategie der Vorherrschaft, 1999.

Burkhard, Jakob; Kultur der Renaissance in Italien, Erstveröffentlichung 1860.

Butterwegge, Christoph; Die zerrissene Republik. Wirtschaftliche, soziale und politische Ungleichheit in Deutschland, 2019.

Campbell, Joseph; Das bist du. Die spirituelle Bedeutung biblischer Geschichten, Wunder und Gleichnisse, 2002.

Campbell, Joseph; zum Verständnis und zur Interpretation von Mythen. Die Webseite der Joseph Campbell Foundation: https://www.jcf.org/.

Capra, Fritjof; Tao der Physik, 1977.

Carstens, Peter; Deutsch-Französisches Projekt: Ein Kampfflugzeug für 100 Milliarden Euro, in der FAZ vom 21.01.2020.

Carter, Robert; Frank Lloyd Wright. A Biography, 2006.

Chomsky, Noam; Sprache und Geist, 1970. Darin der Anhang aus *New Left Review* (Nummer 57, September/Oktober 1969).

Chomsky, Noam; Rules and Representations. Behavioral and Brain Sciences, 1980. Deutsche Ausgabe: Regeln und Repräsentationen, 1980

Chomsky, Noam; Gespräch mit C. J. Polychroniou zum Thema „Warum China, nicht Russland die US-dominierte Weltordnung bedroht", auf Deutsch am 09.07.2022 in Telepolis; Original in Trouthout.

Chomsky, Noam; in Asia-Pacific-Forum vom 31.12.2012, Revenge Of History: Chomsky On Japan, China, The United States, And The Threat of Conflict in Asia".

Clark, Christopher; Die Schlafwandler: Wie Europa in den Ersten Weltkrieg zog, 2013.

Clark, Christopher; Von Zeit und Macht, 2918.

Club of Rome, Grenzen des Wachstums, 1962.

Conze, Eckart; Hegemonie durch Integration: Die amerikanische Europapolitik und ihre Herausforderung durch de Gaulle, in: Institut für Zeitgeschichte, Vierteljahreshefte für Zeitgeschichte, Jahrgang 43 (1995), Heft 2.

Couvée, Leonard; Verslumung als Folge von Metropolisierung, 2016.

Covey, Stephen R.; Die 7 Wege zur Effektivität, Original von 1990, deutsch 1996.

Dagdelen, Sevim; Die NATO: Eine Abrechnung mit dem Wertebündnis, 2024.

Dangeleit, Elke; Deutschland finanziert Erdogans Umsiedelungspolitik in Nord- und Ostsyrien, Online Magazin Telepolis, vom 24. Januar 2020.

Davis, Irvine Mike; Planet der Slums, Department of History an der University of California, 2005; Planet der Slums ist 2019 auf Deutsch erschienen.

Dell, Paul F. and Goolishian, Harold A.; „Ordnung durch Fluktuation“: Eine evolutionäre Epistemologie für menschliche Systeme

Denson, John V.; „A Century of War“ wurde 1997 als Vortrag zum fünfzehnjährigen Jubiläum des Ludwig von Mises Institute gehalten und Mises.org veröffentlicht.

Desjardins, T. ; François Mitterand : un socialiste gaullien, Paris, 1978.

Diamond Jared; Guns, Germs and Steel: The Fates of Human Societies, 1997.

Diamond Jared; Arm und Reich. Die Schickale menschlicher Gesellschaften, 1998.

Doering-Manteuffel, Anselm; Amerikanisierung und Westernisierung, Version: 2.0, in: Docupedia-Zeitgeschichte, 19.08.2019.

Dresdener gesammelte Kommentare zur Sicherheitspolitik – dgksp-Diskussionspapiere – vom 14. April 2021.

Duerr, Hans-Peter; Der Mythos vom Zivilisationsprozeß, 2005.

Egli, René; Das Lola Prinzip. Die Vollkommenheit der Welt, 1994.

Ehrlich, Paul R.; The Population Bomb, New York: Ballantine Books 1968; dt. Deutsche Übersetzung: Die Bevölkerungsbombe, 1971.

Eksteins, Modris; Rites of Spring: The Great War and the Birth of the Modern Age, 1989.

Evans, Richard; The Pursuit of Power, Europe 1815-1914, 2016.

Ferguson, Niall; Colossus: The Rise and Fall of the American Empire, 2004.

Ferguson, Niall; Eine Nation ist kein Individuum, und ein Individuum ist keine Nation, am 31.12.2021 in der NZZ.

Ferguson, Niall; Empire: How Britain made the Modern World, 2003.

Ferguson, Niall; The Ascent of Money: A Financial History of the World, 2008.

Ferguson, Niall; The Cash Nexus. Money and Power in the Modern World, 1700–2000, 2001.

Ferguson, Niall; The War of the World: History's Age of Hatred, 1st Edition, 2009.

Fix, Andrew C.; The Renaissance, the Reformation and the Rise of Nations", ein Hörbuch in der Reihe „The Great Courses" produziert von „The Teaching Company", 2005.

Focus Magazin Nr. 8, 2009; Alles schon gelaufen? Wem gehört Deutschland?

Foreign Affairs, Volume 103 Number 3, No Substitute for Victory, 2024. https://www.foreignaffairs.com/united-states/no-substitute-victory-pottinger-gallagher

Fortes, Meyer; The Political Systems of the Tallensi of the Northern Territories of the Gold Coast, in African Political Systems, M. Fortes and E.E. Evans-Pritchard (eds.), First Edition 1940.

Frankopan, Peter; Die neuen Seidenstraßen, Gegenwart und Zukunft unserer Welt, 2018.

Freud, Sigmund; Vorlesungen zur Einführung in die Psychoanalyse, 1917.

Friedrich, Marc und Weik, Matthias; Komplette, legale Enteignung per Gesetz, 2019.

Fröhlich, Stefan; Die transatlantischen Beziehungen, Deutschland, 2017.

Fuller, R. Buckminster; Critical Path, 1981;

Fuller, R. Buckminster; Ideas and Integrities, 1963.

Fuller, R. Buckminster; Nine Chains to the Moon", 1938.

Fuller, R. Buckminster; Operating Manual for Spaceship Earth, 1969; deutsche Ausgabe: Bedienungsanleitung für das Raumschiff Erde und andere Schriften", 2011.

Gluckman, Max; The Limits of Naivety in Social Anthropology, 2017.

Goethe, J. W.; Faust, Tragödie Erster und Zweiter Teil, 1986.

Granet, Marcel; Die chinesische Zivilisation. Band 2: Das chinesische Denken. Inhalt, Form, Charakter, Ersterscheinung deutsch 1985. Original: „La pensée chinoise", Paris 1938.

Greene, Robert; Die Gesetze der menschlichen Natur, 2019; das englische Original „The Laws of Human Nature, 2018.

Greene, Robert; Gesetze der Macht"; engl. The Laws of Power, 1998.

Grenoble University, Ecole de Management (GEM) de Grenoble, Energie for Society, Université de Grenoble, Politiques énergétiques : comment éviter une dystopie européenne?, 2024.

Griffin, George Edward; The Creature from Jekyll Island, 1994.

Grün, Arno; Dem Leben entfremdet, 2019.

Guelzo, Allen C., et al.; The History of the United States, 2003, 2nd Edition, 2013.

Guérot, Ulrike; Warum Europa eine Republik werden muss. Eine politische Utopie, 2016.

Guilford, J. P.; The Structure of Intellect, in Psychological Bulletin, Volume 53 N° 4, July 1956.

Habermas, Jürgen; Theorie des kommunikativen Handelns, 1981.

Hahn, Robert; Herrschaft von Lissabon bis Wladiwostok", 06.07.2022.

Hayek Friedrich A. v.; Weltwirtschaftliches Archiv, 36. Bd., 1932.

Hayes, Sam W. und Morris, Christopher (eds.): Manifest Destiny and Empire: American Antebellum Expansionism, 1997.

Heer, Burkhard; Umwelt, Bevölkerungsdruck und Wirtschaftswachstum in Entwicklungsländern, 2013.

Hegel G.W.F.; Tagebuch der Reise in die Berner Oberalpen, 1796. In: K. Rosenkranz, G.W.F. Hegels Leben [1844]. Darmstadt 1969: 470–89.

Heinsohn, Gunnar; Söhne und Weltmacht, 1. Auflage 2005.

Heisterkamp, Jens (Hg.); Die Jahrhundertillusion. Wilsons Selbstbestimmungsrecht der Völker, Sammelband, 2002.

Hellmann, Gunther; „Zwischen Gestaltungsmacht und Hegemoniefalle: Zur neuesten Debatte über eine neue deutsche Außenpolitik", in der Reihe „Aus Politik und Zeitgeschichte, 11.07.2016.

Heylighen, Francis; , Accelerating Evolution, 2007, in Modelski, Tessaleno und Thompson William (eds.) "Globalization as evolutionary process: Modelling global change", Rethinking Globalizations, London 2007.

Hobsbawm, Eric; Zeitalter der Extreme, Weltgeschichte des 20. Jahrhunderts, 1995.

Horkheimer, Max und Adorno, Theodor W.; Dialektik der Aufklärung, 1944.

Horsman, Reginald; Race and Manifest Destiny: The Origins of American Racial Anglo-Saxonism, 1981.

Hülsmann, Jörg Guido; Abundance, Generosity, and the State: an Inquiry into Economic Principles", 2024.

Hummel, Diana; Der Bevölkerungsdiskurs: Demographisches Wissen und politische Macht, 2000.

Hungary Today, Online Magazin vom 24. Mai 2024.

Hürter, Thomas; Das Zeitalter der Unschärfe, 2021.

Jordan, Pascual; Wie sieht die Welt von morgen aus?, 1958.

Jung, C. G.; Biographie: Erinnerungen, Träume, Gedanken, 1962.

Jung, C. G.; Modern Man in Search of a Soul; auf Deutsch „Der moderne Mensch auf der Suche nach einer Seele", von 1933.

Keynes, John Maynard; Krieg und Frieden: Die wirtschaftlichen Folgen des Vertrags von Versailles, 1920.

Koestler, Arthur und Smythies, J. R. (Hrsg.); Revolutionierung der Wissenschaften vom Leben, Das neue Menschenbild, 1968.

Koestler, Arthur; Jenseits von Atomismus und Holismus – Der Begriff des Holons, in „Das Neue Menschenbild – Die Revolutionierung der Wissenschaften vom Menschen", 1970, Hrsg. Arthur Koestler und J. R. Smythies.

Kohlenberg, Kerstin und Schieritz, Mark; am 23. Oktober 2014, in DIE ZEIT Nr. 44/2014, „Die Superwaffe des Mr. Glaser, Sanktionen gegen Russland und den Iran: Wie amerikanische Finanzbeamte zu Wirtschaftskriegern werden".

Konersmann, Ralf (Hrsg.); Kulturkritik: Reflexionen in der veränderten Welt, Reclam 2001.

Konicz, Tomasz; Türkei: Merkels zivilisatorischer Tabubruch, Online Magazin Telepolis, vom 25. Januar 2020.

Koselleck, Reinhard; Vergangene Zukunft. Zur Semantik geschichtlicher Zeiten, 1989.

Kreitner, R. & Kinicki, A; Organizational Behavior, 2004, New York: McGraw-Hill.

Krohne, Heinz W.; Psychologie der Angst, 2010.

Kuhn, Thomas S.; Die Struktur Wissenschaftlicher Revolutionen, 1962.

Lau, Jörg; Regelbasierte Weltordnung. In 80 Phrasen um die Welt, in dem Magazin „Internationale Politik. Das Magazin für globales Denken", 01. Juli 2020. Verantwortlich: Deutsche Gesellschaft für Auswärtige Politik e. V.

Lee, Kuam Yew; From Third World to First, 2016.

Lévi-Strauss, Claude; Das wilde Denken, 1976.

Li Xuanmin and Fan Anqi; Government of China „White paper", in Global Times China, 19. Januar 2023, https://www.globaltimes.cn//author/Reporter-Li-Xuanmin.html.

Lieven, Dominic (ed.); The Cambridge History of Russia, 2005.

Lohmann, Sascha; in SWP-Aktuell 2019/A 31, Mai 2019, Extraterritoriale US-Sanktionen.

Lorenz, Konrad und Wuketits, Franz (Hg.): Die Evolution des Denkens. Zwölf Beiträge, 1983.

Lorenz, Konrad; Das sogenannte Böse: Zur Naturgeschichte der Aggression, 1963.

Lovelock, James; Das Gaia-Prinzip. Die Biographie unseres Planeten, 1991.

Lukács, Georg; Die Zerstörung der Vernunft, 1955.

Mackinder, Halford; in dem Artikel „The Geographical Pivot of History, 1904.

Mahlmann, Matthias; Philosophische Grundlehren, 7. Auflage, 2022. https://www.rwi.uzh.ch/elt-lst-mahlmann/rechtstheorie/kant/de/html/unit_u2.html.

Marschall, Tim; Geografie der Zukunft: Wie der Kampf um Vorherrschaft im All unsere Welt verändern wird, 2023.

Mausfeld, Rainer; Warum schweigen die Lämmer, 2018.

Mayer, Thomas; Die Ordnung der Freiheit und ihre Feinde: Vom Aufstand der Verlassenen gegen die Herrschaft der Eliten, 2018.

Meadows, H. Donella; Thinking in Systems, 2008.

Mereschkowski, Dmitri; Leonardo da Vinci, 1951.

Merk, Frederick; Manifest Destiny and Mission in American History: A Reinterpretation, 1963.

Mises, Ludwig von; Theorie des Geldes und der Umlaufmittel, 1912.

Mises, Ludwig von; Vom Wert der besseren Ideen, Vorlesungen, 1958.

Mises, Ludwig von; Human Action, 1948.

Mittasch, Alwin; Von der Chemie zur Philosophie, 1948.

Mohr, Daniel; „Viele amerikanische Investoren. Der Dax ist fest in ausländischer Hand", FAZ vom 26.01.2017.

Morland, Paul; Die Macht der Demographie: und wie sie die moderne Welt erklärt, 2019.

Mumford, Lewis; Hoffnung oder Barbarei, 1981. Die amerikanische Originalausgabe „The Transformation of Man, 1956.

Mumford, Lewis; Mythos der Maschine. Kultur, Technik und Macht, 1986.

Mumford, Lewis; Technics and Civilization, 1934.

Mumford, Lewis; The Condition of Man, 1944.

Mumford, Lewis; The Culture of Cities, 1938.

Mumford, Lewis; The Story of Utopias, 1922.

Needham, Joseph; Moulds of Understanding, 1976.

Needham, Joseph; Needham Research Institute, Science and Civilisation in China, aufgebaut im Jahr 1954.

Needham, Joseph; Wissenschaftlicher Universalismus, 1979. Dort das Kapitel „Der Zeitbegriff im Orient", s. 176-250.

Neubauer, Heinz; Grundlagen der Systemtheorie, 1989.

Nietzsche, Friedrich; Genealogie der Moral, 1887.

Pany, Thomas; Syrien-Krise und EU: Katastrophale Armut und Auswanderung als letzter Ausweg, 22. Februar 2024.

Perry, Markus; Understanding Organizational Culture: A Systems Theory Perspective, 2023.

Pfluger, Walter; Ronga – Ein Beispiel politischer Komplementarität, 1987.

Popper, Karl; The Open Society and its Enemies", 1945. Deutsche Ausgabe in 2 Bänden, „Die offene Gesellschaft und ihre Feinde", 1957 und 1958.

Prigogine, Ilya; Ordnung durch Fluktuation, ein Gespräch von 1979.

Reid, Anna; Borderland, A Journey Through the History of the Ukraine, 2015.

Reinhard, Wolfgang; Die Unterwerfung der Welt: Globalgeschichte der europäischen Expansion 1414 – 2015, 2017.

Richard, Wilhelm; Weisheit des Ostens, 1951.

Richter, Horst-Eberhard; Flüchten oder Standhalten, 2012.

Richter, Horst-Eberhard; Moral in Zeiten der Krise, Originalausgabe 2010.

Riegel, Tobias; Syrien – Die unendliche (Lügen-)Geschichte", 20. Februar 2020.

Riemann, Fritz; Grundformen der Angst. Eine tiefenpsychologische Studie. 10. überarbeitete und erweiterte Auflage, 1975.

Risk Management Network, „Neue Ära der Großmachtkonflikte – Erosionsprozesse der geopolitischen Welt", vom 7. Oktober 2019. https://www.risknet.de/themen/risknews/erosionsprozesse-der-geopolitischen-welt/.

Rübel, Gerhard; Grundlagen der monetären Aussenwirtschaft, 2009.

Rügemer, Werner; Die Kapitalisten des 21. Jahrhunderts. Allgemeinverständliche Notizen zum Aufstieg der neuen Finanzakteure, 2018.

Rügemer, Werner; USA im Niedergang? – Aber in der EU so mächtig wie noch nie, Artikel im Online Magazin „Nachdenkseiten" vom 23. April 2019.

Sachs, Jeffry; Agenda der US-Aussenpolitik", am 20. Dezember 2023, auf dem Online Magazin Telepolis: https://www.telepolis.de/features/Kriegsdebakel-und-viel-Geld-Die-geheime-Agenda-hinter-der-gescheiterten-US-Aussenpolitik-9584068.html?seite=all.

Sachs, Jeffry; https://www.jeffsachs.org/newspaper-articles/

Sakwa, Richard; Frontline Ukraine: Crisis in the Borderlands, 2022.

Sakwa, Richard; The Lost Peace: How the West Failed to prevent a Second Cold War, 2023.

Sakwa, Richard; Wir sind an der Beerdigung der alten Schule der Diplomatie, Interview vom 21. Mai 2024 in GlobalBridge.

Schmalz, Stefan und Ebenau, Mathias; Auf dem Sprung – Brasilien, Indien und China, 2011.

Schmalz, Stefan; Chinas neue Rolle im globalen Kapitalismus. in: Prokla 40 (4):483-503, 2015.

Schöllgen, Gregor; Das Zeitalter des Imperialismus (in Oldenbourg, Grundriss der Geschichte, Band 15), 2000.

Schuldt, Christian; Zeitalter der Krisen, Bundesverband „Energie, Wasser, Leben", 2021.

Sieren, Frank; Zukunft? China! Wie die neue Supermacht unser Leben, unsere Politik, unsere Wirtschaft verändert, 2020.

Sieren, Frank; Shenzhen – Zukunft Made in China: Zwischen Kreativität und Kontrolle, 2021.

Sigrist, Christian; Regulierte Anarchie, 1967.

Sinn, Hans-Werner; Der Mythos vom Marshall-Plan, 03.02.2023. https://www.hanswernersinn.de/de/marshallplan-brackmann-hb-03022023

Sinn, Hans-Werner; https://www.hanswernersinn.de/de.

SIPRI – Stockholm International Peace Research Institute. SIPRI: https://www.sipri.org/databases/armstransfers.

Smith, Adam; Der Wohlstand der Nationen, Erstveröffentlichung 1776.

Spangler, David; The Flame of Incarnation, First edition, 2009.

Spengler, Oswald; Der Untergang des Abendlandes, erster Band 1918, zweiter Band 1922.

Spethmann, Dieter; Deutschland verschenkt seinen Wohlstand, am 19.01.2011 in der FAZ.

Spykman, Nicholas J.; Geography and Foreign Policy", by, The American Political Science Review, Vol. XXXII, Nos. 1 and 2, Februar und April 1938.

Steinbuch, Karl; Falsch programmiert – Über das Versagen unserer Gesellschaft in der Gegenwart und vor der Zukunft, 1968.

Steiner, Rudolf; Band GA 335 der Gesamtausgabe.

Steiner, Rudolf; Gesamtausgabe Band GA 185, Vorträge von 1918.

Stephanson, Anders; Manifest Destiny: American Expansionism and the Empire of Right, 1995.

Straubhaar, Thomas; Der Untergang ist abgesagt: Wider die Mythen des Demographischen Wandels, 2016.

Thomas, Anthony; Rhodes: the Race for Africa, 1997.

Tiger, Lionel und Fox, Robin; Das Herrentier, Steinzeitjäger im Spätkapitalismus, 1976.

Todd, Emmanuel; La Défaite de l'Occident, von 2024.

Todd, Emmanuel; Weltmacht USA: ein Nachruf, 2003;

Tofler, Alvin ; Revolutionary Wealth, 2006.

Toynbee, Arnold J.; Essay aus dem Jahre 1934 „Things Not Foreseen at Paris; The Future in Retrospect" (unsere Übersetzung: Dinge, die in Paris nicht vorhergesehen wurden).

Vidal, Gore; Perpetual War for Perpetual Peace: How we got to be so hated. American Imperialism, Book 1, 2002.

Wallerstein, Immanuel; Aufstieg und zukünftiger Niedergang des kapitalistischen Weltsystems. Zur Grundlegung vergleichender Analyse. In: Senghaas Dieter (Hrsg.): Kapitalistische Weltökonomie. Kontroversen über ihren Ursprung und ihre Entwicklungsdynamik, 1979 und 1982.

Wallerstein, Immanuel; The Capitalist World-Economy, 1979.

Wang, Mingyuan; Why Have Repeated Efforts to Revitalize the Northeast Failed? – Rethinking the Twentieth Anniversary of the Strategy of Revitalizing the Old Industrial base. https://www.readingthechinadream.com/wang-mingyuan-on-chinas-northeast.html.

Warburg, Paul M.; The Federal Reserve System: its origin and growth; reflections and recollections; 2 volumes, New York 1930.

Weidenhausen, Gerd; Buchbesprechung, in dem Magazin *Die Drei*, Nr. 5.: Wolfgang Bittner, Die Eroberung Europas durch die USA, 2015.

Wendt, Reinhard; Vom Kolonialismus zur Globalisierung: Europa und die Welt seit 1500, 2016.

Wiener, Norbert; The Human Use of Human Beings – Cybernetics and Society, 1950.

Wilhelm, Richard; Die Seele Chinas, 1925.

Willke, Hellmut; Global Governance, 2006.

Willke, Helmut; Atopia, 2001.

Wuketits, F. M.; „Herausforderungen durch die moderne Biologie, Review, in Philosophische Rundschau, Vol. 30, N°. 1/2 (1983), pp. 1-23.

Wulf, Andrea; Alexander von Humboldt und die Erfindung der Natur, 2016.

Wüthrich, Werner; „Europäische Integration", in dem Schweizer Magazin *«Zeit-Fragen» von 2011 bis 2012.* Weitere Informationen und Quellen: https://de.wikipedia.org/wiki/Europ%C3%A4ische_Freihandelsassoziation

Zeit-Fragen, Nr. 38, 2010: Studie zur „Geschichte der EU – Teil 1.

Zhao, Tingyang; Alles unter einem Himmel -Vergangenheit und Zukunft der Weltordnung, 2020.

ZHAO, Tingyang; Tianxia. A possible World of All-under-the heaven System, 2005. Englische Erstveröffentlichung.
Zürcher Kantonalbank, CBO, Census, OMB. https://www.zkb.ch/de/blog/anlegen/us-staatsverschuldung-rekordkurs.html.

Zürn, Michael; A Theory of Global Governance, Authority, Legitimacy, and Contestation, 2018.

Biographische Angaben zum Autor

Ein ganz besonderes Merkmal des Lebens von Georg von Goldbach besteht wohl in dieser Polarität von festen Wurzeln auf der einen Seite, und einer grossen geographischen und auch geistigen Beweglichkeit auf der anderen Seite. So hat er während seines gesamten Lebens seinen Mittelpunkt im Allgäu-Schwäbischen Geburtsort beibehalten, auch während seiner verschiedenen Studien in München, Berlin, Paris und Boston, die er mit zwei akademischen Master-Diplomen und einem Doktortitel abschloss. Dies gilt auch während seiner beruflichen Karriere von 1983 bis 2023, als er in mehr als 50 Ländern auf 4 Kontinenten in der Politik- und Unternehmensberatung im Einsatz war, seinen Lebensmittelpunkt aber immer in seinem Geburtsort beibehielt. Nur Schwabe, oder Deutscher zu sein, war ihm jedoch immer zu wenig. Die Erziehung zum Weltbürger war sein selbstgestecktes Ziel.

Die akademische Ausbildung von Georg von Goldbach beruht auf den drei Pfeilern, der Politischen Ökonomie, der Ethnologie und der internationalen Beratung für Organisationsentwicklung und strategische Reformprozesse. Damit sind auch die Perspektiven angedeutet, unter denen sein Blick auf die internationalen wirtschaftlichen und politischen Ereignisse und Prozesse fällt.

Die Ethnologie mag dabei durchaus als das Bindeglied angesehen werden, denn sie verlangt, dass der Mensch mit seiner jeweiligen Lebenswelt immer im Mittelpunkt steht. Der schwäbische Dichter und Denker Bert Brecht hat es treffend formuliert, als er sagte: Der Mensch ist des Menschen Schicksal. Wenn wir dieses Wort tief begreifen und auch ernst nehmen wollen, dann begeben wir uns direkt auf den gemeinsamen Weg zu Freiheit und Frieden.